Die Wirkungen der sexuellen Revolution auf die Frauenbewegung sind in den letzten zwei Jahrzehnten oft genug beschrieben worden. Aber wie haben sich diese Veränderungen auf die Männer ausgewirkt?

Seit fast zwanzig Jahren haben über hunderttausend Männer und Frauen in Dr. Farrells Gruppen Erfahrungen mit dem Standpunkt des jeweils anderen Geschlechts gesammelt. Das Resultat sind neue, provokante Thesen darüber, warum Liebe, Intimität und Bindung für Männer und Frauen etwas Unterschiedliches bedeuten.

Warren Farrell zeigt auf, wie eine Frau einen Mann ändern kann; was Menschen im Beruf erfolgreich, zu Hause aber zu Versagern macht; wann ein Streit zwischen Mann und Frau etwas bringt und wann eher schadet; und warum Männer wesentlich schwächer sind als man allgemein annimmt. Dieses Buch bietet neue Perspektiven des Zusammenlebens in einer Partnerschaft, verschafft Klarheit über das eigene Ich und über das Ich des anderen. Ohne übertriebene Hoffnungen zu wecken oder Scheinlösungen für alle möglichen Probleme zu propagieren, wird dem Leser eine brillante Analyse der gängigen Werte und ihrer Entstehung geboten.

Autor

Bereits während seines Psychologiestudiums beschäftige Warren Farrell sich intensiv mit dem Rollenverständnis von Männern und ihren Reaktionen auf die Emanzipation der Frau. Er lehrte an mehreren amerikanischen Universitäten und gründete über 600 Frauen- und Männergruppen. Heute lebt Farrell in San Diego und lehrt an der medizinischen Fakultät der University of California.

Warren Farrell
Warum Männer so sind, wie Sie sind

Aus dem Amerikanischen von
Hans-Joachim Maass

GOLDMANN VERLAG

Originaltitel: Why Men Are the Way They Are
Originalverlag: McGraw-Hill Book Company, New York

Der Goldmann Verlag
ist ein Unternehmen der Verlagsgruppe Bertelsmann

Made in Germany · 2/90 · 1. Auflage
Genehmigte Taschenbuchausgabe
© 1986 by Warren Farrell
© der deutschsprachigen Ausgabe 1989 by
Ernst Kabel Verlag GmbH, Hamburg
Umschlaggestaltung: Design Team München
Druck: Presse-Druck Augsburg
Verlagsnummer: 11 700
JJ · Herstellung: Heidrun Nawrot
ISBN 3-442-11700-3

Inhalt

FRAGEN VON FRAUEN

Auf welche dieser Fragen hätten Sie gern eine Antwort?*	Ja	Nein
Warum fühlen sich Männer durch erfolgreiche Frauen so bedroht?	☐	☐
Warum ist das Ich eines Mannes sein zweitempfindlichstes Instrument?	☐	☐
Wie kann ich einen Mann ändern — ohne ihn der nächsten Frau in die Arme zu treiben?	☐	☐
Wenn ich die Initiative ergreife, scheinen die Männer sich zurückzuziehen. Warum?	☐	☐
Warum können Männer nicht zuhören?	☐	☐
Warum können Männer mit ihren Gefühlen nicht ins reine kommen?	☐	☐
Warum sagen Männer oft „du bist was Besonderes", und dann sehe ich sie nie wieder?	☐	☐
Warum haben so viele Männer so wenige männliche Freunde?	☐	☐
Warum sind „Herren"-Magazine bei Männern so erfolgreich?	☐	☐
Warum können Männer nicht um Hilfe bitten?	☐	☐
Warum gehen Männer so oft zu Sportveranstaltungen (selbst wenn sie sagen, sie hätten gern mehr Zeit für die Familie)?	☐	☐
Warum bringen Männer es nicht fertig, eine Freundschaft reifen zu lassen… und abzuwarten, ob mehr daraus wird?	☐	☐
Wenn ich mit einem Mann zusammen bin, sehe ich manchmal seine offenen und verwundbaren Züge. Und wenn er dann mit anderen Männern zusammen ist, verschließt er sich. Wieso?	☐	☐
Warum haben Männer nur ihren Job im Kopf, selbst dann, wenn sie den Kontakt zu ihrer Familie verlieren?	☐	☐
Warum sind Männer unter der Oberfläche oft wie kleine Jungen?	☐	☐
Warum scheinen Männer Frauen einerseits zu verachten („Herren-Witze") und sie andererseits aufs Podest zu stellen?	☐	☐
Wenn Männer „nur ein Nachtisch" sind, warum sollte ich dann bereit sein, für ein kleines Kompott soviel aufzugeben?	☐	☐
Warum vergewaltigen Männer Frauen?	☐	☐
Interessieren sich Männer nur für die Eroberung — ist das ihre wahre Erregung?	☐	☐

FRAGEN VON FRAUEN

Auf welche dieser Fragen hätten Sie gern eine Antwort?*	Ja	Nein
Warum meinen Männer, immer Liebe versprechen zu müssen — auch wenn sie nicht verliebt sind?	☐	☐
Warum verdienen Frauen erheblich weniger als Männer, obwohl ihre Arbeit angeblich „unentbehrlich" ist?	☐	☐
Männer haben die Macht — warum sollten sie sie aufgeben wollen?	☐	☐
Warum können Männer nicht zugeben, daß sie sich irren?	☐	☐
Ich bin eine attraktive Frau. Ich habe viele Wahlmöglichkeiten. Trotzdem lande ich oft bei erfolgreichen, doch gefühllosen Männern. Warum?	☐	☐
Warum hat mich mein Vater so oft kritisiert?	☐	☐
Warum haben Männer solche Berührungsängste vor Homosexualität?	☐	☐
Ich möchte manchmal nur herumschmusen, ohne daß es unbedingt zum Geschlechtsverkehr kommt. Ist das von einem Mann zuviel erwartet?	☐	☐
Wenn ich einen Mann kennenlerne, halte ich ihn oft für wunderbar — ich erzähle es allen meinen Freundinnen und bin ganz hingerissen; dann enttäuscht er mich einmal, zweimal... bevor ich es mir eingestehe, halte ich ihn für einen Idioten. Trotzdem fühle ich mich versucht, bei ihm zu bleiben... Wie kommt das?	☐	☐
Warum lassen sich führende Männer in so viele Kriege verwickeln? (Wäre es anders, wenn Frauen an der Spitze stünden?)	☐	☐
Wie kommt es, daß Männer, die keine Machos sind, oft, nun... Schlappschwänze sind?	☐	☐
Warum haben Männer Angst, sich zu binden?	☐	☐
Wenn ich mir für meine Beziehung mit einem Mann etwas wünschen dürfte, würde ich mir mehr Ehrlichkeit wünschen. Gibt es überhaupt Männer, die sowohl gefühlvoll als auch stark sind... und die nicht schon vergeben sind?	☐	☐

* Jede dieser Fragen wird in diesem Buch angesprochen. Sie basieren auf Gruppenarbeit mit 106 000 Frauen und Männern aus allen Gesellschaftsschichten.

Auf welche dieser Fragen hätten Sie gern eine Antwort?*	Ja	Nein
Warum wollen Frauen oft Freundschaft, bevor es zum Sex kommt, und warum sagen sie dann, wenn sich eine Freundschaft entwickelt hat: „Ich möchte eine so gute Freundschaft nicht durch Sex verderben"?	☐	☐
Warum behandeln Frauen Männer als „Erfolgsobjekte"?	☐	☐
Warum beklagen sich Frauen darüber, daß ein Mann sich zurückzieht, wenn sie die Initiative ergreifen?	☐	☐
Warum wollen Frauen den Kuchen behalten und gleichzeitig aufessen — sie wollen unabhängig sein, erwarten aber von mir, daß ich für alles zahle?	☐	☐
Warum sind so viele Frauen auf Männer so *böse*?	☐	☐
Warum scheinen Frauen in einer Beziehung immer eine Bestätigung ihres Status zu brauchen? Warum können sie eine schöne Beziehung nicht einfach genießen?	☐	☐
Warum scheinen Frauen immer auszubrechen, wenn es finanziell schwierig wird?	☐	☐
Unsere Beziehung entwickelte sich gut, aber sie bedrängte mich immer, endlich ernst zu machen — sie sagte, sie könne sich nicht „öffnen" und „sich wirklich hingeben", bevor sie diese Sicherheit habe. Ich fühlte mich als eine Art „Beziehungs-Objekt". Warum?	☐	☐
Wenn ich eine Frau kennenlerne, behandelt sie mich wie einen Gott. Ich kann nichts falsch machen. Am Ende kann ich ihr nichts mehr recht machen. Wie kommt das?	☐	☐
Manchmal habe ich das Gefühl, daß ich falsch mache, was ich auch anfange. Zum Beispiel: Wenn eine Frau zögernd auf einen Kuß reagiert und ich hartnäckig bleibe, bin ich ein Rohling; wenn ich mich zurückziehe, bin ich nicht aufregend genug; wenn ich aufhöre und dann einen neuen Anlauf nehme, bin ich unbelehrbar. Warum übernimmt *sie* nicht etwas Verantwortung?	☐	☐
Warum verleumden so viele Frauen die Männer? Warum sprechen sie den Mann nicht direkt an?	☐	☐

Eine Frau, die ich kannte, schien ganz in unserer Beziehung aufzugehen. Ich dachte, sie wäre gefühlsmäßig an mich gebunden. Als ich ihr jedoch sagte, ich wolle nicht heiraten, habe ich sie

Auf welche dieser Fragen hätten Sie gern eine Antwort?*	Ja	Nein
kaum noch wiedergesehen — es schien ihr plötzlich gleichgültig zu sein, was ich tat, und sie schien die sexuelle Beziehung problemlos beenden zu können. Warum?	☐	☐
Wenn eine Frau mit mir böse ist, zieht sie sich oft sexuell zurück. Das tue ich nicht. Wie kommt das?	☐	☐
Warum sind im Wirtschaftsleben nur wenige Frauen *ganz oben*? Wenn das an männlichen Vorurteilen liegt, warum gründen sie dann nicht eigene Geschäfte? Das haben die Männer doch auch getan.	☐	☐
Warum scheinen Frauen wie Männer zu werden, wenn sie im Geschäftsleben „Erfolg haben"?	☐	☐
Vor einiger Zeit habe ich einer Frau eine Tür aufgehalten, und sie blickte mich an, als hätte ich nicht mehr alle Tassen im Schrank. Warum sind manche Frauen „überemanzipiert"?	☐	☐
Warum gibt sich meine Freundin soviel Mühe mit dem Schminken, obwohl ich ihr sage, daß sie mir ohne Make-up lieber ist?	☐	☐
Warum können nicht mehr Frauen den Sex um seiner selbst willen genießen — ohne Bedingungen daran zu knüpfen?	☐	☐
Ich fragte eine Freundin: „Hattest du einen Orgasmus?" Sie erwiderte, Sex sei doch kein Leistungssport. Folglich habe ich meine nächste Freundin nicht danach gefragt, und sie sagte, ich kümmerte mich nicht um ihre Bedürfnisse. Ich werde daraus nicht schlau. Frauen beklagen sich immer darüber, wie die Männer sind, aber sind sie nicht diejenigen, die uns so erzogen haben?	☐	☐
Warum spielen so viele Frauen die Opfer?	☐	☐
An einem Tag fühlt sich eine Frau an einen erfolgreichen Ingenieur gebunden; am nächsten an einen Drogen-dealenden Künstler — Frauen sind wie Chamäleons. Ich verstehe das nicht... Wie kommt's?	☐	☐
Warum äußern sich so viele Frauen so widersprüchlich? Was wollen sie wirklich?	☐	☐
Wenn Frauen etwas wollen — warum holen sie es sich nicht einfach?	☐	☐

Wenn wir die Fragen von Frauen über Männer zu einer Frage zusammenfassen, könnte sie lauten: „Warum sind Männer solche Idioten?" Fragen von Frauen sind oft Klagen, die um die Wahrnehmung kreisen, daß „Männer den Wald vor lauter Egos nicht sehen können". Diese Klagen sind deutlich artikuliert.

Demgegenüber werden die Fragen von Männern über Frauen nicht klar artikuliert; sie scheinen dieses Stadium noch nicht erreicht zu haben: Die Männer haben das Gefühl, daß etwas Unfaires passiert, können aber nicht den Finger darauf legen. Sie geben sich auch keine große Mühe, das zu tun — sie sind mehr damit beschäftigt, sich selbst zu beweisen. Trotzdem scheinen die Männer das Gefühl zu haben, in einer Zeit zu leben, in der Frauen „den Kuchen aufessen und gleichzeitig behalten wollen". Für viele Männer ist die uralte, Sigmund Freud zugeschriebene Frage: „Was wollen die Frauen wirklich?" bis heute noch nicht klar beantwortet. Und die Angst, als männlicher Chauvinist angegriffen zu werden, hat die Männer ängstlich werden lassen, so daß sie nicht die nötigen Fragen stellen, um die gewünschten Antworten zu erhalten. Indem ich die Fragen von Frauen über Männer beantworte, beantworte ich gleichzeitig, was Männer auf dem Herzen haben, wenn es um Frauen geht — was sie aber nur selten klar äußern.

Eine persönliche Einführung

Meine Mutter war neunundvierzig. Ich hatte mitangesehen, wie sie immer wieder in Depressionen verfiel. Sie bekam Depressionen, wenn sie nicht arbeitete, und die Depressionen verschwanden wieder, wenn sie eine Arbeit hatte. Es waren zwar nur Gelegenheitsjobs, aber sie sagte mir immer: „Wenn ich arbeite, muß ich Dad nicht um jeden Pfennig bitten."

Als Weihnachten vorbei war, war es auch mit dem letzten Job meiner Mutter zu Ende. Ihre Depressionen kehrten zurück. Die Spannungen zwischen ihr und Dad wurden immer stärker. Sie bekam immer stärkere Medikamente, so daß sie manchmal ganz benebelt war. Das führte zu Stürzen. Und ein Sturz wurde ihr letzter. Sie starb mit neunundvierzig.

Kurz nach dem Tod meiner Mutter entwickelte sich die Frauenbewegung. Vielleicht lag es am Tod meiner Mutter, daß mir die Frauenbewegung sofort sinnvoll vorkam. Ich hatte das Selbstgefühl meiner Mutter erkannt, als ihre Arbeit ihr sowohl ein Einkommen wie auch reife menschliche Kommunikation brachte, die ihr das Gefühl gab, gebraucht zu werden und ein paar Rechte zu haben. Es überraschte mich zu sehen, daß Männer zu verniedlichen suchten, was die Frauen so mühsam artikulierten. Schon bald fand ich mich in den Wohnungen befreundeter Feministinnen in Manhattan wieder. Plötzlich hatte ich die unangenehme Aufgabe, ihren Ehemännern „das zu sagen, was du mir gerade gesagt hast".

Diese Dinge machten auf mich einen so starken Eindruck, daß ich das Thema meiner Dissertation wechselte und eins wählte, das mit der Veränderung im Verhältnis der Geschlechter zu tun hatte. Ich gab meine Stellung als Assistent des Präsidenten der New York University auf und schrieb ein Buch mit dem Titel *The Liberated Man*. Dieses Buch erklärt den Männern den Wert der weiblichen Unabhängigkeit, was Unabhängigkeit im täglichen Zusammenleben bedeutet und den Wert des Zuhörens für einen Mann — so kann man einer Frau auch zeigen, daß man sie liebt.

Das vorliegende Buch ist eine Ergänzung dazu. Hier geht es um die Männer. Auch dieses Werk ist aus persönlichen Erfahrungen hervorgegangen.

Mein Bruder Wayne stand kurz vor seinem einundzwanzigsten Geburtstag. Er machte mit seiner Freundin eine Skilanglauf-Tour in den Grand Tetons. Ihr Ziel: den höchsten Berg Wyomings zu überqueren. An den Hängen hatte schon die Schneeschmelze eingesetzt. Es war April. Die beiden kamen an einen gefährlichen Paß. Beide hatten Angst vor Lawinen. Wenn sie nebeneinander herliefen, würden beide in Gefahr geraten, aber jeder wäre auch in der Lage, den anderen zu retten. Wayne entschloß sich, allein voranzugehen. Weiter oben löste sich Schnee, der immer schneller zu Tal stürzte und eine Lawine auslöste. Mein Bruder wurde verschüttet und unter zehn Meter dickem Schnee begraben. Er stand, wie gesagt, kurz vor seinem einundzwanzigsten Geburtstag.

Wayne und seine Freundin hatten sich wie selbstverständlich darauf geeinigt, daß *sein* Leben riskiert werden sollte — und in diesem Fall sogar geopfert —, was dem Rollenverständnis beider entsprach. Ich brauchte Jahre, um zu begreifen, daß Waynes Bereitschaft, sein Leben aufs Spiel zu setzen, seine Art von Machtlosigkeit war.

Sobald ich das erkannt hatte, gingen mir die Augen auf. Und das jeden Tag. Der Tag, an dem ich dies niederschreibe, ist der zehnte Jahrestag des amerikanischen Rückzugs aus Vietnam. Die heutige Ausgabe der *New York Times* zeigt ein Bild des Vietnam-Denkmals, an dem sich die Namen von fast 57 000 Amerikanern befinden. Sämtliche Namen bis auf acht sind Namen von Männern. Einer dieser Namen, wohl ziemlich am Ende, ist der von Al Zimmerman, mit dem ich früher jeden Frühling täglich einen Hundert-Meter-Sprint machte, und das zwei Jahre lang. Wir hatten beide das überaus wichtige Ziel vor Augen, eine Zehntelsekunde vor dem anderen zu gewinnen. Al war Stipendiat der Honor Society und gab sich wie ein junger Dwight D. Eisenhower. Wir machten gemeinsam Examen. Sechs Monate später fuhr ich über Weihnachten nach Hause und rief Al an. Als seine Mutter abnahm, konnte sie kaum sprechen und gab den Hörer seinem Vater. „Al ist in Vietnam gefallen. Er ist tot, Warren."

Für Al und meinen Bruder war männliche Macht männliche Machtlosigkeit. Ich hatte das Bedürfnis, mir eine andere Geschichte anzuhören.

Wie konnte ich mich auf die männliche Erfahrung der Machtlosigkeit einlassen, ohne das als unbedeutend abzutun, was zum Tod meiner Mutter geführt hatte? War es denkbar, daß jedes Geschlecht vom anderen ein unausgesprochenes: „Meine Machtlosigkeit ist größer als deine" hört? Mir wurde immer klarer, daß das Gefühl von Macht wie Machtlosigkeit von beiden Geschlechtern auf verschiedene Weise erlebt wird. Allmählich entstand so etwas wie ein „Wahrnehmungsmuster", innerhalb dessen wir diese verschiedenen Erfahrungen erkennen können. Es sieht so aus:

Wahrnehmungsmuster

Weibliche Erfahrung von Machtlosigkeit	Männliche Erfahrung von Machtlosigkeit
Weibliche Erfahrung von Macht	Männliche Erfahrung von Macht

Bei näherer Betrachtung dieses Wahrnehmungsmusters erkannte ich, daß wir in den letzten zwanzig Jahren das erste der vier Felder mit einem Vergrößerungsglas betrachtet haben, nämlich die weibliche Erfahrung von Machtlosigkeit. Ich entdeckte, daß ich unbewußt von einer falschen Annahme ausging: *Je tiefer ich die weibliche Erfahrung der Machtlosigkeit verstand, um so mehr ging ich davon aus, daß Männer die Macht haben, die Frauen nicht besitzen.* Was ich in Wahrheit verstand, war die *weibliche* Erfahrung männlicher Macht. Wenn eine Frau sich hat scheiden lassen, zwei Kinder hat, keinen Unterhalt erhält, auch keine Unterhaltszahlungen für die Kinder, und keine Arbeit findet — dann ist das ihre Erfahrung von Machtlosigkeit; wenn ein Mann mit einer Bypass-Operation am Herzen im Krankenhaus liegt, weil er zwei Jobs hat ausfüllen müssen, um die beiden Kinder zu unterhalten, zu denen ihm seine geschiedene Frau keinen Zutritt gewährt, und wenn er das Gefühl hat, daß sich keine andere Frau mit ihm einlassen will, gerade weil es ihm so schlecht geht — dann ist das seine Erfahrung von Machtlosigkeit. Beide fühlen sich einsam. Die Kehrseite beider Geschlechterrollen erzeugen in beiden Geschlechtern das Gefühl von Machtlosigkeit.

Statt die männliche Machtlosigkeit zu begreifen, hatten wir nur verstanden, wie Frauen männliche Macht erleben. Mir wurde immer klarer, daß eine Frau um so weniger von der männlichen Erfahrung der Machtlosigkeit versteht, je besser sie über weibliche Machtlosigkeit Bescheid weiß. Warum? Eine solche Frau geht davon aus, daß weibliche Machtlosigkeit gleichbedeutend ist mit männlicher Macht. Das Ungleichgewicht wird erst dann korrigiert, wenn wir das gleiche Vergrößerungsglas über das zweite Feld halten.

Als ich mir dieses Wahrnehmungsmuster näher besah, erinnerte ich mich an Europa, wo ich mit vierzehn und fünfzehn Jahren gelebt hatte. Die holländischen und skandinavischen Frauen spielten weit weniger die Hilflose oder Abhängige, die Angst vor ihrem Körper und vor Sex hat; ebenso sicher ist, daß die holländischen und skandinavischen Männer sich weit weniger zum Narren machten, etwa durch übertriebenes Bemühen um die Frauen. Als ich später Spanien, Italien, Griechenland, die Türkei und Marokko bereiste, sah ich Männer, die Variationen einer weit größeren Macho-Rolle spielten. Und Frauen, die weit mehr die Rolle der wirtschaftlich abhängigen und sexuell zurückhaltenden Frau spielten. Ich begann zu erkennen, daß die Geschlechterrollen symbiotisch sind. Daß wir alle in einem komplexen Geschlechterrollen-Tanz befangen sind. Dabei leistete mir das erwähnte Wahrnehmungsmuster große Hilfe; denn jedesmal, wenn wir das andere Geschlecht beschuldigen, etwas zu tun, was wir verabscheuen, können wir auch in uns selbst hineinblicken und entdecken, was *wir* tun, um dieses Verhalten zu verstärken. Oder gar erst auszulösen.

Je mehr ich von diesem Wahrnehmungsmuster ausging, um so klarer erkannte ich, daß die Frauen und Männer, mit denen ich arbeitete, eher Intimität als Feindseligkeit entwickelten. Um so mehr sah ich Männer, die bereit waren, sich zu binden, statt sich einer Frau zu nähern, nur um sich gleich wieder zurückzuziehen, und das aus Gründen, die keiner der beiden versteht. Und das leitet direkt zum nächsten Abschnitt über, der vor allem für Frauen gedacht ist.

Liebe Frauen — bitte mal herhören

In den letzten zwei Jahrzehnten sind Frauen frustriert gewesen, weil sie mit zunehmender „Selbstverwirklichung" ihre Beziehungen zu Männern zunehmend zu gefährden scheinen. Sie haben sich beklagt, in ihren Beziehungen mit der ganzen Arbeit allein dazustehen und daß es äußerst mühselig sei, ihre Erfahrungen an die Männer weiterzugeben. Doch selbst diese Bemühungen erfuhren ein „Feedback".

Im Verlauf der Jahre habe ich beobachtet, daß sich die Körpersprache von Frauen mit zunehmender Frustration verändert. Es gefiel ihnen nicht, was sie in sich spürten. Es waren nicht wenige Frauen, bei denen ich Tränen der Hoffnungslosigkeit sah — Frauen, die sich zwischen Hoffnungslosigkeit gegenüber Männern und einer nagenden Furcht hin- und hergerissen fühlten, daß es „vielleicht an mir liegt… vielleicht bin ich es, die etwas falsch macht".

In zunehmendem Maße finden Frauen Männer immer weniger liebenswert. Trotzdem sagen wir, daß Männer die Macht haben. In diesem Buch definiere ich den Begriff der Macht neu. Dazu gehört auch, daß Männer liebenswert sein müssen. Und damit stellt sich männliche Macht plötzlich ganz anders dar.

Als ich *The Liberated Man* schrieb, erhielt ich vor allem von Frauen positive Reaktionen. Sie fühlten sich verstanden. Eine Frau konnte das Buch einem Mann unter jedem Vorwand schenken — zum Vatertag, zum Geburtstag, zu sonstigen Gedenktagen —, und zwar in der Hoffnung, daß er sie nun besser verstehen würde. Ich möchte nicht verschweigen, daß mein Buch immerhin das erreicht hat. Mir fiel aber auf, daß sich nur wenige Männer tatsächlich veränderten. Und diejenigen, die sich überhaupt veränderten, veränderten sich defensiv — weil die Frau plötzlich einen anderen Mann wollte. Im Lauf der Jahre habe ich jedoch beobachtet, wie sich die Frauen von diesen Männern zurückgezogen haben. Ihre Beziehungen wurden asexuell. Die Frauen stießen sich an der Defensivhaltung der Männer. Wie es eine Frau ausdrückte: „Ein Mann, der wie auf Eiern geht, hat nicht viel Sex-Appeal." Manche Männer wurden sogar als Schlappschwänze bezeichnet.

Ich verstand zunächst nicht, warum ein empfindsamerer Mann weniger anziehend sein sollte. Allmählich begriff ich aber die Unterscheidung zwischen *defensiv empfindsamen* Männern („wie auf Eiern laufen") und solchen, deren Empfindsamkeit ein Ergebnis ihrer Selbstsicherheit ist. Nur ein selbstsicherer Mann besitzt Anziehungskraft.

Frauen wissen, wie destruktiv es ist, wenn sie sich *für* Männer verändern. Frauen haben sich für Männer so sehr verändert, daß es sie jetzt schockiert zu erfahren, daß ein wechselseitiger Anpassungsprozeß stattgefunden hat — während sich die Frauen den Männern anpaßten, paßten sich die Männer auch den Frauen an. Die männliche Anpassung ist von der der Frauen jedoch so grundverschieden, daß sie auf den ersten Blick kaum als Anpassung zu erkennen ist.

Das ist höchst bedauerlich — denn Frauen haben für die Beziehungen von Mann und Frau sehr viel getan. Dennoch: Die Artikel *über Männer*, die man in Frauenzeitschriften findet, beschäftigen sich nicht damit, wie *Männer* ihr Leben sehen. Folglich werden die Fragen, die diese Blätter angeblich beantworten, etwa solche wie in dem anfangs abgedruckten Fragebogen (in dem es um das Ich, das Zuhören, die Angst vor erfolgreichen Frauen und so weiter geht), in einer Weise beantwortet, die sich für Männer nicht aufrichtig anhört — sondern nur für Frauen. Die Erkenntnisse dieser Blätter lassen bei Männern ein unbehagliches Gefühl aufkommen, das sie sich jedoch nicht recht erklären können. Und das erleichtert es einem Mann, sich zu entziehen. Er setzt sich vor den Fernseher, geht auf den Fußballplatz oder versteckt sich hinter der Zeitung.

Ich habe einen großen Teil der letzten siebzehn Jahre gebraucht, um zu verstehen, daß Männer erst dann liebenswerter werden, wenn sie sich verstanden fühlen. So bin ich zunehmend dazu übergegangen, meine Kurse darauf auszurichten, daß beide Geschlechter sich gegenseitig verstehen. Dieses Verständnis läßt sich jedoch nicht auf einer ausschließlich intellektuellen Ebene erreichen. Ich habe daher eine Reihe von Übungen erarbeitet, die es jedem Geschlecht ermöglichen, „eine Meile in den Mokassins des anderen Geschlechts zu laufen". Erst dann begannen sich die Dinge zu verändern. Ich fing an, Männern aufmerksamer zuzuhören. Beim Zuhören beobachtete ich einige bedeutsame Paradoxa:

● Ich erwartete, daß die Männer, die darum baten, daß man sich ihre Geschichten anhörte — die dies sogar verlangten —, Chauvinisten sind. Ich fand jedoch heraus, daß Chauvinisten über ihre Lebensgeschichte nicht sonderlich nachdenken. Ich entdeckte vielmehr, daß diejenigen Männer, die ihr Leben am besten verstehen, mit ihren Gefühlen am besten ins reine kommen. Ihre Geschichten waren mit ihren Gefühlen identisch.

● Mir fiel auf, daß Männer, die bereit waren, Bücher über zwischenmenschliche Beziehungen zu lesen und darüber zu diskutieren, ein feines Gespür für Frauen hatten. Aber wenn sie nicht gleichzeitig ein Gespür für ihre eigenen Verletzungen hatten, lag das meist an ihrer Furcht, mit Frauen konfrontiert zu werden. Insgeheim hatten sie meist die Einstellung beibehalten, daß Frauen besonders schutzbedürftig sind. Das war für mich das erste Anzeichen dafür, daß der Mann die Frau noch immer nicht als gleichberechtigt behandelt. Und ein Zeichen dafür, daß der Mann nicht selbstsicher genug ist, eine Zurückweisung durch eine Frau zu riskieren.

Ich fand heraus, daß diejenigen Frauen, die sich die Geschichten von Männern anhören konnten — ohne daraus gleich den Schluß zu ziehen, diese Männer hätten Anleihen bei ihnen selbst gemacht —, zu den wenigen gehörten, deren Unabhängigkeit einer inneren Sicherheit zu entspringen scheint, die das Leben nicht zu einem Kampf machen und zu Männern durchweg gute Beziehungen haben. Einigen Frauen hatte der Feminismus die ganze Bandbreite einer Neubewertung der Geschlechterrollen eröffnet — einschließlich der Rolle des Mannes. Andere wiederum verhielten sich Männern gegenüber um so verschlossener, je enger sie dem Feminismus anhingen. Eine starre Ideologie ist für Frauen das, was für Männer das Machotum ist.

Diese Erkenntnisse zwangen mich, in mich selbst hineinzuhorchen. Zunächst war ich wirklich der Meinung, aus einem gewissermaßen natürlichen Verständnis für Frauen heraus zu schreiben. Wie kam es aber, daß ich Männern nicht das gleiche natürliche Verständnis entgegenbrachte? War es möglich, daß mein Verständnis für Frauen meine Art war, bei Frauen zum Helden zu werden? Wollte ich so sicherstellen, daß mich Frauen akzeptierten, wollte ich so das Risiko verringern, daß man mich ablehnte? Und wenn ich meiner selbst so sicher war: Wie kam es dann, daß ich Männern nicht das gleiche Verständnis entgegenbrachte? Wovor hatte ich Angst?

Nun, ich hatte *tatsächlich* Angst — die Frauen zu verlieren, die mich liebten, die für mich sorgten und mir vertrauten. Mein Verstand sagte mir, daß eine ihrer selbst sichere Frau, die mich wirklich liebt, auch an meiner Selbsterforschung Gefallen finden wird — gleichgültig, was dabei ans Licht kommt. Zumindest würde sie die Selbstsicherheit zu schätzen wissen, die dabei zutage tritt.

Im wirklichen Leben funktionierte es jedoch nicht so. Frauen hielten mich für am verletzlichsten, wenn ich meine aufrichtige Liebe gestand, von Fehlern sprach, die ich gemacht hatte, oder von meinen Gefühlen gegenüber meiner Familie. Aber am verletzlichsten war ich, wenn ich über sexuelle Wünsche sprach. Meine Erfahrung hatte mich jedoch gelehrt, daß ich gut daran tat, mehr von Intimität und weniger von Sex zu sprechen, wenn ich eine Beziehung zu einer Frau wünschte, zu der Sex gehörte. Das ist auch der Grund, warum es Männern sehr schwer fallen wird, die Teile dieses Buches, in denen enthüllt wird, was Männer für Sex zu tun bereit sind, mit einer Frau offen zu besprechen. Das stößt Frauen ab. Und die meisten Männer, die genug Einfühlsamkeit aufbringen, um dieses Buch durchzuarbeiten, werden auch empfindsam genug sein, um zu der Erkenntnis zu gelangen, daß es sie von Liebe oder Sex mit einer Frau unweigerlich abschneidet, wenn sie offen erörtern, was sie für Sex zu tun bereit sind (mit *jeder* attraktiven Frau). Bei Frauen läßt sich eine ähnliche Verletzlichkeit feststellen. Es brauchte einige Zeit, bis ich empfänglich genug war, mir das von einer Frau anzuhören. Ein etwas peinliches Beispiel…

Vor ein paar Jahren ging ich einmal mit einer Freundin auf der Straße spazieren: „Ich muß zugeben, daß einer der Gründe, warum ich deine Frau werden wollte, der war, daß ich gern Frau Doktor Warren Farrell wäre — die Leute sollten wissen, daß *ich* den Mann bekommen habe, der *The Liberated Man* geschrieben hat." Damals war ich der Meinung, dies sei eine der *unfreiesten* Bemerkungen, die ich je gehört hatte. Meine Wertschätzung dieser Frau sank auf den Nullpunkt. Ich war der Meinung, für sie nichts weiter zu sein als ein Objekt. Und das sagte ich ihr auch.

Ich begriff erst nach einiger Zeit, daß ich sie um ein Zeichen ihrer Verletzlichkeit gebeten hatte — und daß mir diese Frau — vielleicht mehr als jede andere — es tatsächlich geboten hatte. Sie war klug genug zu wissen, was sie sagte, aber auch, um meine Reaktion vorherzusagen; damit bestätigte sie den Teil ihrer selbst, der mich als ein Erfolgs-Objekt behandelte. Sie wußte, daß ich mich damit als Mensch herabgesetzt fühlen würde — und daß sie damit eine Zurückweisung riskierte. *Das* nenne ich Verletzlichkeit.

Die entsprechende Verletzlichkeit beim Mann ist sein sexuelles Verlangen. Vor allem dessen zwanghafte Bestandteile: Gerade weil sie zwanghaft sind, sind sie verletzlich. Eine offene Erörterung dieser Zwänge würde bedeuten, daß ein Mann über all die Frauen spricht, denen er sich gern nähern würde, wovor er aber gleichzeitig Angst hat. Eine solche Offenheit erfordert von einem Mann tiefstes Vertrauen und größte Verletzlichkeit, weil es für die Frau, der er sich gern verbunden fühlen möchte, unweigerlich bedeutet, daß sie nicht an erster Stelle steht — und damit wird sie ihm entfremdet.

Im Gegensatz dazu ist jedes offene Gespräch über Liebe schön, wenn man durchblicken läßt, daß man sich gern binden würde, wenn man diese Zwanghaftigkeit in Frage stellt und seine Gefühle bloßlegt. Die Enthüllung solcher Gedanken erfordert jedoch eine weit geringere Verletzlichkeit, denn sie steigert die Achtung der Frauen vor uns Männern und gibt ihnen überdies das Gefühl, etwas Besonderes zu sein. Damit erhöhen sie unsere Macht über eine Frau und steigern nicht unsere Verletzlichkeit. Je unerschrockener wir nach außen hin auftreten, um so mehr wird sich eine Frau einem Mann verbunden fühlen, wenn er seine Gefühle zeigt. Gefühle dieser Art verraten also nicht die Verletzlichkeit der Männer. Sie verraten vielmehr, wie Männer sich anpassen — indem sie nämlich auf den Gebieten „verletzlich" sind, auf denen die Frauen uns verletzlich sehen wollen.

Wenn man erfassen kann, was dieses Buch bei einem Mann in sexueller Hinsicht auslöst, und wenn man begreift, daß ein Mann, der seine sexuelle Verletzlichkeit vor einer Frau entblößt, ihr damit das tiefste Vertrauen entgegenbringt, wird man einen Teil von ihm erkennen, der einer Frau *nicht* gefallen wird — seine wirkliche Verletzlichkeit. So war es mir bei der bereits erwähnten Freundin ergangen, die einen Charakterzug von sich enthüllte, der ihr selbst nicht gefiel. Und genau das ist Verletzlichkeit. Wenn man eine bestimmte Eigenschaft eines Menschen mag, macht ihn dies kaum verletzlich.

In meinem persönlichen wie beruflichen Leben bedeutete diese Offenherzigkeit von Männern, daß ich sie anders anzuhören lernte — ich hörte ihnen *nicht* mit dem Gefühl zu, „je besser du ihn verstehst, um so weniger wirst du als Frauenfreund erscheinen". Ich versuchte *nicht*, seine Offenheit mit Zurückweisung zu vergelten. Ich lernte vielmehr, ihn bei der Erforschung seiner Emotionen zu unterstützen, gleichgültig, wohin sie führten.

Ich mußte entdecken, daß dies weit schwieriger war, als ich gedacht hatte. Vierzehn Jahre lang hatte ich überzeugende Antworten auf jede Form von Sexismus entwickelt. Noch wichtiger war jedoch, daß meine Antworten die Frauen dazu brachten zu sagen: „Sehr gut — sag du es ihm, Warren." Es ist mir peinlich, zugeben zu müssen, daß es mir nicht leichtgefallen ist, diese Reaktion von Frauen durch das sorgfältige Anhören von Männern zu ersetzen. Und diese Verlegenheit lieferte mir den Hinweis, wo ich zu suchen hatte.

Zunächst ging ich dem oben erwähnten Gedanken nach — daß nämlich das Verständnis des weiblichen Gefühls der Machtlosigkeit die Annahme bedeutet, daß Männer eine Macht besitzen, die Frauen nicht haben. Theoretisch war ich immer davon ausgegangen, daß die Geschlechterrollen beiden Geschlechtern weh tun. In der Praxis kam es jedoch dazu, daß ich Männern immer weniger Verständnis und damit Toleranz entgegenbrachte. Mir war nicht klar, daß es nicht einfach die sexuellen Begierden sind, die einen Mann in einer Welt verletzlich machen, in der Sex als schmutzig gilt. Es gibt kaum etwas, was einen Mann verletzlicher macht als „Gejammer" (wenn Gejammer bedeutet, eine Frau verantwortlich zu machen) in einer Welt, in der er als mächtig und sie als verletzlich gilt. Zu wahrer Verletzlichkeit gehört, daß man seine Hilflosigkeit, seine Neigung, den anderen die Schuld zu geben, und seine Neigung zum Jammern eingesteht. Diese Seite des männlichen Charakters besitzt keinerlei Sex-Appeal. Und genau darum setzt sie wahre Verletzlichkeit voraus.

Allmählich lernte ich, Männern genauso bereitwillig zuzuhören wie Frauen. Damit sah ich mich einem weiteren, zunehmend unbehaglicheren Paradoxon konfrontiert: weil Frauen sich von mir verstanden fühlten, kamen sie zu mir, um ihre Männer zu verändern. Keinem von uns war klar, daß ein Mann sich durch uns so verstanden fühlen mußte wie die Frau durch mich, wenn wir bei einem Mann eine Veränderung bewirken wollen. Ich kritisierte das labile männliche Ich, ohne mir klar zu machen, daß *Kritik einem labilen Verhalten nur selten ein Ende macht.* Vor allem dann nicht, wenn der Kritik kein tiefes Verständnis vorausgeht. Wie die meisten Ideologen erreichte ich genau das Gegenteil dessen, was ich erreichen wollte.

Als ich jedoch damit begann, meine neuen Erkenntnisse über Männer mit Frauen zu teilen, entdeckte ich bei vielen Frauen eine Haltung, die von einem „Ja, aber" geprägt war. Ich fühlte mich genötigt, meinen Vortrag zu unterbrechen und zu fragen, was los sei. Einige Frauen äußerten sich besorgt, daß Männer es als Ausrede empfinden könnten, ihr Verhalten beizubehalten, wenn die Frauen sie verstünden; die Frauen wollten nichts davon hören, daß Männer nichts als Sex im Kopf haben — sie wollten vielmehr, daß die Männer nicht nur an „das eine" denken. Eine Frau fürchtete sogar, sie könne ihren Mann vor die Tür setzen, wenn sie plötzlich Verständnis für seine Bindungsangst zeigte.

Eine politisch orientierte Freundin befürchtete, ihre Kolleginnen könnten sie mißverstehen, wenn sie bei Themen wie etwa Vergewaltigung ein größeres Verständnis äußerte. Sie befürchtete, man könne ihr das als „Rechtfertigung" auslegen. Weil sich diese Frau ihrer Gefühle bewußt ist, war ihr auch klar, daß die Anschuldigungen ihrer Kolleginnen, sie könnte sexistisch eingestellt oder „keine wirkliche Feministin" sein, sie nicht unberührt lassen würden. Und ihr war auch klar, daß diese Verletzlichkeit es ihr unmöglich machte, Männer wirklich anzuhören — so wie sie auch mich blockiert hatte. Gemeinsam kamen wir zu der Erkenntnis, daß wir die Männer zwar darum bitten, ihren Gefühlen Ausdruck zu geben, daß wir das aber dann, wenn sie es tatsächlich tun, Sexismus, männlichen Chauvinismus oder eine Retourkutsche nennen. Wir entdeckten, wie diese Etiketten für einen empfindsamen Mann genau das gleiche sind, was etwa die Bezeichnung „aggressiv" für eine Frau ist, die sich Mühe gibt, Selbstsicherheit zu gewinnen. Es ist etwa so, als würde man ein Kleinkind umschubsen, das gerade die ersten Schritte zu machen versucht. Die Frauen, mit denen ich am tiefsten in die Problematik eindrang, sagten oft, sie fürchteten vor allem eins: Wenn sie nämlich wüßten, daß die Männer sich neuerdings den Frauen so anpaßten, wie die Frauen sich früher den Männern angepaßt hätten, würden sie ihren bisherigen Zorn auf die Männer gegen sich selbst richten. Ihr Verstand sagte ihnen zwar, daß dies nicht unbedingt so kommen mußte — doch die Furcht davor war vorhanden.

Und so löste das „Verständnis für die Männer" einige echte Blockaden aus. Dennoch: Die Männer, die sich wirklich verstanden fühlten, schienen auch die ersten zu sein, welche die erste Voraussetzung für eine Veränderung erreichten: Selbstsicherheit. So wie Gruppengespräche Frauen die zusätzliche Selbstsicherheit gaben, die sie für eine Veränderung brauchten.

All dies ist eine Grundlage der orientalischen Philosophie: Wir gewinnen Macht, wenn wir uns die Energie eines potentiellen Widersachers zunutze machen, statt unsere Kraft mit Widerstand zu vergeuden. Diese Philosophie, wie sie sich auch in kriegerischen Künsten wie etwa dem Aikido zeigt, demonstriert uns deutlich, wie der Kampf (etwa der „Kampf der Geschlechter") allen Beteiligten sowohl der Macht wie der Seele beraubt.

Ich gehe davon aus, daß zunächst mehr Frauen als Männer dieses Buch in die Hand nehmen werden. Dennoch glaube ich, daß es sich lohnen wird, es einem Mann zu geben und die Geschichten anzuhören, die es in ihm auslöst. Dabei sollten die Frauen nicht argumentieren und sich nicht in ihr Schneckenhaus zurückziehen, damit er nicht das Gefühl hat, er müsse seine Offenheit mit dem Verlust ihrer Nähe bezahlen. Sie werden die Erfahrung machen, daß beide an Macht gewinnen werden, und sie werden etwas an ihm entdecken, was ein Teil ihrer selbst zu sein scheint, was er nur vor lauter Unsicherheit bislang nicht hat erkennen können. Sie werden etwas an ihm entdecken, was sie mit Freuden lieben werden.

Wie haben Sie dieses Buch recherchiert?

Die persönlichen Erfahrungen, die ich in der Einführung geschildert habe, brachten mich den Zielen der Frauenbewegung so nahe, daß ich mich für drei Jahre in den Vorstand der National Organization for Women (NOW) in New York City wählen ließ. Meine Erfahrungen führten auch zur Bildung von etwa dreihundert Männergruppen und fast ebenso vielen Frauengruppen, von denen die meisten sich ein paar Monate allein trafen, dann abwechselnd gemeinsam oder allein, bis die Gruppen sich auflösten. Keine dieser Methoden der Erforschung von Männern und Frauen war jedoch so wichtig wie die beiden Männergruppen und die gemischte Gruppe (mit Frauen), zu denen ich selbst gehörte. Diese Gruppenarbeit half mir dabei, jeden Teil meines Selbst kennenzulernen.

Noch wichtiger war folgende Erfahrung, die ich in meinen Vorträgen gewann: Die bloße Darlegung des Problems brachte den Zuhörern bei weitem nicht so viel wie ein Vortrag, den ich zu einem Mini-Workshop umwandelte, dem alten indianischen Sprichwort zufolge: „Beurteile mich erst, wenn du eine Meile in meinen Mokassins gelaufen bist." Ich bat jeden einzelnen der Anwesenden, eine sorgfältig strukturierte Simulation der Sozialisation des anderen Geschlechts durchzugehen. Oder in einer Reihe von Rollentausch-Übungen die Rolle des anderen Geschlechts zu spielen.

Aus diesen Rollentausch-Übungen entwickelten sich die Antworten auf Hunderte von Fragen, die immer mehr Frauen über die Männer stellten: „Warum können Männer nicht zuhören?" — „Warum haben Männer Angst, sich zu binden?" — „Warum fühlen sich Männer durch erfolgreiche Frauen bedroht?" Jede Frage enthielt auch einen unausgesprochenen Vorwurf, und jeder Vorwurf enthielt zumindest ein Körnchen Wahrheit. Aber wie sollte ich herausfinden, *warum*?

Den ersten Hinweis darauf erhielt ich vor etwa siebzehn Jahren, als mich eine Frau fragte: „Warum können Männer nicht zuhören?" Als sie jedoch die männliche Rolle spielte und einen „Jungen" zum Ausgehen einlud und ihn zum ersten Mal küssen wollte, entdeckte sie, daß sie solche Angst vor einer Zurückweisung hatte, daß sie kaum mitanhören konnte, was der „Junge" sagte. („Wage ich mich zu weit vor, wenn ich ihn auf die Lippen küsse? Wird er mich für eine Zimperliese halten, wenn ich es nicht tue?") Diese Bemerkungen gaben mir einen ersten Fingerzeig, warum Männer nicht zuhören können.

Hierbei erhielt ich auch die ersten Hinweise darauf, welche Teile der männlichen *Rolle* eine Frau dazu bringen, sich wie ein Mann zu verhalten, sogar über das von mir in den Gruppengesprächen angewiesene Maß hinaus. *Vom wissenschaftlichen Standpunkt aus hatten wir die Biologie einkalkuliert, was uns eine Einsicht in die Wirkung des Rollenverhaltens vermittelte.* Nachdem ich mehr als siebzehn Jahre lang nach dieser Methode mit 106 000 Frauen und Männern (davon 55 Prozent Frauen; dies war die Zahl der Teilnehmer an den Vorträgen, die sich zu Gruppengesprächen entwickelten) gearbeitet hatte, wurde immer klarer, *warum* Männer so sind, wie sie sind.

Gleichzeitig bat ich auch Männer darum, sich in Frauen hineinzuversetzen und deren Dilemma nachzuvollziehen. So veranstaltete ich beispielsweise einen männlichen Schönheitswettbewerb, um den Männern Gelegenheit zu geben, sich als Sexobjekte zu fühlen. Normalerweise finden Männer großen Spaß daran, so daß es ihnen nicht leichtfällt zu verstehen, warum Frauen dagegen protestieren. Da aber mit Ausnahme des Siegers jedermann des Wettbewerbs aufgrund seines Aussehens *abgelehnt* wird, verändert sich damit seine emotionale Erfahrung, als Sexobjekt betrachtet zu werden. Dieser männliche Schönheitswettbewerb vermittelte Männern auch eine zweite Erfahrung, die normalerweise Frauen vorbehalten ist. Für eine Stunde wurde das Aussehen eines Mannes zum *zentralen* Punkt seiner Identität, da die Kriterien für Annahme und Ablehnung ausschließlich mit seinem Körper zu tun hatten. Also *fühlte* er, wie eine Frau es mit gemischten Gefühlen aufnehmen kann, daß man sie als Sexobjekt betrachtet.

Ein tiefes Verständnis eines anderen Menschen läßt sich meist nur dann erzielen, wenn wir uns darin hineinversetzen, wie der andere Respekt und Anerkennung erreicht. Und wie gelingt uns das? Zunächst hören wir uns die Botschaften an, die Frauen empfangen, um Respekt zu gewinnen. Dies ist ihre Interpretation der „Spielregeln". Zweitens sehen wir, wie sie ihre Stärken und Schwächen einschätzen, damit sie im Spiel gewinnen — oder Achtung gewinnen können. (Manche werden sich anpassen, einige werden rebellieren, und wiederum andere wie etwa ich selbst werden einen gesellschaftskritischen Kommentar dazu schreiben.) Jeder dieser Schritte ist in die Rollentausch-Erlebnisse eingebaut.

Die 106 000 weiblichen und männlichen Teilnehmer meiner Kurse hatte ich jedoch nicht selbst ausgesucht. Tausende kamen zu mir, weil sie es mußten („Die IBM verlangt das als Bestandteil der Management-Ausbildung"); viele andere, etwa College-Studenten, die sich wohl kaum zu einem *Gespräch* über Männer eingefunden hätten, wurden durch Besonderheiten wie die männlichen Schönheitswettbewerbe angezogen. Unter den Zuhörern befanden sich Angehörige der verschiedensten gesellschaftlichen Gruppen, angefangen bei Mitgliedern des Lions Club über Metallfabrikanten bis hin zu Anti-Alkohol-Gruppen. Die Bandbreite der Teilnehmer brachte mich mit allen gesellschaftlichen Gruppen Amerikas in Verbindung. Und bei Gruppengesprächen im Ausland konnte ich sehen, wie sich die Amerikaner von Angehörigen anderer Völker unterscheiden — angefangen bei Australiern bis hin zu Jugoslawen.

Das vorliegende Buch unterscheidet sich von anderen Büchern über Männer und Frauen, die auf Befragungen basieren (wie etwa der *Hite Report* und die *Cosmo Reports*). Bei Befragungen neigen die meisten Menschen dazu, ihre Antworten etwas zu schönen. So erzählen sie etwa, daß sie vertrauenswürdiger seien als die meisten anderen Menschen, daß sie sich weniger für Aussehen und Geld interessieren, als ihr tatsächliches Verhalten belegt, und so weiter. In diesen Büchern fehlen also aus verständlichen Gründen die weniger erfreulichen Motivationen, die erst die Realität schaffen, mit der beide Geschlechter zu kämpfen haben. So behaupten etwa viele Menschen, sie seien einigermaßen frei von „Rollenverhalten". Diese Leute bitte ich darum, eine Begegnung bei einer Party zu simulieren und mir zu zeigen, wie sie sich verhalten, *ohne* eine Rolle zu spielen. So fand ich heraus, wie selten eine Frau die Hand eines Mannes ergreift, dem sie noch nie die Hand gegeben hat, oder wie selten es vorkommt, daß eine Frau einem Mann den ersten Kuß gibt oder irgendeine der einhundertfünfzig Initiativen zwischen Augenkontakt und sexuellem Kontakt ergreift, die normalerweise von einem Mann erwartet werden, falls aus einer Beziehung je eine sexuelle Verbindung werden soll. Das öffnete mir den Blick für die Abwehrmechanismen, die Männer entwickelt haben müssen, um einer Ablehnung zu entgehen. Diese Erkenntnisse führten zu dem Kapitel über männliche Machtlosigkeit: „Warum haben Männer vor allem Sex und Erfolg im Kopf?" *Jedes Thema dieses Buches entwickelte sich aus Untersuchungen tatsächlichen Verhaltens — und nicht behaupteten Verhaltens.*

Nachdem mir allmählich aufgegangen war, wie sich Männer und Frauen an Rollen anpassen, die sie für das andere Geschlecht akzeptabel machen, mußte ich beim

Studium des tatsächlichen Verhaltens von Frauen im Gegensatz zu ihrem behaupteten Verhalten besonders sorgfältig vorgehen — erst dann konnte ich die wirklichen Botschaften begreifen, die Männer unbewußt empfangen, und erst damit wurde mir klar, welchen Rollen sie sich anpassen zu müssen glauben. Kurz: Die Wünsche von Frauen liefern einen wichtigen Hinweis darauf, warum Männer so sind, wie sie sind.

Das vorliegende Buch stellt nicht die genetischen Einflüsse oder die Einflüsse des Elternhauses auf Männer in den Mittelpunkt. Im Mittelpunkt steht vielmehr die Dynamik zwischen Männern und Frauen, mit der sich im Alltag arbeiten läßt.

W.F.

TEIL 1

WIE MÄNNER SIND

1.
Männer haben die Macht —
warum sollten sie sich ändern wollen?

Zu einer unserer Männergruppen gehörte auch der einundvierzigjährige Ralph. Er war verheiratet und Vater zweier Kinder. Er war seit drei Monaten in der Gruppe, hatte bislang aber kaum ein Wort geäußert. Eines Abends blickte er auf und sagte: „Ich glaube, heute abend möchte ich etwas sagen. Ich fürchte, ich bin nur in dieser Gruppe, weil mich meine Frau dazu gezwungen hat. Sie hat sich nämlich einer Frauengruppe angeschlossen und fing an, sich zu verändern. Sie behauptet, sie sei dadurch ‚gewachsen‘. Vor etwa drei Monaten sagte sie: ‚Ralph, ich habe es satt, zwischen einer Beziehung mit dir und einer Beziehung mit mir selbst wählen zu müssen.‘ Ich dachte damals, ziemlich alberne Rhetorik. Dann fügte sie hinzu: ‚Am nächsten Dienstag wird eine neue Männergruppe gebildet. Warum meldest du dich nicht?‘

Ich habe das damals mit einem Lachen abgetan. Eine Woche später fing sie wieder davon an. ‚Die Gruppe trifft sich nächsten Dienstag. Wenn du in den nächsten *drei* Monaten nichts unternimmst, ist unsere Beziehung von mir aus beendet.‘

‚Beendet! Wegen einer *Männergruppe*?‘ wollte ich wissen.

‚Das ist symbolisch‘, erwiderte sie.

Ich nahm mir also vor, mich zu diesem Symbol zu melden und herauszufinden, wovon ihr Schwuchteln eigentlich redet! Das Problem ist aber, daß ich mir euch anders vorgestellt hatte, und ich begann, mich mit einigen Dingen zu identifizieren, die ich hier zu hören bekam. Jedenfalls, gestern abend hat mich Ginny daran erinnert, daß die drei Monate heute um sind. Also habe ich mir vorgenommen, heute abend zu sprechen."

Wir lachten über Ralphs Motivation, ermunterten ihn aber weiterzusprechen.

„Mir ist aufgefallen, daß ihr alle verschiedene Laufbahnen eingeschlagen habt, euch aber alle um euren Erfolg Sorgen macht. Sogar du, Jim — obwohl du arbeitslos bist und eine zurückhaltende Fassade zur Schau trägst. Das hat mich dazu gebracht, über meine Karriere nachzudenken.

Früher wollte ich immer Baseballspieler werden. Profi. In meinem zweiten Jahr an der High School war ich ziemlich erfolgreich, und da entdeckte mich mein Onkel. Später sagte er: ‚Ralph, du bist gut, verdammt gut. Und wenn du hart an dir arbeitest, könntest du es schaffen, Profi zu werden. Aber nur die Besten verdienen über einen längeren Zeitraum viel Geld. Wenn du dir wirklich etwas Gutes tun willst, benutze deinen Verstand und such dir einen guten Job — einen Job, auf den du dich dein Leben lang verlassen kannst.‘

Es überraschte mich, daß meine Eltern ihm recht gaben. Vor allem Dad. Dad nannte mich damals immer ‚Ralph, der immer danebenhaut‘. Nach dieser Unterhaltung nannte er mich nicht mehr so. Das war vielleicht der Moment, in dem sich in mir etwas änderte."

Ralph zögerte, als wollte er diesem Gedanken weiter nachgehen, nahm sich dann aber schnell wieder zusammen.

„Ich war jedenfalls stolz auf mich, weil ich den Übergang geschafft hatte wie ein Mann. Lesen und Studieren hatte mir schon immer Spaß gemacht, aber ich hatte mich nicht gerade darauf konzentriert. Ich nahm mir aber vor, für ein paar Jahre ‚im System mitzuspielen': Ich wollte mir alte Arbeiten meiner Freunde leihen, mir alte Prüfungen ansehen, meine Lektüre auf die Fragen konzentrieren, die verschiedene Lehrer zu stellen pflegten, und so weiter. Geschummelt habe ich nie. Ich wollte einfach nur für ein paar Jahre ‚im System mitspielen', bessere Noten bekommen, um später dann am College ernsthaft zu lernen — und danach würden mir alle Möglichkeiten offenstehen.

Dieses ‚Mitspielen' funktionierte. Ich schaffte es, an eine erstklassige Universität zu kommen. Mir ging aber bald auf, daß viele Studenten an guten Universitäten ihr Examen machten — wenn ich mich wirklich über die Masse erheben wollte, würde es sich auszahlen, noch ein paar weitere Jahre ‚im System mitzuspielen', meine Studien zu vertiefen, vielleicht Jura zu studieren, und wenn das geschafft war, konnte ich endlich so leben, wie ich es wünschte.

Ich entschloß mich für Jura — wollte mich aber in der Sozialarbeit engagieren, um den Leuten wirklich zu helfen, die Hilfe am nötigsten haben. Als meine Kommilitonen in meinem zweiten oder dritten Studienjahr herausfanden, daß ich diese ‚Missionars-Juristerei' ernst nahm, erklärten sie, daß ich lieber erst mal Erfahrungen in der harten Welt des Unternehmensrechts sammeln sollte, statt gleich diese Wischi-Waschi-Juristerei der Sozialarbeit anzusteuern. Nur dann könne ich in der Sozialarbeit wirklich etwas erreichen und mir genügend Respekt verschaffen, um mich auch durchzusetzen. Das leuchtete mir ein. Folglich trat ich in eine große New Yorker Anwaltsfirma ein. Ich wußte, daß ich dort ein paar Jahre arbeiten und anschließend mit meinem Leben das anfangen würde, was ich wirklich wollte.

Nach ein paar Jahren in dieser Firma hatte ich mich gut etabliert. Die Atmosphäre in diesen juristischen Kreisen war aber so, daß man es mir als Schwäche ausgelegt hätte, hätte ich mich nach zwei Jahren wieder abgesetzt. Man hätte geglaubt, ich würde den Druck nicht aushalten. Wenn ich aber nur ein paar weitere Jahre weitermachen und Juniorpartner werden würde — Juniorpartner sind die Juristen, denen man eine Zukunft zutraut —, würde ich anschließend mit meinem Leben machen können, was ich wollte.

Ich brauchte sieben Jahre, bis man mir die Juniorpartnerschaft anbot — mit den politischen Aussichten und allem, was dazugehört. Aber ich schaffte es. Mein Wunsch, als Anwalt in der Sozialarbeit tätig zu werden, hatte sich inzwischen schon etwas abgekühlt — in Juristenkreisen hielt man das für einen klaren Rückschritt. Jedoch hielt ich meine Ideale auf andere Weise hoch — das schien mir sinnvoller zu sein, als vor dem großen Geld Kotau zu machen. Ich wußte aber auch, daß der Wechsel in die Sozialarbeit erhebliche Einkommenseinbußen mit sich bringen würde. Meine Frau Ginny und ich hatten uns gerade ein neues Haus gekauft — mit unseren zwei Kindern brauchten wir das auch —, später sollten die Kinder das College besuchen, Ginny arbeitete jetzt nur noch halbtags, und außerdem wollte sie reisen.

Um diese Zeit war mir klar geworden, daß Juniorpartner zwar ein Potential haben, daß unter Juristen aber erst die Seniorpartner wirklichen Einfluß besitzen. Ich ging davon aus, daß ich inzwischen ziemlich viel in meine Karriere investiert hatte — wenn ich nur noch ein paar Jahre aushielt, würde man mich zum Seniorpartner machen, ich würde etwas Geld für die Ausbildung der Kinder und für Reisen beiseite legen können, und *dann* würde ich endlich das tun können, was ich wollte...

Ich brauchte acht weitere Jahre, um die Seniorpartnerschaft zu erhalten. Ich weiß noch, daß mein Boß mich in sein Büro rief und sagte: ‚Ralph, wir möchten Ihnen die Seniorpartnerschaft anbieten.‘ Ich blieb zwar äußerlich ruhig, aber das Herz pochte wild, und ich konnte es kaum abwarten, Ginny anzurufen und es ihr zu sagen. Das tat ich auch. Ich erzählte ihr, ich hätte eine Überraschung für sie. Ich würde ihr alles erzählen, wenn ich zu Hause sei. Ich bat sie, sich ganz besonders zurechtzumachen. Ich weigerte mich zu sagen, worum es ging. Ich bestellte einen Tisch in ihrem Lieblingsrestaurant, kaufte einen Strauß Rosen und ihren Lieblings-Champagner.

Ich fuhr an diesem Tag früh nach Hause, damit wir Zeit hatten, den Champagner gemeinsam zu genießen; ich machte die Haustür auf und sagte: ‚Nun rate mal!‘ Ginny sah wunderschön aus. Sie sagte: ‚Was ist es denn, Ralph?‘ Ich erwiderte: ‚Man hat mich zum Seniorpartner gemacht!‘ Sie sagte: ‚Oh, schön, das ist großartig‘, aber sie sah dabei etwas geistesabwesend aus. Es war so eine oberflächliche Begeisterung, falls ihr versteht, was ich damit meine?"

Wir nickten.

„Also sagte ich: ‚Was soll das heißen: Oh, schön — seit wir uns kennen, habe ich nur für diese Beförderung gearbeitet, und du sagst nur: Oh, schön?‘

‚Jedesmal, wenn du befördert wirst‘, verkündete Ginny, ‚verbringst du weniger Zeit mit mir. Ich wünschte mir aber, du hättest etwas mehr Zeit für mich. Mehr Zeit, mich zu lieben.‘

‚Was glaubst du wohl, warum ich in all diesen Jahren so geschuftet habe, wenn nicht um dir zu zeigen, wie sehr ich dich liebe?‘ sagte ich.

‚Ralph, das ist nicht das, was ich unter Liebe verstehe. Sieh dir doch nur mal die Kinder an, Ralph.‘

Nun, ich sah mir die Kinder an. Randy ist siebzehn. Und Ralph junior ist fünfzehn. Randy ist gerade ins College gekommen — sechzehnhundert Kilometer von hier. Jedes Jahr nehme ich mir ernsthaft vor, ‚nächstes Jahr‘ wirklich zu ergründen, wie meine Söhne eigentlich sind. ‚Nächstes Jahr... nächstes Jahr.‘ Aber im nächsten Jahr wird er im College sein. Und ich weiß überhaupt nicht, wer er ist. Und ich weiß auch nicht, ob ich nun sein Vater oder nur sein Sparschwein bin.

Wie ich bei Randy anfangen soll, weiß ich nicht, aber vor ein paar Wochen machte ich einen Anlauf, es bei Ralph junior zu versuchen. Er sah gerade fern. Ich fragte ihn, ob es ihm etwas ausmachen würde, das Gerät abzuschalten, damit wir uns unterhalten könnten. Er war etwas zurückhaltend, erzählte mir dann aber, was in seiner Schule los war. Wir unterhielten uns über Baseball, und ich erzählte ihm, daß ich früher Werfer gewesen sei. Er sagte, das hätte ich ihm schon erzählt. Er erzählte mir etwas von dem, womit er sich beschäftigte, und ich glaubte, ein paar Gebiete zu erkennen, wo ich der Meinung war, daß seine Wertvorstellungen ihm schaden würden. Das sagte ich ihm auch. Es kam zu einer heftigen Auseinandersetzung. Er sagte, ich unterhielte mich nicht mit ihm, sondern hielte ihm nur Vorträge… ‚spioniere‘ ihm nach.

Seitdem haben wir kaum miteinander gesprochen. Mir ist klar, was ich falsch gemacht habe — ich habe angegeben und ihm Vorträge gehalten —, aber ich fürchte, wenn ich es noch mal versuche, wird er jetzt Angst haben, viel zu sagen, und wir werden dann nur noch unbehaglich herumsitzen. Und was soll ich sagen, wenn er sich über seine Wertvorstellungen äußert? Ich möchte ehrlich sein, habe aber keine Lust, ihm Vorträge zu halten. Ich weiß nicht mal, wo ich anfangen soll."

Damit zog sich Ralph wieder in sein Schneckenhaus zurück. Er hatte so viele wunde Punkte berührt, daß wir mehr als zehn Minuten brauchten, um zu erkennen, daß er gegen die Tränen ankämpfte. Schließlich raffte sich einer von uns auf und fragte: „Ralph, hältst du sonst noch etwas zurück?" Ralph stritt das zwar ab, aber seine Beteuerung klang unecht. Wir hakten nach.

„Vielleicht halte ich tatsächlich etwas zurück", gab er zögernd zu. „Ich habe das Gefühl, als hätte ich vierzig Jahre meines Lebens hart daran gearbeitet, jemand zu werden, den ich nicht einmal mag."

Als ich vor fünfzehn Jahren diesen Satz hörte, war ich siebenundzwanzig. Es ist vielleicht der wichtigste Satz, den ich in meinem Leben gehört habe: *Ich habe das Gefühl, als hätte ich vierzig Jahre meines Lebens hart daran gearbeitet, jemand zu werden, den ich nicht mag.* Schon beim ersten Hören traf mich die blitzartige Erkenntnis, daß dieser Satz drohte, sich auch in meinem Leben zu bewahrheiten.

Ralph fuhr fort: „Ich habe ein paar Kollegen im Büro etwas von meinen Zweifeln erzählt. Sie hörten mir ein paar Minuten aufmerksam zu, dann machte einer einen Witz, und ein zweiter verließ den Raum. Schließlich erwähnte ich diese Selbsterfahrungsgruppe, was ich jedoch lieber hätte lassen sollen. Sie lachten mich so aus, daß ich aus dem Büro flüchtete. Seitdem bin ich zur Zielscheibe ihres Spotts geworden: ‚Wie geht's denn den amerikanischen Nabelbeschauern, Ralphilein?‘

Plötzlich ging mir ein Licht auf. Ginny hat ein ganzes Netz von Freundinnen, mit denen sie über alles sprechen kann. Aber die Männer, mit denen ich siebzehn Jahre zusammengearbeitet habe, und das sechzig Stunden pro Woche, kennen mich kaum. Und sie wollen es auch gar nicht."

Ralph zog sich wieder in sich selbst zurück. Diesmal schien er aber in sich aufzunehmen, was er gerade gesagt hatte, als wäre er dabei, sein Leben beim Sprechen neu zu begreifen. Dann wurde sein Gesicht plötzlich traurig. Ein paar von uns, die sonst vielleicht etwas gesagt hätten, schwiegen lieber.

„Ich glaube zwar, daß ich mit all dem fertig werden könnte", fuhr Ralph fort, wobei er wieder gegen die Tränen ankämpfte, „aber soweit ich sehen kann, habe ich Ginny dabei verloren. Vielleicht könnte ich auch damit fertig werden. Die einzigen Menschen aber, die ich sonst auf dieser Welt liebe, sind Randy und Ralph junior. Und wenn ich zu mir selbst wirklich ehrlich bin — ich meine wirklich ehrlich —, habe ich das Gefühl, daß ich auch sie verloren habe."

Wir fingen an, ihn zu unterbrechen, aber Ralph gebot uns zu schweigen, wobei ihm still ein paar Tränen die Wangen herunterliefen. „Was mich wirklich... was mich wirklich *zornig* macht: Daß ich vierzig Jahre lang getan habe, was von mir erwartet wurde, daß ich es besser gemacht habe als fast jeder andere Mann, und daß ich dabei jeden Menschen verloren habe, den ich liebe, mich selbst eingeschlossen. Ich will nicht philosophisch werden, aber je mehr ich leistete, um so mehr wurde ich wie alle anderen. Ein weiteres Abziehbild. Oh, ich habe es ganz schön weit gebracht, das ist richtig. Ich bin ein Mittelmaß auf hohem Niveau.

Irgendwie habe ich das Gefühl, als könnte ich auch damit fertig werden. Aber seht mich doch mal an — ich verdiene mehr als die zwei von euch zusammengenommen, die am meisten verdienen, gehöre wohl zu den höchsten Entscheidungsträgern des Landes, und wenn es mein Zuhause betrifft, mein Leben, weiß ich nicht mal, wie ich anfangen soll."

Ralph weinte. Zum erstenmal seit zweiundzwanzig Jahren.

Ralph geht mir fast jeden Tag im Kopf herum. Immer dann, wenn ich Wertschätzung oder Lob zu hören bekomme, läßt mich das Bild von Ralph fragen, ob der Beifall mich dazu verführt, etwas zu sagen, was die Leute zwar gern hören, was aber weniger ehrlich ist, als ich es im Grunde will. Manchmal vergesse ich Ralph natürlich einfach und heimse den Beifall ein, aber wenn ich mich etwas sicherer fühle, ist das Bild Ralphs als Memento immer da.

Nach dieser Sitzung sah ich mein Leben und das von Ralph plötzlich mit anderen Augen. Ich war immer davon ausgegangen, daß Macht Status bedeutet und den Zugang zu einem hohen Einkommen, zu Einfluß und Anerkennung von außen. Ralph hatte all das. Bei näherer Betrachtung jedoch schien er nicht sehr mächtig zu sein. Ich begann zu fragen, ob Macht nicht vielmehr die Fähigkeit bedeutet, das eigene Leben zu bestimmen. Und diese Auslegung machte die Betrachtung von Macht mit einem Blick nach innen viel eher vereinbar.

Über die Natur der Macht

Wenn wir Macht in traditionellen Begriffen definieren — als Fähigkeit, Anerkennung von außen zu gewinnen —, war Ralph allen Männern in der Gruppe überlegen. Und fast allen Frauen Amerikas dazu.

Panel 1: Sie sind so zuverlässig, Cathy. Sie sind der einzige Mensch, an den ich mich wenden kann, wenn ich Hilfe brauche.

Panel 2: Könnten Sie vielleicht Morries Arbeit übernehmen, während er im Urlaub ist?
Ja, Mr. Pinkley. Ich denke schon, daß ich das kann.

Panel 3: Ja! Das kann ich! Das werde ich!! Ja! Ich werde mit allem fertig!!!

Panel 4: Was ist denn hier passiert?
Ich habe gerade zwei Sekunden Allmacht gegen zwei Wochen Leiden eingetauscht...

© 1983 Universal Press Syndicate. Abdruck mit freundlicher Genehmigung. Alle Rechte vorbehalten.

Cathy Guisewite, *A Mouthful of Breathmints and No One to Kiss.*

Wenn wir Macht jedoch als die Fähigkeit, *über das eigene Leben zu bestimmen,* neu definieren, hatte Ralph vermutlich weniger Macht als jeder andere in der Gruppe. Ralph hatte die Fähigkeit zur Kontrolle seines Lebens aufgegeben, indem er sein Leben damit zubrachte, das zu tun, worauf er programmiert war. Die meisten von uns stellten zumindest einen Teil davon in Frage. *Ralph hatte die wirkliche Macht verloren, weil er versuchte, sich den Anschein von Macht zu geben. Er war ein Führer. Er folgte jedoch einem „Programm für Führer"; daher war er in Wahrheit ein Mitläufer.* Er hatte es zwar weit gebracht, das aber nur geschafft, indem er sich an seinen Boß und dessen Boß anpaßte. Er war, wie er es selbst ausdrückte, ein „Mittelmaß auf hohem Niveau".

Die fünf Bestandteile der Macht

Indem wir Macht als Kontrolle über unser Leben definieren, können wir genau erkennen, was Ralph gewonnen und verloren hatte und was Frauen gewinnen und verlieren, die dem männlichen Vorbild folgen. Ich definiere Macht in erster Linie als Kontrolle über das eigene Leben und definiere dann unsere Erwartungen, die auf fünf Gebieten erfüllt werden. Wenn wir uns diese fünf Gebiete ansehen, können wir erkennen, daß Ralph fast ausschließlich auf dem ersten Gebiet Macht besaß, selbst wenn er „Erfolg" hatte.

1. Zugang zu *äußerer* Anerkennung und äußeren Hilfsmitteln (also Einkommen, Status, Eigentum), die den Erwartungen oder Wünschen einer Person entsprechen.
2. Zugang zu *innerer* Anerkennung und inneren Ressourcen (das heißt innerer Friede, die Fähigkeit zu emotionaler Entspannung, zu einem positiven Selbstbild, Übereinstimmung persönlicher Wertvorstellungen mit der beruflichen Tätigkeit, Geistigkeit). Der Zugang beginnt damit, daß man sich die Bedeutung dieser Anerkennung bewußt macht, und er wird real, wenn man Zeit und Fähigkeit hat,

29

sie auf einer Ebene zu erleben, die den eigenen Erwartungen oder Wünschen entspricht.

3. Zugang zu *zwischenmenschlichen Kontakten* (Aufmerksamkeit, Zuneigung, Liebe und Respekt anderer, sowohl von Familienangehörigen wie Freunden), wie sie den eigenen Erwartungen oder Wünschen entsprechen.

4. Zugang zu *körperlicher Gesundheit, Attraktivität und Intelligenz,* wie sie den eigenen Erwartungen oder Wünschen entsprechen.

5. Zugang zu *sexueller Erfüllung* in einer Form, die den eigenen Erwartungen entspricht.

Indem wir Macht als Kontrolle über unser Leben neu definierten, können wir Fragen stellen, die uns die Grenzen unseres traditionellen Machtbildes — Macht als Status, Einkommen und Kontrolle über andere — verdeutlichen.

Besitzt der Vorstandsvorsitzende eines Unternehmens, der es nie verstanden hat, einem anderen Menschen nahezukommen, Macht? Besitzt eine dreizehnjährige Olympia-Turnerin Macht, die nie erfahren hat, ob sie um ihrer selbst willen oder wegen ihrer Darbietungen geliebt wird? Hat ein junger Mann Macht, der mit achtzehn eingezogen wird oder dem in Vietnam das Gesicht durchschossen wird? Hat eine schöne Frau Macht, die einen Arzt heiratet, ihre eigenen Talente aber nie entdeckt? Hat ihr Mann Macht, obwohl er für immer der Sklave seines „Piepers" ist?

Welcher dieser Menschen ist Herr über sein eigenes Leben? Wenn wir Menschen „Helden" nennen, ermutigen wir sie, wirkliche Macht durch eine Metapher zu ersetzen. Wenn wir sagen „Männer haben die Macht", bestätigen wir die Annahme, daß Einkommen, Status und Kontrolle über andere wichtiger seien als eine Selbsteinschätzung unserer Wertvorstellungen.

Frauen, die Männern die Macht zuschreiben, dürften auch am ehesten bereit sein, einen Mann mit einem solchen Image zu heiraten und dafür zu sorgen, daß ihr Mann diesen Machtbegriff verinnerlicht. Im Lauf der Zeit passen sie sich an diese Männer an, wobei sie oft ihre Identität und damit ihre eigene Macht verlieren.

Mit der Anschuldigung, daß „Männer die Macht haben", verstärken Frauen den Glauben, daß nur die Macht, die der Bestätigung von außen entspringt, wahre Macht sei. Je mehr Frauen jedoch erkennen, wie eng die Grenzen solcher Macht sind, um so mehr werden sie sich von der stereotypen Einschätzung entfernen, daß Männer Macht besäßen.

Die Bedingung, „wie sie dem Umfang der eigenen Erwartungen oder Wünsche entsprechen", ist sehr wichtig. So gewinnt John beispielsweise ein höheres Einkommen, verliert aber seinen inneren Frieden. Hat er Macht gewonnen oder verloren? *Das können wir nicht sagen,* solange wir Johns Erwartungen oder Wünsche nicht kennen. Falls er erwartet oder gewünscht hat, daß ihm sein höheres Einkommen inneren Frieden bringt, hat er aus seiner Sicht Macht *verloren,* da sein wirkliches Ziel der innere Frieden und nicht ein höheres Einkommen gewesen ist. Aus der Sicht eines Außenstehenden, der nur Johns gestiegenes Einkommen sieht, hat er Macht gewonnen. Sollte John die Wahlmöglichkeit des inneren Friedens jedoch nie in Betracht gezogen haben, kann man davon ausgehen, daß er auf diesem Gebiet von jeder Macht abgeschnitten ist.

Jeder Bestandteil der Macht läßt sich vortäuschen, was einem Menschen normalerweise nur den Anschein der Macht verleiht. Wenn beispielsweise eine Ehe, die jeder für glücklich hält, in Wahrheit alles andere als glücklich ist, macht sie das Paar mit jedem Tag machtloser. Sie verlieren die Macht auf dem Gebiet menschlichen Kontakts — genau die Macht, die sie vortäuschen. Vom inneren Frieden ganz zu schweigen.

Warum bleiben Menschen also lieber unglücklich verheiratet, statt sich scheiden zu lassen? Nehmen wir Ralph. Sein „Familienvater"-Image ist Teil eines ganzen Pakets von Eigenschaften, die man Führungskräften zuschreibt und die ihm Bestätigung von außen bringt. Von Nelson Rockefeller wird oft gesagt, daß seine Scheidung ihn die Präsidentschaft gekostet habe. Und von John F. Kennedy wird weiterhin angenommen, daß er Jacqueline überredet hat, bei ihm zu bleiben, damit er Präsident bleiben konnte. Wenn die Bestätigung von außen erheblich ist, verzichten die meisten Menschen auf die innere Befriedigung einer glücklichen Ehe. Bestätigung von außen und daraus folgende Macht ist bei beiden Geschlechtern die häufigste „Bestechung", mit der sie sich den Anschein von Macht geben können.

Andererseits können auch ein Job oder andere Formen der Bestätigung von außen durchaus innere Befriedigung bringen, und das wiederum kann zu verringertem Streß und zu größerer körperlicher Gesundheit führen.

Haben Männer „Macht"? Und warum sollten sie sich ändern wollen?
1. Auf dem Gebiet der Bestätigung *von außen* sieht die Sozialisation eines Mannes immer noch so aus, daß er in der Lage sein muß, für seine Frau wie für sich selbst den Lebensunterhalt zu verdienen. Frauen erfahren neuerdings, daß ihnen drei Möglichkeiten zu einer Bestätigung von außen offenstehen: durch Heirat, durch eine Karriere oder durch irgendeine Kombination beider. Folglich gewinnen Männer die größte Macht durch äußere Bestätigungen; verheiratete Frauen teilen mit ihren Männern den größten Teil des Geldes und einen Teil von deren Status. In den USA verdienen Frauen, die noch nie verheiratet waren, nur einundneunzig Prozent von dem, was nie verheiratete Männer verdienen.[1]
2. Umgekehrt: Auf dem Gebiet *innerer* Befriedigung wird ein Mann von einer Frau abhängig, wenn er gefühlsmäßige Unterstützung braucht. Der Konkurrenzkampf um die äußeren Bestätigungen für sich selbst und andere ermutigt einen Mann, innere Befriedigung abzuwerten; sein Bedürfnis nach emotionaler Unterstützung wird durch die Furcht intensiviert, er könne beim Kampf um den Lebensunterhalt nicht nur für sich selbst versagen.

Bis zu diesem Punkt sind männliche und weibliche Macht etwa gleich unvollständig. Dies ist der erste Schritt, der beide Geschlechter in Versuchung bringt, etwas „Liebe" zu nennen, was in Wahrheit nur der Prozeß der Vervollständigung der unvollständigen Teile unserer selbst ist.

3. Auf dem Gebiet des Zugangs zu *zwischenmenschlichem Kontakt* (Aufmerksamkeit, Zuneigung, Liebe) erlebt jedes Geschlecht etwa die gleiche Deprivation, wenn auch auf unterschiedliche Weise.

4. Was *körperliche Gesundheit** betrifft, ergeht es Frauen weit besser als Männern. Im Durchschnitt leben Frauen 7,8 Jahre länger als Männer; Männer erkranken an mehr als 98 Prozent der schweren Erkrankungen.[2] Dies mag zum Teil biologische Ursachen haben. Da sich in den USA die Kluft seit 1920[3] um mehr als 700 Prozent vergrößert hat (von einem Jahr auf 7,8 Jahre) und da viele Todesursachen auf geschlechtsrollenspezifische Ursachen zurückzuführen sind[4], angefangen bei Kriegen (nur Männer werden eingezogen) bis hin zu der um 600 Prozent höheren Gefahr, Arbeitsunfälle zu erleiden (dazu gehören mehr als zwei Millionen Verletzungen durch Arbeitsunfälle pro Jahr sowie 14 000 Todesfälle)[5], erkennen wir, daß ein großer Teil dieses Unterschieds auf geschlechtsspezifische Ursachen zurückzuführen ist. Auf dem Gebiet der körperlichen Gesundheit und der Langlebigkeit fällt die männliche Macht — nämlich die Kontrolle über das eigene Leben — immer stärker hinter die weibliche Macht zurück. Immerhin läßt sich kein größerer Machtverlust denken als der Verlust des Lebens.

Unsere Reaktion auf die Tatsache, daß Männer früher sterben als Frauen, läßt sich vielleicht als die stillste Reaktion auf Völkermord in der Geschichte der Menschheit ansehen. Man könnte es auch „Männermord" nennen. Witwen, die keinen Mann mehr finden können, wird mehr Mitleid entgegengebracht als Männern, die gestorben sind.

Tötet die Männer...
sie wollen es nicht anders

Wenn dies ein Reklameschild wäre, würde man es vermutlich über Nacht abreißen. Die Geschlechterrollen schreiben Männern jedoch systematisch ein kürzeres Leben zu. Und man sagt den Männern, sie „wollten es nicht anders", da sie unbedingt den Helden spielen wollten.

---

5. Auf dem Gebiet *sexueller Erfüllung* fühlen sich beide Geschlechter frustriert, jedoch aus verschiedenen Gründen. Im Idealfall würden beide mit jemandem sexuellen Kontakt haben, zu dem sie sich hingezogen fühlen, für den sie Respekt empfinden und dem sie sich sowohl emotional wie intellektuell verbunden fühlen. Wie kommt es dann, daß sich beide Geschlechter am Ende sexuell machtlos fühlen? Für den Anfang mögen die folgenden Erklärungen genügen.

---

* Die Macht, die auf körperlicher Anziehungskraft beruht, wird in Teil 2 behandelt.

Die neun Bedingungen der Frau.
Die eine Bedingung des Mannes

Frauen werden immer noch dazu erzogen, in sexueller Hinsicht vorsichtig zu sein, bis zwei, drei oder alle vier Bedingungen — Anziehung, Respekt, Gefühl und Intellekt — erfüllt sind. Viele Frauen fügen noch eine fünfte und sechste Bedingung hinzu: Ledigkeit und Status/Erfolg. Bei vielen gibt es noch eine siebte, achte und neunte Bedingung: Der Mann muß sie ausführen; er muß zahlen; er muß das Risiko einer Zurückweisung auf sich nehmen, indem er die Initiative zum ersten Kuß ergreift, als erster Händchen halten will und so weiter. (Wenn er das Risiko des ersten Kusses nicht auf sich nimmt, wird sie ihn höchstwahrscheinlich nicht küssen.)

Männer sind dazu erzogen, Sex zu wollen, sofern nur *eine* Bedingung erfüllt ist — körperliche Anziehungskraft. Für jedes Geschlecht ist die Nachfrage im Verhältnis zum Angebot so groß, daß jeder Mensch, ob Mann oder Frau, sich selbst als sexuell unerfüllt und auf diesem Gebiet folglich als machtlos empfindet. Indem sie sich zurückhalten, bis weitere Bedingungen erfüllt sind, *gewinnen Frauen ein enormes sexuelles Druckmittel auf Männer. Sie können diese Macht einsetzen, um die Bestätigung von außen zu erhalten, von der sie meinen, sie würde ihnen vorenthalten.* Ein Beispiel dafür ist das „Nach-oben-Heiraten".

Im Idealfall wünschen sich Frauen mehr von Männern als nur eine Bestätigung von außen. Männer sind jedoch so damit beschäftigt, ihrerseits um die äußere Bestätigung zu kämpfen, derer Frauen sich beraubt fühlen, daß sie sich innerer Befriedigung oft nicht einmal *bewußt* sind. Kommunikation, Intimität, Liebe und Bindung haben für jedes Geschlecht eine andere Bedeutung. Beide Geschlechter fühlen sich machtlos, aber Männer sind sich ihrer Machtlosigkeit weniger bewußt, weil sie weniger darüber wissen, was ihnen fehlt.

Am Ende finden Frauen nur wenige Männer, die über die Kombination von Qualitäten verfügen, die zu ihrer totalen sexuellen Erfüllung führen, und das gibt ihnen ein Gefühl sexueller Machtlosigkeit ein. Männer haben das Gefühl, als wären ihre Erwartungen viel niedriger als die der Frauen — sie stellen nur eine Bedingung —, und die Frauen können nicht einmal die erfüllen. Die Folge: Männer fühlen sich sexuell machtlos.

Wie kann ich aber sagen, daß Männer sich in sexueller Hinsicht machtlos fühlen, wenn es nur wenige Männer gibt, die dies zugeben? Bei meiner Arbeit mit Männern habe ich herausgefunden, daß die Männer diese Gefühle aus einem oder zwei Gründen nicht artikulieren. Erstens haben sie ihre geringeren Erwartungen schon verinnerlicht. Kaum ein Mann dürfte je erwarten, daß eine attraktive und erfolgreiche Frau, der er sich intellektuell und gefühlsmäßig verbunden fühlt, ihn als erste um eine Verabredung bittet, für ihn zahlt und ihm Avancen macht, bis er auf sie reagiert. Viele Frauen erwarten, daß diese Bedingungen erfüllt werden, die weit über das hinausgehen, wovon Männer auch nur träumen können. Ein Mann empfindet oft unbewußt, daß die Mindestanforderungen einer Frau größer sind als seine wildesten Phantasien.

Der zweite Grund, warum ein Mann seiner sexuellen Machtlosigkeit nur selten Ausdruck gibt, ist die Tatsache, daß er einem so starken Leistungsdruck ausgesetzt ist. Er muß die neun Bedingungen der Frau erfüllen. In unserer Gesellschaft hat man uns Männer durch „Gehirnwäsche" dazu gebracht, die Erfüllung dieses Leistungsdrucks „Macht" zu nennen. Ein Mann kann sich darum nicht vorstellen, daß ein großer Teil dieser Leistung eine Kompensation für seine sexuelle Machtlosigkeit ist. Darüber später mehr.

Ein Mann erlebt ein Dilemma, wenn er entdeckt, daß sich gerade die schönsten Frauen am wenigsten veranlaßt sehen, sich auf den anderen Gebieten der Macht zu integrieren und anzupassen. Sein Verstand sagt ihm, daß er eine gut integrierte Frau wählen sollte. Statt dessen fühlt er sich zwischen attraktiven Frauen hin- und hergerissen. Bei schönen Frauen fällt ihm auf, daß diese „Supermänner" wählen, obwohl ihm durchaus klar ist, daß solche Supermänner oft selbst nicht gut integriert sind. Weniger anziehende Frauen wiederum sehen sich schon eher veranlaßt, sich auf allen fünf Feldern der Macht zu integrieren. Damit ist der Mann in einer Zwickmühle gefangen. Soll er seine erste und einzige Bedingung für Sex (Attraktivität) aufgeben, oder soll er seine Bedingung dadurch erfüllt sehen, daß er die anderen Felder der Macht bei der betreffenden Frau preisgibt?

Was tut ein Mann, bevor er ein Supermann wird? Er geht zu einer Party und hat nur die Hoffnung, einen sexuellen Kontakt herzustellen. Das mag er zwar sexuelle Erfüllung nennen, aber in Wahrheit definiert er sexuelle Erfüllung unbewußt neu, und zwar so, daß er nichts weiter erreichen will als das Stadium des sexuellen Kontakts.

Die Kluft, die sich zwischen der Sehnsucht einer Frau auftut, ihre Bedingungen erfüllt zu sehen — etwa gefühlsmäßige Bindungen —, sowie den Bedingungen, die ihr tatsächlich erfüllt werden, spiegelt sich in kompensatorischen Mechanismen wider, etwa in „Frauenzeitschriften", Liebesromanen und Seifenopern, die sämtlich die Phantasie am Leben erhalten, man könne Sex mit den richtigen Bedingungen in Einklang bringen. Beim Mann zeigt sich diese Kluft in kompensatorischen Mechanismen wie etwa Pornographie und Prostitution: Bei der Pornographie findet er für wenig Geld attraktive Frauen, die eine Stellvertreterfunktion ausüben, und bei der Prostitution bekommt er das gleiche auf direktem Weg für mehr Geld. Bei beiden läuft er nicht Gefahr, zurückgewiesen zu werden, weil er die neun Bedingungen nicht erfüllt.

Frauen haben gelernt, sich auf die Macht ihrer Jugend, Schönheit und Sexualität zu verlassen. Das macht Schönheit und Sexualität eher zu Machtinstrumenten als zu Quellen innerer Erfüllung. Damit wird einer Frau die Möglichkeit verweigert, mit sich selbst eins zu werden, obwohl sie dazu erzogen worden ist, dies sowohl für sich selbst wie für ihre Männer zu begehren.

Bei einem Mann entsteht folglich dann der erste Anlaß zur Veränderung, wenn er den Begriff Macht neu definiert; der Anreiz entsteht mit dem Verständnis der Erfahrung der Machtlosigkeit (wobei die weibliche Erfahrung der Machtlosigkeit nicht geleugnet wird). Männer verändern sich nicht, wenn man sie bloß zu überzeugen versucht, daß ein Bestandteil der Macht bedeutet, daß „Männer die Macht haben". Dieser Trugschluß läßt die Männer auch weiterhin dafür blind sein, was wahre Macht ist.

TEIL 2

DIE FRAUEN HABEN SICH VERÄNDERT — WARUM VERÄNDERN SICH NICHT AUCH DIE MÄNNER?

Einführung in Teil 2

Christine und ich waren von der fünften bis zur zwölften Klasse miteinander „gegangen". Dann besuchte ich das College und später die Universität und erlebte einen radikalen Wandel meines Weltbildes. Wir heirateten beide — wenn auch nicht einander —, und hier standen wir nun, rund zehn Jahre nach der High School, in Christines Haus in New Jersey. Ihr Mann und meine Frau waren anwesend.

Ich hoffte zutiefst, daß Christine meine Veränderung mit Respekt aufnehmen würde. Als ich mich verabschieden wollte und mit ihr aus dem Zimmer ging, hakte mich Christine unter und zog mich beiseite. Sie faßte ihre Beobachtungen in einem Bühnenflüstern zusammen: „Es ist wahnsinnig aufregend, dich wiederzusehen. Du bist *genauso*, wie ich dich in Erinnerung hatte."

Das „Kompliment" erschütterte mich. Ich war damals noch zu unschuldig, um zu wissen, daß ich soeben das „Wiedersehens-Phänomen" erlebt hatte, wie ich es heute nenne — nämlich den Glauben, daß *wir* uns verändert haben und daß alle anderen gleich geblieben sind. Wenn wir Menschen wiedersehen, die wir einmal gekannt haben, neigen wir dazu, nur uns selbst unters Mikroskop zu legen.

In den vergangenen zwei Jahrzehnten sind viele Frauen überzeugt gewesen, sie hätten sich verändert, die Männer seien aber gleich geblieben. Das hat viele Frauen zu dem Glauben verführt: „Ich habe das meine getan — jetzt ist er an der Reihe." Oder sie fragen: „Warum bin immer *ich* diejenige, die soviel in eine Beziehung investiert?" Viele Frauen schätzen sich zwar glücklich, in einer Zeit geboren zu sein, in der Frauen so wichtig sind; sie empfinden ihre Weiblichkeit aber auch als Fluch, da ihnen die Männer in dieser Zeit so mittelmäßig erscheinen. Das Ergebnis: Viele Frauen hegen einen zunehmenden Groll auf Männer; sie sind ihnen „nicht mehr grün".

Die „Hoffnungslosigkeit" von Männern hat auch viele Frauen hoffnungslos gemacht — und zornig, einsam und selbstgerecht. Ich habe erlebt, wie sich das Gefühl der Verletztheit allmählich in Zynismus und Abkapselung verwandelt hat. Ich hätte nie dreihundert Frauen-Selbsterfahrungsgruppen gründen, aufmerksam zuhören und Frauen lieben können, wenn ich gleichzeitig das Gefühl gehabt hätte, daß Frauen sich entweder hoffnungslos oder einsam fühlen *wollen*.

Wie können wir diese Hoffnungslosigkeit verändern? Nach meiner Erfahrung beginnt der Wandel am wirksamsten mit der Erkenntnis, daß Männer sich Frauen genauso anpassen wie umgekehrt — wobei man sich auch klar machen muß, warum es nicht den Anschein hat, als paßten sich auch die Männer an. Was ist es, woran Männer sich anpassen? Ich werde im Verlauf des Buches näher auf diese Frage eingehen, aber zunächst möchte ich mich dem Verständnis der männlichen und der weiblichen Primär-Phantasien zuwenden.

Die männliche Primär-Phantasie im Gegensatz zur weiblichen

Playboy und *Penthouse* haben eine höhere Verkaufsauflage als alle anderen Männerzeitschriften. Sie repräsentieren die männliche Primär-Phantasie: Zugang zu so vielen schönen Frauen, wie man sich nur wünschen kann, ohne jede Gefahr der Zurückweisung. Die Primär-Phantasie von Frauen spiegelt sich in den beiden meistverkauften amerikanischen Frauenzeitschriften wider: *Better Homes and Gardens* und *Family Circle*. Geborgenheit und eine Familie.

Weibliche Primär-Phantasie		Männliche Primär-Phantasie	
Zeitschrift	Auflage*	Zeitschrift	Auflage*
Better Homes and Gardens	8 041 951	*Playboy*	4 209 324
Family Circle	7 193 079	*Penthouse*	3 500 275

* Die Zahlen entsprechen einer geprüften Verkaufsauflage während eines Zeitraums von sechs Monaten.

Im Idealfall möchten beide Geschlechter „alles haben": einen intellektuell und sexuell aufregenden Partner, der zugleich Geborgenheit und Sicherheit bietet; einen Partner, der selbstbewußt, dabei aber nicht egozentrisch ist; einen Partner, der bedingungslose Liebe bietet, gleichzeitig aber unser Blickfeld und unsere Grenzen erweitert; einen Job, der ihn ausfüllt, trotzdem aber genug Zeit für die Familie; ein hohes Einkommen und viel Zeit, das Geld auszugeben; und so weiter. Was die Geschlechter unterscheidet, sind unsere unterschiedlichen Phantasien von dem Wichtigsten, was das andere Geschlecht uns geben kann, was wir am meisten vermissen (Primär-Phantasie), und von unserem zweitgrößten Wunsch an das andere Geschlecht (Sekundär-Phantasie). Primär- und Sekundär-Phantasien stellen Kompromisse dar, die beide Geschlechter mit dem verborgenen Wunsch schließen, „alles zu haben".

Falls die alltäglichen Ausgaben Wertvorstellungen widerspiegeln können, sind die *traditionellen* weiblichen Werte die stärksten. Sechs der elf meistverkauften amerikanischen Zeitschriften sind traditionelle Frauenblätter (*Better Homes and Gardens* hat eine höhere Auflage als *Playboy* und *Penthouse* zusammen). Keine der elf meistverkauften Zeitschriften ist eine Männerzeitschrift. Und keines dieser Blätter gehört zu denen, die sich an die „neue Frau" oder an die „berufstätige Frau" wenden. Je höher die verkaufte Auflage einer Frauenzeitschrift, um so weniger beschäftigt sie sich mit der Arbeitswelt.

Keine der inhaltlich *Better Homes and Gardens* entsprechenden bundesdeutschen Zeitschriften erreicht vergleichbare Auflagenzahlen. Insgesamt ist die Analyse der US-amerikanischen Zeitschriften und ihrer Leser/Leserinnen aber durchaus übertragbar, wenn man Zeitschriften wie *Neue Post* oder *Tina* in die Betrachtung einbezieht, die eine ähnliche Ideologie von Geborgenheit und Familie übermitteln.

Zeitschrift	Auflage*	Zeitschrift	Auflage*
Neue Post	2 018 200	*Das Goldene Blatt*	795 400
Tina	1 945 500	*Playboy*	667 400
Das Neue Blatt	1 509 500	*lui*	407 000

* Alle Zahlen aus: Stamm 1986. Presse- und Medienhandbuch, 39. Ausgabe, Essen 1987.

Sämtliche Zeitschriften, die den Primär-Phantasien entgegenzukommen suchen, verlangen von ihren Lesern Arbeit — Arbeit an der Rolle, die sie spielen müssen, um das andere Geschlecht dazu zu bringen, die Phantasie des Lesers zu erfüllen. *Family Circle* liefert einer Frau Rezepte, wie sie es einem Mann als lohnend erscheinen lassen kann, ihr und ihrer Familie Geborgenheit zu geben; *Playboy* liefert einem Mann Rezepte, wie er es anstellen muß, um Frauen stärker für den Sex mit ihm zu interessieren.

Nach meiner Arbeit mit 106 000 Frauen und Männern aus allen Gesellschaftsschichten habe ich herausgefunden, daß jedes Medium, das fast ausschließlich von einem Geschlecht gelesen oder gesehen wird, einen bemerkenswert genauen Zugang zur Weltsicht des jeweiligen Geschlechts liefert. Ich konnte zwar jedes beliebige Medium studieren, aber Zeitschriften lassen sich wegen ihrer gedruckten Form am besten untersuchen. Ein Überblick über die in der Verkaufsauflage auf Platz zwei liegenden Zeitschriften beider Geschlechter vermittelt uns einen Eindruck von den verschiedenen Wegen, auf denen Frauen und Männer ihre Primär-Phantasien zu erreichen suchen — oder, anders ausgedrückt, welche primären Mittel sie einsetzen, um diese Phantasien zu verwirklichen. Die Liste auf der nächsten Seite

Primäre weibliche Mittel zur Erreichung der Primär-Phantasie: Schönheit und Männer*		Primäre männliche Mittel zur Erreichung der Primär-Phantasie: Heldentum**	
Zeitschrift	Auflage	Zeitschrift	Auflage
Cosmopolitan	3 038 400	*American Legion*	2 507 338
Glamour	2 275 743	*Sports Illustrated*	2 448 486
Seventeen	1 688 954	*Boy's Life*	1 452 201
Teen	1 022 552	*Forbes*	719 908

* Deutsche Frauenzeitschriften zum Vergleich. Aus: Stamm 1986. Presse- und Medienhandbuch, 39. Ausgabe, Essen 1987.

Brigitte	1 473 700	*Für Sie*	1 063 200
Freundin	1 112 800	*Cosmopolitan*	599 000

** Die vier Männerzeitschriften repräsentieren die vier wichtigsten Kategorien des Heldentums. Auch Waffenzeitschriften werden sehr gut verkauft, aber sie stellen eine Brücke zwischen den Kategorien Sport und Krieg dar und werden daher nicht gesondert aufgeführt. Vergleichbare deutsche Zeitschriften, jedoch mit weit geringerer Auflage, sind die *sport Illustrierte* (176 600) und das *Forbes*-ähnliche *Capital* (296 900).

zeigt, daß die primären weiblichen *Mittel* zur Erlangung ihrer Primär-Phantasie Schönheit und *Männer* sind. Bei mehr als 90 Prozent der Anzeigen in Frauenzeitschriften stehen Mode und Schönheit im Vordergrund. Im redaktionellen Teil geht es etwa zu gleichen Teilen um Schönheit und Männer: Wie man sich Männer angelt, und was man mit ihnen anfängt. Über Berufstätigkeit so gut wie nichts.

Bei Männern illustrieren die auf Platz zwei liegenden Zeitschriften ihre *primären Mittel* zur Erreichung ihrer Primär-Phantasie: Heldentum — oder Leistung. Wenn ein Mann auch nur einen Teil seiner Primär-Phantasie erreichen will (eine schöne Frau), muß er zumindest etwas Herausragendes leisten. Wenn er seine gesamte Primär-Phantasie haben will (Zugang zu vielen schönen Frauen), hilft es, ein Held zu sein. Die Zeitschriften eines solchen Mannes sind *American Legion* (Kriegsheld), *Sports Illustrated* (Sportgröße), *Forbes* (Wirtschaftsboß) und *Boy's Life* (ein Jugendblatt, mit dem Jungen auf den späteren Leistungsdruck vorbereitet werden). In der folgenden Tabelle erkennen wir, daß es für einen Mann, der seine Primär-Phantasie erreichen will, keine Alternative zum Heldentum gibt. Nur so

Weibliche alternative Mittel zur Erreichung der Primär-Phantasie: Neue Frau		Männliche alternative Mittel zur Erreichung der Primär-Phantasie: Nicht vorhanden
Zeitschrift	Auflage	
Self	1 091 112	Es gibt keine Alternative
New Woman	1 055 589	zum Heldentum oder zur Leistung
Working Woman	605 902	
Ms.	479 185	

kann er viele schöne Frauen für sich gewinnen. Er hat auch keine Alternative zu besonderen Leistungen, wenn er einen Teil seiner Primär-Phantasie verwirklichen will. So sehen es jedenfalls die Männer selbst, wenn man nach der Beliebtheitsskala ihrer bevorzugten Zeitschriften urteilen darf.

Die steigenden Scheidungszahlen der letzten beiden Jahrzehnte haben die weibliche Primär-Phantasie oft ins Wanken gebracht. Wenn kein Mann da ist, der Sicherheit und ein besseres Zuhause garantiert, mußte eine „neue Frau" auf der Bildfläche erscheinen, um einen Teil davon selbst zu erarbeiten. Nämlich ein *alternatives* Mittel zur Erreichung ihrer Primär-Phantasie. So kam es Ende der sechziger und zu Beginn der siebziger Jahre zu einem neuen Typus von Frauenzeitschriften, die sich an die „neue Frau" wenden.

Männliche Realität im Gegensatz zur weiblichen

Wie wir an den Auflagenzahlen ablesen können, wird die Auflage um so geringer, je mehr ein Blatt Unabhängigkeit, Gleichheit und die Arbeitswelt in den Vordergrund stellt. In allen diesen Zeitschriften für die „neue Frau" fällt die bemerkenswerte Ähnlichkeit mit den Angeboten der Anzeigen in Zeitschriften wie *Cosmopolitan, Glamour* und *Seventeen* auf (vor allem bei den ganzseitigen Anzeigen, die wiederholt geschaltet werden). Es gibt fast keinerlei Berührungspunkte mit den Anzeigen in Männerzeitschriften. Dies ist insofern wichtig, als es die Kluft zwischen weiblicher und männlicher Realität widerspiegelt sowie die Kluft zwischen bewußten und unbewußten Botschaften.

In einer Ausgabe von *Esquire* werden mehr Computer, finanzielle Dienstleistungen und große Computer-Systeme angeboten als in den jeweiligen Ausgaben der meistverkauften Frauenzeitschriften zusammengenommen — einschließlich *Working Woman, New Woman, Self* und *Ms*. Und wenn wir *Esquire* durch *Forbes* oder *Fortune* ersetzen, wird der Unterschied noch größer.

Liegt das vielleicht daran, daß Frauen beide Arten von Zeitschriften lesen? Nur fünf Prozent der Abonnenten von *Forbes* sind Frauen — etwa 35 000.* Im Gegensatz dazu haben mehr als acht Millionen Frauen *Better Homes and Gardens* abonniert.[1] 35 000 — das ist weniger als ein halbes Prozent von acht Millionen.

Die Kluft zwischen weiblichen und männlichen Realitäten lassen sich auch an anderen Gegensätzen erkennen. So gibt es etwa ein *Bride's Magazine* (für die Braut), aber kein *Groom Magazine* (für den Bräutigam). In *Sports Illustrated* wird man vergeblich nach einer Anzeige suchen, in der eine Hochzeit als „der wichtigste Tag in Ihrem Leben" angepriesen wird, wie es die Zeitschrift *Bride's Magazine* tut. In der Zeitschrift *Fortune* wird die Kosmetikfirma Max Factor lediglich als interessante Anlagemöglichkeit erwähnt. In einer Fauenzeitschrift taucht die Firma als „Anlagemöglichkeit" völlig anderer Art auf. In *Forbes* trägt ein Artikel über das Abnehmen den Untertitel: „Für den Bankier: Schlankwerden leichtgemacht";[2] in *Good Housekeeping* wird das Abnehmen mit der Überschrift propagiert: „Wie ich 283 Pfund verlor".[3] Sogar wenn Männer und Frauen die gleiche Sprache zu sprechen scheinen, haben sie verschiedene Dinge im Auge.

Wenn man feststellen will, ob sich jemand verändert hat, darf man nicht an der Oberfläche steckenbleiben. Bei oberflächlicher Betrachtung haben sich beide Geschlechter gewandelt. Unter der Oberfläche jedoch sind die Grundwerte bemerkenswert unverändert geblieben. So hätten sich Jungen vor fünfzehn Jahren lieber totschlagen lassen, als mit einer Puppe im Arm erwischt zu werden. Heutzutage haben viele Jungen Puppen. Wenn wir uns die jedoch etwas näher ansehen, erkennen wir, daß die meisten von ihnen nur das Repertoire erweitert haben, mit dem die Jungen ihre Rolle als Held oder Macher erfüllen können. So gibt es etwa eine komplett mit Gewehr und Panzer ausgerüstete Puppe, mit der sich „internationale Terroristen-Gruppen" bekämpfen lassen, wenn man den Werbesprüchen Glauben schenkt. Der rasante Anstieg des Verkaufs von Puppen für Jungen allein ist nicht aussagekräftig — man muß sich klar machen, daß Jungen ihre traditionelle Rolle

* Der Hauptverwaltung von *Forbes* in New York zufolge sind fünfundneunzig Prozent der Abonnenten der Zeitschrift Männer (Zahlen von 1985).

jetzt nur noch mit einem weiteren Medium einüben — Cowboys und Indianer haben dem Krieg der Sterne Platz gemacht.

Gilt dies auch für die „neue Frau"? Die *Situation* der Frau hat sich in den vergangenen zwei Jahrzehnten deutlich verändert, aber hat sich auch das geändert, *was Frauen von Männern wollen*? Oder wird heute mehr von Männern erwartet, weil Frauen das Gefühl haben, sie selbst gäben mehr?

Diese Fragen sollen nicht unterstellen, daß Männer nur deshalb so sind, wie sie sind, weil es den Wünschen der Frauen entspricht. Wenn jedoch eine Frau, die Eltern eines Mannes, seine männlichen Freunde und Bekannten und sein Chef einen Mann auf eine Art und Weise belohnen, die ihm selbst gar nicht bewußt ist, erhält er eine sehr deutliche Botschaft. Frauen sind die einzige Gruppe, die den Männern offen sagt: „Aufhören — wir wollen dich anders." Die meisten Frauen wollen, daß sich die Männer ändern, und wollen auch ehrlich wissen, ob ihre Botschaft an Männer mehrdeutiger ist, als ihnen selbst klar ist. Es interessiert sie nicht so sehr, was die Eltern eines Mannes oder seine Kollegen und Freunde tun und ob sie als Frauen bei der Verewigung von Problemen, über die sie sich beklagen, eine Rolle spielen. Frauen wollen wissen, was *sie* tun können. Um diese Fragen geht es in diesem Teil des Buches.

Ich bin ein unabhängiger Mensch… Ich lasse mich durch Anzeigen nicht beeinflussen

Eine Untersuchung des redaktionellen Teils und der Anzeigen in Frauenzeitschriften kann ebenso wie ein Eingehen auf Liebesromane, Rockstars, Seifenopern, Filme und Fernsehserien wie etwa *Dallas* oder *Denver Clan* den Einwand auslösen: „Aber ich lasse mich doch weder von Anzeigen noch Popkultur beeinflussen." Dieser Einwand geht jedoch fehl: Ob eine Frau sich davon beeinflussen läßt oder nicht, ist nicht so wichtig wie die Tatsache, daß diese Dinge ihre Wertvorstellungen widerspiegeln. Es gäbe sie nicht ohne die finanzielle Unterstützung von Lesern und Zuschauern. *Die finanzielle Unterstützung durch die Frau ist freiwillig und enthält daher ihre Botschaft*, ebenso wie *Playboy* und *Sports Illustrated* männliche Wertvorstellungen widerspiegeln. Diese Blätter hätten nicht eine so hohe Auflage, wenn sie von Männern nicht gekauft würden. Ähnlich machen auch die Entscheidungen von Frauen Frauenzeitschriften überhaupt erst möglich. In den nächsten beiden Kapiteln werden wir erkennen, wie die Entscheidungen von Frauen und Männern vermittelt werden.

Es ist ein Irrtum zu glauben, daß wir nicht durch Anzeigen beeinflußt würden. Wenn ich eine Coca-Cola kaufe, sage ich mir zwar nicht bewußt: „Ich bin durch die Werbung beeinflußt worden." Es gibt jedoch einen Grund dafür, daß ich Coca-Cola öfter kaufe als das Produkt der Firma X. Bei Werbepreisen von 16 000 Dollar pro Sekunde in manchen Fernsehsendungen kann es sich kein Inserent leisten, ausschließlich auf der bewußten Ebene zu operieren. Kein Inserent wird es zulassen, daß eine korpulente und pickelige Frau ein Parfum anpreist (nicht einmal in einer Rubbel-Anzeige mit einer Probe des Duftwassers). Wenn wir sagen: „Ich sehe mir keine Fernsehspots an", spielen wir dem Inserenten in die Hände — indem wir nämlich nicht zugeben, daß wir von einer dicken und pickeligen Frau kaum ein Parfum kaufen würden. Bei dieser Einstellung entgeht uns auch die grundlegende Botschaft, die in fast jeder Anzeige mitverkauft wird, in der eine Frau ein Produkt verkauft: die Macht der schlanken, schönen, sorgfältig zurechtgemachten und jung wirkenden Frau. Sehen wir uns also einmal an, was die Käufe von Frauen über ihre Wertvorstellungen aussagen — die wirklichen Signale, die Männer von Frauen empfangen.

Und inwiefern bringt uns das Verstehen dieser Zusammenhänge weiter? Wenn Frauen erst einmal ihre Primär-Phantasie verstanden haben, beginnen sie auch zu verstehen, wie sich Männer an sie anpassen. Sie gewinnen etwas, was für Männer weit wertvoller ist als Schönheit: ein Verständnis der Männer.

Es gibt viele schöne Frauen. Ein Verständnis der Männer jedoch — nämlich aus der Perspektive des Mannes — ist selten. Und Männer? Die meisten Männer sind sich nicht einmal sicher, was es heißt, „sich auf Gefühle einzulassen". Manchmal stellen sie sogar die verlegene Frage: „Auf welche Gefühle lasse ich mich nicht ein?"

In den folgenden Kapiteln werden wir sehen, was Botschaften mit Gefühlen anrichten können.

2.
Was Frauen wollen:
Die Botschaft, die der Mann hört

„Unsere Wertvorstellungen erkennen wir am besten, wenn wir uns ansehen, wofür wir Geld ausgeben."

Gloria Steinem

„Frauenzeitschriften haben eines gemeinsam — Selbstverwirklichung."
Patricia Carbine, Verlegerin der Zeitschrift *Ms.**

Die weibliche Primär-Phantasie und wie Männer darin Platz finden

Um einen Einblick in die Wertvorstellungen der gebildetsten und unabhängigsten Frauen Amerikas zu gewinnen, sollten wir uns zunächst ein paar Anzeigen der größten feministischen Zeitschrift der USA ansehen, der Zeitschrift *Ms*. Dabei sollten wir nicht vergessen, daß ein Blick auf unsere Anzeigen ein Blick darauf ist, wofür wir Geld ausgeben, was uns einen Einblick in unsere unbewußten Wertvorstellungen vermittelt.

Beginnen wir mit zwei Brillanten-Anzeigen. Eine stammt von 1982[1] und eine aus dem Jahr 1984[2]. Beide sind von dem gleichen Unternehmen geschaltet worden, zeigen das gleiche Bild und den gleichen Text. Oder vielleicht doch nicht? Sehen Sie sich die Anzeige *sehr* genau an.

* So bei einem telefonischen Interview im Februar 1985; eine bestätigende Äußerung fand sich noch in mehreren Frauenzeitschriften.

Ms., April 1982   *Ms.*, März 1984

Mit Ausnahme der Hand der Frau ist das Bild in beiden Anzeigen identisch. Die spätere Anzeige enthält eine neu fotografierte Hand! Warum? Der Brillant an der neuen Hand ist doppelt so groß wie der in der ersten Anzeige. Und außerdem ist dreimal soviel Gold zu sehen. In der Anzeige von 1984 ist bei den „Ausgaben-Richtlinien" rechts unten der Viertel-Karäter gestrichen worden, dafür taucht ein Ein-Karäter auf. Jeder Juwelier kann einen darüber aufklären, daß es auf die „4 C's" ankommt: *cut, clarity, color* und *carat size* (Schliff, Reinheit, Farbe und Karat). Bei Farbe oder Reinheit sollte man der Qualitätsstufe *fine* den Vorzug geben. Der Preis von 11 000 Dollar, der in der Anzeige beim Ein-Karäter genannt wird, gilt jedoch nur für einen Brillanten der Qualitätsstufe *medium* bei Farbe und Reinheit.*

Was passiert nun, wenn Miss Gleichheit mit einem Mann zum Juwelier geht, um sich dort an die „Ausgaben-Richtlinien" zu halten? Wenn sie davon ausgeht, daß er ihr den wirklich respektablen Brillanten schenken wird, muß er etwa 14 000 Dollar ausgeben. Und wenn das zwei Monatsgehältern entspricht, muß er pro Monat 7000 Dollar *nach Abzug* der Steuern verdienen. Und wenn er so viel verdient, zahlt er etwa fünfzig Prozent an Einkommensteuer, und das bedeutet wiederum, daß er etwa *168 000 Dollar brutto im Jahr* verdient. Für den etwas ärmeren Mann wird vielleicht auch ein Drei-Viertel-Karäter von feiner Farbe und Reinheit genügen — dann braucht er nur etwa 100 000 Dollar brutto im Jahr zu verdienen.

* Worauf in der Anzeige von 1984 ausdrücklich hingewiesen wird.

Verlobungsringe haben eine Geschichte, eine Geschichte des Schenkens von Mann zu Frau. Ich ging davon aus, daß die Zeitschrift *Ms.* auch Geschenke vorstellen würde, die Frauen Männern machen können, etwa Brieftaschen, Duftwässerchen, Bücher, Schmuck und Taschenrechner, vor allem in Anzeigen vor dem Vatertag oder vor Weihnachten. Ich habe mir sämtliche ganzseitigen Anzeigen von Juli 1983 bis Januar 1985 angesehen — eine Zeitspanne von neunzehn Monaten. In sämtlichen neunzehn Ausgaben von *Ms.* ist nicht eine einzige ganzseitige Anzeige für ein Geschenk erschienen, das eine Frau einem Mann machen kann — nicht einmal in den beiden Weihnachts-Ausgaben.*

Doch warten Sie... es gibt eine Ausnahme. Eine Ausgabe von *Ms.* enthält eine Anzeige mit einem Geschenk für einen Mann: Ein Geschenkabonnement für die Zeitschrift *Ms.* Die Anzeige nennt dreizehn Kategorien von Menschen, denen die Leserin das Abonnement schenken kann. Der erste Mann, der hier erwähnt wird,

ist „ihr Bruder, dem es nichts ausmachen wird, wenn die Zeitschrift in einem neutralen Umschlag verschickt wird". Der zweite Mann ist „der künftige Ex-Mann Ihrer besten Freundin".

Bei den dreizehn möglichen Adressaten eines Geschenkabonnements wird jedoch kein Freund erwähnt, kein Ehemann, kein Liebhaber. Welche sublime Botschaft

* Sämtliche in diesem Buch erwähnten Anzeigen sind im Original ganzseitig.

wird einem Mann vermittelt, der eine „ebenbürtige" Frau will, wenn es in diesem Blatt nicht eine einzige ganzseitige Anzeige für einen Mann gibt, mit dem sich die Frau „gefühlsmäßig verbunden fühlt"? Und das in keiner der neunzehn Ausgaben? Trotzdem schenkt er ihr einen Brillanten für 14 000 Dollar. Soll das etwa heißen, daß es nur eins gibt, was man einem Mann schenken kann — nämlich ein *Ms.*-Abonnement? Damit soll wohl unterstellt werden, daß ein Ehemann oder Liebhaber immerhin den Körper der Frau hat. Und ist das nicht genug?

Wenn Heirat für die Frau einen kostspieligen Diamanten bedeutet, den sie ohne angemessene finanzielle Gegenleistung erhält, bedeutet diese Ehe auch Flitterwochen ohne finanzielle Gegenleistung ihrerseits und ein Zuhause, das sich ein Mann mit einem Einkommen von 100 000 bis 168 000 Dollar leisten kann — und die Erwartung, daß er mit den Hypotheken fertig wird.

Der Brillanten-Transfer

Wie rechtfertigt eine Frau, die aufrichtig an Gleichheit glaubt, eine solche Ungleichheit? Erklärung folgt. Suchen Sie den Unterschied zwischen einer Brillanten-Anzeige der Firma De Beers, die *nicht* in *Ms.* erschienen ist, und den beiden bereits erwähnten Anzeigen.

Time, 12. Oktober 1981

In der in *Time* veröffentlichten Anzeige wird dem Mann gutgeschrieben, daß er all diese Überstunden gearbeitet hat, um das Geld für den Brillanten zu verdienen. In der *Ms.*-Anzeige gibt *er* 14 000 Dollar aus, wofür *sie* gelobt wird, weil sie ihn zum Juwelier begleitet hat, damit er nicht zu sehr über die Stränge schlägt! *Ihr*

Glaube an die Gleichheit zwingt sie, ihm das Verdienst für das zu verweigern, was er für sie tut. Statt dessen klopft sie sich selbst auf die Schulter. Sie könnte sogar sagen: „Er kauft diesen großen Brillanten, weil sein Ego das braucht" — was durchaus zutreffen könnte. In beiden Fällen jedoch wird ihm die Anerkennung verweigert, damit der Widerspruch zum Gleichheitsgrundsatz umgangen werden kann. Der Teil des Mannes, der den Versorger spielt, erhält Signale, damit fortzufahren, aber durch die Verweigerung der Anerkennung dafür kann die Frau ihn dazu bringen, noch tiefer in die Tasche zu greifen und ihm dazu noch sagen, daß er ein Chauvinist sei, weil er zahlt. Dies ist der erste von zwei Teilen des „Brillanten-Transfers".

Der zweite Teil? Stellen Sie die Frage: „Wenn Männer schon bezahlen, warum gibt es dann so viele Brillanten-Anzeigen in Frauenzeitschriften?" Die Diamantenfirma De Beers hat durch Erfahrung gelernt, daß man Brillanten der Frau verkaufen muß, wenn ein Mann das Geld dafür auf den Tisch legen soll — sie entscheidet, er zahlt. Das ist Teil zwei des „Brillanten-Transfers". Dieser ist ein erstes Beispiel dafür, wie weibliche Entscheidungen und Wertvorstellungen in das männliche Verhalten eingebaut werden und wie Männer sich an die weibliche Primär-Phantasie anpassen. Der Transfer wird auch im Titel dieses Kapitels angedeutet: „Was Frauen wollen: Die Botschaft, die der Mann hört."

Es gibt einen noch eindrucksvolleren Unterschied zwischen der *Time*-Anzeige und den Anzeigen in *Ms.* Die in *Time* veröffentlichte Anzeige ist so gut wie das einzige Beispiel, das ich je gesehen habe, in dem eine schöne erwachsene Frau liebevoll einen Mechaniker anblickt — oder überhaupt einen Arbeiter. In der Zeitschrift *Ms.* werden solche Attraktionen im redaktionellen Teil gelegentlich erörtert. Wir werden jedoch sehen, daß ein Image dieser Art in keiner Frauenzeitschrift als Anzeige erscheint, es sei denn, es handelt sich um eine wohlhabende Frau, die den Mann ausschließlich als Sexobjekt benutzt. Bis auf weiteres muß der Mechaniker jedoch lernen, daß er die Gleichheit mit der anziehenden Frau erst verdienen muß — er muß ihr einen Brillanten kaufen. Mit der obengenannten Ausnahme jedoch erfahren die Männer, daß der Beruf eines Mechanikers nie ausreicht, das Herz einer attraktiven Frau zu erobern. Gleichgültig wie empfindsam, liebevoll und warmherzig er ist. Selbst wenn er einen Brillanten besitzt.

Aschenputtel — oder Superwoman?

Haben die Frauen sich verändert? Ja. Die Veränderungen, die einen wirklichen Fortschritt darstellen — angefangen bei der Selbstsicherheit bis hin zum Status in der Arbeitswelt —, sind in der Öffentlichkeit ausführlich diskutiert worden. Viele grundlegende Dinge sind sich jedoch bemerkenswert gleich geblieben. Warum halten wir den Fortschritt für größer, als er tatsächlich ist? Weil das, was gleich geblieben ist, keine Schlagzeilen macht. Superwoman macht Schlagzeilen. Aschenputtel ist ein alter Hut. Dabei hat fast jede Frauenzeitschrift Artikel über Superwomen, die neben Anzeigen stehen, in denen Aschenputtel im Mittelpunkt steht. Selbst in Blättern wie *Working Woman*, *New Woman* und *Ms.*

Zeigt die Anzeigenserie in *Ms.** „emanzipierte Puppen" vom Schlage etwa einer Golda Meir? Nein. Statt dessen finden wir in *Ms.* eine ganzseitige Anzeige (links unten), in der eine „Aschenputtel-Figur" angeboten wird. Sie steht auf einer glockenförmigen Uhr. Die Uhr zeigt, daß es zwölf geschlagen hat — läuft die Zeit der *Ms.*-Leserin ab? Die Porzellanfigur ist ein Exklusiv-Angebot an *Ms.*-Leserinnen für nur 63 Dollar; sie soll ihr Gesellschaft leisten, während sie und Aschenputtel gemeinsam auf den Märchenprinzen warten. Kein Wunder, daß sie das Gefühl hat, es herrsche Männerknappheit.

Ms., Februar 1984   *Ms.*, Oktober 1983

Ist dieses Beispiel ein Einzelfall? Im Vormonat wurde in der Zeitschrift die Eliza Doolittle-Figur aus der „My Fair Lady"-Sammlung angeboten. Später folgte noch eine Figur aus der Sammlung „Frauchen". Viele Männer gestehen, sie hätten von den Feministinnen etwas gelernt. Unter anderem, daß es ein geradezu typisches Beispiel für herablassenden männlichen Chauvinismus sei, eine Frau „Frauchen" zu nennen. Dem kann ich nur zustimmen. Trotzdem zahlen *Ms.*-Leserinnen mehr als einhundertfünfzig Dollar für dieses „Frauchen". Und was sollen wir von Artikeln halten, in denen die verkrüppelten Füße und die Demut der Frau in der traditionellen fernöstlichen Kultur zur Sprache kommen, wenn wir sehen, daß *Ms.*-Leserinnen ein Stück Porzellan kaufen, das eine traditionelle fernöstliche Frau

* *Ms.* enthält mehr ganzseitige Anzeigen als irgendeine andere der Frauenzeitschriften mit einer hohen Auflage (ab 400 000 Abonnentinnen). Die genannten Anzeigen sind keine zufällige Auswahl, sondern stehen für die mehrdeutigen Botschaften, die selbst unabhängige Frauen verinnerlichen und daher an Männer weiterleiten.

glorifiziert (vgl. die Anzeige vorige Seite rechts)? Sie kostet nur einhundertzwanzig Dollar. Im Umfeld von Artikeln über die Feminisierung der Armut teilt sich der Leserin eine doppeldeutige Botschaft mit.

Aschenputtel werden nur selten so direkt portraitiert. Die meisten Aschenputtel in Frauenzeitschriften verkaufen ein anderes Produkt, Zigaretten etwa. In einer Anzeigenserie der Firma Benson & Hedges finden wir ein beherrschendes Thema — alle Frauen sind eine Art Aschenputtel. Eine Anzeige zeigt eine Frau, die durch das Portal eines Herrenhauses schreitet; sie betritt eine Terrasse mit Blick auf einen prachtvollen Blumengarten, der den Tuilerien Ludwigs XIV. in Paris ähnelt. Und wie kommt sie in diese Umgebung? Indem sie das richtige Produkt kauft und schön ist. Das Produkt kann wechseln, aber sie muß schön sein. Wenn sie es ist, kann man sie so abbilden, als könne sie diese luxuriöse Umgebung besitzen, ohne sie selbst verdient zu haben.

Warum ist in diesen Anzeigen mit schönen Frauen so oft kein Mann zu sehen? Die versteckte Botschaft lautet so: Wenn sie schön ist, wird er sie schon finden, und sie kann unter einer Vielzahl von Männern, einer Vielzahl von Königreichen wählen.

Wie unterscheiden sich diese Bilder von dem des gleichfalls attraktiven Marlboro-Mannes? *Er wird bei der Art von Tätigkeit portraitiert, mit deren Hilfe er von seiner Umwelt Besitz ergreifen kann.* Und warum sind Frauen in diesen Anzeigen à la „Macht euch die Erde untertan" oft nicht dabei? Die versteckte Botschaft lautet: Wenn du nicht Manns genug bist, dir deine Umwelt zu unterwerfen, wird dich jede schöne Frau glatt übersehen. Wenn der Mann Herr der Lage ist, gehört die schöne Frau wie selbstverständlich dazu.

Warum mit *Ms.* anfangen, der einzigen gutverkauften Frauenzeitschrift, die Frauen so behandelt, als hätten sie eine selbständige politische Meinung, wenn in jeder Frauenzeitschrift die gleiche Geschichte erzählt wird? Weil dieses Blatt behauptet, die Konkurrenzzeitschriften hinter sich gelassen zu haben und nach Männern Ausschau zu halten, die „genauso emanzipiert sind wie wir selbst". In der Ausgabe vom Mai 1984 beispielsweise widmete *Ms.* zwei volle Seiten einer Eigenanzeige: „Wir haben uns so sehr verändert. Wir haben die Welt verändert." Das ist es, was Männer so unsicher macht. Sie glauben inzwischen, daß die Frauen sie weit hinter sich gelassen haben. Wenn man jedoch davon ausgeht, daß Anzeigen, die ausschließlich auf die Macht weiblicher Schönheit abstellen, sexistisch sind, da sie Frauen nur als Schönheits-Objekte behandeln, dann hat es auf den ersten elf Seiten der Mai-Ausgabe 1985 der Zeitschrift *Ms.* mehr sexistische Anzeigen gegeben als in den Mai-, Juni- und Juli-Ausgaben 1985 der Zeitschrift *Fortune* (die *Capital* ähnlich ist) zusammengenommen.

Wer hat sich also verändert?

Warum behaupten Männer, Frauen ließen ihnen mehrdeutige Botschaften zukommen?

Nach *Ms.* nahm ich mir die erfolgreiche Frauenzeitschrift *Self* vor, die von sich behauptet, emanzipatorisch zu wirken. Ich habe die Ausgabe vom Juni 1984 untersucht. In den ersten 27 ganzseitigen Anzeigen wurden *ausschließlich* Kosmetika angepriesen — diese Werbung zeigte nicht einfach nur schöne Frauen, die für andere Produkte warben. Und die Rolle der Männer auf diesen Seiten? In den ersten 26 Anzeigen muß man sich die Männer dazudenken; sie werden nicht gezeigt und tauchen auch im redaktionellen Teil zunächst nicht auf. Auf den ersten 27 Seiten dieser Ausgabe werden insgesamt nur drei Männer abgebildet. Zwei der drei sind gerade dabei, einer Frau etwas zu kaufen. Einer kauft einen Brillanten; der zweite kauft einer Frau um zwei Uhr nachts aus einem Impuls heraus aus einem Versandhauskatalog eine neue Garderobe. Sie nennt diesen Spontankauf „verrückt" und „wundervoll". Wenn ein Mann sagt: „Ich liebe sie, weil sie spontan und verrückt ist", wird er damit kaum meinen, daß sie ihn gerade neu eingekleidet hat. Der dritte Mann neigt sich dem brillantenbesetzten Ohr einer schönen Frau zu, weil er durch den Duft ihres Parfums angelockt wird.

Männer hören Frauen oft sagen, sie hätten gern einen Mann, der die Hausarbeit mit ihnen teile. „Stimmt das wirklich?" wollen die Männer wissen. Ja. Frauen wollen *tatsächlich* Männer, die ihnen die Hälfte der Hausarbeit abnehmen, aber nur dann, wenn das eine *zusätzliche* Leistung der Männer ist, die zudem erfolgreich genug sein müssen, um ihrer Frau den Brillanten und die neue Kleidung zu kaufen.

Ist diese gesteigerte Erwartungshaltung gegenüber Männern vielleicht darauf zurückzuführen, daß Frauenzeitschriften die Frauen dazu erziehen, Männern neue Kleidung und Schmuck zu kaufen? O nein. Sehen wir jedoch einmal von den Anzeigen ab — vielleicht findet sich im redaktionellen Teil etwas, was Frauen zur Weiterbildung ermahnt oder sie darauf hinweist, daß sie den Männern einen Teil der Verantwortung für den Lebensunterhalt abnehmen müssen. Das Ergebnis: Etwa zehn Prozent aller Artikel handeln davon. Die restlichen neunzig Prozent kreisen um Themen wie den Körper („Unsere neue Schnell-Diät"), „Warum die Leidenschaft nachläßt", „So kommt Ihr Mann auf Touren" oder Heldinnen im Streß.

Jedoch zurück zu den Anzeigen. Wird bei irgendeinem der in *Self* beworbenen Produkte die Notwendigkeit angesprochen, daß Frauen zum Lebensunterhalt beitragen sollten? In der gesamten Ausgabe findet sich *keine* Anzeige für Computer, Büroausstattungen oder finanzielle Dienstleistungen, die bei einem Managermagazin wie *Forbes* annähernd 80 Prozent der Anzeigen ausmachen. Statt dessen finden wir Anzeigen für Haargel und Frisierhilfen; für Feuchtigkeits-Lotions und Körpercremes; für Eyeliner und selbsthaftende falsche Wimpern; für Nagellack und Haarentfernungsmittel. Eine Frau kann zwischen Haarentfernern aus kaltem Wachs wählen, das sich in Streifen anbringen und abreißen läßt, oder irgendeinem anderen Haarentfernungsmittel. Welches würden Sie verwenden? Was Sie auch immer wählen mögen, legen Sie es beiseite, wenn es um Ihr Gesicht geht — dann müssen Sie ein Haarentfernungsmittel fürs Gesicht verwenden. Falls diese Angebotsvielfalt Sie verwirren sollte, können Sie Ihr Haar auch einfach nur mit einer Bleichcreme bleichen. Dabei gibt es natürlich auch wieder stärkere und schwächere Mittel, die nur für Gesichtshaare vorgesehen sind. Welches würden Sie wählen? Und dies alles findet sich in einer einzigen Ausgabe der Zeitschrift.

Wie soll sich eine Frau dabei noch auf ihre Karriere konzentrieren?

Gibt es überhaupt Frauenzeitschriften, die ohne diese Anzeigen auskommen und auch Artikel enthalten, die Frauen als karriereorientierte Erwachsene behandeln? Ja. Die Zeitschrift *Savvy. Und die wird nur von sehr wenigen Frauen gekauft. Savvy* hat weniger als ein Drittel der Abonnenten von *Mother Earth News* oder *Workbench*, ja sogar weniger als die Zeitschrift *Bassmaster.**

Gibt es nur bei Frauen, die sich um Gleichheit bemühen, solch eine Kluft zwischen dem, was sie angeblich anstreben und dem, worauf sie tatsächlich aus sind? Wenn wir einmal eine Anzeige für *Cosmopolitan* mit einer Ausgabe der Zeitschrift vergleichen, dann erkennen wir zwischen der offenen Botschaft der Anzeige und dem tatsächlichen Inhalt der Zeitschrift einen erheblichen Unterschied.

Was geschieht? Die Frau erfährt, daß sie auf zwei verschiedene Arten die Spröde spielen kann: nämlich erstens in sexueller Hinsicht — die althergebrachte Methode. Sie kann aber auch versuchen, sich durch ihre Karriere rar zu machen — die Karriere ist das jüngste Mittel, einen Mann zur Ehe zu bringen. Oder, um genauer zu sein, der Anschein einer Karriere wird dazu benutzt, einen Mann dazu zu bringen, sich zu binden. Im fraglichen Heft findet sich nämlich kein einziger Artikel über Karrieremöglichkeiten einer Frau. Oder könnte es vielleicht so sein, daß der Anschein einer Karriere dazu eingesetzt wird, einen Mann an sich zu binden, damit die Frau es in Wahrheit nie nötig hat, sich um eine eigene Karriere zu kümmern?

Bei dieser neuen Formel hat der Mann keinerlei Chance. Wenn er sich bindet, tut er dies, weil sie entweder auf die moderne, karriereorientierte Weise die Spröde gespielt hat oder nach althergebrachtem Muster in sexueller Hinsicht. Und wenn der Mann sich nicht bindet, wird einfach behauptet, Männer fühlten sich durch erfolgreiche Frauen bedroht.

Kein Wunder, daß die befriedigendste Beziehung einer *Cosmopolitan*-Leserin die zu einer Zeitschrift ist.

Wozu sind Jungen zu gebrauchen?

Welche Hinweise erhält ein junges Mädchen darauf, was es einem jungen Mann schenken kann? Sehen wir uns einen dreizehnseitigen Geschenkkatalog der Zeitschrift *Teen* an, die Weihnachtsausgabe 1984. Es werden rund siebzig Geschenke

---

* Sämtliche Angaben beruhen auf den Zahlen des Audit Bureau of Circulations. Die Zeitschrift *Savvy* ist in der Rangliste nicht auf den ersten 140 Plätzen zu finden und daher nicht Bestandteil meiner Analyse.

mit einem Durchschnittspreis von etwa dreißig Dollar angeboten (mit einem Gesamtwert von mehr als zweitausend Dollar). Nur ein Geschenk ist für ein männliches Wesen gedacht — ein Schlafanzug für einen männlichen Säugling. Wie in *Ms.* finden sich auch hier keine Geschenke für Freunde und Liebhaber.

Die Abbildungen zeigen eine Reihe von jungen Männern. Einer bewundert ein Mädchen, das sich gerade im Spiegel bewundert; ein anderer ist dabei, das nagelneue Auto eines Mädchens abzuschleppen. Hier werden Männer genauso benutzt wie in *Self.*

Hilft das Mädchen in der *Teen*-Anzeige dem Jungen, der sich mit ihrem Wagen abmüht? Nein. Sie drapiert sich dekorativ auf dem Abschleppwagen. Und wie lernt sie, mit einer Streßsituation fertigzuwerden? Die Unterschrift erklärt es: „Wenn Streß Ihnen Hautprobleme verursacht, pflegen Sie ihren Teint mit Noxzema Acne 12. Und tragen Sie solange ein bequemes Kleid!"

Alle zwölf Tage der Weihnachtsferien folgen dem gleichen Muster: „Kontrollieren Sie täglich Ihr Gewicht", „Feilen Sie sich die Fingernägel…", „Massieren Sie sich die Hände", „Massieren Sie die Füße", „Alle Männer werden sich nach Ihnen umdrehen, wenn Sie die Lippen verführerisch feucht halten…" Und was bekommt er dafür? Außer ihrer Schönheit wird nichts erwähnt. Und was lernt er daraus? Bewundere und rette. In *Teen.* In *Ms.* In *Self.*

Zeigen nun Zeitschriften für Jungen, wie ein Mädchen *seinen* nagelneuen Wagen abschleppt, während er sich auf dem Abschleppwagen herumlümmelt und sich um seine Akne sorgt? Wohl kaum.

In Männerzeitschriften findet man nur wenige Geschenke, die Männer einer Frau kaufen können. Vergessen wir nicht den Grundsatz des Brillanten-Transfers. Sie wählt den Diamanten aus und wählt auch unter den Männern, die sie mit der Macht ihrer Schönheit dazu bringt, ihn zu kaufen. Anzeigen für Männer zielen folglich darauf ab, wie man erfolgreich genug wird, alles zu kaufen, was die Frau haben will; in Anzeigen für Frauen geht es darum, wie man schön genug wird, um sich sowohl das Geschenk wie den Mann auszusuchen, der das Geschenk kaufen soll. In Männerzeitschriften werden nicht viele Geschenke für Frauen angeboten, weil man von Männern erwartet, daß sie erst kaufen, wenn sie die Frauen befragt haben und nicht etwa die Zeitschrift. Sie sollen ihre Energien darauf konzentrieren, das nötige Kleingeld zu verdienen.

Die Prinzessin und der Gönner:
Das *Flashdance*-Phänomen

Welche Frauen erscheinen am häufigsten auf den Titelseiten von Frauenzeitschriften? Prinzessin Di, Jackie O. und bis zu ihrem Tod Prinzessin Gracia. Sie heirateten einen Prinzen, einen Präsidenten und einen Fürsten.

Bei erfolgreichen Fernsehserien werden die Dinge etwas komplizierter. Im *Denver Clan* etwa werden zwei Frauentypen vorgeführt — Joan Collins als Alexis, die Konzernherrin und das Ekel vom Dienst sowie Linda Evans als Krystle, die Dame/gute Fee/Sekretärin, die ihren Job aufgibt, als sie ein Kind bekommt.

Was haben die „Dame" nach herkömmlichem Muster und das Ekel gemein? Beide konnten sich für ihren jeweiligen Weg entscheiden, nachdem sie Geld geheiratet hatten.

Im *Denver Clan* haben sich tatsächlich ein paar Dinge verändert. Jetzt macht es keinen Unterschied mehr, ob die Ehemänner älter und mit einem Bein schon im Grab stehen oder nur halb so alt sind wie die Frau — die einzige Bedingung ist, daß sie es schon geschafft haben. Als die liebe süße Krystle schwanger wird, nachdem sie den Eigentümer der Ölgesellschaft geheiratet hat, für den sie früher als Sekretärin arbeitete, schenkt er ihr als Belohnung für die Schwangerschaft einen Rolls-Royce. Nach mehrjähriger Pause kehrt sie in die Arbeitswelt zurück. Als Sekretärin? Nein. Als Leiterin der PR-Abteilung des Konzerns. Welche Ausbildung hat sie zwischen ihrer Zeit als Sekretärin und Leiterin der PR-Abteilung absolviert? Sie hat den Boß geheiratet. Das ist das Flashdance-Phänomen — man muß den richtigen Gönner finden. Qualifikation: das Aussehen einer Prinzessin.

People, 13. Mai 1985

Im wirklichen Leben beteuert Linda Evans, für den richtigen Mann würde sie „sofort mit der Schauspielerei aufhören und nur noch zu Hause bleiben".[3] Und genau das hat sie auch getan. Karriere als Alternative und Reichtum durch Heirat. Was sie zum Phantasie-Vorbild für Millionen Frauen gemacht hat, die auch gern alles hätten — einschließlich sanfter Weiblichkeit —, und das durch Eheschließung mit einem Mann, der alles hat, der aber im Lauf der Zeit, die nötig war, um all das zu verdienen, hart geworden ist.

Wir geben ungern zu, daß diese Phantasie immer noch stillschweigend unterstellt, daß Männer sich gegenseitig umbringen, damit der Überlebende in die Lage kommt, eine Frau wie durch Zauberei in eine Prinzessin zu verwandeln. Die Phantasie: in einer Minute das heiraten, was er in einem ganzen Leben verdient hat.

Die beiden „verschiedenen" Traumbilder im *Denver Clan* sind in Wahrheit zwei Methoden zur Erreichung des gleichen Ziels: daß man sich durch Heirat seine Lebensentscheidungen verschafft. Welchen Gönner soll sich eine Frau aber wählen? Sowohl das Krystle- wie das Ekel-Image sind heute als Parfums erhältlich, so daß Millionen Frauen beide Düfte an sich selbst ausprobieren können.

Magisches Denken: Das Einhorn, die Prinzessin und der Held
„Make-up Magic", die Titelgeschichte der Dezember-Ausgabe 1984 der Zeitschrift *Seventeen*, verspricht, das Durchschnittsmädchen in eine Schönheit und einen potentiellen Star zu verwandeln — wie durch ein Wunder. Der *Denver Clan* verspricht einen „Flashdance" zum Ruhm, Rolls-Royce-Automobile und Ölbarone. Wie durch ein Wunder. Die „Red Door"-Serie von Elizabeth Arden machte sich dadurch einen Namen, daß versprochen wurde, sie könne *jede* Frau wie durch ein Wunder zu einer Schönheit machen.

Seventeen, Dezember 1984

Und wenn ein Mädchen es durch eigene Anstrengung nicht schafft, versprechen die Horoskope den Erfolg bei jungen Männern, der ohnehin in den Sternen steht. Die Januar-Ausgabe 1985 von *Seventeen* widmet volle dreizehn Seiten den Horoskopen — von denen fast jedes irgendeine Spielart „Deines Erfolgs im Jahre 1985" enthält: *„Jungen, Jungen, Jungen*, vor allem im Juni und im Juli — Du wirst erleben, daß Du Dich vor ihnen gar nicht retten kannst!"[4]

Und was ist mit dem Mädchen, das erst neun oder zehn ist und gerade erst anfängt, mit Schönheit herumzuexperimentieren, aber noch nicht bereit ist, mit Jungen zu experimentieren? Dieses Mädchen spielt mit Einhörnern. Sehen Sie sich die Anzeige von *Seventeen* an, mit der für das Parfum Magical Musk geworben wird. Während ein Junge im Alter von neun oder zehn Jahren Einhörner hinter sich läßt, kann man selbst ein siebzehnjähriges Mädchen noch mit der Magie von Einhörnern zum Kauf eines Produkts verführen. Während ein Junge dazu erzogen wird, daß er sich den Erfolg im Leben erst verdienen muß, träumt ein Mädchen weiterhin vom Regenbogen. Der Regenbogen symbolisiert die goldene Zukunft — die sich einstellen wird, sobald die Wunderdiäten und magischen Make-ups wie durch ein Wunder eine Umwandlung bewirkt haben, die irgendeinen Mann dazu bringt, diese goldene Zukunft zu verwirklichen.

Das magische Einhorn wird zum magischen Mann; das Gold am Ende des Regenbogens wird zum Brillanten, mit dem der Mann sich bindet.

Ms., Juni 1985

Wirft nun die unabhängige Frau die Erwartung der Magie über Bord — die Erwartung, daß sie Geschenke erhält oder daß ein Mann für sie sorgt? Man erhält die Antwort, wenn man die Ähnlichkeit zwischen der Anzeige in *Seventeen* und der Anzeige in *Ms.* vergleicht.

Bitte beachten Sie, daß das Einhorn als „Liebesbote" bezeichnet wird. Aber wie wird die Liebe erlangt? Ihre *„flüchtige Seele kann nur durch die magische Kraft eines Mädchens gezähmt* werden" (Hervorhebung durch den Autor). „Flüchtige Seele" im Gegensatz zu einem Mann, der seinen Gefühlen offen und direkt Ausdruck gibt; „gezähmt" im Gegensatz zu einem Mann, der nichts weiter zu bieten hat als Leidenschaft auf der Basis der Gleichberechtigung; gezähmt durch die „magische Kraft eines Mädchens" im Gegensatz etwa zu der Liebe, „wie sie einer unabhängigen berufstätigen Frau begegnet". Dies ist *ihre* Phantasie. In der Zeitschrift *Ms.* Eine Phantasie, die von *Ms.*-Leserinnen geteilt wird? So sehr, daß diese Anzeige 1986 sogar als Doppelseite erschien.

Die Erwartung, daß man etwas „geschenkt" erhält, wird so gut verstanden, daß es kein Kästchen gibt, in dem man die gewünschte Zahlungsweise ankreuzen kann; statt dessen wird die Bestellerin eine Rechnung erhalten, „wenn meine Skulptur versandbereit ist". Die Käuferin kauft also auch die Illusion mit, daß diese Skulptur nur für sie geschaffen wird. Wir lesen nämlich auch: „Jede Skulptur wird *Stück für Stück handgearbeitet und von Hand poliert."* Ferner: *„Limit: Eine Skulptur pro Bestellung."* Da die Liebe ein Teil der Primär-Phantasie der Bestellerin ist, muß sie ihr allein treu sein. (Das Einhorn ist ein uraltes Symbol der Treue.) Während eine Frau allmählich älter wird, wird ihr „Magical Musk" aus *Seventeen* zu ihrer magischen Macht, mit der sie die Sexualität einer Bestie *zähmen* und in treue Liebe verwandeln kann — statt mit der Bestie *sexuell zu sein.* So sieht die Primär-Phantasie aus. In *Ms.*

Stellen Sie sich mal eine Anzeige in der Wirtschaftszeitschrift *Forbes* vor, in der für ein 120 Dollar teures Porzellan-Einhorn geworben wird. Für den Schreibtisch des leitenden Angestellten. Ohne Angabe einer direkten Zahlungsmöglichkeit. Männer lernen, daß sie nicht durch ihre angeborene „magische Kraft" Liebe bekommen können, oder dadurch, daß sie sich mit einem Duftwässerchen besprühen; sie müssen sich Liebe verdienen. In *Forbes* gibt es Anzeigen für Computer und Kommunikationssysteme. *Forbes* lehrt die Männer, was sie kaufen müssen, um sich die Liebe einer Frau *zu verdienen.** *Je mehr die Frau an Wunder glaubt, um so mehr muß der Mann die Wunder erst schaffen.*

Jungfräulicher Sex

Jedesmal, wenn Weihnachten bevorsteht, und wenn Megan, die Tochter meiner Freundin, Geburtstag hat, debattieren wir über zwei Geschenkkarten: diejenigen, von denen ich meine, sie sollte sie bekommen, und diejenigen, von denen ich weiß, daß sie davon begeistert sein wird. Als sie noch acht bis zwölf Jahre alt war, wußte ich, daß es zwei Dinge gab, die in der Kategorie „Spitze!" bei ihr ankommen würden: Einhörner und Poster von Idolen. Bei ihren Freundinnen war es genauso. Ich

---

* Nach Angaben von *Forbes* besteht die Leserschaft des Blatts zu 95 Prozent aus Männern.

habe es erst jetzt geschafft, diese Verbindung zu verstehen. Ohne Einhorn oder männlichen Star an der Wand hätte Megan sich direkt mit ihrer Sexualität auseinandersetzen müssen. Das war nicht das gleiche, als hätte sie das Bild eines Klassenkameraden auf der Kommode gehabt. Keiner ihrer männlichen Klassenkameraden oder Schulfreunde aus den Klassen ihrer Freundinnen hätte es geschafft, den Status eines Stars zu erreichen. Folglich blieb es Megan und ihren Freundinnen erspart, sich direkt mit ihrer Sexualität auseinanderzusetzen.

Natürlich hatte Megan verschiedene Arten von Idolen an der Wand — oder verschiedene Bilder davon, die ein Sinnbild dafür waren, wie sich ihre Sexualität im Lauf der Zeit würde kanalisieren lassen. Bei Jungen ist es ähnlich. Für sie gibt es verschiedene Leistungsarten — Sport, gute Zeugnisse oder Diebstähle —, mit denen sie experimentieren können, um zu Helden zu werden, um jemand zu sein, der von verschiedenen Arten von Mädchen begehrt wird.

Wie kommt es, daß so viele Mädchen zunächst männliche Idole an der Wand hängen haben und daß auch die ersten Poster von Jungen zunächst Männer zeigen und erst später Frauen? Und warum sind die Idole von Jungen unweigerlich Männer, die etwas geleistet haben? Weil ein Junge lernen muß, etwas zu leisten — eine Frau zu verdienen. Für ihn gilt: Je attraktiver eine Frau ist, desto unwahrscheinlicher wird es, daß sie wie durch ein Wunder auftaucht. Er muß sich die Gleichstellung mit ihr erst verdienen. Seine Poster zeigen also männliche Rollenmuster: Die Rolle, die er spielen muß, um zu seiner Wunschfrau Zugang zu bekommen. Wann kann ein Junge an seiner Wand den Übergang zur Frau vollziehen? Wenn er das Gefühl hat, schon etwas geleistet zu haben, und reif dafür ist, den relativ kurzen Übergang zwischen phantasierter und direkter Sexualität zu vollziehen. Zu diesem Zeitpunkt wechselt er meist zu Postern nackter oder halbnackter Frauen über. In ähnlicher Weise bestärken bei Mädchen die Poster männlicher Idole ihre unbewußte Vorstellung, daß es in Ordnung ist, wenn der Mann ihr die Leistung abnimmt. Im Idealfall kann sie das Stadium der Leistung überspringen und ihren Weg zu seiner Leistung mit „magischem" Parfum oder Make-up ebnen, diese zähmen und das Ganze dann Liebe nennen.

Sie entscheidet, mit welcher Art „Macher" sie sich einlassen kann; sie entscheidet, was er leisten muß, um Sex zu bekommen. Die nackten Frauen, die sich ein junger Mann an die Wand nagelt, heißen Miss Juni, Darling des Monats und so weiter. Namen wirklicher Menschen finden sich nicht. Die Figuren sind austauschbar. Die Idole eines Mädchens erscheinen jedoch nicht als austauschbar; sie haben reale Namen. In dem Moment jedoch, in dem Michael Jackson bei der Presse in Ungnade fiel, verschwand er auch von Megans Wand. Ihre Helden sind tatsächlich noch austauschbar. Ihre Austauschbarkeit ist nur besser getarnt, was die Frau in unserer Achtung steigen läßt, weil „Frauen nicht ausbeuten und aus dem Mann kein Objekt machen". Unter der Oberfläche sieht es so aus: Er hat ein Sex-Objekt und sie ein Erfolgs-Objekt.

Wie stehen das Horn des weißen Pferds, der Prinz auf dem Schimmel und das Idol an der Wand miteinander in Beziehung? Sie alle bieten dem Mädchen das

Ideal, man könne dem Sex und der Berufsarbeit entkommen und auf magische Weise zu Sicherheit und Geborgenheit, zu Abenteuer und Ruhm gelangen, wenn man nur den richtigen Mann findet.

Es gibt andere Geschenke, die ich für besser halte. So schenke ich Megan etwa Poster von Olympia-Turnerinnen, denn sie turnt gern, oder einen Baseballschläger oder einen Fußball. Noch wichtiger als der Kauf eines Baseballschlägers ist jedoch, daß man ihn mit ihr benutzt — man muß sich Spiele mit Regeln ausdenken, die ihr eine 60:40-Chance geben, wenn sie sich wirklich Mühe gibt. Damit sie selber eine kleine Heldin werden kann.

Verliebtheit nach Schablone

> Die Februar-Ausgabe 1985 der Zeitschrift *Good Housekeeping*. Fünfzig „begehrenswerte" Junggesellen werden gewählt. In nur zwei Sätzen wird beschrieben, was sie begehrenswert macht: ihr genaues Gehalt, ihr Titel, die Quelle ihrer Macht, ihre Verfügbarkeit (wenn sie reich genug waren, konnten sie sogar verlobt sein, um trotzdem als „begehrenswert" zu gelten).

In dem Film *The World According to Garp* können wir beobachten, wie wenig sich Garps künftige Frau bei seinen ersten Avancen für ihn interessiert. Dann erzählt er ihr von seinen Plänen, ein seriöser Schriftsteller zu werden. Da zeigt sie *ein wenig* Interesse. Dann macht er sich an die Arbeit, ihr zu beweisen, was nötig ist, um ein *großer* Schriftsteller zu werden. Er beweist es. Sie liest, was er geschrieben hat, und ist von seiner Leistung überwältigt. *Erst dann* verliebt sie sich in ihn. Sie gibt sich jedoch keinerlei Mühe, ihm etwas zu beweisen. Sein Interesse an ihr erwacht schon beim ersten Anblick und entwickelt sich allmählich zu Liebe, als sie sich näher kennenlernen; sie braucht ihre Größe nicht unter Beweis zu stellen.

Ich nenne diesen Vorgang „Verliebtheit nach Schablone". Ein Mann lernt durch Erfahrung, daß eine Frau sich um so eher in ihn verliebt, *wenn er es im Rahmen einer vorgegebenen Schablone geschafft hat.* Und da Sex viel selbstverständlicher ist, wenn man liebt, scheint es eine Frau auch sexuell zu öffnen, wenn der Mann „es geschafft hat". „Es zu schaffen" bedeutet, daß man Liebe und Sex bekommt. „Es nicht zu schaffen" *bedeutet Zurückweisung, weniger Sex und flüchtige Liebe.* Nachdem Garps künftige Frau sein Manuskript lieben gelernt hat, verliebt sie sich, und *erst dann* fallen sie ins Bett.

Wie funktioniert diese Verliebtheit nach Schablone aus der Sicht der Frau? Hier das Beispiel einer Frau aus Texas.

„Können Sie mir ein paar Männer nennen, in die Sie sich leicht verlieben könnten?" fragte ich einmal ein Auditorium in Waco in Texas.

„Meinen Mann... jederzeit wieder", war die erste Antwort — Beifall.

Mary, die Frau, die diese Antwort gegeben hatte, erschien am nächsten Tag, um bei einer Selbsterfahrungsgruppe mitzumachen. Diesmal beteiligten sich nur Frauen am Gespräch, die Männer hörten aus einiger Entfernung schweigend zu. Ich wiederholte meine Frage. Diesmal lautete Marys Antwort: „Wenn Sie mich schon so fragen, im *Idealfall* Robert Redford." Die anderen Frauen standen mehr auf Tom Selleck und Paul Newman. Ich bat Mary, sich vorzustellen, sie sei ledig und bringe Robert Redford zum erstenmal mit nach Hause, um ihn ihren Eltern vorzustellen — vorausgesetzt, Redford sei ebenfalls ledig.

Sie antwortete: "Ich sehe meinem Vater die Verblüffung an. Seinen neugewonnenen Respekt, den er kaum verbergen kann. Ich kichere vor Entzücken. Nein, vor Stolz. Ich habe es in seinen Augen ,geschafft'. Er sagt zwar nicht viel, aber, oh, ich kann es fühlen. Und meine Mutter? Nun, die ist ganz außer sich. Völlig aus dem Häuschen. Ich stelle mir vor, ich sollte das vielleicht nicht sagen, aber ich stelle mir vor — im übertragenen Sinne natürlich —, daß sie sich in die Hosen macht. Ich fühle, wie sie uns ungläubig mustert, als ich ihn ihr vorstelle. Ich fühle, wie ihre Augen schockiert und gleichzeitig stolz starren, während er mit meinen Fingern spielt, während *er* mit *meinen* Fingern spielt — unter den Augen meiner Mutter. Wow!"

"Und was ist mit Ihren Freundinnen?" wollte ich wissen.

"O Gott! Die Ballkönigin unserer High School würde vor Neid erblassen. Ich war nämlich nicht gerade das Mädchen unserer Schule, hinter dem die Jungs am meisten her waren."

"Robert Redford verliebt sich in Sie. Verlieben Sie sich auch in ihn?"

"Das soll wohl ein Scherz sein… Würden Sie das etwa nicht?" Die Gruppe lachte. Nach kurzer Diskussion schaltete ich mich wieder ein. "Jetzt wollen wir uns mal einen Teil dessen ansehen, was Liebe für Mary bedeutet. Sie hat ein tolles Hochgefühl erlebt. Sie hat dieses Gefühl sogar gehabt, obwohl die ,Liebe' nur daraus bestand, daß ihr ,Anerkennung' zuteil wurde — es wäre nicht das gleiche, wenn er sie nicht gemocht hätte — sowie das Versprechen einer *sicheren Verbindung* — es wäre nicht das gleiche, wenn sie Robert Redford nur als Eintagsfliege mitgebracht hätte — mit einem Mann, der ihrem *Ideal* entspricht. Für Mary bedeutet Liebe, daß sie von einem Idealbild Anerkennung und Geborgenheit erhält. Die meiste Anerkennung kam jedoch nicht einmal von Robert Redford — sondern von anderen, von anderen, die über ihre wirkliche Beziehung nur wenig wußten."

"Ein *Bild*?" ließ sich eine Frau vernehmen.

"Ja. Das Ideal war in Wahrheit eigentlich nur ein Bild. Es hatte nichts mit ihrer Beziehung zu Robert Redford zu tun: Wie sie miteinander sprachen, ob er ihr dabei geholfen hat, ihre Lebensziele zu definieren (statt wegzulaufen und den nächsten Film zu drehen), oder ob er für ihren Beitrag zu *seinen* Lebenszielen empfänglich war. Es hatte wenig mit ihrer Chemie zu tun. Wenig mit ihrem beiderseitigen Geschmack, ihrer Einstellung zur Kindererziehung oder damit, wie sie einander zuhören. Es hatte auch wenig mit *Liebe* zu tun."

"Warum glauben Sie, daß sich Frauen gerade ,Helden' aussuchen?" wollte eine Frau wissen.

Ich erwiderte: "Sehen wir uns mal an, welchem Druck Mary ausgesetzt ist, sich nicht allzu gründlich mit der Liebe auseinanderzusetzen. Stellen Sie sich beispielsweise vor, wie sich ihre Eltern darauf vorbereiten, daß Redford Weihnachten kommt. Es wird Kuchen gebacken. Man erzählt es den Nachbarn. Die Lokalblätter bringen Berichte. Fotografen belagern das Haus. Plötzlich kommt Aufregung in das Leben dieser ‚Durchschnitts'-Familie.

Jetzt nehmen wir mal an, daß Mary klar wird, daß sie sich in ein Image verliebt hat. Sie findet heraus, daß Robert nicht die Zeit für sie hat, die sie sich wünscht und braucht. Sie braucht jemanden, der sie mehr braucht. Sie ruft ihre Eltern an und sagt ihnen, sie habe sich entschlossen, Robert darum zu bitten, Weihnachten lieber nicht zu kommen, damit sie Zeit hat, ‚sich über alles klar zu werden'. Stellen Sie sich vor, wie Marys Eltern ihre Freunde anrufen. Die Nachbarn. Die Zeitung. Plötzlich stehen sie mit all dem Kuchen da, den Robert hatte essen sollen. So sieht der als Unterstützung getarnte Druck aus, dem Mary ausgesetzt ist. Sie soll sich binden, ohne verliebt zu sein. Der Druck, der zum Ergebnis hat, daß sie Liebe mit ihrer Primär-Phantasie verwechselt. Der Druck, ihre Suche nach Liebe auf die Schablone zu beschränken, so daß sie sich bestenfalls im Rahmen dieser Schablone verliebt."

Wie können wir entscheiden, ob wir uns im alltäglichen Leben im Rahmen einer Schablone verlieben? Unterziehen Sie sich einmal diesem Test:

Fall 1: Sie sind eine alleinstehende Frau. Sie haben vor, Ihren Eltern einen Mann vorzustellen, den Sie bald heiraten werden. Er ist hochgewachsen, gutaussehend, kann sich gut ausdrücken, ist warmherzig und zärtlich; er kann gut zuhören, versteht Sie durch und durch und kann auch seinen Gefühlen Ausdruck geben. Er arbeitet als Nachtwächter auf einer Müllkippe.
Werden Ihre Eltern Ihrer Meinung nach auf die Eröffnung reagieren, daß Sie ihn heiraten wollen? Zustimmung auf einer Skala von eins bis zehn (wobei eins für die geringste Zustimmung steht): ....
Würden Sie tatsächlich ernsthaft erwägen, ihn zu heiraten? ...... Ja ...... Nein.
Schätzen Sie selbst mit einer Punktzahl ein, wie Sie zu dem Mann stehen: .....

Fall 2: Sie sind eine alleinstehende Frau. Ihre Freundin lädt Sie ein, einen Freund von ihr kennenzulernen, den sie seit kurzem kennt. Sie erklärt, daß er sich viermal einer chirurgischen Operation unterzogen hat, daß er oft Make-up trägt und eine hohe, quäkende Stimme hat. Manche halten ihn für schwul — aber sie ist ziemlich sicher, daß er das nicht ist, und er zeigt, daß er sich für Sie interessiert. Er hat zwar ein paar seltsame Gewohnheiten — so sieht er sich etwa manche Filme bis zu sechzigmal an. Es hat den Anschein, daß er ein Handschuh-Fetischist ist. Interessiert?
.... Ja .... Nein. Sein Name ist Michael Jackson.

Wie man Geld heiratet

In New York gibt es eine Psychotherapeutin und Schriftstellerin, die beliebte Kurse darüber hält, wie man „nach oben heiratet". Sie hat ein Buch mit dem gleichen Titel geschrieben.[5] Auch in San Diego werden sehr beliebte Kurse unter dem Motto „Wie man Geld heiratet" abgehalten. Beachten Sie bitte, daß hier davon die Rede ist, daß Geld geheiratet werden soll — und nicht etwa ein Mensch. Ich erkundigte mich, wie hoch der Prozentsatz der Männer in diesen Kursen sei.

„Oh, Männer muß ich davor warnen", entgegnete die Kursleiterin. „Sie sind uns zwar willkommen und können gern zuhören, aber eigentlich ist der Kurs nur für Frauen gedacht. Ich meine, für Männer hat er wenig Sinn."

Wie man Geld heiratet

North Park   University / I-15

„Es ist genauso leicht, sich in einen reichen Mann zu verlieben wie in einen armen." Diese Phantasie kann Wirklichkeit werden, wenn Sie bereit sind, den entsprechenden Preis zu zahlen: Sie müssen sorgfältig planen, Geduld und Beharrlichkeit aufbringen. Wir kümmern uns darum, wo die reichen Männer zu finden sind, und machen uns Gedanken darüber, ob Sie die nötigen Eigenschaften haben, bereiten die Suche vor, entwickeln Ihre Strategie, stellen die Verbindungen her, und das Ganze macht uns auch noch Spaß.

Barbara Jones ist Kommunikations- und Partnerschaftsberaterin, hat ausgiebig erforscht, wie man nach oben heiratet, und ist eine Kennerin der gesellschaftlichen Szene. Sie ist die Leiterin des Instituts „Unbegrenztes menschliches Potential".

Honorar: 25 Dollar pro Sitzung, 6—15 Kursteilnehmer

Kurs A: Montag, 14. Januar, 18.30—21.30 Uhr

Kurs B: Donnerstag, 21. Februar, 18.30—21.30 Uhr

Access to Learning Catalogue (San Diego, 1985)

Beide Kurse werden von Frauen abgehalten, die sich mit „Selbstverwirklichung" beschäftigen — die eine ist Psychotherapeutin, die zweite Direktorin des Instituts „Unbegrenztes menschliches Potential". Es gibt allerdings keinen Kurs für Männer etwa unter dem Titel „Wie man nach unten heiratet". Aber wie würde ein entsprechender Kurs für Männer aussehen, der dem unter dem Motto „Wie man Geld heiratet" vergleichbar wäre? Könnte man ihn etwa „Wie man tollen Sex findet" nennen? Nein. Denn Männer geben auch Sex — sie betteln sogar darum, ihn zu geben. (Frauen, „die nach oben heiraten wollen", betteln aber nicht darum, auf paritätischer Basis Geld zu geben.)

Könnte man einen solchen Kurs für Männer „Wie man Mädchen aufreißt" nennen? Nein. „Wie man Mädchen aufreißt" — damit wird nur die Arbeit beschrieben, die ein Mann absolvieren muß, um eine *ebenbürtige* Frau zu finden. Es wird unterstellt, daß er ihr nicht gleichgestellt ist, bis er seine Arbeit getan hat. Das angemessene Motto für einen entsprechenden Kurs für Männer wäre tatsächlich „Wie man Geld heiratet". Aber so heißt der Kurs tatsächlich. Und es nehmen fast keine Männer daran teil.

Was wäre, wenn sie „Sexismus" unterrichteten und niemand erschiene?

Die Zurück-an-den-Herd-Bewegung

Die September-Ausgabe 1984 des traditionellen Frauenmagazins *Ladies Home Journal* hatte folgende Titelgeschichte: „Ich habe die Arbeit satt: Die Zurück-an-den-Herd-Bewegung". Stellen Sie sich auf dem Titel des *Playboy* die Ankündigung einer Geschichte gleichen Inhalts vor. Dennoch sehen wir den Playboy als einen Menschen, der sich höchst ungern bindet, der sich alle Möglichkeiten offenhalten will. In der November-Ausgabe 1984 von *Working Woman* fand sich eine Titelgeschichte „Wie man halbtags arbeitet, ohne die Karriere zu ruinieren". Eine solche Geschichte im Wirtschaftsmagazin *Forbes* wäre undenkbar. Eine solche Einstellung von Frauen bringt manche Männer zu der Frage, ob Arbeit nun ein Recht ist, das Frauen wollen, oder eine *Verantwortlichkeit*, von der sie meinen, sie müßten sie mit den Männern teilen.

Bei einigen Frauen findet man inzwischen eine veränderte Einstellung zu Phantasien à la Seifenoper; für sie ist es selbstverständlich, daß sie sich alle Verantwortlichkeiten mit dem Mann teilen. Andererseits gibt es im Fernsehen immer mehr Seifenopern, und das nicht nur am Tag, sondern immer mehr auch im Abendprogramm. Untersuchungen aus dem Jahr 1984 enthüllten, daß mehrere Seifenopern die erfolgreichsten Programme der USA waren.[6]

Und welche Botschaft wird den Männern in diesen Produktionen mitgeteilt? Sie zeigen keinen bewunderten Helden, der sich um die Kinder und die Hausarbeit kümmert, während die Frau den Lebensunterhalt verdient. Keine dieser Sendungen zeigt eine Frau, die sich mit der Absicht auf ihre Karriere konzentriert, ihren Mann zu unterhalten. Die Männer, um die sie mit anderen Frauen kämpft, verdienen genug Geld, um ihr den Ausstieg aus der Arbeitswelt zu ermöglichen. Dieses Grundmotiv findet sich immer wieder.

Wie man sich auf das Erwachsensein vorbereitet

In jüngster Zeit fand ich in den fünf letzten Ausgaben[7] der drei meistverkauften Zeitschriften für Teenager *keinen einzigen Artikel über Beruf und Karriere.* Und nur eine einzige Anzeige mit dem Titel: „Wie man sich auf das Erwachsensein vorbereitet." Endlich — wirkliche Gleichheit! Und was wird das Mädchen wohl groß machen? Eine Laufbahn in der Frisierkunst mit einem Zertifikat des Redken-Instituts. Und wo kann sie sich auf das Erwachsenenleben vorbereiten? Sie kann es mal mit der Aura School of Beauty in Texas versuchen oder mit dem Allure Career College of Beauty in Arizona.

Gibt es vielleicht in kleineren Anzeigen weitere Wahlmöglichkeiten? O ja. Unter den Kleinanzeigen entdeckte ich ganze Spalten von Anzeigen mit Berufsmöglichkeiten in der Mode, im Einzelhandel und als Fotomodell. Eine der größten Anzeigen wirbt für die Barbizon Schools: „Bilden Sie sich zum Fotomodell aus (oder... darauf, wie eins auszusehen)."

Wie soll sich eine Frau nur durchschlagen, wenn sie nicht ermutigt wird, sich einen aussichtsreichen Beruf zu suchen?

Wie man mit einem Paar Jeans das Jurastudium absolviert

Die Anzeige für Zena-Jeans bietet verschiedene Karrieremöglichkeiten — um den Preis von ein paar Jeans und eines Skiurlaubs.* Beachten Sie bitte, daß der Zena-

---

* Die Zena-Anzeige ist in den meistverkauften Teenager-Zeitschriften eine der beliebtesten.

Teenager einem Absolventen der Yale Law School über den Weg läuft. Indem sie die richtigen Jeans trägt, kann sie die richtige Laufbahn finden. Sie hat also weit mehr Wahlmöglichkeiten als noch vor zwanzig Jahren: Es gibt inzwischen nämlich mehr Skigebiete.

Es fällt auf, daß das Zena-Mädchen direkt mit diesem toll aussehenden Mann aus New Haven zusammenstößt — er findet Frauen, indem er etwas leistet; sie findet Männer, indem sie ungeschickt Ski läuft. Sie hat es allerdings nicht absichtlich gemacht — es war ein Zufall (sie lernt es nie, Verantwortung zu übernehmen). Und dieses Jura-Examen an der Yale-Universität nennt man „Grips" — ein Euphemismus für Geld, Status, Sicherheit und Ehrgeiz. Und dazu sah er auch noch eindrucksvoll aus, intelligent und berühmt, wie der Rockstar Sting — und trotzdem ist er zärtlich wie ein Beagle. Natürlich machte er als erster den Mund auf, und er mußte natürlich auch ledig sein, um weitere Aufmerksamkeit auf sich zu ziehen. „Als wir unsere Beine auseinanderdividiert hatten, wußte ich alles, was ich wissen muß. Ich habe mich verliebt." *Das* ist also Liebe.

Seventeen, Dezember 1984

Zena Jeans
Geeignet für Ihren Lebensstil

„Sue...
„Da stand ich nun auf dem Mount Snow und versuchte verzweifelt, einem reichen alten Knacker aus dem Weg zu gehen, als ich plötzlich mit diesem Bild von einem Mann aus New Haven zusammenstieß.
„Ich würde sagen, er ist eine Mischung aus.... mmh.... Sting und meinem Beagle.
„Er hatte diese traurigen Hundeaugen...
„Wir gaben uns die Hand, und als wir unsere Beine wieder auseinanderdividiert hatten, wußte ich alles über ihn, was ich wissen muß.
„Absolvent der Yale Law School. (Grips.)
„Er mag seine Mutter. (Hoffnung.)
„Hat keine feste Freundin. (Wow!)
„Haßt französische Filme. (Wie ich.)
„Sue... du wirst ihn lieben. Wirst ihn *unwiderstehlich* finden.
„Ich weiß, daß du meinen Männergeschmack haßt, aber dieser ist eine Ausnahme.
„Weißt du, was er als erstes sagte, als wir zusammenstießen?
„‚Diese Jeans sind wirklich gefährlich.'
„Sue...
„Ich habe mich verliebt."

65

Dieser blendend aussehende Mann hat Jahre seines Lebens dafür geopfert, um sich auf das Jurastudium vorzubereiten und sein Examen zu machen. Sie braucht ein paar Jeans und ein paar Beine, um sein Examen zu bekommen. Damit und einem Redken-Zertifikat kann sie sich „auf das Erwachsensein vorbereiten". Und welche Botschaft bringt das dem Mann? Die Yale Law School ist nicht genug. Er muß auch noch gut aussehen, das Zeug haben, ein berühmter Mann zu werden, und auch noch zärtlich sein. *Erst dann* zieht sie sich vielleicht die Jeans aus.

Jetzt versuchen Sie einmal, sich diese Anzeige in einer Zeitschrift für junge Männer vorzustellen. Einen Jungen, dessen beruflicher Ehrgeiz darin besteht, an der Aura School of Beauty ein Zertifikat des Redken-Instituts zu erhalten, der über eine reiche alte Tante stolpert und mit einer Frau zusammenstößt. Er schreibt seinem Freund:

> „Bob...
> „Da stand ich nun auf dem Mount
> Snow und versuchte verzweifelt,
> dieser reichen alten Tante aus dem
> Weg zu gehen, als ich plötzlich
> mit dieser Puppe aus New Haven
> zusammenstieß.
> „Ich würde sagen, sie ist eine
> Mischung aus.... mh... Madonna
> und meinem Pudel.
> „Wir gaben uns also die Hand,
> Bob, und als wir unsere Beine
> auseinanderdividiert hatten, wußte
> ich alles, was ich wissen muß.
> „Juraexamen in Yale.
> (Sicherheit.)
> „Mag ihren Vater. (Hoffnung.)...
> „Bob... du wirst sie lieben.
> Sie *unwiderstehlich* finden.
> „Weißt du, was sie als erstes sag-
> te, als ich mit ihr zusammenstieß?
> „„Diese Jeans sind wirklich
> gefährlich?"
> „Bob...
> „Ich habe mich verliebt."

Es gibt noch einen Weg zum Erfolg. Die Zeitschrift *Teen* wies ihn in ihrer Dezemberausgabe 1984: „Unser großer Fotomodell-Wettbewerb 1985!... Hier kommt eure Chance, euren Traum zu verwirklichen."

Findet sich im redaktionellen Teil oder in den Anzeigen irgendein Lob innerer

Werte? Ein Artikel in *Teen* über den Seifenopern-Star Catherine Hickland verrät uns, wie wichtig ihr Selbstvertrauen sei. Wir entdecken aber, daß sie dieses Selbstvertrauen in etwa einer Woche gewann — nachdem sie sich jahrelang erniedrigt hatte. Wie das? Sie „arbeitete zufällig" für National Airlines, als die Fluggesellschaft nach einer Angestellten Ausschau hielt, die sich für die Werbekampagne des „Fly Me Girl" verwenden ließ, eine Kampagne, die Anfang der siebziger Jahre von den Feministinnen als sexistisch gebrandmarkt wurde. Zu ihrer Überraschung wurde Cathie ausgewählt, und plötzlich hatte sie nicht mehr das Gefühl, sich selbst gering zu schätzen. Die Zeitschrift *Teen* präsentiert dieses auf Schönheit beruhende Selbstvertrauen, als hätte sich ein Wunder ereignet. Sehen Sie selbst. Der Artikel beginnt so: „Es war einmal in dem fernen Land Fort Lauderdale, Florida, ein junges Mädchen namens Catherine Hickland..." Später heißt es: „...begegnete sie einem Märchenprinzen namens David Hasselhoff. Sie verliebten sich und heirateten. Heute leben sie in einem Schloß — hoch über dem glitzernden Königreich Hollywood."

In *Seventeen* erschien ein Artikel unter dem Titel „Die sichersten Wege zum Erfolg". Ging es dabei etwa um eine junge, unternehmungslustige Frau? Nein. Um einen Mann.

Ein Mädchen kann also groß werden, indem sie als Schönheit Karriere macht — oder durch den Erfolg eines Mannes. Was hat sich verändert?

Muß sich die Frau, die Zena-Jeans trägt, darauf verlassen, daß sie auf einem Skihang ihrem Märchenprinzen begegnet? Natürlich nicht. Ihre Jeans und sein Jura-Examen sind nur Symbole. Aber Symbole wofür?

Sex und Porzellan

„Wenn man etwas anstellt, hat man Erfolg" — das ist der Hinweis in einer Anzeige der Zeitschrift *Seventeen* (siehe Folgeseite). Das Blatt wird von zwölf- bis neunzehnjährigen Mädchen gekauft. Wenn ein Mädchen erkennen läßt, daß es „dauernd etwas anstellt" oder „Unfug" im Kopf hat, wird es bei Jungen gefragt sein. Was passiert, wenn sie einen Jungen wählt? Stellen dann beide gemeinsam etwas an? Nein. Sie bekommt „Liebe". Wie in der Anzeige symbolisiert, in der alle drei jungen Männer in das große Herz hineingezogen worden sind, und durch das kleine Herz auf dem T-Shirt, auf das der letzte Buchstabe des englischen Worts „Mischief" hinweist. Wenn hier wirklich von dem die Rede wäre, wozu sich die jungen Männer hingezogen fühlen, könnte der Pfeil vielleicht auf die Umrisse zweier Liebender hinweisen. Ein Mädchen lernt also unterschwellig, daß der sexuelle *Reiz* ihr sowohl junge Männer wie Liebe einbringt. Und das Ziel dieser Liebe? Nun, „Liebe führt zu Lenox-Porzellan". Wie Zsa Zsa Gabor es einmal in einer Anzeige für Brillanten ausdrückte: „Wenn ich brav wäre, warum sollte mir dann jemand einen Brillanten schenken wollen...."[8]

Der ungleiche Kampf um die Frau

Es ist ein Rennen vom Start bis ins Ziel — um die Olympische Goldmedaille. Die Anzeige zeigt einen Schwarzen in Uniform Nr. 31 und einen Weißen in einer anderen Uniform, einem Frack. Der Weiße im Frack gewinnt! Er hat geheiratet. Blättern Sie um. Jetzt ist der Weiße Nr. 17, und der Schwarze trägt einen Frack. Der befrackte Schwarze gewinnt. Er hat geheiratet. Von Rassismus kann also keine Rede sein. Aber die Botschaft? Die Bekleidungsfirma, die diese Anzeige in der Oktober/November-Ausgabe 1984 in der Zeitschrift *Bride's Magazine* geschaltet hat, macht überdeutlich, daß der Mann, der sich bindet, der Held des Tages ist — ein Held, der jeden schlagen kann —, wenn er sich nur bindet.

Bindungszwang als eine Form des Sexismus?

In allen Frauenzeitschriften werden Männer verunglimpft — es heißt, „sie kniffen"[9], sie hätten „Bindungsängste" und fürchteten sich vor der Ehe.[10] Wenn der Mann sich hingegen bindet, wird er zum Helden — zumindest für einen Tag. Diese Neigung, Männer in bestimmte Kategorien einzureihen, wie es manchmal auch bei Frauen geschieht, die man in Madonnen oder Huren einteilt, ist eine Form des Sexismus.

Wenn es um Bindung geht, werden Männer und Frauen in die Arena getrieben, um bis zum bitteren Ende gegeneinander zu kämpfen. Männer nennt man ohne weiteres „bindungsängstlich"; aber der Bindungszwang ist eine so tief verwurzelte

Seventeen, Januar 1985

Form des Sexismus, daß kein Mensch daran denkt, Frauen als bindungswütig zu bezeichnen.

Vielleicht kann uns die Zeitschrift *Bride's Magazine* dabei helfen, einen Aspekt der Bindung zu verstehen, so wie das vorweihnachtliche Einkaufen uns einen wichtigen Aspekt des Weihnachtsfests nahebringt. Die Oktober/November-Ausgabe 1984 von *Bride's,* die man einen „Einkaufskatalog der Liebe" nennen könnte, bringt auf vollen vier Seiten Einkaufstips für Dinge, die eine Frau als Bestandteil der endgültigen Bindung in Betracht ziehen könnte. Selbstverständlich ohne den obligatorischen Brillanten, aber inklusive Mikrowellenherd, Untersetzer, Barzubehör, Fernsehgerät, Stereoanlage und Videogerät, ganz abgesehen von dem traditionellen Tafelsilber und dem Porzellan.* Wie ich schon sagte, gibt es kein entsprechendes Magazin für den Bräutigam, das einer gleichwertigen Primär-Phantasie bei Männern Vorschub leisten könnte.

In *Cosmopolitan* findet sich in einem Artikel über „Ehe-Drückeberger" der Untertitel: „Wie Sie Ihren Liebhaber festnageln können, wenn er sich drücken will". Dabei wird natürlich unterstellt, daß *er* das Problem ist. Versuchen Sie mal, sich folgenden Artikel im *Playboy* vorzustellen: „Ehe-Drückebergerinnen: Wie Sie Ihre Freundin festnageln können, wenn Sie Ihnen Sex verweigert". Es würde einen Aufschrei geben. Das wäre Sexismus und fast so etwas wie eine Aufforderung zur

---

* Weibliche Träume von Silber und Porzellan kommen natürlich auch Männern zugute, so wie männliche Sex-Phantasien auch den Frauen dienen. Der Unterschied zwischen Primär- und Sekundär-Phantasie bemißt sich nach der Bedeutung, die jedes Geschlecht jeder Phantasie gibt.

Vergewaltigung. Wenn wir etwa von einem weiblichen „Bindungszwang" sprächen, könnte in der Zeitschrift *Fortune* ein Artikel mit dem Titel erscheinen: „Bindungszwang: Wenn Sie Ihnen sagt, daß sie Sie liebt, nehmen Sie es nicht persönlich — Sie will nur Ihr Bankkonto".

In fast allen Medien, die sich vorwiegend an Frauen und junge Mädchen wenden, besteht die weibliche Primär-Phantasie vorwiegend darin, einen aufregenden Karrieremann an sich zu binden, dessen Einkommen es einer Frau erlaubt, sich den Luxus einer freiwilligen Karriere zu leisten. Es wäre jedoch unfair zu behaupten, daß sich Frauen nur von erfolgreichen Männern angezogen fühlen. Sowohl in Medien wie im Verhalten von Frauen können wir auch eine Sekundär-Phantasie finden.

Wie wird eine Phantasie zur Sekundär-Phantasie, und wie verhalten sich Primär- und Sekundär-Phantasie zu Intimität und Liebe?

Sekundär-Phantasie und Primär-Phantasie

Sekundär-Phantasie einer Frau

Manchmal wird sich eine Frau an rein sexuelle Affären erinnern: „Sie hatten nichts mit Bindung, Zuneigung, seinem Status oder ähnlichem zu tun — ich mochte einfach unsere Chemie und seinen Körper und wollte meinen Spaß haben. Wenn überhaupt, war er derjenige, der sich binden wollte."

Indem sie so spricht, überzeugt sie sich selbst, daß sie sich von ihrer Primär-Phantasie befreit hat, daß sie Sex liebt und im Idealfall noch mehr davon möchte — sowohl qualitativ wie quantitativ. Wenn dieser Mann neben ihren sexuellen Phantasien nicht *zusätzlich* noch ihrer Primär-Phantasie entspricht, dürfte sie jedoch kaum in Erwägung ziehen, sich an ihn zu binden. Daher wird das Ganze zu ihrer Sekundär-Phantasie. Das erlaubt ihr auch zu sagen, daß nur *er* sich binden wollte.

Das Club Mediterranée-Syndrom

> „*Eines Tages eröffnet sie mir: ‚Ich spüre, daß meine sexuelle Offenheit dir gegenüber noch größer werden würde, wenn ich mich sicherer fühlen könnte — wenn ich das Gefühl hätte, daß du dich binden willst.' Dabei hatte sie mir früher mal erzählt, daß sie bei einem Club Mediterranée-Urlaub in einer Woche mit vier verschiedenen Männern leidenschaftlichen Sex hatte.*"
>
> Hank, 32

Wie kommt es, wollte Hank wissen, daß seine künftige Frau Linda keinerlei Zusage einer künftigen Bindung brauchte, um im Club Mediterranée richtig aufzudrehen, daß sie das aber bei ihm braucht? Ich nenne das „das Club Mediterranée-Syndrom". Für eine Frau stellt es sich wie folgt dar:

Viele Frauen machen im Club Med Urlaub, weil sie erleben wollen, wie es ist, „mal richtig die Sau rauszulassen". Kein guter Ruf zu verteidigen, keine Erwartungen. „Diesmal werde *ich* herumexperimentieren... Männer sogar benutzen. Ich habe noch nie mit einem Surfer geschlafen." Das Ergebnis davon: Viele Frauen berichten, daß sie im Urlaub so orgasmusfähig und sexuell offen sind wie sonst nie. Wenn eine Frau aber wieder nach Hause fährt und einem Mann begegnet, bei dem sie sich eine längere Beziehung vorstellen könnte, sieht es plötzlich anders aus. Vor allem, wenn er sich seiner Sache nicht so sicher ist wie sie. Sie entdeckt, daß sie weniger offen ist als gegenüber einem Fremden im Club Med — dabei gibt sie auch sich selbst gegenüber ehrlich zu, daß sie sich öffnen würde, wenn er nur bereit wäre, sich zu binden.

Hier sieht sich die Frau zwischen zwei Kulturen gefangen. Die erste ist ihr natürliches Selbst, dem das „primitive" Club Med-Ambiente entgegenkommt; die zweite ist ihr sozialisiertes Selbst, dem man beigebracht hat, Sex mit Liebe zu assoziieren, und in dessen Kontext sie Sex bewußt oder unbewußt als Druckmittel einsetzen kann, um einen Mann an sich zu binden.

Sie versucht das, indem sie an einem Tag „hemmungslos" ist, um „ihm zu zeigen, wie schön es sein kann", wie es eine Frau einmal ausdrückte, und indem sie sich am nächsten Tag zurückhält, damit er sich versucht fühlt, sich zu erklären, damit „es wieder schön wird". Dieses Wechselbad von „hemmungslos" und „zurückhaltend" kann einem Mann, der erfahren genug ist, das Verhaltensmuster zu kennen, manipulativ erscheinen. Bei einer Frau kann es aber so stark verinnerlicht sein, daß es einen inneren Konflikt der beiden Kulturen widerspiegelt — es kann tatsächlich sein, daß sie an einem Tag „hemmungslos" und am nächsten zurückhaltend ist, weil es sie verletzt, daß er nicht mehr von ihr will als nur Sex. Die Sozialisation der Frau hält diese Gefühle in einem starken Spannungsverhältnis; bei Männern ist das nicht so. Man sollte jedoch nicht einfach davon ausgehen, daß es sich hier um bewußte Manipulation handelt. Für einen Mann ist es wichtig, den Konflikt der beiden Kulturen bei einer Frau zu verstehen. Eine mehrdeutige Sozialisation bringt auch mehrdeutige Botschaften hervor. Umgekehrt ist es für eine Frau wichtig zu verstehen, daß sich ein Mann durch ihr wechselhaftes Verhalten manipuliert fühlen kann — selbst wenn sie das gar nicht beabsichtigt hat.

Im folgenden sehen wir, was geschieht, wenn Primär- und Sekundär-Phantasie hinter der Wirklichkeit zurückbleiben.

Wenn die Primär-Phantasie zusammenbricht

Die weibliche Primär-Phantasie besteht darin, mit einem Mann verheiratet zu sein, der in der Lage ist, ihr Sicherheit und Geborgenheit zu bieten; in einer Ehe, in der es in ihrem Belieben steht, ihre Energie ganz nach Wunsch auf die Berufsarbeit, das Zuhause, die Kinder oder eine Kombination davon zu verwenden. Im

Idealfall möchte sie ihre Sekundär-Phantasie als Zugabe: Erregung, Leidenschaft, Respekt, Aufmerksamkeit, Romantik, Sanftheit sowie Festigkeit dieses einen Mannes. Oft ist der Mann jedoch zu sehr damit beschäftigt, ihre Primär-Phantasie zu erfüllen, um auch noch bei der Sekundär-Phantasie ihren Wünschen zu entsprechen. Sie fürchtet, daß auch ihre Primär-Phantasie zusammenbrechen wird, wenn sie ihre Unzufriedenheit zu erkennen gibt. Enttäuscht und deprimiert, weil sie ihre Unzufriedenheit unterdrücken muß, sucht sie bei „weiblicher Pornographie" Zuflucht (bei Liebesromanen, Seifenopern und Zeitschriften wie *Better Homes and Gardens*) oder läßt sich auf Affären mit aufregenderen Männern ein. Wenn das nicht funktioniert, bildet sie sich in der Ehe vielleicht weiter oder setzt ihr Studium fort.

Anschließend kann sie sich neu orientieren. Wenn sich ihre Enttäuschung Luft gemacht hat und sich ihre Primär-Phantasie auflöst, kann sie daran arbeiten, für sich selbst zu schaffen, was er ihr nicht geboten hat. Sie wird jedoch nur selten die finanziellen Möglichkeiten entwickelt haben, über die er verfügt. Statt dessen hat sie ganz andere Werkzeuge geschärft: Werkzeuge der Selbstverwirklichung. Diese allein garantieren in der Arbeitswelt jedoch auch noch keinen Erfolg. Folglich lauert im Hintergrund immer die alte magische Lösung: Der Märchenprinz auf dem prachtvollen Schimmel.

Eine Mischung aus dieser alten Magie und dem neugewonnenen Selbstvertrauen löst eine neue Suche aus: nach dem vorgefertigten Weg zur Selbstverwirklichung. „Selbstverwirklichung" scheint für den Mann eine neue Rolle zu implizieren. Und der leichte Weg zum Erfolg — die Magie — scheint für den Mann die alte Rolle bereitzuhalten. Sehen wir uns das einmal an.

Der mühelose Weg zur Selbstverwirklichung

Was haben die folgenden Artikel aus Frauenzeitschriften über „Selbstverwirklichung" gemeinsam? „Wie Sie in zehn Tagen zehn Pfund abnehmen können (ohne Diät zu halten)"[11]; „Große Karriere ohne Studium — Jobs im Geldgewerbe, in denen Frauen Männer links überholen können"[12]; „Das kalorienarme Gourmet-Kochbuch"[13]; „Wie man Menschen sekundenschnell für sich einnimmt, ohne ein Wort zu sagen (...ein wenig Farbe, an den richtigen Stellen im Gesicht angebracht...)"[14]; „Wie ich 283 Pfund verlor"[15]; „Wie Sie Ihre Schüchternheit überwinden: mit 23, 35 oder gar mit 55"[16]; „Grundlegende Karrierelektüre: Schlüsselbegriffe des Geschäftslebens"[17].

Der gemeinsame Nenner ist, daß man „es ohne Arbeit schaffen kann", die magische Qualität dieser Artikel, ihre unterschwellige Botschaft: „Sie können alles haben". Stellen Sie sich mal vor, *Esquire* würde einen Artikel mit dem Titel bringen: „Wie ich 283 Pfund verlor". Oder daß das *Wall Street Journal* seinen Lesern fundamentale Persönlichkeitsveränderungen versprechen würde — „Wie Sie Ihre Schüchternheit besiegen" —, egal, wie alt der Betreffende ist. Oder daß die Zeitschrift *Forbes* Männern erzählt, sie könnten in zehn Tagen zehn Pfund abnehmen, ohne Diät zu halten. Oder daß *Fortune* die Kenntnis von Schlüsselbegriffen der Wirtschaft als Karriere-Lektüre empfiehlt. Solche Sprüche würden nicht neue Abonnenten anlocken, sondern die alten vergraulen. Das ist etwa so, als würde ein schmieriger Straßenhändler vom Lastwagen aus Schlangenöl gegen alle möglichen Gebrechen verkaufen. Was er verspricht, kann er nicht halten.

Der vielleicht größte Schaden wird bei Frauen dann angerichtet, wenn sämtliche Zeitschriften dieser Art — einschließlich *Cosmopolitan* — „Selbstverwirklichungszeitschriften" genannt werden, und zwar von Leuten, die es besser wissen sollten — wie etwa der Verlegerin von *Ms.* Indem man einer Frau die Illusion vorgaukelt, daß sie sich selbst „verwirklicht" hat, erzeugt man bei ihr Ungeduld mit einem Mann, „der nicht an sich arbeitet". Sie versteht nicht, daß viele Männer so denken: „Wer handeln kann, handelt; wer nicht handeln kann, redet." Viele Männer respektieren andere Männer, die den Mund halten und handeln. Wenn Frauen also von Selbstverwirklichung sprechen, schrecken sie zurück — sie fühlen sich an Männer erinnert, die „immer nur reden und nicht handeln". Und wenn sich diese gefühlsmäßige Reaktion bei einem Mann mit ihrer Kritik an ihm verbindet, weil er nicht an sich arbeite, zieht er sich von ihr zurück — so wie er etwa mit den Prahlhänsen unter seinen männlichen Freunden nichts mehr zu tun haben will.

Die Spannung zwischen Mann und Frau, die sich an der Frage der Selbstverwirklichung entzündet, läßt sich am besten an einem Paar darstellen, das ich 1976 kennenlernte, ein Jahr nach dem Erscheinen meines Buches *The Liberated Man*. Wilma hatte sich einer meiner Selbsterfahrungsgruppen angeschlossen, nachdem sie das Buch gelesen hatte. Sie hatte das Gefühl, das Buch habe ihr „geholfen, wie sie es sich nie hätte träumen lassen". In Wahrheit war sie nur der „Gruppengesprächs-Illusion" erlegen.

Worin besteht diese Illusion? Wilma hatte das Gefühl, sich so sehr verändert zu haben, daß sie jetzt den Wunsch hatte, Raymond möge sich „genausosehr verändern und mit mir Schritt halten". Das schien durchaus vernünftig zu sein, so daß sich Raymond die größte Mühe gab. Von seiner Warte aus hatte sich Wilma jedoch sehr wenig verändert. In seinen Augen bestand Wilmas größte Veränderung darin, daß sie jetzt noch größere Forderungen an ihn stellte. Das Ergebnis: Er hatte das Gefühl, daß *seine* Reaktion auf ihre neuen Forderungen die größte Veränderung sei, die stattgefunden habe. Der Glaube an eine magische Veränderung, die sozusagen über Nacht kommt, ist durchaus keine harmlose Phantasie. Sie weckt vielmehr größere Erwartungen an unsere Partner, macht uns anspruchsvoller, als unsere eigene Veränderung rechtfertigt, und macht uns selbstgerecht. Diese Kombination kann in Beziehungen verheerende Schäden anrichten. Und Kursleiter, die das auch noch fördern, bringen sich zu sehr in fremde Beziehungen ein.

Liebesromane und Realität

Wenn eine Frau Sicherheit und Geborgenheit hat, aber Spannung und Erregung vermißt, kann sie sich der „weiblichen Pornographie" zuwenden:

- Liebesromane machen 40 Prozent des Umsatzes amerikanischer Taschenbücher aus.[18]
- 71 Prozent der Leserinnen von Liebesromanen sind berufstätig.[19]
- Zwischen 98 und 99 Prozent der Leser von Liebesromanen sind Frauen[20] — was etwa 25 Millionen Frauen ergibt.[21]

Die Zahl der Leserinnen von Liebesromanen — 25 Millionen Frauen — ist fast fünfzigmal so hoch wie die Zahl der *Ms.*-Leserinnen. *Die Leserinnen von Liebes-romanen sind die wirkliche Frauenbewegung.* Diese achtundneunzigprozentige weibliche Leserschaft repräsentiert die wirkliche Kluft zwischen den Geschlechtern.

Eine der geachtetsten und beliebtesten Autorinnen von Liebesromanen in den USA ist Danielle Steel. Sehen wir uns einmal an, welche Botschaft sich in der Rolle zeigt, die Männer in ihren Büchern spielen. Die folgenden Beschreibungen stammen aus den Werbeprospekten, nach denen die Bücher meist gekauft werden.

In dem Roman *Now and Forever* hat die Heldin Jessica eine außereheliche Affäre mit Ian. Ian läßt sich bald darauf mit einer anderen Frau ein und wird wegen „Vergewaltigung!" angeklagt. Das Ausrufungszeichen findet sich in dem Werbeprospekt. Verläßt Jessica Ian nun, um reumütig zu ihrem Mann zurückzukehren? Nein. Nach der Anklage wegen Vergewaltigung findet Jessica heraus, „daß sie gerade erst anfängt, die Macht ihrer Liebe zu Ian" zu spüren. Es geht gar nicht darum, ob Ian tatsächlich eine Frau vergewaltigt hat — es ist dieses Wort „Vergewaltigung!" mit einem Ausrufungszeichen, das sich bei der weiblichen Leserschaft verkauft.

In *The Ring* ist der männliche Held ein Nazi-Offizier, in den sich die Heldin Ariana verliebt und den sie heiratet, obwohl ihre gesamte Familie, die im Widerstand gearbeitet hat, von den Nazis umgebracht worden ist. Wie es heißt, ist Ariana von dem Nazi-Offizier „gerettet" worden.

In *Remembrance* wird Serena von einem „wohlhabenden amerikanischen Offizier" gerettet, nachdem ihre aristokratische Familie in den „Wirren Nachkriegs-Italiens" ihr gesamtes Vermögen verloren hat.

In *Remembrance* und *The Ring* gehört es zur Primär-Phantasie, daß der Mann ein Offizier ist — aber nur vor dem Hintergrund eines Krieges. Wie soll das ein Berufssoldat aufnehmen, der über den Wert des Friedens belehrt wird?

In *To Love Again* „verliebt sich Isabella in den Mann, der das vernichten will, was von ihrem Mann noch übriggeblieben ist". In *Thurston House* verliebt sich Sabrina in den gefährlichsten Rivalen ihres verstorbenen Vaters. In *Crossings* zerstört die wilde und impulsive Liebe zu einem amerikanischen Stahlmagnaten die „Ergebenheit" der Heldin zu ihrem Ehemann.

Was kann ein Mann daraus lernen? Wenn die Sicherheitsbedürfnisse einer Frau erst mal befriedigt sind, wird sie mit einem wirklich aufregenden Mann durchbrennen — einem Stahlbaron oder einem „Vergewaltiger". Oder mit einem Mann, der ihre Liebe zu dem Mann zerstört, der ihr ergeben war.

Wie nehmen Männer diese Botschaften auf, wenn Frauen diese Romane lesen? Durch die Distanziertheit, die sie spüren, wenn sie nicht aufregend genug sind, oder durch die Zurückweisung durch Frauen, wenn der Erfolg nicht gemeinsam erreicht wird — nicht *alle* Frauen lehnen sie ab oder verhalten sich distanziert, sondern nur die Frauen, die Männer am meisten zu begehren gelernt haben — nämlich die Frauen mit Wahlmöglichkeiten.

In *Thurston House* bekommt Sabrina nach dem Tod ihres Vaters wie durch

Zauberei die Macht über ein Bergwerksimperium. Aufgrund ihrer Bildung, Erfahrung und ihres Sachverstands im Bergbau? Wohl kaum. Sabrina ist achtzehn. In *To Love Again* wird Isabella über Nacht Chefin einer erfolgreichen Modefirma, nachdem ihr Mann von Terroristen ermordet worden ist (was seinen Tod verklärt). Wir sehen also, wie die Phantasie vom Tod des Mannes der Frau ein Vermögen einbringt; der Tod eines Mannes gibt einer Frau wie durch Zauberei Macht und Status.

Natürlich gibt es auch im wirklichen Leben ähnliche Beispiele. Im wirklichen Leben haben fast alle der hundert reichsten Frauen der USA ihr Vermögen durch den Tod ihres Mannes oder Vaters erhalten, und viele mächtige Frauen haben ihre Männer auch in dieser Beziehung beerbt. Helen Copley etwa, die ihren Job als Sekretärin aufgab, als sie den Präsidenten von Copley Enterprises heiratete und nach dessen Tod seinen Posten übernahm. Oder wir finden US-Senatorinnen wie Muriel Humphrey, die nach dem Tod Hubert H. Humphreys ohne jede Erfahrung in der Politik zu seiner Nachfolgerin gewählt wurde; oder Margaret Chase Smith, die den Senatorenposten ihres Mannes nach dessen Tod übernahm; oder Katherine Graham, die Verlegerin der *Washington Post*, oder Joan Kroc, die Erbin des Konzerns McDonald's.

Die Realität ist eine Sache. Aber was sollen sich Männer unter „Romantik" vorstellen, wenn sie erfahren, daß Jahr für Jahr 25 Millionen Frauen diese Phantasien verschlingen, die behaupten, es sei möglich, alles zu haben?

Sind diese Phantasien der Liebesromane oder Fernseh-Schnulzen, daß der Tod eines Mannes der Frau Macht und Geld einbringt, auch nur einen Deut besser als jenes infame Titelbild des Herrenmagazins *Hustler*, auf dem gezeigt wurde, wie eine Frau durch einen Fleischwolf gedreht wird? Die Zeitschrift behauptet, dieses Titelbild sei keine Phantasie, sondern vielmehr eine Art Selbstvorwurf, ein selbstironischer Hinweis darauf, wie das Blatt Frauen als Fleisch vermarkte. Wenn dieses Image aber beiden Zwecken dient? Zu beiden gehört der Tod — der Tod der Frau im Fleischwolf zum Amüsement des Mannes und sein Tod durch Terroristenhand zum Amüsement der Frau. Dennoch wird der Tod der Frau mit Recht als die schlimmste Form von Pornographie verdammt. Der Tod des Mannes, der von Terroristen umgebracht wird, wird „Romantik" genannt, die der Liebe verwandt ist.

Sexuelle Belästigung und sexuelle Magie

Harlequin Enterprises ist ein altes Unternehmen, das bis Anfang der siebziger Jahre nur mäßig erfolgreich war. 1970 machte das Unternehmen mit dem Verkauf seiner Liebesromane einen Gewinn von 110 000 Dollar. 1980 lag der Gewinn bei mehr als 21 Millionen Dollar.[22] Eine Zunahme von 20 000 Prozent.

Woher diese plötzliche zwanzigtausendprozentige Zunahme des Gewinns? Durch die Romantik-Formel der berufstätigen Frau. Die Formel? Die Heldin mit einem langweiligen bis mäßig kreativen Job ist „Nachstellungen" ihres älteren, reichen, gutaussehenden und mächtigen Arbeitgebers ausgesetzt (oder eines Mannes, der ihm an Reichtum und Macht gleichkommt). Die Heldin wehrt sich wiederholt. Dann gesteht er ihr die Tiefe seiner Liebe und seine Sehnsucht nach ewigem Glück — nach der Heirat.

Wie in dem Film *Flashdance* stellt der Arbeitgeber seiner Angestellten nach. Vor Gericht werden solche „Nachstellungen" als sexuelle Belästigung gewertet; man hält das für den Mißbrauch der Macht eines Vorgesetzten. Wenn sie sich wehrt und er aber hart bleibt, wie es sowohl im Film wie in der Harlequin-Formel der Fall ist, ist dies eine noch klarere Form sexueller Belästigung.

Wie kommt es, daß diese sexuelle Belästigung in einem Fall zum Prozeß führt und in einem anderen eine „weibliche Phantasie" ist? Wenn eine Frau einen Liebesroman der genannten Art kauft, wird aus dem Arbeitgeber, der sie belästigt, allmählich der Mann auf dem Schimmel (oder in dem schwarzen Porsche), der der Frau über Nacht eine aufregendere Karriere ermöglicht und Heirat und Liebe als Zugabe mitliefert. Da die Frau jetzt Reichtum geheiratet hat, kann sie selbst entscheiden, ob sie weiterarbeiten oder aufhören will.

Es kann durchaus sein, daß der Leserin die Realität einer Scheidung schon bekannt ist. Ihre Phantasievorstellung muß sie jetzt in eine bessere Lage versetzen als der Schmerz ihrer letzten Scheidung. Die Harlequin-Formel erreicht genau das: *Der Mann sorgt selbst dafür, daß die Frau von ihm unabhängig wird.* Sie kann wählen, ob sie die Beziehung aufrechterhalten oder aufgeben will — dazu mit einem Spitzenjob ausgestattet und nicht als Sekretärin.

Gehört zur Harlequin-Phantasie der Arbeitswelt auch eine Frau, die um ihrer selbst willen geschätzt wird? Oft. Wie? Indem man ihr für ihren Drahtseilakt applaudiert — sie hat Unabhängigkeit, Wagemut und Talent an den Tag gelegt —, aber kaum jemand hat bemerkt, daß ein Sicherheitsnetz aufgespannt worden ist. Dieses Sicherheitsnetz ist die finanzielle Sicherheit, die der Mann immer noch bietet. Da die Frau es nicht als Sicherheitsnetz ansieht, fühlt sie sich berechtigt, den Mann zu kritisieren, weil er angeblich zu sehr in seiner Arbeit aufgehe. Zu ihrer Phantasie gehört es niemals, ihn finanziell zu unterstützen.

Die Harlequin-Formel macht hier jedoch nicht halt. Sie erlaubt einer Frau die *Phantasie realer Macht — dazu Aufregung, Unabhängigkeit und Sicherheit —, ohne daß sie für die Macht so hart arbeiten muß, daß ihre Weiblichkeit dabei verlorengeht.*

Sollte das Unabhängigkeitsstreben einen Verlust der Weiblichkeit mit sich bringen, würde eine Frau Macht verlieren (denn wirkliche Macht bedeutet, daß man Herr seines eigenen Lebens ist), nämlich weiterarbeiten zu können, ohne den sanfteren Teil der Persönlichkeit zu verlieren. Letztlich geht es in diesen Liebesromanen um Schutz vor einem tragischen Ende — etwa dem Verlust der Weiblichkeit — sowie um Sicherheit und Stabilität.[23] Auch die Gestaltung der Schutzumschläge signalisiert der Leserin, daß es um Sicherheit und Geborgenheit geht.

Womit revanchiert sich die Leserin in ihrer Phantasie für diese Wahlmöglichkeiten? Mit Sex und vielleicht mit Schönheit. In ihrer Phantasie bekommt jedoch auch sie Sex, dazu *immer* mit einem schönen Mann (sie träumt nie von einem häßlichen). Und sie träumt davon, mehr zu bekommen, als sie gibt. So träumt beispielsweise keine Leserin davon, daß der Mann die Möglichkeit erhält, seine Arbeit aufzugeben. Und sie träumt auch nie davon, durch harte Arbeit an die Spitze zu kommen, um dann mit einem männlichen Angestellten eine Affäre zu haben, den *sie* an die Spitze katapultiert, dann heiratet und beschützt, während er seinen Job kündigt, um für das gemeinsame Kind zu sorgen.

Wie kann eine Frau diese Unterschiede rechtfertigen? Durch einen tiefsitzenden Glauben, daß ihr Körper mehr wert sei als seiner. Ebenso wie ihre Sexualität. Vor allem, wenn sie eine schöne Frau ist.

Wächst die „gebildetere" Frau über diese Wunschvorstellungen vom schnellen Weg zur Unabhängigkeit hinaus? Manche tun es — manche nicht. Die Zeitschrift *Playgirl* interviewte ein paar berufstätige Frauen, die nach „Liebesromanen süchtig sind: Ein Drittel aller berufstätigen Frauen lesen mehr als fünfzig Liebesromane im Jahr".[24] Die Interviewerin fragte eine Frau, die zwischen vierzig und fünfzig Liebesromane *pro Monat* liest, ob sie je einen Mann gefunden habe, den sie lieben könne. Die Antwort bestand aus einem Wort: „Nein." Auf die Frage: „Was für einen Beruf haben Sie, daß Sie so viel Zeit zum Lesen haben?", erwiderte sie: „Ich bin Direktorin der Wertpapierabteilung und Vizepräsidentin des Konzerns" (sie nannte ein Unternehmen, das in der Zeitschrift *Fortune* unter den 500 umsatzstärksten Unternehmen der USA genannt wird).[25]

New York, 4. April 1984

„Hätten Sie je gedacht, daß Sie sich in der Männerwelt so zu Hause fühlen könnten?"

Wenn Frauen portraitiert werden, die es in der Männerwelt „geschafft" haben, findet sich stets ein Hinweis auf Sexualität und fast immer auch auf Schönheit. Sehen Sie sich einmal die Körperhaltung der Frau an, die in einer Anzeige Calvin Kleins in der Zeitschrift *New York* abgebildet wurde.

Bitte beachten Sie, daß die Frau die Beine gespreizt hält; sie liegt auf dem Rücken. Ihr Gesicht scheint nicht dafür zu sprechen, daß sie gerade über Management-Entscheidungen nachdenkt. Und dazu die Zeile: „… in der Männerwelt so zu Hause fühlen könnten".

Sex mit einem Traumbild

Was haben die zehn von der Zeitschrift *Playgirl* von 1983 bis 1985 alljährlich gewählten aufregendsten Männer gemeinsam? Alle dreißig sind reich, haben Status und „Macht". Da finden wir Boy George und George Bush, Bob Hope und David Bowie. Hätte man George Bush aus einer Vielzahl von Männern herausgepickt, wenn er nicht Vizepräsident der USA gewesen wäre? *Playboy*-Mädchen brauchen nicht berühmt zu sein. Oder mächtig. Sie können es sein, müssen es aber nicht. Hier wird nach einer anderen Schablone vorgegangen. Man kann sich kaum vorstellen, daß *Penthouse* oder *Playboy* die Feministin Betty Friedan oder einen berühmten weiblichen Transvestiten als zwei der aufregendsten Frauen des Jahres auswählen würden.

Diese Botschaft wird beispielsweise in Spielfilmen meist sehr versteckt übermittelt. Mieten Sie sich in einer Videothek mal den Film *Die Roten* und sehen Sie sich an, wie Diane Keaton zunächst mit Warren Beatty Schluß macht, sich dann bereit erklärt, mit ihm in die Sowjetunion zu reisen, und zwar nur auf rein professioneller Basis. Sie hält diese berufsmäßige Distanziertheit in jeder Sekunde aufrecht — bis er eine Rede hält und von dem sowjetischen Publikum gefeiert wird. In dieser Sekunde ändert sich ihr Augenkontakt. In der nächsten Szene liegen die beiden schon im Bett.

Sehen wir uns einmal an, ob dieses Muster auch für die jüngere Generation gilt.

Würdet ihr euren Freund für einen Star aufgeben? oder:
Was symbolisiert der Rockstar für Ihren Sohn?

Irgendwie teilt sich jungen Männern noch immer nicht die Erkenntnis mit, daß es Frauen anturnt, wenn die Männer einen Teil der Hausarbeit übernehmen. Statt dessen hören sie die Botschaft, daß *Erfolg das beste Vorspiel sei*. Und das hört sich dann so an…

In einer Promotion-Kampagne für die Rockgruppe Motley Crüe fragte ein Rock-Sender (KISS-FM) in San Antonio/Texas seine Zuhörer: „Was würdet ihr tun, um die Crüe kennenzulernen?"[26] Die Gewinner sollten freie Konzertkarten erhalten, und einige würden die Crüe kennenlernen. Seien Sie gewarnt: Die Antworten sind nicht ganz jugendfrei; um ehrlich zu sein, ich war schockiert.

Fangen wir an... ein bißchen behutsam. Eine Fünfzehnjährige schrieb: „Ich mag Vince Neils Körper sehr. Wenn er auf der Bühne ist, trägt er Lederhosen und viele Stahlnägel." Sie erklärt, sie würde mit Vince Neils bestem Freund ins Bett gehen, um die Crüe kennenzulernen — „selbst wenn ich dadurch meinen Freund verlieren würde". Sie würde „es" auch mit „dem häßlichsten, dicksten und abstoßendsten Burschen der Welt tun", wenn das nötig wäre, um die Gruppe kennenzulernen.

Der Interviewer rief das Mädchen an, wie auch alle anderen, die sich gemeldet hatten: „Hast du das ernst gemeint?" Antwort: „Ich meine jedes Wort. Ich weiß zwar, daß sie erwachsene Männer sind und daß ich erst fünfzehn bin, aber was soll's?"

Ein dreizehnjähriges Mädchen bot an, sich am ganzen Körper mit Schlagsahne zu beschmieren, um die dann von Vince ablecken zu lassen. Als der Sender sie anrief, erklärte sie: „Meinem Freund würde ich nicht das gleiche Angebot machen. Mit ihm wäre es einfach nicht das gleiche."

Eine Mutter, die ihre sechzehnjährige Tochter als ein „sehr christliches Mädchen" beschrieb, las den Brief und brachte ihn sogar zur Post, in dem ihre Tochter geschrieben hatte: „Du müßtest splitternackt und mit gespreizten Armen und Beinen daliegen, dann würde ich dich mit Lederriemen fesseln. Dann würde ich dir alle Haare auf der Brust wegrasieren, und falls ich dich dabei schneiden würde, würde ich das ganze Blut aufsaugen."

Ein vierzehnjähriger Junge bot seine vierunddreißigjährige Mutter an. Der Sender rief die Mutter an. „Ja. Ich habe seinen Brief gebilligt." Wie kam es, daß der Junge seine Mutter offerierte? Obwohl er schon vierzehn war, spürte der Junge, daß er zu mächtigen Männern keinen Zutritt gewinnen würde — daß eine Frau es aber vielleicht schaffen könnte.

Was macht diese Männer für so viele Frauen zwischen dreizehn und vierunddreißig so anziehend, daß die Motley Crüe Millionen Dollar verdienen können? Was bringt ein fünfzehnjähriges Mädchen dazu zu sagen: „Sie sind wie Gott, nur besser"? Liegt es an den sado-masochistischen Zutaten wie Peitschen, Ketten, Leder und Stahlnägeln? Oder liegt es, um ein paar andere Rockstars zu nennen, etwa daran, daß Ozzy Osborne einer Taube den Kopf abbeißt, daß Alice Cooper auf der Bühne Hühner bei lebendigem Leibe in Stücke reißt, oder daran, daß Billy Idol (man beachte den Nachnamen) goldene Kruzifixe als Ohrringe trägt und fluoreszierende Rosenkränze?[27] Wohl kaum. *Wenn diese Männer im Hühnerstall ihrer Familie die Hühner auseinanderreißen würden, würde man sie mit Ächtung strafen und nicht mit Sex belohnen.*

Wenn solche Handlungen öffentlich verübt werden und wenn diese Publicity ein Publikum anlockt, werden diese Täter zu Stars und mit Frauen belohnt. (Es hilft Ozzy Osbornes Karriere auf die Sprünge, wenn er fast an Lebensmittelvergiftung stirbt, nachdem er eine lebende Taube gegessen hat.) Erst dann schafft es ein Billy Idol, in ein Restaurant zu gehen, sich von Groupies umringen zu lassen, sich das schönste auszusuchen und zu sagen: „Gehen wir runter in die Männertoilette." Eine Minute später kann man miterleben, wie das Mädchen mit ihm den Raum verläßt.[28-29]

Erst dann, wenn Publicity einen Star hervorbringt, wird ein sechzehnjähriges Mädchen den Wunsch äußern, das Blut dieses Stars aufzusaugen. Genau das habe ich bei meiner Zwischenüberschrift „Sex mit einem Traumbild" im Auge gehabt.

Rolling Stone, 31. Januar 1985

Und genauso funktioniert es, wenn Frauen in weißen Hochzeitskleidern ein Billy Idol-Konzert* besuchen.

Ein normaler Junge erfährt also, daß gutes Aussehen zwar ideal ist, daß er aber der „häßlichste Bursche der Welt" sein kann, wenn er nur Erfolg hat. Dann wird seine Phantasie-Frau mit ihm ins Bett gehen, nur um ihn *kennenzulernen*. Die Botschaft: Frauen mögen bei Männern zwar Zärtlichkeit vermissen, aber nur, weil sie den von ihnen ausgewählten Männern abgeht — Männern, die Tauben die Köpfe abbeißen. Der junge Mann lernt, daß wenn er zwar Zärtlichkeit entwickelt, im Leben aber ohne Erfolg bleibt, die Mädchen ihn vermutlich ablehnen werden. Und wenn sie ihn nicht ablehnen, werden sie ihn sofort verlassen, wenn ein erfolgreicherer Bursche auftaucht.

---

* Die Hochzeitskleider erinnern an seinen Videoclip „White Wedding", in dem die Braut in einem glänzenden schwarzen Rolls-Royce davonfährt.

Grenzüberschreitung: Verbotene Liebe

Worin liegt in Teenager-Romanen und Liebesromanen für Erwachsene der Reiz der „verbotenen Liebe"? In den Liebesromanen der Reihe „Sweet Valley High" ist für das attraktivste Mädchen kein *Junge* Herausforderung genug. So wie für den modernen männlichen Helden keine Grenze auf Erden Herausforderung genug ist. In *Too Good to Be True* (Zu schön, um wahr zu sein) ist Suzanne, ein Neuankömmling in der Schule, attraktiver als jedes Mädchen, das man bisher je zu Gesicht bekommen hat. Sogar der coole und begehrte Bruce Patnam wird durch ihren Charme weich wie Wachs. Suzanne hat offenkundig noch keine echte Herausforderung erlebt — noch keine Grenze. Also leistet sie es sich, den besten, geachtetsten *Lehrer* der Schule, Mr. Collins, zu umarmen und dann zu küssen. Er scheint „Robert Redford wie aus dem Gesicht geschnitten". Er weigert sich behutsam, aber unmißverständlich, weiterzugehen. Suzanne hat noch nie eine Zurückweisung erlebt. Sie ist entschlossen, es Mr. Collins heimzuzahlen. Sie rächt sich, indem sie ihn beschuldigt, sie belästigt zu haben. Zum Glück wird Suzanne bei einem Diebstahl erwischt, und bald darauf kommt die Wahrheit ans Licht.

Wenn „böse Mädchen" auf diese Weise verbotene Männer erobern, was tun dann die „guten Mädchen"? In einem Roman mit dem Titel *Deceptions* (Täuschungen) heißt es: „Elizabeth würde es nicht im Traum einfallen, ihren Freund Todd zu betrügen." Aber plötzlich kommt der „märchenhaft reiche und wahnsinnig gut aussehende" Nicholas daher. Folglich sagt Elizabeth: „Ach, nur einmal..."

Solchen Formulierungen läßt sich immerhin eine Moral entnehmen: Die Macht der Schönheit kann auch zu weit getrieben werden, sie läßt sich mißbrauchen. Das elfjährige Mädchen lernt, daß es seinen Körper sowohl gebrauchen wie mißbrauchen kann — und es erfährt auch, welchen Preis und welche Kosten verschiedene Formen des Gebrauchs wie des Mißbrauchs haben können. Das Mädchen lernt aber auch, daß *es nicht einmal mitspielen darf*, wenn es nicht schön genug ist. Jedenfalls dann nicht, wenn es um die begehrtesten und erfolgreichsten Jungen geht. Und das Mädchen lernt, daß die schönsten Mädchen ebenso wie die mächtigsten Jungen immer zu neuen Ufern aufbrechen: Wenn es kein Kennedy ist, dann eben ein Onassis. Es wird lediglich zwischen „guten" und „schlechten" Methoden unterschieden, sich einen Helden zu angeln — die erlaubten und die unerlaubten Helden. Aber niemand stellt die Primär-Phantasie in Frage — daß man den Helden erobern will. Auch nicht das primäre Mittel dazu: Schönheit. Oder daß die *größte* Schönheit Grenzen überschreiten kann, die für normale Frauen unerreichbar bleiben.

Machtinstrumente

Tanzt die neue Frau ihren Part im Geschlechterrollentanz nun mit neuen Schritten — oder den alten? Stellt sie innere Werte in den Mittelpunkt und entdeckt sie, daß Männer darauf nicht reagieren? Ist sie lieber ehrlich, statt zu flirten, und entdeckt sie, daß sie keine Männer findet, denen gegenüber sie ehrlich sein könnte? Hofft sie, wegen ihrer Unabhängigkeit und ihrer Suche nach Männern geliebt zu werden, die sich abhängig geben können? Und für den Fall, daß sie auf all diese Dinge hofft: Lassen sich ihre Botschaften an Männer mit dieser Hoffnung vereinbaren?

Beginnen wir mit dem, was hinter der Tür ihres Boudoirs geschieht — mit der Entwicklung der „Macht der Schönheit".

Die Macht der Schönheit: Die drei Karrieremöglichkeiten

Warum belegen Anzeigen für Kosmetika und Mode rund 90 Prozent des ganzseitigen Anzeigenraums in mindestens einem Dutzend der meistverkauften Frauenzeitschriften? Was ist das eigentlich für eine Macht, die Macht der Schönheit?

Sie eröffnet drei verschiedene Karriere-Möglichkeiten. Zunächst, wie die Firma Max Factor erklärt, verhilft sie der Frau im Geschäftsleben zum Erfolg. „Dieser großartige Karriere-Look — von frech bis raffiniert; so wird's gemacht, damit die Leute merken, daß Sie es ernst meinen." Ein achtseitiger Beihefter „Karrierehilfen für die Frau" in *Cosmopolitan* liefert der Frau ihren „Make-up-Wegweiser zum Erfolg".

Es gibt vier Erfolgsregeln (siehe die folgenden Abbildungen). Bei drei der Regeln geht es darum sicherzustellen, „daß Ihre Lippen immer verführerisch aussehen". Beispiele:

● Regel 1: *Entwerfen Sie Ihren Angriffsplan. Betonen Sie Ihre Lippen mit einem Konturenstift...*

● Regel 2: *Sorgen Sie dafür, daß Sie den ganzen Tag über schön bleiben...*

Eine Frau wird auch über Erfolgs-Geheimnisse aufgeklärt — so braucht sie eine „gutausgestattete Aktentasche" mit allem, was dazugehört, um bei der Vorstandssitzung „alles unter Kontrolle" zu haben. Und welche Dinge sollte sie bei sich haben? Beispielsweise einen „ölfreien Puder". Soll das etwa heißen, daß sie nur den oberflächlichen Eindruck erwecken soll, als hätte sie die Lage unter Kontrolle? O nein, eine gute Grundierungscreme ist genauso wichtig. Und welche? Diejenige, auf der „Maxi-Fresh Blush" am besten haftet.

Sind das etwa Dinge, die nur in Anzeigen groß herausgestellt werden? Nein. Im selben Heft findet sich sogar ein Artikel darüber, „wie man im Büro vorwärtskommt". Vermittelt dieses Image (siehe die folgende Illustration) den Eindruck ernsthafter Konzentration auf die Arbeit?

Cosmopolitan, September 1985

SHOWS YOU HOW TO

KEEP IT BRIEF.

ABSOLUTE MAKE-UP ESSENTIALS THAT GO WHERE YOU GO.

One secret of a great-looking career woman is her well-stocked briefcase.

1. BOARD MEETING, 11 AM. Before you rush in, soak up that shine with Unishine® 100% Oil Free Blotting Powder, for a finished "in control" look.

2. LUNCH DATE, 1 PM. Stayed up a bit too late last night — have dark circles under your eyes? Cover them quickly with Waterproof Cover-Up Stick and look as appetizing as you are.

3. MEET NEW CLIENT, 4 PM. You can win them over with your bright appearance. So get rid of end of the day fade with Maxi-Fresh® Blush and Contour Kit.

4. Apply it over foundation — there's a soft matte shade for cheeks and a gentle frost to light up your whole face.

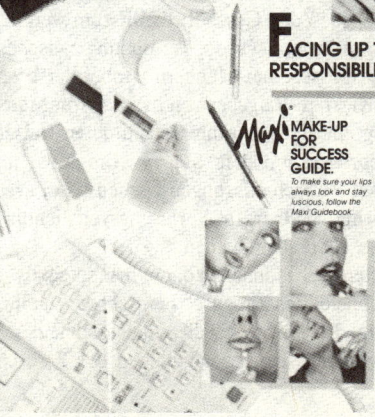

Facing up to your new RESPONSIBILITIES... BEAUTIFULLY.

MAKE-UP FOR SUCCESS GUIDE.

To make sure your lips always look and stay luscious, follow the Maxi Guidebook.

RULE 1: Outline your plan of attack. Line lips with a Lip Contour Lining Pencil — it outlines, shapes and defines.

RULE 2: Make sure your beauty lasts through the day. Fill in with Soft Lustre Long Lasting Lipstick. It feels light on the lips, yet gives you that soft, moist look with color that lasts and lasts. Keep it handy for touch-ups after the coffee break.

RULE 3: Gloss your lips with super shine, with Maxi Colors-To-Go™ Lip Gloss over your lipstick or use alone for super classy color.

RULE 4: Start off a beautiful day right with Le Jardin de Max Factor™ Eau de Toilette Spray. Keep a small bottle in your purse or briefcase to help you feel and smell beautiful all day long.

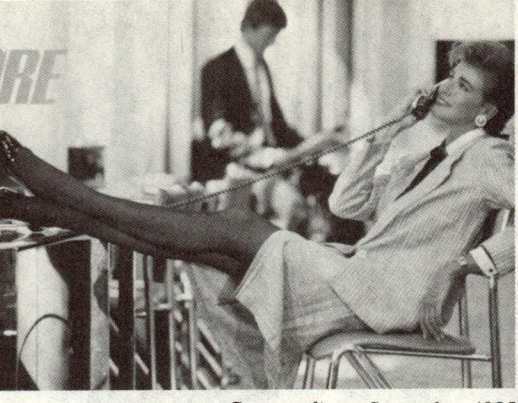

LOOK BEFORE YOU WEEP: GETTING AHEAD AT THE OFFICE

Cosmopolitan, September 1985

Legt diese Frau denn nicht einfach nur die Beine hoch, wie es auch jeder Mann tun könnte? Warum muß gleich unterstellt werden, daß eine Frau flirtet, wenn sie die Beine hochlegt? Ist das nicht sexistisch? Die Macht „einstudiert beiläufiger" Schönheit und der Körpersprache ist die Macht, mehrdeutige Botschaften auszusenden und dabei Unschuld vorzutäuschen. Wie es in einer Parfum-Anzeige der Firma Jontue heißt: „Unschuld ist sexier, als Sie glauben." Einstudierte Unschuld kann eine effektive Tarnung sein. Sowohl in Zeitungsartikeln wie in Anzeigen können wir sehen, wie allgegenwärtig der Druck ist, Schönheit und angedeutete Sexualität als Waffen im Geschäftsleben einzusetzen.

Jedoch zurück zur Karriere-Anleitung. Wie wird eine Frau darüber belehrt, daß sie erfolgreich aussehen muß? Etwa so: „... ob Sie auf dem Podium etwas sagen oder nur eine Kaffeetasse halten, Ihre Hände werden zeigen, daß Sie gute Arbeit leisten." Allerdings nur, wenn sie den richtigen Nagellack verwendet. Sie wird darüber belehrt, „daß das Geschäft damit zum Vergnügen wird".

Allmählich erkennen wir die Verbindung zwischen einer geschäftlichen Karriere und einer Karriere bei Männern (wobei der Ehemann als Einkommensquelle dient). Der Karriere-Ratgeber zeigt Bilder von Männern, die bei einer geschäftlichen Sitzung eine Frau berühren. Und deren Lidschatten (siehe folgende Abbildung), angepriesen mit dem Slogan „Ein Auge für den Erfolg", hat in seinen verschiedenen Farbschattierungen Namen wie Lavender Kiss, Goldilocks, Silver Fox und Stormy Weather. Im Vorlesungsverzeichnis der Harvard Business School wird man sie vergeblich suchen.

Eine Karriere bei Männern könnte man auch als „maßgeschneiderte Augen für ein maßgeschneidertes Zuhause" bezeichnen. In einer anderen Anzeige erklärt die Kosmetikfirma Revlon, wofür die „maßgeschneiderten Augen" einer Frau da sind. Man sehe sich nur die Bezeichnungen der Farbschattierungen an, unter denen

GIVES YOU THAT EYE FOR SUCCESS.

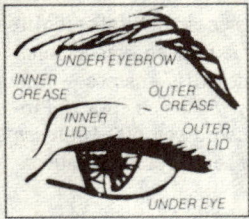

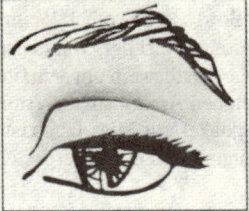

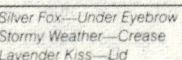

Silver Fox—Under Eyebrow
Stormy Weather—Crease
Lavender Kiss—Lid

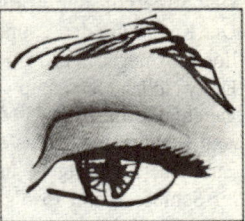

Goldilocks—Under Eyebrow
Teddy Bear—Crease
Rolling Stone—Lid

Paper Moon—Under Eyebrow
Blue Lagoon—Crease & Under Eye
Rose Tattoo—Lid

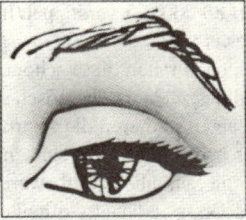

Banana Boat—Under Eyebrow
Root Beer Float—Crease
Mint Julep—Lid & Under Eye

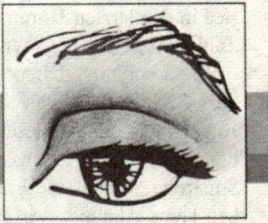

Goldilocks—Under Eyebrow
Root Beer Float—Crease
Rolling Stone—Lid

sie ihre „maßgeschneiderten Augen" auswählen kann: Billionaire Blue, Prosperous Plus, Society Mint, Black Diamond. Und wie kommt sie zu diesen Milliarden? Sie könnte es vielleicht mal mit „schüchternem Braun" versuchen…

Wenn eine Frau ihre Schönheit perfektioniert, kann sie in das Geschäft mit der Schönheit einsteigen — die dritte Karrieremöglichkeit —, was unter Umständen bedeutet, daß sie wie Christie Brinkley selbst Multimillionärin wird und dazu noch einen Multimillionär heiratet.

Die Soziologin Jacque Lynn Foltyn hat herausgefunden, daß der häufigste gemeinsame Nenner bei Frauen auf dem Titel von *Time* der Status der Frau als professionelle Schönheit ist.[30] Und das, obwohl sich das Blatt sonst eher Leistungen von Frauen zuwendet, die mit Schönheit nichts zu tun haben. Läßt sich eine Veränderung feststellen? Ja. Zwischen 1975 und 1985 ist Schönheit ein *wichtigerer* Faktor geworden als früher. So gab es in *Time* einmal eine Titelgeschichte über einen großen Feministinnenkongreß unter der Überschrift „Nach Houston". Zeigte das Blatt etwa eine bekannte Feministin wie Betty Friedan oder Bella Abzug auf dem Titel? Nein; das Blatt wählte eine sehr attraktive, jedoch unbekannte Blondine aus. Warum? Titel mit attraktiven Frauen verkaufen sich bei *beiden* Geschlechtern am besten.

Wenn Schönheit den Frauen soviel Macht in die Hand gibt, warum gibt es für sie keinen Supercup wie im amerikanischen Football, der den Kampf um die Macht symbolisiert? Langsam: Es gibt ihn tatsächlich...

Der Supercup der Frauen

Der Kampf um den „Super Bowl", die Football-Weltmeisterschaft, wird von Millionen Amerikanern im Fernsehen verfolgt, von denen die meisten Männer sind. Der weibliche Supercup — der Wettbewerb um den Titel der Miss America — wird gleichfalls von rund 75 Millionen Amerikanern verfolgt, von denen etwa 75 Prozent Frauen sind.[31] Das Spektakel um Miss Universum wird von *600 Millionen* Zuschauern verfolgt — in einundfünfzig Ländern. Schönheit ist ein internationaler Schlüssel zum Erfolg.[32]

Sterben Schönheitswettbewerbe allmählich aus? Kaum. Allein in den USA finden jedes Jahr 750 000 Schönheitswettbewerbe für Frauen statt.[33] Die Tatsache, daß sich die Zahl der Teilnehmerinnen am Wettbewerb um den Titel der Miss America in den letzten Jahren auf 80 000 fast verdoppelt hat, verrät uns etwas von der Zählebigkeit solcher Wettbewerbe.

Wie kommt es, daß sich mehr Frauen diese schönen Frauen ansehen als Männer? Weil jedes Geschlecht die geschlechtsspezifischen Wettbewerbe sorgfältig im Auge behält. Beide Geschlechter studieren die Instrumente, die ihnen die Erfüllung ihrer Primär-Phantasien bringen. So sieht sich ein Mann also Kämpfe um den Supercup an und eine Frau die Schönheitswettbewerbe. Die meisten Männer haben keine Ahnung, was Red Door bedeutet (so heißen die Schönheitssalons von Elizabeth Arden) und können einen Frisierschaum kaum von einem Haargel unterscheiden. Umgekehrt wissen nur wenige Frauen mit dem Begriff „Bruttosozialprodukt" etwas anzufangen. Wir neigen alle dazu, uns mehr auf die eigenen Machtmittel zu konzentrieren.

„Frauen sind nun mal so"

Wie sieht die unterschwellige Botschaft des weiblichen Make-ups an Männer aus — eine Botschaft, die Männer dadurch noch verstärken, daß sie sich „schöne" Frauen suchen? Im Alter von elf bis siebzehn Jahren lernt ein Mädchen, mit einer Million verschiedener Methoden „auf künstliche Weise natürlich auszusehen". Ein Junge lernt unbewußt, daß das Make-up zu einer Frau gehört, „daß Frauen nun mal so sind" — was sie „mitteilt", ist nicht aufrichtig. Das Make-up ist ihre Lüge, ihre Täuschung, das Gegenstück seiner Prahlerei oder Übertreibung. Die Geschlechter lernen, einander nicht zu trauen. Und darum wird das Einüben von Geschlechterrollen zum Scheidungstraining.

Das Boudoir: das Tor zur Verwundbarkeit

In einer 1985 erstellten Studie fand man heraus, daß 97 Prozent aller Frauen ebensoviel Zeit wie bisher oder gar noch mehr Zeit auf ihre äußere Erscheinung verwenden würden, wenn sie „noch mal von vorn anfangen müßten".[34] Die äußere

Erscheinung war nur eine von zwölf Fragen aus allen Lebensbereichen, die man den Frauen vorlegte. Es kam heraus, daß Frauen auf andere Dinge nicht annähernd soviel Wert legen wie auf die äußere Erscheinung. Die Studie, über die in der Zeitschrift *Good Housekeeping* berichtet wurde, vermittelt uns eine Ahnung von dem Zusammenhang zwischen äußerer Erscheinung und der Verwirklichung der Primär-Phantasie eines schöneren Zuhauses.

Nehmen wir mal an, eine Frau ist nicht von Natur aus schön. Kann sie den Unterschied „wettmachen"? Man sagt ihr, sie könne es. In Frauenzeitschriften finden wir zwei weibliche Gegenstücke zum männlichen Umkleideraum: Gespräche von Frau zu Frau über Männer, sowie Frauen, die sich in dem Bestreben, „schön zu werden", Make-up und Gesichtsmasken auflegen. In den ganzseitigen Anzeigen, in denen Frauen dabei gezeigt werden, wie sie ihr Make-up auflegen, sind keine Männer zu sehen. Ein weibliches Gegenstück des männlichen Umkleideraums ist der Elizabeth Arden-Salon „Hinter der Roten Tür" — wo die kleinen weiblichen Geheimnisse gehütet werden und die Konkurrentinnen mal aus sich herausgehen. Weibliche Verwundbarkeit — das sind Pickel, Lockenwickler, Tränensäcke und

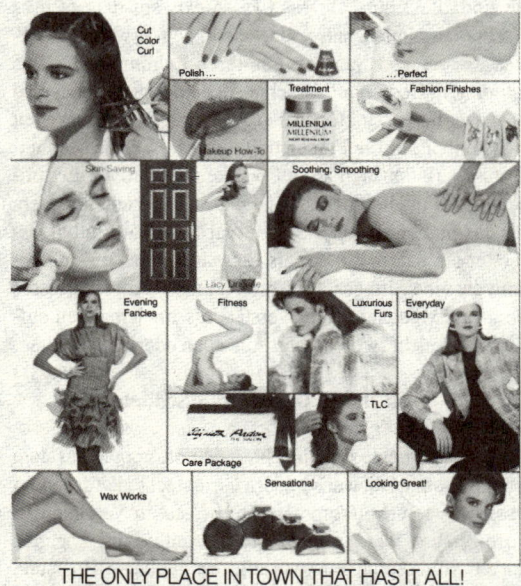

Vogue, Oktober 1984

Hängebusen. Die Techniken, mit denen sich eine Frau ihre Primär-Phantasie verschafft, sind vor Männeraugen verborgen, so wie Männer die Strategien verbergen, mit denen sie ihre Primär-Phantasie verwirklichen wollen, nämlich Sex mit attraktiven Frauen.

Was genau geschieht nun hinter der Roten Tür? Obwohl eine komplette Schönheitsbehandlung achtzehn Schritte umfaßt, bleibt die folgende Elizabeth Arden-Anzeige nur an der Oberfläche. Die Augen werden nicht einmal erwähnt — dabei gibt es allein für Augen nicht nur Eyeliner, Mascara und Lidschatten, sondern zahlreiche doppelseitige Elizabeth Arden-Anzeigen, in denen ein einziges Produkt für die Augen angeboten wird, etwa der Eye Fix Primer mit Primilin III. Dieses Produkt dient allein dem Zweck, den Lidschatten über den Tag hinwegzuretten.

Woher nimmt die berufstätige Frau die Zeit für diese Kosmetik? Und woher nimmt die nicht berufstätige Frau das Geld dafür?

Der weibliche Western

Der weibliche Western — das ist der Kampf der guten und der bösen Methoden mit dem Ziel, die Männer mit den besten Leistungen zu bekommen. Aber ob die Mitspielerinnen in dieser Schlacht nun gut oder böse sind, die erfolgreichsten haben eines gemeinsam — sie sind alle schön. Ob das Ekel Alexis aus dem *Denver Clan* oder Krystle, der fast reine Unschuldsengel; oder wie in dem erwähnten Liebesroman die hemmungslose Jessica oder Suzanne, die ihren Lehrer Mr. Collins durch eine falsche Beschuldigung in Bedrängnis brachte. In beiden Szenarien sind die inneren Werte nur etwas für Verlierer. Unglücklicherweise gibt es in dieser Welt nach wie vor nur ein Spiel: Schönheit für die Frauen und Leistung für die Männer.

In Liebesromanen für Teenager finden sich so gut wie keine positiven Leitbilder; keine denkenden Mädchen, die intellektuell sind, die das Gesellschaftssystem in Frage stellen, die sich für das Studenten- oder Schülerparlament aufstellen lassen oder den Rasen mähen oder ein paarmal mehr als Babysitter arbeiten, um genug Geld zu verdienen, damit sie einen Jungen ausführen können. Am traurigsten ist vielleicht, daß selbst die guten Mädchen kaum Verständnis für jemanden aufbringen, der vom normalen Pfad abweicht — ob nun im Aussehen oder im Verhalten.

„Macht der Schönheit"? Unfug — all dieses Gerede von Schönheit gibt *mir* Minderwertigkeitsgefühle

Die Ironie der Macht liegt darin, daß beide Geschlechter sich oft gerade auf dem Gebiet als machtlos ansehen, auf dem das jeweils andere Geschlecht sie für mächtig hält. Warum? Eine Frau sieht, wie unvollkommen ihre Brüste im Vergleich zu einer idealen Brust sind. Anzeigen und Werbespots bombardieren sie mit Angaben über das Idealgewicht, über das vollkommene Hinterteil, das gepflegte Haar und die Hautpflege; sie bleibt sich also ihrer Unvollkommenheiten bewußt, selbst wenn sie sich die größte Mühe gibt, schlanker, straffer und „perfekter" zu werden. Auch ein Mann ist der Werbung ausgesetzt, in der die ideale Frau vorgeführt wird; wenn er einer Frau begegnet, die diesem Ideal nahekommt, taucht in ihm sofort die Erinnerung an Millionen von Anzeigen und Werbespots auf, was ihn nervös macht und ihm das Gefühl gibt, dieser Frau nicht würdig zu sein. Die meisten

Männer in der Nähe einer sehr attraktiven Frau fühlen sich wie ein Fan in der Nähe eines Filmstars — dankbar für eine Sekunde Aufmerksamkeit. Und sie haben das Gefühl, als müßten sie sich erst beweisen, bevor sie damit rechnen dürfen, als gleichberechtigt behandelt zu werden.

Frauen halten erfolgreiche Männer für mächtig. Wenn der Durchschnittsmann mit Bildern erfolgreicher und mächtiger Männer konfrontiert wird, geht ihm auf, wie unvollkommen er daneben aussieht, und fühlt sich machtlos. Der Durchschnittsmann fühlt sich nicht mächtig, weil Michael Jackson Macht besitzt. Die Tatsache, daß sechs „Grammies" (eine Auszeichnung der amerikanischen Schallplattenindustrie) nötig sind, damit sich Brooke Shields herbeiläßt, durchs ganze Land zu fliegen, um mit Michael Jackson auszugehen, läßt den meisten Männern nicht viel Hoffnung, sie könnten von den anziehendsten Frauen akzeptiert werden, es sei denn, sie leisteten mehr als bisher. Selbst wenn ein Mann mehr Geld oder eine höhere Position erreicht hat als die Frau, kann es vorkommen, daß er sich im Vergleich zu dem Idealbild eines Mannes machtlos fühlt.

Wie kommt es dazu? Der *Playboy* wählt seine allmonatlichen Pin-ups in der Mitte des Blatts aus rund sechstausend Fotos aus.* Wenn ein weiblicher Filmstar keinen perfekten Hintern hat, tauscht ihn der Regisseur gelegentlich gegen den einer anderen Schauspielerin aus. Das gibt uns eine Vorstellung davon, wie unvollkommen sich eine Frau fühlen muß, die sich die retuschierten besten Bilder aus 6000 Fotos im *Playboy* sowie den ausgetauschten Hintern in einem Film ansieht. Auch bei Frisuren wird gelegentlich mit Tricks gearbeitet. Erinnern Sie sich noch an die Frisur der *Cosmopolitan*-Schönheit, die „Karriere machen will, um einen Mann an sich zu binden"? Sehen Sie, wie wenig sich die Frisur dieses *Vogue*-Models aus dem Jahr 1967 verändert hat. Die Zeitschrift *Vogue* war so liebenswürdig, uns das Zustandekommen dieser Frisur zu zeigen (Fotos siehe nächste Seite).

Wofür Frauen Geld ausgeben, liefert einen klaren Hinweis darauf, welchen Wert die Frauen als gesellschaftliche Gruppe der Macht der Schönheit beimessen. Gleichzeitig gibt diese ständige Reizüberflutung mit Schönheitsidealen fast jeder Frau das Gefühl der Unzulänglichkeit — der Machtlosigkeit. Und sie gibt auch den meisten Männern ein Gefühl der Machtlosigkeit — es sei denn, ein Mann macht dies durch besondere Auszeichnungen wett.

Kann mehr Schönheit einer Frau mehr Selbstvertrauen geben, wenn sie die „Hebelwirkung" der Schönheit schätzt? Und macht das den Mann „sinnlicher", der hinter ihr her ist?

Warum sollte es einen Mann stören, wenn eine Frau durch Schönheit Selbstvertrauen gewinnt?
Die Frau, die nichts als ihre Schönheit im Kopf hat, die sich darauf verläßt, daß

---

* Das Canadian National Film Board spricht von 22 000 Fotos. Der Bildredakteur des *Playboy*, Gary Cole, konnte diese Zahl nicht bestätigen, aber seine Angaben lassen die Zahl von 6 000 Fotos als wahrscheinlich erscheinen.

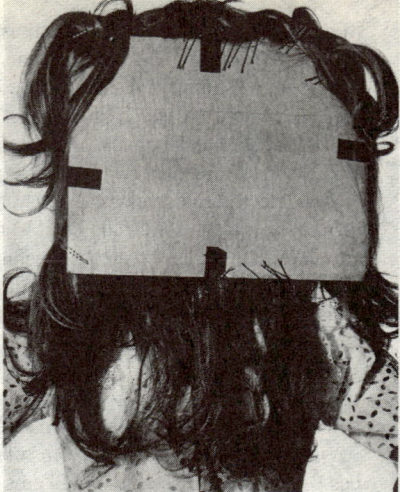

Vogue, Mai 1967   *Vogue,* Mai 1967

der Mann ihr alles abnimmt, ihr Geschenke macht und im Restaurant für sie zahlt, zahlt einen hohen Preis für ihre Abhängigkeit von Männern. Ihr Lebenszyklus sieht oft so aus, daß sie sich um so unglücklicher fühlt, je älter sie wird. Einer Frau, der es nicht allein um ihre Schönheit geht, macht eine genau entgegengesetzte Entwicklung durch: Sie lernt, sich mehr auf sich selbst zu verlassen, und wird im Lauf der Jahre oft glücklicher.

Es soll nicht bestritten werden, daß Schönheit Selbstvertrauen *geben kann*. Alles, was einem Zustimmung einbringt, vermag Selbstvertrauen zu geben. Auch der Anführer einer Gang gewinnt durch die Anerkennung seiner Anhänger Selbstvertrauen (in der *West Side Story* geht es genau darum). Für Kinder ist es aber selbstzerstörerisch, wenn man sie dazu erzieht, durch etwas Selbstvertrauen zu gewinnen, was sie mit zunehmendem Alter immer abhängiger werden läßt (ob nun Jugendbanden oder Schönheit). Von der Hohlheit solcher Ideale ganz zu schweigen. Und Männern stellt es sich so dar, daß sie mit Frauen verheiratet sind, die mit zunehmenden Alter immer abhängiger werden.

„Die Frau, die nichts als ihre Schönheit im Kopf hat, hat die größten sexuellen Probleme und ist zugleich diejenige, die ihre sexuellen Probleme am heftigsten leugnet", sagt Dr. Gwen Leavesley, eine Gynäkologin und Leiterin der West Australian Family Planning Association. „Wenn ich eine solche Frau frage, ob sie Orgasmen hat, antwortet sie höchstwahrscheinlich: ‚Darauf kommt es gar nicht an.' Solchen Frauen fällt es am schwersten, sich auf dem gynäkologischen Stuhl untersuchen zu lassen, und sie haben auch die größten Probleme mit jeder Form von Geburtenkontrolle; sie neigen dazu, Geburtenkontrolle abzulehnen, um nicht sexuell sein zu müssen. Unter den auf Schönheit versessenen Frauen haben diejenigen die größten Schwierigkeiten, sich zu öffnen, die ihre Schönheit als wesentliche Voraussetzung dafür ansehen, an die Spitze zu kommen — ehrgeizige Fotomodelle etwa.“[35]

Wenn also Frauen, die ihre Schönheit in den Vordergrund stellen, am ehesten dazu neigen, sich sexuell zu verschließen, und wenn die meisten Männer lernen, dem Sex mit möglichst schönen Frauen nachzujagen, haben wir eine perfekte Symbiose von Verlierern. Gerade die schönsten Frauen fühlen sich am meisten zum Objekt herabgewürdigt — weil sie es nämlich sind —, und folglich verschließen sie sich. Andere Frauen fühlen sich ausgeschlossen.

Bei Männern erzeugt die Kluft zwischen Sehnsucht und Erfüllung einen ständig zunehmenden Druck. Die ihm zugewiesene Rolle, die Initiative ergreifen und Ablehnung erleben zu müssen, erzeugt einen aggressiven Zorn (im Gegensatz zum passiven Zorn der Frau). Wenn dieser Zorn kein Ventil findet, kann es zur Explosion kommen, nämlich in Form von Gewalt, und eine Form davon kann Vergewaltigung sein.*

Ist es nicht wunderbar, daß jetzt auch ältere Frauen zu Vorbildern werden?
Die *Denver Clan*-Stars Joan Collins, 51, und Linda Evans, 41, sowie Linda Gray aus *Dallas*, 44, gelten weithin als Rollen-Vorbilder. Rollenvorbilder wofür? Für den Traum, daß Schönheit einen Brillanten und Ölbarone einbringen kann, selbst wenn man dafür doppelt so alt ist wie früher. Wenn die Frau den richtigen Ölmagnaten heiratet, hat sie zwei Macht-Optionen: Sie kann mit dem Geld des Ölbarons Hausfrau sein oder mit dem Geld ihres Ehemanns oder Ex-Ehemanns ein Wirtschaftsimperium aufbauen. Wenn sie den letztgenannten Weg einschlägt, wird schon bald niemand mehr fragen, woher das Geld ursprünglich gekommen ist, denn wir fragen auch nicht mehr, woher das Geld für den Friedensnobelpreis einmal gekommen ist. Schönheit kann dieser Frau indirekt oder direkt Status und Macht geben — solange der Ölbaron ihr den Weg ebnet. Solche „Leitbilder“ verstärken die Macht der Schönheit noch mehr; ich sage voraus, daß das noch mehr verwundete, enttäuschte und frustrierte Frauen hervorbringen wird, die die Vorbereitung auf finanzielle Unabhängigkeit von einem Mann noch länger hinausschieben werden, um statt dessen von Unabhängigkeit *durch* einen Mann zu träumen.

Können wir alternative Leitbilder entwickeln? Ja: Frauen, die zwar attraktiv sind, es aber dennoch *aus eigener Kraft* schaffen (und einen Mann dabei mitunter unterstützen, mitunter auch nicht); Frauen, die manchmal mit einem Mann zusammenleben und manchmal ohne und in beiden Fällen gleich glücklich sind — manchmal vielleicht sogar mit einer Frau, ohne daß damit ein großes Geschäft angestrebt wird. Andere Alternativen sind nicht ganz so attraktive Frauen, die ähnlich leben wie oben angedeutet. Ich habe hier nicht Frauen wie Eleanor Roosevelt im Sinn, deren *ursprüngliche* Glaubwürdigkeit als nationale Figur durch ihre Verbindung mit dem

---

* Vgl. Kapitel 8 „Warum ist die sexuelle Revolution so kurzlebig gewesen?“; dort werden die Vorstufen der Vergewaltigung behandelt.

Präsidenten Franklin D. Roosevelt zustande kam. Ich meine eher Frauen wie Shirley Chisholm (bei uns bekannter als Shirley Temple), die Olympiasiegerin Mary Lou Retton, Bella Abzug oder Betty Friedan; natürlich auch Frauen, die zutiefst glücklich sind, ohne es „geschafft" zu haben, die von niemandem besungenen Heldinnen des Alltags. Keine dieser Frauen würde einem Mann signalisieren, er müsse unbedingt Ölbaron sein, um für sie in Frage zu kommen.

Machtinstrumente: Liebe und Geld — oder der Anschein von Liebe und Geld

Liebe als Machtinstrument — oder Verliebtheit in die Liebe

Wenn Liebe einer Frau wertvolles Porzellan und Brillanten einbringen kann, ist sie ein potentielles Machtinstrument.[36] Kann Liebe überhaupt so zynisch eingesetzt werden? Wir werden sehen. In *Working Woman* entdeckte ich eine Anzeige für das Parfum „Silences": „Leben Sie so, als wären Sie verliebt, dann werden Sie es sein." Soll die Frau verliebt spielen, statt verliebt zu sein — um einen Mann so dazu zu bringen, sie zu „lieben"? *Was soll denn diese „Liebe", wenn sie ihn nicht wirklich liebt?* Ist vorgetäuschte Liebe nur ein Machtinstrument, um Sicherheit zu gewinnen?

In Männerzeitschriften werden Frauen abgebildet, die Männer bewundernd anblicken, während der Mann sich von ihr abwendet. Damit wird angedeutet, daß der Mann die Situation beherrscht. In Frauenzeitschriften blickt der Mann die Frau an, und die Frau blickt weg, was darauf hindeutet, daß sie alles unter Kontrolle hat. Beide schaffen ihre Überlegenheit, indem sie etwas bieten. Wir haben dies in Kapitel 2 erlebt, wo in der Zeitschrift *Seventeen* ein Mädchen abgebildet ist, das die „Schlimme" spielt, um Liebe zu bekommen. In einer Anzeige der Zeitschrift *Working Woman* wird diese Botschaft noch verfeinert, da die abgebildete Frau älter ist und einem Beruf nachgeht — sie bietet ihren Sex jetzt schon offener an, damit er männlichen Reichtum anlockt (Smoking). Als Erwachsene bietet sie das Traumbild der Liebe an (so wie das Mädchen den Anschein von Sex darbot), um einen Mann auf sich aufmerksam zu machen. Beide Trugbilder führen zu einer Beherrschung der Situation.

In beiden Anzeigen blickt er sie an; sie blickt weg. In beiden Anzeigen dient der Mann nicht nur als Begleiter. Er ist auch der Schlüssel zu Wohlstand und Reichtum. *Daher sind Männer sowohl die Primär-Phantasie von Frauen — als auch ein Teil der primären Mittel zur Erfüllung dieser Phantasie.*

Die Anzeige für das Parfum „White Shoulders" ist kein Zufall. Diese Anzeige ist über einen längeren Zeitraum in vielen Zeitschriften geschaltet worden. Die Primär-Phantasie bleibt sich immer gleich.

Während in Männerzeitschriften der Erfolg das Machtinstrument ist, mit dem man Sex und Liebe erreichen kann (daher ist der „Erfolgslook" von entscheiden-

Working Woman, November 1984

der Bedeutung), sind in Frauenzeitschriften Liebe und Sex die Machtinstrumente zum Erfolg — und daher sind sowohl das „Trugbild der Liebe" wie der sexuelle Reiz entscheidend wichtig. Wenn eine Frau diese Formel verinnerlicht, verspricht man ihr ein Leben voller „Liebe" — worunter man absolute Sicherheit und Reichtum zu verstehen hat — auf dem Umweg über einen Mann. So wird Liebe zu einem Machtinstrument, und einer Frau wird beigebracht, sich in Sicherheit und Geborgenheit zu verlieben — unter dem Euphemismus „Liebe".

Liebe und Geld — oder der Anschein von Geld

Das Cosmo-Kätzchen… das Geld zu haben scheint
Der Artikel in *Cosmopolitan* trägt die Überschrift: „Stellen Sie sich als wohlhabende Frau dar". Untertitel: „Wollen Sie sich unter Magnaten und Millionären bewegen…?"[37] Und wie soll die Frau es anstellen, reich auszusehen, um zu Geld zu kommen? Sie kann:
1. … mit einer gemieteten Limousine zum Flughafen fahren, wenn sie einen reichen und *ledigen* Mann abholen will, den sie noch nicht näher kennt. „Er wird

Ihre Fürsorge und die ‚Tatsache' zu schätzen wissen, daß Sie eine begüterte Frau sind." (Merkwürdig: Heißt es nicht, daß sich Männer durch erfolgreiche Frauen bedroht fühlen?)

2. Wenn Sie knapp bei Kasse sind, „sollten Sie sagen, daß Sie in diesem Jahr *nicht* nach Rio oder auf die Seychellen fliegen wie geplant". *Cosmopolitan* weist darauf hin, wie wertvoll es ist, die Namen begehrter Reiseziele zu erwähnen, die man einmal *nicht* ansteuern will.

Was gibt es sonst noch für Ratschläge? Hier einige der Zwischenüberschriften: „Trainieren Sie sich eine Stimme an, die sich nach Geld anhört", „Legen Sie sich prominente Ärzte und Anwälte zu", „Umgeben Sie sich mit faszinierenden Freunden", „Sprechen Sie von Ihren Eltern" („Sie sind viel auf Reisen und überlegen sich gerade, ob Sie sich auf Sardinien ein Haus kaufen sollen"), „Lassen Sie englische Redewendungen einfließen" („Ich kenne da einen schrecklich netten kleinen Mann, der Reißverschlüsse repariert"). Schlußabsatz: „Hüten Sie sich vor Glücksrittern."

In diesen Artikel ist ein Kasten eingerückt, in dem es heißt: „Lesen Sie Ihre Zukunft in Teeblättern." Im Kasten findet sich auch das Symbol der Zeitschrift, eine Katze. Es wird erklärt, daß Teeblätter, die auf das Symbol einer Katze fallen, auf Verrat hindeuten. In meinen Augen ist es jedoch einer Zeitschrift, die sich in den Dienst der „Selbstverwirklichung" stellt, kaum angemessen, wenn sie die Frau als hinterhältig und tückisch darstellt. Es entspricht auch nicht dem selbstgewählten Motto der Zeitschrift *Cosmopolitan* — „Wir meinen es ernst".

Verwundbarkeit — oder der Anschein von Verwundbarkeit

Sie bekommt Liebe, indem sie Unheil anrichtet — Er bekommt Liebe, indem er etwas leistet

Wie verliebt sich die „knuddelweiche Frau der Liebe" (siehe folgende Anzeige)? Sie fällt. Buchstäblich. Früher war es mal so: „Sie läßt Taschentuch fallen; er hebt Taschentuch auf." Jetzt läßt sie sich selbst fallen, und er hebt die ganzen einhundert Pfund auf. Während sie fällt und er sie rettet, verliebt sie sich. Vielleicht hat sie sich aber auch erst verliebt und ist erst dann hingefallen… Wie dem auch sei: Sie „verliebt sich", indem sie etwas anrichtet; er bekommt Liebe, indem er handelt. Sie ist wie die junge Frau, die die Zena-Jeans trägt und mit einem Absolventen der Yale Law School zusammenstößt und mit einem Sturz *Liebe und Status* gewinnt. Wenn es darum geht, Unheil anzurichten, gibt es bei Frauen einen harten Wettbewerb. „Wo die Liebe hinfällt" — und zudem noch finanziellen Erfolg bringt.

„Wie man aus Schwärmerei *Liebe* macht"
Die Zeitschrift *Seventeen*[38] nennt Frauen drei Schritte zur Erreichung dieses Ziels:

Seventeen, Dezember 1984

1. Lächeln. 2. Werden Sie eine Meisterin des Augenkontakts. 3. Bringen Sie in Erfahrung, wo er arbeitet, und machen Sie sich mit seinem Tagesablauf vertraut, damit Sie eine „zufällige Begegnung" arrangieren können. Wenn er etwa Apotheker ist, können Sie eine Schachtel Aspirin kaufen. Eine Frau sollte jedoch nie den ersten Schritt tun und etwa mit der Unterhaltung beginnen. Nur wenn alle anderen Mittel versagen sollten, darf sie ihr Lächeln mit einem „Hallo" garnieren.

Liegt das etwa daran, daß ein junges Mädchen komplizierte Sachverhalte nicht versteht? Wohl kaum. Auf zwei vollen Seiten wird ihr Schritt für Schritt und äußerst detailliert beschrieben, wie sie ihr Make-up auflegen soll. Es wird jedoch kein Wort darüber verloren, wie sie eine Unterhaltung *eigenverantwortlich* beginnen soll. Direkte Verantwortung macht einen Menschen wahrhaft verletzlich — er riskiert nämlich Zurückweisung. „Zufällige Begegnungen" erlauben einer Frau, sich bei den „Nachstellungen" des Mannes den *Anschein* der Verwundbarkeit zu geben — sie kann dann immer noch behaupten, der Angestellte in der Apotheke habe sie „belästigt". Wenn alles gutgeht, bekommt sie ihren Mann; wenn nicht, kann sie ihn bei seinem Chef anschwärzen.

Nehmen wir mal an, das bloße Schweigen führt nicht dazu, daß aus Schwärmerei Liebe wird. Wenn das junge Mädchen erwachsen wird, kann sie immer noch eine „neue Frau" sein. Die Zeitschrift *New Woman* bietet eine Alternative: „So werden Sie verführerisch bis in die Fingerspitzen".[39] Aber wenn Flirts, zufällige Begegnungen und Verführung sämtlich versagen? *New Woman* stellt die harte Frage: „Sollten Sie ‚Sie selbst‘ sein? (Oder: Wird es Ihr Leben aufregend oder vielleicht sogar ein bißchen besser machen, wenn Sie sich eine andere Persönlichkeit überstreifen?)"[40] Und das soll die „neue Frau" sein?

Anleitung zum Denken

Wenn eine Frau es in der Männerwelt „schaffen" will, ohne sich auf Sex oder Schönheit zu verlassen, braucht sie eine komplexe Mischung aus Konformität und selbständigem Denken. Während manche Zeitschriften, vor allem *Ms.*, dazu ermutigen, findet man sonst allgemein nur den gemeinsamen Nenner des Quiz — angefangen bei *Redbook* über *Self* und *New Woman* bis hin zu *Playgirl*. Quizfragen sind zwar schön und gut, wenn man sich aber die möglichen Antworten ansieht, gibt es fast immer nur eine, die als korrekt gilt. Die Zeitschrift *Ms.* bietet ihren Leserinnen nur höchst selten ein Quiz mit den „richtigen Antworten". Diese findet man eher in den Artikeln des Blattes.

Und wie ist es bei Männern? Frauen beschuldigen die Männer oft, dogmatisch zu sein. Menschen, die nach der „richtigen Antwort" suchen, stoßen auf Dogmatiker.

So macht man sich zum Opfer: „Ich traf zufällig..."; „Es passierte einfach..."

Der Teenager in Zena-Jeans erlebt einen „zufälligen Zusammenstoß" mit einem Juristen der Yale-Universität. In schnulzigen Liebesromanen „finden sich" junge Mädchen plötzlich in gefährlichen Situationen mit Männern wieder, von denen sie „finden", daß sie zu weit gehen; Frauengestalten der Zeitschrift *Ms.* finden sich beruflich plötzlich in der Sackgasse und geben dem männlichen Chauvinismus, dem Patriarchat, dem auf den Mann zugeschnittenen Gesellschaftssystem und sogar männlichen Ratgebern die Schuld daran, daß sie nicht von der Stelle kommen — jedoch nie den für sie gedachten Aschenputtel-Anzeigen.

Wie lange schon erzieht man Frauen dazu, sich selbst nur als „Opfer" zu sehen? Die Schauspielerin Joan Collins gibt Frauen den Rat, sie brauchten sich nur richtig in Szene zu setzen, damit man ihnen „nachstelle". Dann können sie sich ruhig in den Sessel zurücklehnen und „beobachten, was passiert". Selbst dann noch, wenn sie die Fünfzig schon überschritten haben. (Vgl. „Die Kunst, beim Mann ein Feuer anzufachen", Seite 99.)

In Männerzeitschriften werden solche Formulierungen nur selten gedruckt. Dort ist vielmehr davon die Rede, daß man „einen Weg finden muß" oder „die Dinge in Gang bringen muß". Wer sich auf den „Zufall" beruft, macht sich zum Opfer und damit abhängig; wer selbst etwas bewirken will, verrät Unabhängigkeit.

Machtinstrumente: Sex — oder vorgetäuschter Sex

Übt man auf unsere Töchter Druck aus, ihre Sexualität gekünstelt und indirekt einzusetzen — oder ehrlich und direkt? Ermutigt man sie, sexuelle Initiativen zu ergreifen, wenn sie Sex wollen, so daß das Fehlen jeder Initiative ein stillschweigendes Nein ist? *Warum hören die Männer nicht zu, wenn die Frauen nein sagen und nein meinen?*

Der falsche Gebrauch beziehungsweise der Mißbrauch des Sex durch die Männer ist *das* emotionale Thema der achtziger Jahre geworden. Vielleicht geben uns Frauenzeitschriften einen Hinweis darauf, was Männer von Frauen in Sachen Sex zu hören bekommen.

Sex gegen Sicherheit

Welche Botschaft erhält die verheiratete Frau in Sachen Sex? Oder sollte ich lieber sagen, welche Botschaft *kauft* die verheiratete Frau in Sachen Sex *freiwillig*? Die Behauptung, sie empfange diese Botschaft nur, ist ein Teil des „Opfer-Syndroms". Sie zeugt auch von Herablassung gegenüber Frauen. In *Woman's Day* ist zu lesen: „Können wir immer noch Sex haben? Lassen Sie sich Ihre Ehe nicht durch einen Herzanfall ruinieren."[41] Es heißt nicht: „Lassen Sie sich Ihre Freude am Sex nicht durch einen Herzanfall ruinieren." Die Hauptsorge gilt einer Quelle der Geborgenheit, der Ehe nämlich. Stellen Sie sich vor, die Zeitschrift *Esquire* würde einen Artikel mit dem Titel bringen: „Können wir immer noch Sex haben? Lassen Sie sich Ihre Ehe nicht durch einen Herzanfall ruinieren." Falls der *Playboy* sich ehelicher Probleme annehmen würde, würde es heißen: „Ruiniert die Ehe unser Sexleben?" Die Verschiedenheit der Prioritäten zeigt uns den Unterschied zwischen den Primär-Phantasien von Mann und Frau.

Wenn Sex nach Sicherheit und Geborgenheit auf Platz zwei landet, wie erklärt das dann die Existenz einer Zeitschrift wie *Playgirl*? An diesem Blatt fällt vor allem auf, wie wenige Frauen es lesen. Die Hälfte der Abonnenten sind Männer.[42] Kein Wunder, daß *Viva*, das früher einzige Konkurrenzblatt von *Playgirl*, inzwischen aufgeben mußte.

90 000 Frauen haben auf die Frage der Lebensberaterin Ann Landers geantwortet: „Wären Sie damit zufrieden, im Arm gehalten und sanft gestreichelt zu werden und ‚den Akt' zu vergessen?" Die siebzig Prozent der Frauen, die mit Ja antworteten, scheinen auch ohne Sex zufrieden zu sein.[43] Bei der Frage fällt übrigens auf, daß das Wort „Sex" umschrieben wird. Ann Landers zeigte sich am meisten davon überrascht, daß 40 Prozent der Frauen, die auch ohne Sex zufrieden sein würden, unter vierzig waren.

Die meisten Männer bekommen solche Erkenntnisse nicht einmal zu lesen. Sie lesen nämlich keine Ratgeberspalten, Frauenzeitschriften oder Liebesromane. Diese

Botschaften werden Männern nur indirekt übermittelt wie etwa beim „Brillanten-Transfer". Folglich kann es dazu kommen, daß die Grundeinstellung einer Ehefrau, nämlich „Sex gegen Sicherheit", von ihrem Mann nur unbewußt aufgenommen wird, aber da weder die Titel- noch die Sportseiten solchen Gefühlen Ausdruck geben, geht er bald zur Tagesordnung über. Wenn Männer mit diesen Gefühlen in Berührung kommen, müssen sie einen Preis dafür zahlen, etwa eine Reihe neuer Fragen beantworten wie: „Tut sie nur was für ihre Sicherheit, wenn sie mit mir ins Bett geht?" Oder anders ausgedrückt: „Würde ihr sexuelles Interesse an mir plötzlich geringer werden als meins an ihr, wenn wir nicht verheiratet wären?" Dies sind „männliche" Fragen, aber dafür geht es auch um Gefühle von Männern.

Wie man flirtet

„Wenn man sich für ein Fest zurechtmacht, ohne darüber nachzudenken, wie man flirten oder ob man überhaupt flirten soll, ist das etwa so, als würde man ein Kleid bügeln und dann nicht tragen."[44] So zu lesen in *Glamour*, die in der Rangliste der Zeitschriften, die unerfüllte Träume behandeln, auf Platz zwei steht.

Raten Sie mal, in welcher Umgebung dieser Artikel über das Flirten angesiedelt ist — hätten Sie angenommen, daß das Ganze während einer Konferenz spielt? Die Hauptperson ist Cheryl, eine Frau von „durchschnittlichem Aussehen", hinter der bei dieser Konferenz aber drei fabelhaft aussehende Männer her sind. Weil sie die hohe Kunst des Flirtens beherrscht. Die worin besteht...?

Regel Nummer eins: „Stellen Sie sich eine Motte in der Nähe einer Flamme vor, die sich ihr immer wieder nähert und um sie herumtanzt." Diese erste Bewegung (sich der Flamme nähern) erfolgt, „wenn Sie so bestimmt sind, wie Sie es überhaupt sein können". Soviel zum Thema Entschlossenheits-Training. Der zweite Schritt? „Ein vollständiger Rückzug." Die nächste Regel lautet, daß die Frau ihre normalen Verhaltensrhythmen verändern solle; beispielsweise „in dem Sekundenbruchteil, bevor Sie ihm das Salz reichen... Schlagen Sie die Augen einen Herzschlag lang nieder". Der Schlüssel zu all dem? „Achten Sie darauf, daß alles, was Sie tun, ein wenig doppeldeutig wird... Seien Sie ein bißchen ausweichend."

Wie sollte sich eine Frau verhalten, wenn sie wirksam flirten will? Zunächst sagt man ihr: „Flirten ist ein Kinderspiel" (immerhin hat sie es nur mit einem Mann zu tun). Später wird es ernster: „Sie sollten einen Flirt so ernst nehmen wie ein Einstellungsgespräch." Natürlich. Es *ist* ein Einstellungsgespräch.

Bei der erwähnten Konferenz verwirrt es die Männer am meisten, daß Cheryl in erster Linie angeblich ihre Arbeit im Auge hat. Ein Mann kann verklagt, degradiert oder nicht befördert werden, wenn er nicht erkennt, daß er sich mit ganzer Kraft seiner Arbeit zu widmen hat. Cheryl dagegen wird in dem Artikel so dargestellt, als betrachte sie das Wirtschaftsleben bloß als eine weitere Arena für das Angeln eines Mannes. Erinnern Sie sich noch an die identische Botschaft in *Cosmopolitan*? Dies sind die beiden meistverkauften Frauenzeitschriften mit dem Themenschwerpunkt „unerfüllte Wunschträume".

Mißhandlung in der Ehe oder Wann wird Gewalt sexy?

Der Film *Auf der Suche nach Mr. Goodbar* machte den Schauspieler Richard Gere zum Star und seinen Namen zum Synonym für erotische Gewalt. Die beiden Filme jedoch, die ihn auf den Titel der Zeitschrift *Newsweek*[45] brachten, nämlich als *das männliche Sex-Symbol*, waren Filme über Sex, Gewalt, ständige Lebensgefahr und schließlich wahnwitzige Selbstzerstörung *(Atemlos)*, obwohl der Schauspieler *auch* fähig war, die Hauptrolle in dem Film *Ein Offizier und Gentleman* zu gestalten. Gere schaffte es, beiden Phantasien zu entsprechen. Im wirklichen Leben dürfte es den meisten Männern schwerfallen, Frauen umzubringen *(Goodbar)*, ein Offizier und Gentleman zu sein, sich selbst zu zerstören *(Atemlos)* und es trotzdem zu schaffen, auf den Titel von *Newsweek* zu kommen. Im wirklichen Leben gibt es besondere Unterkünfte für Männer, die Frauen zusammenschlagen — Gefängnisse. Trotzdem würden die meisten Männer nicht dagegen protestieren, daß Gere bei Frauen so gut ankommt. 1986 feierte ihn auch die Zeitschrift *Ms.*[46], und das Blatt brachte ihn sogar auf den Titel. Er wurde von der Feministin Gloria Steinem interviewt und als der mögliche neue Held der späten achtziger Jahre angepriesen.

Männliche Gewalt wird nicht nur durch Verkaufszahlen für sexy erklärt, nicht nur durch Titelseiten von *Newsweek* und Liebesromane über Ian, den Vergewaltiger, sondern auch durch seriöse Sachbücher wie *Sleeping with Soldiers* der feministischen Schriftstellerin Rosemary Daniell, ein Buch, das 1985 erschienen ist. Der Macho-Mann, der Mann, der tötet (als Soldat), der „manchmal einen *brutalen* männlichen Chauvinismus an den Tag legt", scheint solche Feministinnen anzusprechen. Sexuell anzusprechen — wie der Titel schon andeutet, „Mit Soldaten schlafen". Das Buch wurde mit dem Slogan angepriesen: „Ist der Macho der Märchenprinz von heute?"

Einerseits verurteile ich diese Einstellung, da sie ein Verhalten glorifiziert, das normalerweise als Vergewaltigung strafbar ist. Auch hier heißt es wieder: „Riskiere dein Leben für mich — sei ein Mann." Andererseits finden wir hier wenigstens etwas Ehrlichkeit — das Eingeständnis, daß es bei Frauen einen Konflikt gibt, wenn es um Männer geht, eine Ehrlichkeit, die es Männern erlaubt, sich ihre eigenen Konflikte einzugestehen. Beide Geschlechter müssen sich erst ihre inneren Konflikte klarmachen und eingestehen, bevor wir darangehen können, die Vergewaltigungs-Sozialisation unserer Gesellschaft zu enthüllen.

Die Kunst, beim Mann ein Feuer anzufachen

Möchten Sie gern ein Ekel sein? Die Kosmetikfirma Revlon hat Joan Collins engagiert, um zu erklären, wie man es anstellt. Eine Frau erfährt, daß sie selbst mit einundfünfzig noch das Feuer eines Mannes anfachen, sich bequem im Sessel zurücklehnen und „beobachten kann, was passiert". Dazu ist nichts weiter nötig, als eine Schulter vorzuschieben und das Kleid von der anderen heruntergleiten zu lassen, das richtige Parfum zu benutzen, die richtigen Brillanten zu tragen und eine Flasche Champagner zu leeren. Dies ist die rezeptive Initiative: Weil Frauen mit dieser Formel lernen, passiv zu sein, und daß nur die Männer aktiv sein müssen — damit die Frau alle Männer mit Ausnahme desjenigen ablehnen kann, mit dem sie aktiv sein möchte —, ist sie das perfekte Lockmittel. Erschien diese Anzeige etwa in *Cosmopolitan*? Nein. In *Working Woman*.

Joan Collins gilt als Rollenvorbild. Auf welchen Beruf bereitet sie die Frauen vor? Natürlich kann niemand genau wissen, wie das Spiel heißt, ob nun „Wie man sich seinen guten Ruf bewahrt", „Wie man beim Mann ein Feuer anfacht" oder „Wie man ein Vermögen macht". Oder ob alle diese Spiele ein und dasselbe Spiel sind: Zugang zu Männern, die am meisten leisten und sich am besten durchsetzen. Das heißt, Zugang zu den künftigen Rechtsanwälten und Ärzten.

Guter Ruf als Vorsicht. Vorsicht als Geld. Das Ganze verpackt als Wohlanständigkeit.

„Nein" bedeutet „vielleicht", bedeutet „ja"... vielleicht

Gehen Sie mal in Ihre Videothek und leihen Sie sich für einen verregneten Sonntag ein paar Filme. Sowohl in *Heißblütig—Kaltblütig* wie in *The Verdict* sehen wir, wie sich ein Mann an eine Frau heranmacht. Sie gibt klar zu erkennen, daß sie nicht interessiert ist. Später irgendwann gehen die beiden ins Bett. Ist das die entscheidende Stelle? Nein. Später erfahren wir, daß die Frau in beiden Filmen schon hinter dem Mann her war, bevor sie sich überhaupt begegnet waren — sogar dann, als sie noch „nein" sagte. Wir erfahren also, daß nein vielleicht ja bedeutet. In beiden Fällen konnte die Frau nur deshalb nein sagen, weil sie schön und sexy war und sich bedeckt hielt und weil er darauf gedrillt war, auch versteckte Signale zu deuten und die Initiative zu behalten — ohne daß er sich dabei bewußt war, wie seine Sozialisation, die Initiative zu ergreifen, ihn verwundbar machte.

Wie früh lernen Mädchen, was sie zu tun haben? Schlagen Sie einfach mal *Seventeen* auf.[47] Oder *Teen*.[48] Eine Anzeige für Cotys Parfum „Nuance" faßt es in Worte: „Nuance sagt immer ja. Aber Sie können immer nein sagen." Die gleiche Anzeige erscheint jedoch nicht nur in Teenager-Zeitschriften, sondern auch in Blättern für erwachsene Frauen, etwa in *Glamour*.[49] Die gleiche Botschaft also auch für die reifere Frau. Richter nennt man männliche Chauvinisten, wenn sie behaupten, eine Frau habe sich mißverständlich ausgedrückt. Für *Seventeen*, *Teen* und *Glamour* legen Monat für Monat mehr als vier Millionen Frauen und Mädchen (oder Eltern) Geld auf den Tisch — so lernen Frauen, daß ihre Andeutungen ja sagen, während sie selbst nein sagen.

Warum findet man keine ähnliche Anzeige in einer Wirtschaftszeitschrift: „Nuance sagt immer ja. Aber ein Mann kann immer noch nein sagen"? Was könnten Männer bieten, was die gleiche Wirkung hätte, wenn sie es versprächen und ihre Zusage dann zurückzögen? Die Bereitschaft zur Bindung. Stellen Sie sich mal eine Anzeige vor: „Erinnern Sie sie mit einem Brillanten daran, daß Sie sich vielleicht binden wollen. Später können Sie ihr immer noch sagen, daß das Ganze nur ein Spaß gewesen ist." Oder: „Brillanten sagen immer ja. Sie können immer noch nein sagen."

Vergewaltigung als gesellschaftlich anerkanntes Phänomen

Erziehung zur Vergewaltigung? Wenn man zwölfjährigen Mädchen beibringt, ihre Andeutungen ja sagen zu lassen, während sie selbst nein sagen; wenn Gewalt sexy ist; wenn die jungen Männer, die bei den hübschesten Mädchen ankommen, diejenigen sind, die sich die größte Mühe geben, die von den attraktivsten Mädchen im Namen der Moral und des guten Rufs errichteten Barrieren niederzureißen; wenn das Wort „Vergewaltigung!" mit einem Ausrufungszeichen versehen wird, weil das den Verkauf von Liebesromanen steigert; wenn die Zeitschrift *New Woman* auf die Macht der Verführung verweist und *Cosmopolitan* darauf, daß er sich „es" erst verdienen muß; wenn elfjährige Mädchen *Playing with Fire* einen tollen Liebesroman nennen... wenn all das zu unserer alltäglichen Sozialisation gehört, kann es kaum verwundern, daß eine Studie der University of California in Los Angeles folgendes herausgefunden hat: 54 Prozent der jungen Männer und 42 Prozent der Mädchen finden es in Ordnung, daß man ein Mädchen unter bestimmten Umständen mit Gewalt zum Sex zwingt.[50] Dann kann es auch nicht verwundern, wenn *Cosmopolitan* zunächst der Verführung das Wort redet und dann aufschreit: „Vergewaltigung als gesellschaftlich anerkanntes Phänomen: Wenn Verführung zum Horror wird."[51] Wen halten wir eigentlich zum Narren, wenn uns die Tatsache verwirrt, daß die USA eine der höchsten Vergewaltigungsraten in der Welt hat? Die lebenden Aufforderungen dazu sitzen in den meisten amerikanischen Wohnzimmern herum. (Vgl. Kapitel 8: „Warum ist die sexuelle Revolution so kurzlebig gewesen?")

3.
Das *Flashdance*-Phänomen

In Stammesmythen ebenso wie in der griechischen Mythologie gibt es ein paar Motive, die sich bis heute gehalten haben, wie etwa C. G. Jung nachgewiesen hat. Bei einem geht es darum, daß Männer konkurrieren, um die Aufmerksamkeit einer Frau zu erregen und ihre sexuelle Ablehnung zu vermeiden. In der amerikanischen Gesellschaft von heute sind die Filmstars die Nachfolger der griechischen Götter, und diese Themen kommen sowohl in den Dialogen wie in den unterschwelligen Botschaften der beliebtesten und eindrucksvollsten Filme zum Ausdruck — ob nun Fred Astaire eine widerstrebende Ginger Rogers verfolgt oder ob der Boß in *Flashdance* eine sich zierende Jennifer Beals umwirbt. Warum sollten wir dieses Thema heute in Frage stellen, nachdem wir nun schon so lange damit leben? Weil es im bisherigen Verlauf der Evolution bedeutete, daß Männer gegeneinander kämpften und sich oft auch gegenseitig umbrachten, so daß die Überlebenden und Helden mit den Frauen Nachkommen zeugen konnten, die nach den Kriterien der Gesellschaft die begehrenswertesten waren. Die Kernwaffentechnik hat dieses System fast über Nacht außer Kraft gesetzt, denn der Vorgang, der den Tüchtigsten früher das Überleben und das Zeugen von Nachkommen erlaubte, würde heute alle töten.

Das „bleibende Thema" des männlichen Konkurrenzkampfs und des weiblichen Konkurrenzkampfs um den Helden/Überlebenden hat uns einen grundlegenden Wandel gebracht: Das Überleben der Tüchtigsten hat uns an den Rand des Zustands gebracht, daß niemand mehr überlebt. Aus dem funktionierenden System der Geschlechterrollen ist fast über Nacht eine Funktionsstörung geworden. Das ist der Grund, warum dieses bleibende Thema heute in Frage gestellt werden muß.

Im voraufgegangenen Kapitel haben wir etwa fünfzig Beispiele dafür kennengelernt, wie die weibliche Teilnahme an diesem System noch überlebt (Verliebtheit nach Schablone).* Aber wie ergänzen sich diese Themen im Kontext einer Mann-Frau-Beziehung? Sehen wir uns einmal Amerikas zählebigsten Mythos an, *Superman*, sowie eine moderne Adaption, *Flashdance*, um einen Eindruck davon zu gewinnen, wie diese Themen auf bewußter wie unbewußter Ebene in Mann-Frau-Beziehungen am Werk sind.

Jedoch Vorsicht. Wie es heißt, geben Phantasien uns Hoffnung. Aber wenn die Phantasie uns in die falsche Richtung führt, erlischt die Hoffnung, und das erzeugt Depressionen.

---

* Was die Männer betrifft, vgl. Kapitel 4: „Warum beschäftigen sich Männer soviel mit Sex und Erfolg?"

Der wundersame Weg zur Emanzipation

Sowohl *Flashdance* wie *Superman* zeigen uns berufstätige Frauen. Theoretisch sollte das den Leistungsdruck der Männer verringern. Wirklich? Beginnen wir mit dem Film *Flashdance*. Er zeigt uns die emanzipierte Frau der achtziger Jahre. Er machte aus der unbekannten Jennifer Beals „das Image ihrer Generation", wie es die Zeitschrift *People* formulierte.

Jennifer Beals lebt allein (allerdings mit einem Hund) in einer Pittsburgher Loft. Sie fährt mit dem Rad zur Arbeit und schlängelt sich furchtlos durch die Autos hindurch wie ein Jedi-Ritter zwischen den Bäumen. Abends geht sie einem zweiten Beruf nach — als Tänzerin in einem schäbigen Nachtclub. Und dazwischen findet sie irgendwie die Zeit zum Trainieren. Und irgendwie choreographiert sie ihre brillanten abendlichen Vorstellungen zwischen ihrem Job als Tänzerin, als Schweißerin und ihrem Training. Eine moderne Großstadt-Version von Superwoman.

Unsere Schweißerin/Tänzerin träumt jedoch von einem Dasein als Künstlerin — als Ballettänzerin. Sie will für die Kritiker und Weintrinker tanzen und nicht für die Biersäufer. Unterricht hat sie zwar nie gehabt, aber ihr Talent im Discotanz ist echt und naturgegeben.

Wie erreicht Superwoman ihr Ziel? Indem sie ihren Job als Schweißerin aufgibt und Ballettunterricht nimmt? Nein. Indem sie ihren Job behält und Geld für den Ballettunterricht beiseite legt? Nein. Ihr gutaussehender Boß, Porsche-Fahrer und Herrenhaus-Bewohner, sieht sie tanzen. Aus dem Ritter auf dem Schimmel ist ein Porsche-Fahrer geworden. Er stellt ihr nach. Sie gibt ihm einen Korb. Schnell. Kurz angebunden. Er stellt ihr weiter nach. Sie beleidigt ihn. Warum? „Ich kann doch nicht mit dem Boß ausgehen!" spielt sie die Unabhängige. Mit gespielter Enttäuschung erwidert der Boß: „Also bitte, wie du willst. Du bist entlassen. Ich hole dich morgen abend um acht ab."

Und jetzt kommt die Pointe. Sie wird *nicht* entlassen. Sie hat auch nicht eine Sekunde lang wie jemand ausgesehen, der sich für gefeuert hält. Also geht sie am Ende doch mit ihm aus und behält ihren Job. Wir entdecken, daß ein Mann, der sich mit einem Nein nicht zufriedengibt, am Ende doch die Frau bekommt, die er haben will. Vielleicht hat die Frau sogar von Anfang an gewollt (da können wir allerdings nie sicher sein — denn Sicherheit würde das Mysterium zerstören). Ihre Schönheit und ihr Talent erlauben ihr, mit Erfolg die Spröde zu spielen. Wie Jennifers schwarze Freundin betont, sollte man dem Mann die Werbung überlassen und selbst die Spröde spielen, die Pseudo-Unabhängige, und nie selbst eine Zurückweisung riskieren — das sei „Klasse".

Wenn Jennifer tatsächlich auf ihren Job verzichtet hätte, um mit dem Chef ausgehen zu können, könnten wir sie wenigstens dafür anerkennen, daß sie ihren Prinzipien treu geblieben ist. Wenn sie ihren Job behalten und ihrem Chef die kalte Schulter gezeigt hätte, wüßten wir auch das zu schätzen. Wenn sie aber ihren Job behält und mit dem Chef ausgeht, verrät ihre beharrliche Weigerung nicht Unabhängigkeit, sondern vielmehr Leistungsdruck, wenn sie sehen will, wie lange er das mit sich machen läßt, wenn sie herausfinden will, wie weit er sich für sie zum Narren machen läßt.

Da gibt es noch eine Bedingung. Sie kann die Verantwortung für den möglichen Interessenkonflikt umgehen, indem sie sie auf ihn abwälzt. Die Wahrscheinlichkeit, daß beide dies unbewußt tun, macht alles nur noch schlimmer — unbewußtes Verhalten muß erst bewußt gemacht werden, bevor Hoffnung besteht, es zu ändern; schlimmer als Leistungsdruck sind nur noch fehlendes Bewußtsein oder eine fehlende Erkenntnis dessen, was man tut.

Natürlich hätte all das nicht funktioniert, wenn Jennifer Pickel gehabt hätte oder klein und dick gewesen wäre. Und er hätte auch nicht die Spur einer Chance gehabt, wenn sie ihn nicht sofort als den Mann erkannt hätte, „der für meine Rechnungen aufkommen wird". Sein Erfolg und sein Reichtum sind jedoch nicht alles. Er hat nämlich gerade dadurch Erfolg und Reichtum bekommen, daß er sich nie mit einem Nein zufriedengibt. Ob nun ihr Nein oder das der Wirtschaftswelt. Die attraktive und aufregende Frau ist sich also nicht immer bewußt, daß sie nur erfolgreiche Männer wählt. Aber wenn sie schön ist, schützt sie sich unbewußt oft mit einer gewissen Unnahbarkeit, um sich „jeden beliebigen Schweißer" vom Leib zu halten.

Welcher Mann überwindet diese Unnahbarkeit? Der Mann, dessen Name auf ihrem Gehaltsscheck steht, der Mann, der sich mit einem Nein nicht zufriedengibt. Unbewußt wählt sie also einen Mann aus, der eine Mischung aus gesellschaftlichem Status und der Gabe entwickelt hat, sich über ihre Weigerung lustig zu machen.

Wie kann sie aber dann von ihm erwarten, daß er der Typ Mann ist, der ihr auf anderen Gebieten zuhört und sie ernst nimmt?

Männer nehmen aus diesem Film die unzweideutige Erkenntnis mit, daß man sich selbst um ein großartiges Erlebnis bringt, wenn man Frauen ignoriert, die ihr mangelndes Interesse deutlich zeigen. Daß sie eine wunderschöne, zärtliche und überwältigende Romanze mit einer großartigen und aufregenden Frau verpassen werden. Mit anderen Worten: Eine aufregende Frau wird einen belohnen, wenn man ihr Nein nicht ernst nimmt. Hört sich das vielleicht wie Vergewaltigungstraining an?

Unsere pseudo-emanzipierte Heldin träumt immer noch vom Tanzen. Schließlich bewirbt sie sich um die Aufnahme in die Ballettschule. Als sie aber sieht, wie viele Konkurrentinnen sie hat, läuft sie weg. Als sie schließlich doch zurückkehrt, gibt man ihr ein zehnseitiges Bewerbungsformular und bittet sie, Ausbildung und Berufserfahrung zu nennen. Sie bewirbt sich nicht etwa um einen Job, sondern nur für dieses Vortanzen, und das zusammen mit Hunderten anderer Frauen. Es ist offenkundig, daß sie keine Chance hat.

Dann taucht plötzlich wieder der Mann in dem schwarzen Porsche auf (ein Theaterkunstgriff, den griechische Dramatiker entwickelt haben — der „deus ex machina"). Er setzt sich insgeheim mit der Ballettschule in Verbindung und sorgt dafür, daß sie vortanzen darf. Sie entdeckt jedoch seine Einmischung. Außer sich vor

Zorn über seinen Mangel an Feingefühl, weil sie es doch „allein hatte schaffen wollen", springt sie mitten in einem Tunnel aus seinem schwarzen Porsche, während er sie bittet, wieder einzusteigen. Sie stolpert inmitten lauter Autos herum, die ihr mit kreischenden Bremsen ausweichen.

Wenn sie ihre Karriere als Tänzerin tatsächlich aus eigener Kraft hätte weiterverfolgen wollen, wäre das ein Zeichen von Unabhängigkeit gewesen und nicht von Pseudo-Unabhängigkeit. Sie hätte einen langen Kampf mit jahrelangem Training an der Ballettstange und nicht am Bartresen vor sich. *Sie müßte sich mit jeder Priorität und jeder Wertvorstellung ihres Lebens auseinandersetzen.* Sie tut jedoch nichts davon. Statt dessen führt sie eine Scharade der Unabhängigkeit vor und akzeptiert dann das von dem Mann mit den richtigen Beziehungen arrangierte Vortanzen. Und wie durch ein Wunder legt sie eine blendende Vorstellung hin.

Was soll uns damit gesagt werden? Die Botschaft ist einfach: *Wenn eine Frau die Hilfe des „Mannes in dem schwarzen Porsche" annimmt, muß sie ihn fühlen lassen, daß er sie mit seiner Hilfe gedemütigt hat. Dann kann sie das von ihm geschaffene Wunder annehmen und behält auch noch ihren Stolz.* Dieses Wunder wird sich ereignen, wenn eine Frau schön ist. Denn Schönheit ist die Qualifikation, die ihn angezogen hat. Eine schöne Frau wird jeden vom Stuhl reißen, vor allem dann, wenn sie ein gutes Mädchen ist und auch auf anderen Gebieten hart gearbeitet hat, etwa in ihrem Job als Schweißerin oder als Disco-Tänzerin, ohne je eine Ausbildung durchlaufen zu haben, ohne jahrelange Berufserfahrung wie Hunderte anderer Frauen und Männer. Dann verdient eine Frau den Erfolg — die anderen Frauen allerdings nicht.

Diese „Emanzipation" hat jedoch zahlreiche Tücken. Mit ihrer „Weigerung", das arrangierte Vortanzen zu akzeptieren, fühlt sie sich berechtigt, seine Beleidigung ihrer Integrität dadurch zu rächen, daß sie ihn ohrfeigt, ihm einen hochhackigen Schuh ins Gesicht knallt und auf ihn einprügelt. Wie oft? Elfmal. Zählen Sie selbst. Der Ziegelstein, den sie ihm durch das Fenster seines Herrenhauses wirft, ist dabei noch nicht einmal mitgezählt.

Stellen Sie sich mal einen Mann vor, der von einem Doktortitel träumt. Eine Geliebte bietet ihm einen schnellen Doktor an — durch ihre Hilfe. Er klebt ihr eine für diese Beleidigung. Und knallt ihr wieder eine. Und immer wieder. Und dann akzeptiert er den Doktortitel.

Die gespielte Unabhängigkeit ist eine Beleidigung für jede Frau, die gearbeitet hat, um im Leben vorwärtszukommen. Ich bin zehn Jahre mit einer Frau verheiratet gewesen, die heute eine Vizepräsidentin der IBM ist. Es war nicht ungewöhnlich, daß sie bis fünf Uhr morgens arbeiten und um sieben wieder aufstehen mußte, um wieder in die Firma zu fahren. Und das jahrelang. Daneben hat sie noch mich bei meiner Arbeit unterstützt — und wenn sie es nicht konnte, hatte sie Gewissensbisse. Aber sie brachte Opfer für ihre Karriere. Ihr Tanz an die Spitze war ein langsamer Tanz und kein *Flashdance*. Jede Frau, die durch harte Arbeit an die Spitze gekommen ist, weiß, wie sich Frauen verhalten, die durch sexuelle Beziehungen zu einem Mann eine Stellung erlangt haben: Sie werden alle anderen zwingen, um so härter zu arbeiten, wenn sie die übrigen Stellungen behalten wollen. Falls es überhaupt noch welche gibt. Das *Flashdance*-Phänomen ist eine Diskriminierung des berufstätigen Mannes im Hinblick auf seinen Sex. Es raubt den Menschen die Hoffnung. Dennoch nennen wir *Flashdance* eine Phantasie. Für wen eigentlich?

All das verstärkt nur noch den Druck auf die Männer — jetzt müssen wir nicht nur für uns selbst sorgen, sondern auch noch für das Ich unserer Frauen Wunder vollbringen.

Zu erwarten, daß eine Frau über Nacht Erfolg hat, ist etwa so, als müßte ein Mann über Nacht einfühlsam werden. Das *Flashdance*-Phänomen verstärkt jedoch den Wunderglauben. Mit achtzehn ist Jennifer Beals Schweißerin. Es findet sich keinerlei Hinweis darauf, daß sie neu in ihrem Beruf ist. Und wann hat sie die Zeit gefunden, ihre Lehre zu absolvieren?

Flashdance. Auf dem Filmplakat entdeckte ich den Slogan: „Leidenschaft wirkt Wunder." Ja. Ziehen Sie Ihr Sweatshirt von Ihrer aufregenden Schulter. Und warten Sie auf den Ein-Minuten-Manager im schwarzen Porsche. Seien Sie leidenschaftlich und *lassen* Sie es passieren.

Die Rückkehr von Superman oder Durchschnittsmänner kommen immer als letzte ins Ziel

Die vielleicht hartnäckigste Erwartung, die ein Mann verspürt, ist die, daß er Superman sein müsse: Die Furcht, wir könnten nur ein Clark Kent sein, Superman im Normalzustand, der erst dann akzeptiert wird, wenn er zu Superman wird. Dieser Mythos wird normalerweise nur aus der Perspektive betrachtet, wie der Mann sich selbst Zwang auferlegt — als lebte er auf einer einsamen Insel.

Hat sich der Zwang, ein Supermann zu sein, inzwischen verringert, da Frauen inzwischen arbeiten und nicht mehr gerettet werden müssen? Eine klare Antwort darauf finden wir in dem Film *Superman II*, in dem ein Mann wie in *Flashdance* einer berufstätigen Frau begegnet. Fühlt sich diese Frau zu einem warmherzigen, empfindsamen und verletzlichen Mann wie Clark Kent hingezogen, einem guten, solide arbeitenden Reporter, der genauso gut aussieht wie Superman, nur nicht dessen Unverwundbarkeit besitzt? Nein. Das mag zwar für eine *nicht* berufstätige Frau gut genug sein, die berufstätige Frau kann jedoch mehr erwarten. Wir erleben, daß sie Clark Kent, ein Symbol des normalen Mannes, herablassend behandelt. Kaum kehrt er den Rücken, macht sie sich über ihn lustig. Lois Lane, seine Freundin, wird dargestellt, als hätte sie keinerlei Interesse an Sex. Die Botschaft an die Männer: Wenn sie attraktiv ist und einen Beruf hat, sollte er sich lieber Mühe geben, Erfolg zu haben, um sie sexuell zu erwecken. (Das ist zugleich eine Botschaft an Frauen — die auch auf sie Druck ausübt.)

Wie erfolgreich sollte er sein? Nun, für den Anfang sollte er fliegen können.

Sein Körper sollte kugelsicher sein, seine Seele aber empfindsam. Er sollte nie mit diesen Talenten angeben, aber in genau den Momenten, in denen ihre Welt einstürzt, tapfer sein (etwa bei Erdbeben). Dann wird man seine Talente trotz seiner Versuche entdecken, sie mit Telefonzellen zu verbergen.

Er muß aber noch mehr tun, als sich vor Katastrophen einem Haufen von Telefonbüchern auszusetzen. So muß er:

● Über eine intergalaktische übersinnliche Wahrnehmung verfügen, die sich trotz all der bevorstehenden Katastrophen auf Lois' Bedürfnisse konzentriert und es jederzeit schafft, *sowohl* Lois' Bedürfnisse *als auch* die Katastrophe zu bewältigen (Lois ist nicht selbstsüchtig).

● Nur für Lois Augen haben und nicht für all diese anderen Schönheiten, die von dem weichen, etwas schüchternen und verlegenen Clark Kent keine Ahnung haben, der auch in ihm steckt — Lois kann das nur akzeptieren, da sie weiß, daß er auch Superman ist (als sie ihm sagt, sei so lieb, fühlt er sich von ihr akzeptiert, was ihr Macht über ihn gibt).

● Keine Angst davor haben, sich zu binden — an Lois, natürlich —, außerdem muß er alle Phantasien von anderen Frauen aufgeben (die anderen Frauen im Büro werden ganz schön neidisch sein). Natürlich ist all dies nur zu seinem Guten — *die anderen Frauen* sind ja nur hinter dem Star her. „Du mußt immer für mich da sein und mich immer retten, Clark: Sollte mit meinem Job etwas schiefgehen, falls wir Kinder haben sollten, falls diese furchtbaren Erdbeben wiederkommen… Oh, ein Märchenprinz auf einem Schimmel wäre da nicht genug…"

Kein, Wunder, daß Frauen von Männern enttäuscht sind. Daß sie sogar Zorn auf sie empfinden. Von Superman einmal abgesehen, gibt es eine Menge, wovon man enttäuscht sein kann! Nachdem ich mir den Film angesehen hatte, schrieb ich meine ersten Eindrücke schnell auf einen Zettel: „Einerseits will er fliegen können und die Welt retten — andererseits fühlt er sich seltsam minderwertig."

An keiner Stelle des Films fand sich ein Hinweis darauf, daß sich Lois in den tüchtigen Reporter Clark Kent verlieben würde. Und selbst wenn sie es getan hätte — hätte sie je den Vorschlag gemacht, ihn mit ihrem Einkommen zu unterstützen (auch nur für ein Jahr), während er den Hausmann spielte und sich um die Kinder kümmerte? Und wenn sich Superman persönlich an Lois gebunden hätte, könnten wir uns dann vorstellen, wie Lois davon *phantasiert*, Superman finanziell zu unterstützen, während dieser sich zu einem einfühlsamen, unterbeschäftigten Künstler umschulen läßt?

Das ist alles natürlich nur reine Unterhaltung, wenn man es nicht in die Realität umsetzt. Sehen wir uns die Realität an. Der Schauspieler Christopher Reeves, der verbindlich und glatt genug ist, den Clark Kent zu spielen, wird zum nationalen Sexsymbol, was er zuvor nie gewesen ist. Und dieses Image verblaßte, als er wieder andere Rollen übernahm. Aber so lange, als man ihm noch Superman-ähnliche Qualitäten zuschrieb, wurde er im wirklichen Leben zum Sexsymbol. In anderen Worten, wir könnten zwar sagen: „Oh, Superman ist nichts weiter als eine Kindheitsphantasie — kein Mensch nimmt sie ernst." Wenn das aber der Fall wäre, wäre Christopher Reeves als Sexsymbol nicht so aufgestiegen und wieder in der Versenkung verschwunden, je nachdem, wie sehr man ihn mit Superman assoziierte. So wird Phantasie zur Realität, jedoch auf die grausamste Weise — Frauen bleiben mit realen Männern unerfüllt zurück, und Männer werden eher für das geliebt, was sie in der Phantasie erfüllen, als für das, was sie sind.

Für weibliche Depressionen über reale Männer gibt es mancherlei Ventil — die Frauen ziehen sich entweder von den Männern zurück oder wenden sich den weiblichen Versionen der Pornographie zu, Liebesromanen und Seifenopern im Fernsehen. Wenn die Realität enthüllt, daß ein Mann am Ende doch kein Superman und Retter ist, wird die Frau statt dessen durch den Liebesroman gerettet. Diese Literaturgattung zwingt sie nicht dazu, zwischen ihrer Primär- und ihrer Sekundär-Phantasie zu wählen. Im Roman heißt es: „Du kannst alles haben." Wenn eine Frau im wirklichen Leben nur ihre Primär-Phantasien hat — denen sie mit den entsprechenden Zeitschriften und Büchern immer neue Nahrung gibt —, empfindet sie es als erlaubt, daß sie eine Affäre mit einem aufregenden Mann hat, der zufällig auch der Mann ist, der ihr alles schenken wird, mag er auf den ersten Blick auch wie Ian der Vergewaltiger erscheinen, wie ein Nazi-Offizier oder wie Clark Kent.

Wie läßt es sich rechtfertigen, daß man die durch den Mann garantierte Sicherheit aufgibt? Manchmal durch Enttäuschung und Zorn. In vielen Liebesromanen läßt sich, wie wir gesehen haben, die Flucht des Mannes nur durch den Tod sühnen. Und wenn er stirbt, gehört es dazu, daß sein Tod ihr ein Vermögen einbringt; wenn der Ehemann die Superman-Phantasie der Frau enttäuscht, rechtfertigt das ihren Todeswunsch für ihn.

Die Konsequenzen für Männer? Sein Leistungszwang wird ihn letztlich in Kämpfe um begrenzte Ressourcen verwickeln oder gar in Kämpfe, in denen es darum geht, wer der bessere Held ist (meine Religion/mein Land/meine Rasse/Ideologie/Mannschaft/Theorie ist besser als deine). Sein Bedürfnis, Superman zu sein, wird ihn Versprechungen machen lassen, die er nicht halten kann. In der amerikanischen Politik war Jimmy Carter so etwas wie ein Clark Kent, während Ronald Reagan eher Superman ist, der versprochen hat, „Amerika wieder groß zu machen". Und das Wahlvolk, Männer wie Frauen, ist so etwas wie eine Lois Lane. So wie beide Geschlechter die schöne Frau wählen, so wählen sie auch wie Lois Lane Superman.

Ändern sich diese Traumbilder bei jungen Männern — und Frauen?

Junge Männer haben noch keine Chance gehabt, ihren Weg zum Erfolg zu verdienen, und zehn- bis fünfzehnjährige Mädchen machen sich noch keine Sorgen darum, wie sie ihr Leben finanzieren werden, ob durch eigene Anstrengung oder die von Männern. Wie verdient sich also ein junger Mann den Zugang zu einem attraktiven Mädchen? Das können wir herausfinden, indem wir uns die Reaktionen einiger junger Frauen auf den vielleicht einzigen Film ansehen, der auf Bitten und in Zusammenarbeit mit einer High School entstanden ist, *Die Outsiders*. Der Held des Films, Matt Dillon, wurde zum Schwarm von Teenagern und präpubertierenden Mädchen aller Gesellschaftsschichten.

Welche Rolle macht Dillon zum Schwarm aller jungen Mädchen? Seine moderne Version von James Dean in dem Film *Denn sie wissen nicht, was sie tun.* Dillon wird dem Publikum als der bestaussehende der Mexikaner vorgestellt (er kommt also von der falschen Seite der Trennungslinie), sein Haar ist ölig und zurückgekämmt, er sieht aus wie ein entlaufener Sträfling und macht den Eindruck, als wäre er wie geschaffen für die Rolle des Psychopathen.

Dann sehen wir, wie Dillon in einem Drive-In-Kino ein Auge auf ein schönes Mädchen wirft, das aus der „besseren Gesellschaft" stammt und ihre Freundin bei sich hat. Hinter ihnen sitzt eine Bande von Mexikanern und nimmt eine drohende Haltung an. Dillon entdeckt die Schöne. Er macht sich an sie heran. Sie widersteht ihm. Er läßt nicht locker. Sie zieht sich zurück. Er bedrängt sie, kommt mit Gesicht und Körper immer näher, schubst sie bedrohlich und macht sich jedesmal über sie lustig, wenn sie sich von ihm abwendet. Sie versucht, einen kühlen Kopf zu bewahren, aber der Zuschauer spürt ihre Furcht, während sie ängstlich nach einem Ausweg sucht.

Wie ängstlich war dieses Mädchen wirklich? Sie verrät Dillons Kumpel, wie groß ihre Angst gewesen ist: „Sorg dafür, daß der mir vom Hals bleibt, ja? Ich möchte ihn nicht wiedersehen, niemals..."

„Warum?" fragt Dillons Kumpel.

„Ich würde mich sonst verlieben..."

Ich habe mir den Film mit meiner Freundin Anne und deren Tochter Megan angesehen, die damals zehn war. Megan hatte noch nicht gelernt, ihre Gefühle mit der gerade richtigen Ideologie zu tarnen. Zwei Tage später entdeckte ich an ihrer Zimmertür ein Poster von Matt Dillon (an Megans Tür!). Daneben ein Poster von Scott Baio, der so aussieht wie ein Pat Boone mit lateinamerikanischem Einschlag: freundliche Augen, zärtlich, gutaussehend.

Am nächsten Tag hatte Megan ihre zwölfjährige Freundin bei sich; sie saßen da und kicherten über die Poster von Baio und Dillon. Ich setzte mich dazu und fragte: „Wer wäre euer Favorit, wenn Matt Dillon und Scott Baio euch küssen wollten und ihr nur einen von ihnen küssen könntet?" Wie aus der Pistole geschossen kam von beiden der Ausruf: „Matt Dillon!" Ich hakte nach: „Wenn beide euch heiraten wollten und ihr nur einen heiraten könntet, wen würdet ihr wählen?" Ohne jedes Nachdenken kam die Antwort: „Scott Baio."

Anne und ich rollten mit den Augen und mußten laut auflachen. Das war wirklich die höchste Ironie — da standen wir, zwei „Erwachsene über dreißig, die beide für die Gleichheit der Geschlechter eintreten", vor uns zwei junge Mädchen, die beide den Bösewicht küssen, aber den gezähmten Helden heiraten wollten.

„Worüber lacht ihr?" wollte Megan wissen.

„Es war kaum anders zu erwarten", sagte ich lachend und mit einem Anflug von Traurigkeit.

„Sag uns doch, warum wir das gesagt haben...", bat Megans Freundin.

Junge, Junge, dachte ich. Jetzt sitze ich in der Falle. Wie soll ich einer Zehnjährigen *das* erklären? (Nämlich in zwei Sätzen, wobei der letzte Satz ein Witz sein muß.)

„Also", machte ich einen Anlauf, „ihr wißt doch, wie es ist, wenn wir Versteck spielen. Die Spannung wird um so stärker, je schwerer ich es euch mache, mich zu finden. Im Augenblick gefällt euch das nicht — aber später wollt ihr wieder von vorn anfangen. Nun, so etwa ist auch Matt Dillon — er macht Mädchen wütend, und das ist wie Spannung —, aber irgendwie regt euch das auch auf. Ein Kuß von ihm wäre also etwas so Aufregendes wie das Versteckspielen. Aber in Scott Baio habt ihr eine Zärtlichkeit gesehen, mit der ihr leben wollt. Also wollt ihr Scott Baio heiraten..."

„Oh — dürfen wir uns nach dem Essen ein bißchen Eis holen...?"

Schlußfolgerung von Teil 2

Was hat sich in den vergangenen zwei Jahrzehnten verändert und was nicht? Die Realität hat sich verändert. Die Realität etwa der Scheidung. Da die Ehe keine Sicherheit mehr für ein ganzes Leben bot, hatte es den Anschein, als würden sich Frauen dem anpassen, indem sie sich einem Beruf zuwandten. Wenn aber die Phantasie einer Karriere, die durch eigene Anstrengung zustande kommt, mit der Realität dessen kollidierte, was man für eine Karriere opfern muß, versagte sie. Dennoch war eine berufliche Laufbahn ein wichtiger Schutz und eine erfolgreiche Karriere eine wundervolle Phantasie. Folglich wurde der Mann als gute Fee, der eine Frau zum Erfolg katapultieren kann, zu einer alternativen Phantasie, die er einer Frau erfüllen konnte.

Der Phantasieheld eines Teenagers, ob nun ein männlicher Held an der Wand, ein magisches Einhorn oder eine andere Kombination aus Mann und Magie wie etwa ein Guru, haben sämtlich noch einen weiteren Vorteil für das junge Mädchen: Nämlich die Assoziation mit einem erfolgreichen männlichen Image ohne den Zwang, sich auf Sexualität mit einem Alltagsmann einlassen zu müssen. So läßt sich der Sex ebenso wie die Liebe für eine Schablone aufsparen — eine Schablone, in deren Rahmen sich Wunder ereignen können.

Die weibliche Primär-Phantasie änderte sich also nur in einer Hinsicht: Inzwischen erwartet die Frau vom Mann noch mehr. Da es verschiedene Frauentypen gibt, haben sie auch verschiedene Erwartungen: Für Miss Gleichheit geht es um größere Brillanten und höhere Gehälter, während der Mann einen Teil der Hausarbeit übernehmen und die Frau zärtlich umsorgen soll; für die Frau eher traditionellen Zuschnitts ist eine vierseitige Liste mit Hochzeitsgeschenken gedacht sowie ein lebenslang gesichertes Einkommen; beim Teenager sind es wertvolles Porzellan und ein Jura-Examen von der Yale-Universität. Das Spektrum reicht vom Mann als Brieftasche bis zum Mann als finanziellem Sicherheitsnetz.

Wie präsentieren traditionelle Zeitschriften wie *Family Circle* und *Better Homes and Gardens* die besten Möglichkeiten zur Verwirklichung dieser Phantasie? Das beste Mittel ist immer ein Mann. Genauer, ein Ehemann. Mann und Ehe sind sowohl Mittel wie Phantasie. Sie werden zur Phantasie, weil sie auch die Mittel sind.

Die Zeitschriften *Woman, New Woman, Self, Playgirl, Working Woman* und *Ms.* sind sämtlich erst in den letzten siebzehn Jahren auf den Markt gekommen. Sie wenden sich sämtlich an Frauen, bei denen kein Mann für den überwiegenden Teil des Lebensunterhalts aufkommt. Kein Wunder, daß sich in diesen Blättern der größte Zorn auf die Männer zeigt.* Je mehr sich diese Blätter auf berufstätige Frauen und unabhängige Frauen orientieren, um so größer der Zorn. Und je größer die Orientierung auf Unabhängigkeit und Gleichheit hin, um so geringer die Auflage. In

* Vgl. Kapitel 7: „Der neue Sexismus".

den Zeitschriften für die „neue Frau" werden Männer in Artikeln wie „Der Scheißkerl wollte sich nicht binden" als Hauptfeind und Primär-Phantasie zugleich dargestellt. Dabei entsteht in diesen Zeitschriften unweigerlich ein Grundton, der sich
unter dem Motto zusammenfassen läßt: „Heiratet den Feind."

Das zentrale Problem in diesen Zeitschriften, die sich vorwiegend mit unerfüllten Phantasien beschäftigen, besteht darin, einen bindungsbereiten Mann zu finden, damit er für die Frau ein Zuhause, einen schönen Garten und eine Familie
verdienen kann. Die vier meistverkauften Zeitschriften in dieser Kategorie, nämlich *Cosmopolitan, Glamour, Seventeen* und *Teen,* halten alle die gleiche Antwort
parat wie Liebesromane und Fernseh-Schnulzen: Spiel die Femme fatale, Baby,
und zwar kompromißlos von Anfang bis Ende.

Wie passen sich Männer den Frauen an?
Immer wenn einem Mann weibliche Schönheit vor Augen geführt wird, steigert
das den Wert der schlanken, sorgfältig aufgemachten und schönen Frau. Und der
Wert treibt den Preis in die Höhe. So wie jede beliebige Anzeige darauf angelegt
ist, den Preis eines *Produkts* in die Höhe zu treiben. Eine Parfum-Anzeige mit einer verführerisch gekleideten schönen Frau ist auch eine Anzeige für den weiblichen Körper. Je mehr etwas wert ist, um so weniger sind wir geneigt, es kostenlos
herzugeben. Warum sollte eine Frau also ihren Körper „verschenken", wenn sie
damit und dem Zertifikat eines Kosmetikinstituts einen Yale-Absolventen einfangen kann?

Den offenen und unverhüllten Verkauf des Körpers nennen wir Prostitution. Man
muß sich also Euphemismen einfallen lassen: „Ich halte Sex für unmoralisch, *bis*
ich mich verliebt habe... ich mich sicher und geborgen fühle... fühle, daß er sich
binden will..." Für den Mann werden dies die Bedingungen, von denen er das Gefühl hat, daß er sich ihnen fügen muß — da es nicht seine Bedingungen sind. Je
mehr man Sex in Gegensatz zur Moral stellt, um so eher läßt sich die Moral als
Entschuldigung dafür gebrauchen (oder vielmehr mißbrauchen), daß man sich mit
Sex zurückhält. Damit wird aus der „Moral" eine Entschuldigung, mit der man
einen Mann dazu bringen kann, sich den Sex erst zu verdienen, indem er eine Frau
mit Sicherheit ausstattet. In Kapitel 8 „Warum ist die sexuelle Revolution so kurzlebig gewesen?" werden wir sehen, wie sich diese Einstellung, die Ende der sechziger Jahre auf dem Rückzug zu sein schien, in den achtziger Jahren wieder mit
Macht breitgemacht hat. Und warum.

All das macht es einer Frau nicht leichter, denn sie lernt, sich dadurch Sicherheit aufzubauen, daß sie ihren Körper schön hält, um dann zu entdecken, daß sie
dabei andere Prioritäten opfert. Es kann sein, daß sie sexuell offen ist, wenn sie
mit einem Mann zusammen ist, der ihrer Sekundär-Phantasie entspricht, und zwischen sexueller Offenheit und Zurückhaltung schwankt, wenn ein der Primär-
Phantasie entsprechender Mann unschlüssig ist, ob er sich binden soll oder nicht.

Aus männlicher Sicht können Liebesversprechen wie Zahlungsversprechungen
sein, wenn eine Bindung mit Brillanten und Hypotheken in Verbindung gebracht wird.

Die Werbewirtschaft hat die attraktive fünfzehn- bis neunundzwanzigjährige (oder nicht älter erscheinende) Frau mit mehr Macht ausgestattet als deren Mutter und mit mehr Macht, als die meisten Männer wohl je haben werden. Der jüngste Trick: Die Behauptung, diese Macht könne selbst dann noch andauern, wenn eine Frau schon über fünfzig ist. Was Investitionen in die eigene Schönheit noch „lohnender" macht. Damit nimmt die Bedeutung der Schönheit immer mehr zu, sie wird zu einer rezeptiven Initiative, mit der sich „ein Feuer anfachen läßt" und die es einem erlaubt, sich bequem zurückzulehnen und „mitanzusehen, daß etwas passiert".

Wenn eine Frau schön genug ist, kann sie es sich vielleicht erlauben, *jeden* Mann abzuweisen. Auf jeder Party. Mit Ausnahme eines Mannes — auf einer Party. Was jeden Mann mit der quälenden Frage zurückläßt, ob er erfolgreich genug ist, überhaupt eine Chance zu haben, falls er sich ihr nähern sollte. Wird er es trotz seiner menschlichen Qualitäten nicht schaffen, sie zum Skiurlaub einzuladen, anders als der Mann, den sie letzte Woche kennengelernt hat? Diese Dynamik übt auch auf die Frau einen verheerenden Einfluß aus.

Wenn Frauen auf dem Gipfel ihrer Schönheit stehen und diese Macht auch ausüben, nennen wir das Ehe. Wenn Männer auf dem Gipfel ihres Erfolgs stehen und diese Macht auch ausüben, nennen wir das eine Midlife-crisis. Die Hochzeit findet in einer Kirche statt; die Krise wird auf der Couch eines Therapeuten bewältigt. Wenn ein Mann „sich die Hörner abstößt", heißt das im Klartext: „Schlag dir die Erfüllung der Primär-Phantasie aus dem Kopf." Bei einer Frau heißt das: „Hüte dich, dir die Hörner abzustoßen" — such dir lieber einen Ehemann. Eheschließung bindet einen Mann normalerweise an die Primär-Phantasie der Frau, jedenfalls stärker, als eine kurze Affäre sie an seine bindet. Das nenne ich Anpassung — die des Mannes an die Frau.

Liegt es an den Männern? Oder an den Frauen? Oder sind wir alle die Opfer der Kapitalisten?

An dem Dilemma ist niemand schuld. Wir werden alle unschuldig in ein sich ständig fortentwickelndes System hineingeboren. Zugleich ist jeder schuld, denn Männer erfüllen weiterhin die Wünsche schöner Frauen, so daß Frauen auch weiterhin Kosmetika und Diät-Bücher kaufen; Frauen suchen sich unter erfolgreichen Männern immer noch den einen aus, der ihren Vorstellungen am nächsten kommt, und folglich kämpfen die Männer auch weiterhin in Reichweite des weiblichen Fernglases. Kapitalisten werden nicht damit aufhören, an die unerfüllten Bedürfnisse beider Geschlechter zu appellieren, bis Frauen wie Männer damit aufhören, die auf solchen Appellen basierenden Produkte zu kaufen. Jedesmal, wenn wir ein Produkt kaufen, stimmen wir für die Anzeige, mit der es verkauft wurde.

Man macht es sich leicht, wenn man dem Kapitalisten die Schuld gibt; deren Spitzenvertreter sind zu fast 100 Prozent Männer — sämtlich mit der Macht ausgestattet, die mit dem äußeren Erfolg im Leben einhergeht — sie sind der perfekte Feind. Wir vergessen dabei nur eins: Da nur 13 Prozent der Ehefrauen der führenden männlichen Kapitalisten überhaupt einer Berufsarbeit nachgehen[1], *ist der Kapitalist auch ein Mann, der eine Frau ernährt.*

Wie kämpfen Männer darum, in das Blickfeld der weiblichen Ferngläser zu geraten? Ist der Konkurrenzkampf unter Männern zum Teil eine Anpassung, um in das Blickfeld der Frau zu geraten? Dieser Gedankengang macht vielleicht verständlich, warum Frauen das Gefühl haben, es gebe so wenige Männer — „die große amerikanische Männerknappheit".[2]

Wo sind bloß all die guten Männer?

Dr. Donald Symons hat herausgefunden, daß Männer aus allen Gesellschaftsschichten Frauen hauptsächlich nach ihrer Attraktivität einstufen, während Frauen Männer nur dann attraktiv finden, wenn diese ihren gesellschaftlichen, ökonomischen und politischen Status-Kriterien entsprechen, *außerdem* aber noch gut aussehen.[3] Er hat herausgefunden, daß Frauen oft von „Männerknappheit" sprechen, jedenfalls öfter, als es statistisch zu erwarten wäre — weil weit weniger Männer den gestiegenen Anforderungen der Frauen entsprechen.

Männer wie Frauen nehmen als potentielle Partner — wie durch ein Fernglas — lediglich einen bestimmten Ausschnitt des anderen Geschlechts wahr. Das Fernglas einer Frau ist nur auf rund zehn Prozent der Männer gerichtet: Nämlich auf diejenigen, die den vielfältigen Kriterien ihrer Primär-Phantasie am nächsten kommen. Die Männer sind zunächst bereit, jede attraktive Frau zumindest für „eine Nacht" in Betracht zu ziehen, richten ihr Fernglas anfänglich auf einen weit höheren Prozentsatz aller Frauen — Frauen, die das eine Kriterium der Attraktivität erfüllen. So warnt eine Frau vielleicht ihre Freundin: „Laß dich nicht mit dem ein, der ist verheiratet." Damit meint sie, das sei Grund genug, ihn nicht mal bei einem Blick durchs „Fernglas" in Betracht zu ziehen. Umgekehrt dürfte sich ein Mann kaum davon abhalten lassen, mit einer Frau ins Bett zu gehen, nur weil sie verheiratet ist. Durch sein Fernglas erfaßt er ein weiteres Blickfeld — zunächst. Was zum Teil daran liegt, daß sein erstes Ziel begrenzter ist. Aus genau diesem Grund wird er auch derjenige sein, der sich zurückzieht, wenn es ernst wird. *Der Mann und die Frau werden in verschiedenen Momenten wählerisch:* Sie kann wählerisch werden, wenn er die Erfüllung seiner Primär-Phantasie will — Sex; er kann wählerisch werden, wenn sie die Erfüllung ihrer Primär-Phantasie wünscht — eine Bindung.

Das Bild des Fernglases kann uns auch dabei helfen zu erkennen, wie männlicher Konkurrenzkampf zu männlicher Anpassung werden kann. Männer lernen, daß sie weniger Gefahr laufen werden, abgelehnt zu werden, wenn sie sich im Wirtschaftsleben Mühe geben und in das Blickfeld der Frau geraten. Wenn sie die Frauen bitten, das Fernglas in eine andere Richtung zu halten, fangen sie an zu betteln und handeln sich mit Sicherheit ein Nein ein. Der sicherste Weg, sich einen Korb einzuhandeln, sieht so aus: „Zieh mich doch nur für einen Moment in Betracht. Ich bin zwar nur ein halbtags arbeitender Maler, aber ich bin ein wunderbarer Mensch." Eine Ablehnung aus beruflichen Gründen tut weniger weh als eine persönliche Ablehnung. Wichtiger noch: Männer fühlen sich eher in der Lage, Zustimmung auf der Grundlage ihrer Arbeit *zu verdienen* als eine persönliche Zustimmung: „Wenn ich das Klassenziel erreiche, werde ich es schaffen; wenn nicht, hätte ich härter arbeiten sollen." Das ist einer der Gründe, warum die Männer so sehr dem Erfolg nachjagen.

Vielen Frauen ist bekannt, daß gewisse Männer zwar oft mit einem Filmstar ausgehen, aber dann eine etwas einfachere Frau heiraten. Warum? In dem Kapitel über Bindung werden wir den Wechsel in dem kennenlernen, was für Männer wichtig wird, sobald ihr grundlegendes Kriterium der Attraktivität erfüllt ist. Wenn das aber so ist: Warum konzentrieren sich Frauen so sehr darauf, eine Mousse au Chocolat durch Frisierschaum zu ersetzen? Zum Teil deswegen, weil die Frauen hier wie Männer im Beruf das Gefühl haben, daß sie die Situation beherrschen. Frauen sitzen lieber vor dem Spiegel und machen sich schön, statt sich mit einem Anruf bei einem Mann einen Korb zu holen.

Bevor sie auf der Bühne erscheinen, arbeiten beide Geschlechter an ihren „Strategien". Seine Strategie ist lebenslange Arbeit; ihre anfängliche „Strategie" ist ihre äußere Erscheinung — oder das Fehlen jeder Strategie. So wie eine Karriere Männern Macht gibt, verleiht Frauen Schönheit Macht. Wenn eine Frau sich jedoch mit den schönsten Frauen vergleicht, fühlt sie sich machtlos; ähnlich ergeht es den Männern, die sich mit den erfolgreichsten Männern vergleichen. Auch hier ist das Ergebnis ein Gefühl von Machtlosigkeit.

Der Prozeß, der für Männer nötig ist, um zu Macht zu kommen, steht im Konflikt mit einem Bekenntnis zu den eigenen Gefühlen. Daß Bart ein Computer-Experte wurde, hat ihm nicht sehr dabei geholfen, mit seinen Gefühlen ins reine zu kommen. Als Bart bei seiner Freundin Bilder männlicher Filmstars entdeckte, fühlte er sich immer ein wenig unbehaglich; seine Reaktion darauf: noch härtere Arbeit an dem, was ihm ihren Respekt einbringen würde: Er gab sich alle Mühe, ein Computer-Experte zu werden, dem niemand mehr etwas vormachte. Das war seine Methode, sich über seine Gefühle Klarheit zu verschaffen — er verzichtete darauf, sein Gefühl der Machtlosigkeit vor dem Filmstar zu bekennen, und „löste" das Problem lieber dadurch, daß er tiefer grub. Mit dem Kopf im Sand strampelte er wie wild, um sich Achtung zu verdienen, und verpaßte dabei die zweite, dritte und vierte Komponente der Macht: innere Zufriedenheit, die Fähigkeit zu zwischenmenschlichen Kontakten und seine Gesundheit.

Die *grundlegenden* Phantasien von Frauen über Männer haben sich also nicht verändert. Aber *beide* Geschlechter scheinen heute sowohl von sich selbst wie vom anderen Geschlecht mehr zu erwarten als je zuvor. So wie das Einhorn des Teenagers zu dem Märchenprinzen auf dem Schimmel wird, dessen heutige Form der Mann im schwarzen Porsche ist, sollte man nicht vergessen, daß die Phantasie, die man oft für harmlos hält, letztlich beide Geschlechter zerstören kann. Sowohl die Phantasie der Zwölfjährigen, daß sich Liebe wie durch ein Wunder einstellen kann, wie die Phantasie der Fünfzigjährigen, daß das „Anfachen seines Feuers" „Liebe" in der Form von Brillanten und Luxusvillen bringen werde, sind bei

Frauen wie geschaffen dazu, Enttäuschung und Zorn auszulösen. Und Stolpersteine für Männer, die sich abschuften, um das Geld für einen schwarzen Porsche zu verdienen, und die dann verwirrt sind, wenn man ihnen sagt, daß sie nicht verletzlich genug sind. Frauen können sich nicht in Männer verlieben, die selbst unverwundbar zu sein scheinen, bei einer Frau aber Verwundbarkeit erwarten. Warum wollte er überhaupt einen schwarzen Porsche haben? Weil er noch nie eine häßliche Frau aus einem Porsche hat aussteigen sehen.

TEIL 3

WARUM MÄNNER SO SIND, WIE SIE SIND

4.
Warum beschäftigen sich Männer soviel mit Sex und Erfolg?

„Zugabe! Zugabe!" 60 000 Menschen stampfen mit den Füßen und drängen sich in den Gängen. Hingerissen. Verzaubert. Der Mann hebt das Mikrophon. Es kommt aber kein Song. „Hier bin ich, Kathy. Der pickelige Junge, der in der siebten Klasse hinter dir saß... Hier bin ich. Neil — der damals nicht gut genug war, dich nach der Schule zu küssen... Der Prügelknabe der Klasse... Aus diesem Prügelknaben ist inzwischen ein Prinz geworden, Kathy. Kathy, wo immer du auch bist — heute fressen sie mir aus der Hand, Kathy... Verzehre dich jetzt nach mir, Kathy... verzehre dich... Wo immer du sein magst."

Neil Diamond 1976 bei einem Konzert in Phoenix, Arizona

Wie Millionen Männer hat auch Neil Diamond gelernt, daß er etwas leisten muß. Die meisten Männer verbringen ihr Leben damit, sich in dieser oder jener Form „zu beweisen" — ob im Sport, beim Sex oder im Beruf. Die meisten Frauen spüren, wie oft sich dahinter eine tiefe Unsicherheit verbirgt. Warum ist die Unsicherheit des Mannes so groß, daß er seine Leistung so weit treibt, daß er unter Umständen sogar zum Töten bereit ist — für Geld, für Status, für „Macht"? Daß sie sich selbst und andere umbringen, um letztlich nur einen der fünf Bestandteile wirklicher Macht zu gewinnen?* Warum werden selbst solche Männer, die für eine „gute Sache" gearbeitet haben, wütend, wenn das Ziel erreicht ist, die Leistung aber einem anderen gutgeschrieben wird? Warum klammern sie sich so an vermeintliche ideologische Unterschiede, als stünde ihre persönliche Identität auf dem Spiel — so daß man sowohl mit dem Marxismus wie mit einer Religion einen heiligen Krieg vom Zaun brechen kann?

Auf diese Fragen gibt es buchstäblich Dutzende von Antworten, angefangen bei genetischen Einflüssen bis hin zu Umwelteinwirkungen. Im folgenden werde ich mich auf drei wichtige Phasen konzentrieren, bei denen es meist um Umwelteinflüsse geht, die Frauen und Männer leichter ändern können als genetische Einflüsse und solche des Elternhauses. Diese Phasen haben etwas mit der Dynamik zwischen fast jedem Mann und jeder Frau zu tun, gleichgültig, welchen Klassenhintergrund oder welche sexuelle Orientierung sie haben mögen. Ich beginne mit den fünf Botschaften, die Männer während der ersten Phase zu hören bekommen: der genetischen Berühmtheit.

---

* Vgl. das Ende von Kapitel 1: „Die fünf Bestandteile der Macht".

Phase 1: Die genetische Berühmtheit

Männliche Botschaft Nummer 1: Sie ist eine genetische Berühmtheit, ich bin ein genetischer Groupie

Beginnen wir mit der männlichen Botschaft Nummer 1. Milliarden Dollar werden für eine Werbung ausgegeben, die einem präpubertierenden Jungen auf unterschwellige Weise ins Unbewußte gepflanzt wird, bevor er „geschlechtsreif" wird. Damit wird ihm unterschwellig seine Sehnsucht nach der vierzehn- bis neunundzwanzigjährigen Modellfrau eingegeben — die buchstäblich „verkauft" wird. Das läßt in seiner jungen Seele eine Phantasie keimen, die stärker und mächtiger ist als jede andere. Eine Primär-Phantasie. Wir setzen die raffiniertesten technischen Mittel ein, um ihm dieses Bild einzupflanzen. Wenn ein solcher Junge vierzehn wird, wird jedes Mädchen in seiner Klasse, das dem Aussehen des Rollenvorbilds auch nur einigermaßen nahekommt, ihm wie ein Filmstar vorkommen, wie eine genetische Berühmtheit, neben der er sich, der vierzehnjährige, pickelige und unbeholfene Jüngling, so nervös fühlt wie ein Groupie.

Dem vierzehnjährigen Jungen fällt an den genetischen Berühmtheiten in seiner neunten Klasse etwas auf: Sie gehen mit den Jungen aus der elften Klasse aus. Er fühlt sich den attraktivsten Mädchen seiner Klasse nicht gleichberechtigt. Er fühlt sich auch seinen männlichen Altersgenossen nicht gleichberechtigt. Es sei denn, er leistet etwas Besonderes. Die genetischen Berühmtheiten werden sich vielleicht herbeilassen, mit ihm auszugehen, wenn er sich ihre Aufmerksamkeit durch besondere Leistungen im Fußball oder als Klassensprecher verdient. Er ist verzweifelt. Warum? *Die Mädchen, die er unbewußt begehren gelernt hat, haben durch ihre Schönheit Macht, bevor er sich durch Leistung hat beweisen können.* Diese Sozialisation ist so mächtig, daß die genetischen Berühmtheiten in seiner Klasse den Jungen beeinflussen können wie eine Droge. Er wird nach einem Image süchtig; alles, was hinter diesem Image zurückbleibt, empfindet er als minderwertig.

Marktforscher, die sich seit Jahrzehnten mit dem Verhalten von Männern beschäftigen, haben herausgefunden, daß *es nur einen gemeinsamen Nenner gibt, mit dem man Männer aller Klassen erreichen kann: ihre Sehnsucht, von den „schönsten" Frauen ihrer Kultur akzeptiert zu werden.*[1] Oder der gemeinsame Nenner ist umgekehrt ihre Angst, von diesen Frauen abgewiesen zu werden. (Für das Marketing ergibt sich daraus: Je größer die Angst eines Mannes, um so wahrscheinlicher ist es, daß er das Produkt kauft, das ihm verspricht, die Angst zu vertreiben.)

Was genau macht das Image des schönen Mädchens und der schönen Frau so viel mächtiger als andere Produkte, für die gleichfalls geworben wird? Andere Produkte, wie etwa Autos oder Bier, machen nur einen Bruchteil unserer unterschwelligen Verführung aus; die schöne Frau ist immer im Bewußtsein, wo immer eine Frau abgebildet wird. Warum? Weil der Marktforscher weiß, daß sich der Mann ihrer nicht würdig fühlt. Und wenn es dem Marktforscher gelingt, dem Mann das Gefühl zu geben, daß der Kauf des Produkts ihm die Hoffnung bringt, ihrer würdig zu sein, wird er das Produkt kaufen. Dies ist so sehr zu einem Teil unseres Unbewußten geworden, daß wir in der männlichen Botschaft Nummer 2 erkennen werden, daß die Frau nicht einmal abgebildet zu werden braucht, um sein Gefühl wiederzubeleben, daß er ihrer würdig sein wird, wenn er etwas leistet.

Jede Kultur hat einen Standard der schönen Frau, der sich manchmal mit den Vorstellungen anderer Kulturen überschneidet. Und in den meisten Kulturen bekämpfen sich mächtige Männer, um diese Frauen für sich zu gewinnen. Haben wir in unseren „zivilisierteren" Gesellschaften in dieser Hinsicht Fortschritte gemacht? Nicht sehr. In technologisch fortgeschrittenen Kulturen finden wir eine fortgeschrittene Spannung: Einerseits hat der rationale Verstand mehr Informationen, um diese sozialisierte und genetisch bedingte Neigung zu bekämpfen; andererseits läßt sich mit Hilfe der Technologie das Unbewußte des rational arbeitenden Verstands leichter durchdringen. Der Wunsch, uns selbst als rational denkende Wesen zu sehen, steigert aber oft nur unsere Verleugnung des Unbewußten („Darüber bin *ich* hinaus..."), was uns unachtsamer werden läßt.

Diese Anzeigen legen einem heranwachsenden Jungen nie nahe, in sich selbst zu suchen. Die männliche Botschaft Nummer 1 wird von dem Jungen unbewußt so erfahren: *„Einige Mädchen in meiner Klasse sehen schon aus wie Filmstars. Wenn sie hinter mir so her wären wie ich hinter ihnen, dann wüßte ich, daß mit mir alles in Ordnung ist. Sie sind genetische Berühmtheiten. Ich bin ein genetischer Groupie."*

Wie kann man von einer Frau erwarten, daß sie so etwas glaubt, wenn sie noch keinen Mann hat sagen hören: „Sie ist von Natur aus toll, ich bin von Natur aus eine Null"? In den fünfziger Jahren hatte auch noch kein Mann eine Frau je sagen hören: „Ich habe das Gefühl, daß ich meine Identität verliere, wenn ich heirate." Als die Frauenbewegung aber dieses Denken propagierte, fühlten sich plötzlich Millionen von Frauen angesprochen. In meiner Arbeit mit mehr als 300 männlichen Selbsterfahrungsgruppen aus allen Gesellschaftsschichten haben diese drei Phasen — und die fünf männlichen Botschaften — bei Männern den Test des „Das kommt mir wahr vor" bestanden. Frauen können mit Recht behaupten, sie seien nicht formuliert und geäußert worden. Hätte man sie formuliert, wären die Männer mit ihren Gefühlen im reinen. Statt dessen treten Jungen unbewußt in Phase 2 ein.

Phase 2: Die männliche Suche nach Gleichheit oder Wie Jungen ihr Gefühl der Machtlosigkeit kompensieren

Wie lernt ein junger Mann, die Kluft zwischen der Macht der genetischen Berühmtheit und seinem Gefühl der Machtlosigkeit zu überbrücken? Damit er nicht mehr das Gefühl hat, wie ein Hündchen um ein Stück Brot zu betteln? Er lernt die männliche Botschaft Nummer 2: *„Ich muß etwas tun* — etwas leisten —, *um mir meine Gleichberechtigung mit dem ersten natürlichen Aktivposten der geneti-*

schen Berühmtheit zu verdienen — ihrer Aufmerksamkeit. Ich muß mich gegen die Zurückweisung durch die genetische Berühmtheit wappnen, indem ich etwas leiste, um ihren Respekt zu gewinnen."

Und wie lernt er das? Für den Anfang so: Wenn sie eine genetische Berühmtheit ist und nichts tut, sagen die Leute, sie sei schön; wenn er von Natur aus irgendwie begabt ist und nichts tut, sagen die Leute: „Was für eine Verschwendung." Egal wie „mächtig" ein Mann im späteren Leben wird — ob aus ihm ein Neil Diamond, ein Henry Kissinger oder ein Woody Allen wird —, so hat er einmal als kleiner Junge angefangen, der eine Kathy anhimmelte.*

Männliche Botschaft Nummer 2: Du mußt dir die Aufmerksamkeit der genetischen Berühmtheit erst verdienen

Ich erinnere mich noch an meine ersten drei oder vier Freundinnen in den ersten Jahren des Gymnasiums. Sie nahmen von meinen sportlichen Leistungen wohlgefällig Notiz. Ich weiß noch, wie ich in einem Sommerlager Kapitän einer Baseballmannschaft war. Ich war der Werfer. Nachdem ich ein paar Innings geschafft hatte, beschloß ich, auch ein paar der anderen Jungen eine Chance zu geben. Ich tauschte meinen Platz mit einem Mitspieler, dessen Augen vor Freude aufleuchteten. Nach dem Spiel kam meine Freundin Joann zu mir und fragte: „Warum hast du dich denn als Werfer auswechseln lassen?" Ich erklärte es ihr. „Das war aber nett von dir", sagte sie, aber ihre Augen verrieten Enttäuschung. „Die Mädchen fanden dich als Werfer alle toll." Ich spürte Joanns Enttäuschung, ihre Enttäuschung nicht nur über mich, sondern auch über den Verlust ihres Status bei ihren Freundinnen als „das Mädchen, das der Werfer mag". Ich weiß noch heute genau, wie ich mich damals als Elfjähriger fühlte: Hin- und hergerissen zwischen meinem Mitgefühl und dem Wunsch, ihre Bewunderung nicht zu verlieren.

Lange bevor ein Junge überhaupt weiß, wofür er etwas leisten muß, lernt er, daß er Leistung zeigen muß — lange bevor er die leiseste Ahnung davon bekommt, was es mit der genetischen Berühmtheit, der Zustimmung der Gleichaltrigen oder dem Respekt der Eltern auf sich hat. Beide Elternteile geben dem männlichen Säugling zu verstehen, daß er lieber hart werden sollte, statt zu weinen: „Wenn weibliche Säuglinge schreien, werden sie von den Eltern öfter aus dem Bett geholt und getröstet als männliche Säuglinge."[2] Das Ergebnis? Schon im Alter von dreizehn Monaten zeigen kleine Jungen, die weniger oft hochgenommen wurden, daß sie eher „die Zähne zusammenbeißen" und nicht weinen.[3] Um die Zeit, zu der ein Junge den *Zweck* dieser Botschaften verinnerlicht hat, fühlt er sich auch schon wohler, wenn er seine eigenen Probleme löst oder etwas „anpackt", statt sich zu beklagen oder zu weinen.

---

* Und wenn er das nicht tat, lebte er in der Furcht, von beiden Geschlechtern, seinen Eltern und sogar von sich selbst abgelehnt zu werden. Jede Botschaft, daß nur Heterosexualität normal sei, läßt heranwachsende Jungen, denen ihr Schwulsein bewußt wird, zwischen Baum und Borke.

Und jetzt zum kniffligen Teil der männlichen Botschaft Nummer 2. Wenn ein Junge lernt, ein „Macher" zu sein, was tut er? An der Oberfläche lautet die Antwort: „Gib dich gelassen und hart." Die scheinbare Gelassenheit ist aber eine Konsequenz. Wenn er sich einen Zeh verletzt und danach den Gelassenen spielt, ist er ein Dummkopf. Die wirkliche Antwort? Such dir eine Umwelt und mach sie dir untertan. Ob nun im „Marlboro Country" oder in der Wirtschaft, Herr der Lage zu sein bedeutet, daß man erfolgreich genug ist, den Wagen zu kaufen, *neben dem immer eine schöne Frau steht*. Und von diesem äußeren Erfolg leiten sich auch alle anderen Formen des Respekts ab — so gewinnt ein Mann nicht nur die Achtung seiner Eltern, sondern auch bei seinesgleichen.

Man könnte all das mit der Bemerkung abtun: „Diese Anzeigen sind vielleicht blöd", wenn deren Wirklichkeit nicht noch durch die Realität des Mannes verstärkt würde. Ein heranwachsender junger Mann erkennt, daß die attraktivsten Mädchen sich den erfolgreichsten „Machern" zuwenden — nämlich den besten Sportlern. Wenn etwa ein Fußballspieler aus seiner Mannschaft fliegt, wird er es wohl nur selten erleben, daß einer seiner weiblichen Fans vom Platz läuft und sagt: „Ich bin immer noch für dich — ich liebe deine Offenheit und deine Verletzlichkeit." Statt dessen erfährt er, *daß sie das Austauschbare an ihm anfeuert.* Der junge Mann lernt, *daß alle Helden austauschbar sind.* Selbst wenn er es also schaffen sollte, im Sport zu glänzen, fühlt er sich unsicher — wenn er seine Position verliert, wird seine angebetete Schöne seinen Nachfolger anfeuern. Sie spürt diese Unsicherheit und fragt sich, wie ein Mann so kindisch sein kann.

Im Lauf der Zeit lernt ein junger Mann viele Dinge. So erfährt er, daß er sich nicht beliebt macht, wenn er seinen Gefühlen Ausdruck gibt. Folglich hält er sie geheim, sogar vor sich selbst. Er lernt unbewußt, daß *weibliche Unterstützung und Fürsorge nur bedingt sind — sie bleiben den besten Spielern auf dem Platz vorbehalten.* Daher ist diese *Unterstützung* in Wahrheit nichts weiter als *Leistungsdruck.*

Ein junger Mann wird auch nie dem unbewußten Gefühl Ausdruck geben, daß die weiblichen Fans eine gesellschaftlich sanktionierte Gruppe von Frauen sind, die mit ihren Körpern 22 junge Männer zur Selbstzerstörung anfeuern. Die Botschaft: Der lädierte Überlebende auf dem Spielfeld bekommt die Frau. Nicht alle jungen Männer machen im Sport auf sich aufmerksam. Anderen Frauen imponiert es eher, wenn jemand Zeitungsredakteur oder Studentensprecher wird. Das ist beispielsweise mein Weg gewesen. Bei anderen mag es genügen, in einem auffallenden Cabrio herumzurasen. Marc, ein Mann aus unserer Selbsterfahrungsgruppe, äußerte sich bei einer Sitzung mal über einige seiner Entscheidungen.

Thema war die erste Verliebtheit, von der wir nie jemandem erzählt haben. Marc begann: „In der achten Klasse war ich in Janice verknallt. Sie hatte ein süßes, unschuldiges Gesicht, phantastisches Haar und tolle Brüste. Bei Basketballspielen sah ich, wie sie die Spieler anfeuerte. Ich phantasierte davon, mich ihr zu nähern... Sie sogar zu küssen. Ich sehe mich heute noch, wie ich sie aus der Ferne anstarrte. Ich meine, ich wußte, daß es für mich keine Möglichkeit gab, Janice dazu zu bringen, mich in Betracht zu ziehen — und wenn ich es doch schaffte, dann jedenfalls nicht lange genug, um zuzugeben, daß ich ihren ganzen Körper liebkosen wollte. Bei anderen Mädchen hätte das vielleicht geklappt, aber nicht bei Janice."

„Hast du es denn überhaupt versucht?" fragte Jim. „Du hättest ‚ranrauschen' sollen", schien sein Tonfall zu unterstellen.

In unserer Klasse war keiner Janice würdig. Sie ging mit Jeff aus — einem Basketballspieler aus der zehnten Klasse, der, wenn ich mich recht erinnere, aus einer reichen Familie kam; kaum hatte er das Führerscheinalter erreicht, schenkten ihm seine Eltern einen neuen Wagen. Je älter ich wurde, um so mehr fiel mir auf, mit wem diese schönen Mädchen ausgingen. Maria war eine Italienerin aus einer armen Familie — die sich sehr beeindruckt zeigte, als Tony zu den Green Berets ging. Sie verliebte sich in ihn. Und später am College sah ich, wie einige der schönsten Mädchen in den Bibliotheken der Mediziner und Juristen herumhingen. Oder sie schafften es irgendwie, sich von den Burschen aus den renommierten Privatschulen übers Wochenende einladen zu lassen. Sie verliebten sich unweigerlich in einen dieser Typen. Meine Leistungen waren zwar ganz gut, aber ich wußte trotzdem nicht, ob ich da würde Schritt halten können. Ich wußte nicht, ob ich das Rennen aufgeben sollte — ob ich Marge heiraten sollte, die zwar nicht so schön war, mich aber liebte und nicht alle diese materiellen Dinge von mir erwartete — oder ob ich durchhalten und versuchen sollte, es zu schaffen... bis ich mich in den Augen eines dieser Mädchen bewiesen hatte.

Alle möglichen Wege zum ‚Erfolg' hatten ihre Probleme — bei der Schauspielerei würde ich vielleicht als Kellner enden; die Politik würde mich korrupt machen; als Ingenieur hätte ich mich vielleicht zu Tode gelangweilt; beim Militär hätte ich sterben können; und wenn ich Sportler geworden wäre, wäre ich mit dreißig vielleicht Versicherungsvertreter gewesen. Ich hatte das Gefühl, daß alles über mir zusammenbrach... ich war so einsam. Wahrscheinlich dachte ich, daß ich es mit Marge zusammen schaffen könnte, wenn ich sie heiratete und wir als ‚Team' kämpften."

Für seine vermeintliche Machtlosigkeit sah Marc zwei Kompensationsmöglichkeiten. Oder zwei Abwehrmechanismen gegen die Ablehnung durch Frauen: kurzfristige und langfristige. *Kurzfristige* — Mitspielen im Basketball-Team, der Kauf eines auffallenden Wagens oder Bodybuilding — ziehen attraktive Frauen an, aber meist nur für kurze Zeit; *langfristige* Abwehrmechanismen, etwa gute Leistungen in der Schule, eine Berufsausbildung — halten länger. Wenn die kurzfristigen nicht mehr greifen und sich die langfristigen unmöglich ausnehmen, versucht er es vielleicht mit *verzweifelten Abwehrmaßnahmen* — Glücksspiel etwa, Diebstählen oder Drogen-Dealen —, weil er hofft, „das schnelle Geld" zu machen. Oder er versucht es mit einer Kombination aus lang- und kurzfristigen Abwehrmaßnahmen; wenn ihn das in die Sackgasse führt, kann am Ende so etwas wie ein persönliches Watergate herauskommen.

Alle diese Dinge müssen natürlich nicht unbedingt Abwehrmaßnahmen sein. Es kann eine Vielzahl anderer Motivationen im Spiel sein. Sie alle können auch innere Befriedigung bringen, Aufregung und den Respekt von Eltern oder Geschlechtsgenossen. Aber alle diese „männlichen Wahlmöglichkeiten" haben für den Mann eine andere Bedeutung als für die Frau — selbst heute noch. Kaum eine Frau dürfte sich veranlaßt sehen, Medizin zu studieren, um die Gefahr der Ablehnung durch Männer zu minimieren. Oder um sich das Einkommen zu sichern, mit dem sie für den Unterhalt eines Mannes aufkommen kann.

Was nötig ist, um Aufmerksamkeit zu erregen, nimmt ein Junge so wahr: Auch Mädchen sehnen sich nach männlicher Aufmerksamkeit und haben das Gefühl, sie müßten attraktiv sein, um sie sich zu verdienen. Die meisten Mädchen halten sich nicht für attraktiv genug, mühelos die Jungen zu gewinnen, die sie für das wollen, wofür sie sie wollen. Je attraktiver ein Mädchen ist, um so höher schraubt sie ihre Ansprüche. Bei ihr gibt es allerdings auch eine Kluft. Sie hat das Gefühl, daß ihre sonstigen Optionen — etwa das Amt einer Studentensprecherin — ihr nicht den gleichen Nutzen bringen werden wie einem Jungen. Das mag ihr zwar Respekt einbringen, macht sie aber nicht unbedingt attraktiver. Das Mädchen lernt, daß es diese Kluft auf andere Weise überbrücken kann.

Ein Werbespot für Hüttenkäse drückt es am besten aus. Die Kamera fährt auf den Körper einer schönen Frau zu. Man hört den Schlager aus den fünfziger Jahren:

„Sie hat 'nen itsy-bitsy-teeny-weeny-yellow-polka-dot-bikini
…
Den sie heute zum erstenmal getragen hat."

Und wie ist sie in diesen Bikini hineingekommen? Der verfremdete Schlager geht weiter:

„Sie ist in diesen Bikini hineingekommen, nachdem sie Hüttenkäse gegessen hatte…
Sorgen Sie also dafür, daß Sie einen Körper bekommen, der die Männer in die Knie zwingt."

Wie das Durchschnittsmädchen erlebt auch das schöne Mädchen — die genetische Berühmtheit — das Gefühl der Machtlosigkeit. „Dieser Kerl läßt mich einfach nicht in Ruhe", beklagt sie sich vielleicht. „Er folgt mir auf Schritt und Tritt, wartet nach der Schule auf mich, will mit mir ausgehen und redet mit seinen Freunden über mich… Ich wünschte, er würde einfach in ein tiefes Loch fallen." Wenn sie nicht an ihm interessiert ist, empfindet sie seine Aufmerksamkeit als Belästigung. Der Durchschnittsjunge hält diese „Belästigung" für Aufmerksamkeit, für die er umgekehrt sein Leben lang arbeiten müßte. Für ihn ist dies der Preis, den er dafür zahlen muß, daß sie eine genetische Berühmtheit ist. Ihre Klagen kommen ihm vor wie die Klagen einer Prinzessin Diana.

Männliche Botschaft Nummer 3: Man muß für die Sexualität der Frau zahlen
Beiden Geschlechtern ist der Wunsch nach Aufmerksamkeit gemeinsam. Seine

erste Erfahrung der Ungleichheit besteht darin, wieviel weniger sie seinem Empfinden nach tun muß, um im Alter von 14 Jahren Aufmerksamkeit auf sich zu ziehen. Wenn er unbewußt das Gefühl hat, daß er und sie Aufmerksamkeit aus zwei
verschiedenen Gründen wollen, tut sich die große Kluft auf — es geht bei beiden
Geschlechtern um die Erfüllung verschiedener Primär-Phantasien. Mädchen wollen die Aufmerksamkeit von Männern, um mit ihnen auszugehen, um einen festen
Freund zu bekommen, ein goldenes Armband oder andere Symbole ihrer Primär-
Phantasie. Jungen wollen die Aufmerksamkeit eines attraktiven Mädchens aus einem anderen Grund — sie wollen körperliche Intimität.

Die Primär-Phantasie von Jungen — der Austausch körperlicher Intimitäten —
ist für beide Geschlechter kostenlos. Die Primär-Phantasie der Frau erfordert,
daß der Mann zahlt — Restaurantbesuche, ein Verlobungsring oder ein schönes
Zuhause.

Wenn ein Mann Frauen darüber sprechen hört, „wie man einen Mann bekommt",
verbindet er damit etwas anderes, als wenn Männer davon sprechen, „eine Frau
zu bekommen". „Einen Mann zu bekommen" — das weckt oft die Assoziation an
eine Beziehung; „eine Frau bekommen", vor allem, wenn das unter Männern gesagt wird, hat meist die Bedeutung, daß man Sex haben will („Ich habe sie gestern
abend rumgekriegt"). Er fängt also an zu lernen, daß Sex nicht gratis zu haben
ist. *Seinen* Sex verschenkt er zwar, aber *sie* stellt irgendwie in Rechnung, was *er*
verschenkt. Wie bei der Aufmerksamkeit lernt er also auch auf körperlicher Ebene: *„Ich muß genug Geld verdienen und/oder mich selbst zum Helden machen,
um mit ihrer zweiten natürlichen Ressource gleichzuziehen — ihrer Sexualität."* Das
ist die männliche Botschaft Nummer 3.

Ist es aber nicht die weibliche Gesellschaft, für die Männer zahlen, und nicht
ihre Sexualität? Denken Sie mal darüber nach. Sue und Linda fuhren mit Jeff und
Joe, mit denen sie in einer Wohngemeinschaft lebten, in Skiurlaub nach Grey Rocks
in Kanada. Alle vier hielten nach *anderen* Partnern Ausschau; jeder bezahlte für
sich. Dann fanden Sue und Jeff Partner, mit denen es zu einer sexuellen Beziehung
kam. Nachdem Sue einen Mann kennengelernt hatte, sanken ihre Ausgaben für
Essen und Trinken auf elf Dollar pro Tag. Jeffs stiegen auf 108 Dollar. In dieser
Zeit gaben Joe und Linda *zusammen* insgesamt etwa 60 oder 70 Dollar täglich aus.
Wenn es nur darum gegangen wäre, für die Gesellschaft eines Menschen zu zahlen, hätte Jeffs Freundin auch für seine Gesellschaft zahlen müssen.

Ich zeigte diesen Absatz der Freundin, die die Frage gestellt hatte: „Ist es nicht
die Gesellschaft einer Frau, für die gezahlt wird?" Ihre erste Reaktion, die halb
im Scherz geäußert wurde, war die Frage: „Wo kann ich einen Jeff kennenlernen?"

Das Ausmaß, in dem sich Männer nach Sex sehnen, wird geheimgehalten — wenn
man sich als Mann offen dazu bekennt, führt das zum genauen Gegenteil des gewünschten Ergebnisses. In ihrer Untersuchung sexueller Reaktionen von Männern
hat Dr. Kathy Shanor herausgefunden, *daß Männer zwischen zwölf und vierzig Jahren durchschnittlich sechsmal pro Stunde an Sex denken.*[4] Zwischen zwölf und
neunzehn Jahren *zwanzigmal pro Stunde.* Oder alle fünf Minuten. Aber selbst zwi-

schen dreißig und neununddreißig Jahren liegt die Zahl bei viermal pro Stunde. Ich bin froh, daß ich schon zweiundvierzig bin.

Die männlichen Botschaften Nummer 2 und 3 gemeinsam schaffen die Grundlage für die männliche Suche nach Gleichberechtigung, für das, was ich „die Ölkrise der männlichen Pubertät" nenne.

> 1973. Die Ölkrise trifft die Vereinigten Staaten mit voller Wucht. An den Tankstellen bilden sich lange Autoschlangen. Jeder ist damit beschäftigt, das Problem zu lösen: „Wo finde ich eine Tankstelle mit einer möglichst kurzen Warteschlange?" „Wie komme ich vor den Nachbarn an die Zapfsäule?" „Wann muß ich aufstehen, um das zu schaffen?"

Jungen treten in einer „Ölkrise" in die Pubertät ein. So wie die amerikanischen Staatsbürger sich machtlos fühlten, als das knappe Erdöl der OPEC auf eine riesige Nachfrage traf, fühlen sich Jungen machtlos, wenn ihre Nachfrage auf ein knappes Angebot von weiblicher Aufmerksamkeit und Sexualität stößt. Je attraktiver das Mädchen, um so mehr spürt der Junge die Notwendigkeit, sich zu beweisen, damit er sie bekommen kann. In der Pubertät wird er kaum mehr verdienen als das Mädchen. Je größer sein Verlangen, um so unsicherer fühlt er sich.

Während er heranwächst, verstärkt sich seine Krise durch verräterische Wendungen in seinem Vokabular. So wie die Wörter „Männer" und „Mädchen" für Menschen des gleichen Lebensalters einen unbewußten Unterschied in unserem Respekt vor Männern und Frauen verraten, sprechen Frauen davon, „ihm Sex zu schenken". Was bedeutet, daß Männer etwas tun müssen, um sich das „Geschenk" zu verdienen. Während der Mann sich anhört, *was* er tun kann, hört er Sätze wie: „Ich würde einem Mann Sex lieber *schenken, wenn*..." Solche Sätze verraten ihm unbewußt, was er tun muß, um die *Bedingungen* der Frau zu erfüllen.

Hierbei geht es nicht darum, ob die Sexualität nun konservativer sei als in den fünfziger Jahren oder liberaler als in den Sechzigern. Beide Zustände haben ihre Vor- und Nachteile. Es geht vielmehr darum, ob beide Geschlechter lernen, sich sexuell *gleich stark* zu begehren und aus den *gleichen* Gründen oder unter *ähnlichen* Bedingungen. Wenn zwei Staaten der Meinung sind, ihre gleich großen Ölvorkommen hätten den gleichen Wert, und wenn beide das Öl des jeweils anderen aus ähnlichen Gründen haben wollen, kommt es nicht zu einer Ölkrise.

Männer sprechen nur selten darüber, was wir tun zu müssen meinen, um uns das „Geschenk" der Frauen zu verdienen. Und am allerwenigsten sprechen wir darüber, was wir direkt oder indirekt für die Sexualität der Frau zahlen zu müssen glauben. Aus diesem Grund beschlossen wir, dieses Tabu bei den Gesprächen in einer männlichen Selbsterfahrungsgruppe zu brechen. Wir sprachen zunächst über die Schulzeit und wandten uns dann der Ehezeit zu.

„Ich weiß noch, wie ich Donna zu einem Schulball ausführte", begann Bob. „Vorher ging ich mit ihr in ein Restaurant, und der italienische Kellner reichte mir die Weinkarte. Ich war damals noch so unsicher. Ich bestellte eine Flasche für zehn Dollar, einen Wein, den mein Vater mal erwähnt hatte. Zehn Dollar... das bedeutete, daß ich einen Monat lang jedes Wochenende den Rasen mähen mußte. Hauptgang, Nachtisch, Kaffee, Steuern und Trinkgeld — die Gesamtrechung belief sich auf über 40 Dollar — nochmal gut drei Monate Rasenmähen!"

„Und was war mit der Blume zum Anstecken?"

„Ich kaufte ihr eine Orchidee; dann mußte ich mir noch den Smoking leihen, die Eintrittskarten kaufen und Benzin für den Wagen. Wieder 40 Dollar. O ja, und nach dem Ball noch Drinks in einem Lokal, in das sie unbedingt wollte, weil man von dort einen Ausblick auf die ganze Stadt hat. Mein Gott, der ganze Spaß muß rund 100 Dollar gekostet haben. Und das war Geld von 1960."

„Das sind nach heutigem Geld mehr als 300 Dollar", rechnete Larry aus, der Betriebswirtschaftler in unserer Gruppe. „War es dir denn ernst mit ihr?"

„*Mir* schon. Ich glaube nicht, daß es ihr ernst war. Sie wollte nie mehr als nur küssen. Und anschließend gingen wir beide an verschiedene Colleges. Seitdem habe ich sie nicht wiedergesehen."

Myron meldete sich: „Ich begegnete meiner ersten Liebe erst im zweiten Studienjahr in Lehigh. Sie studierte damals an der Montclair State University in New Jersey. Ich fuhr damals mit dem Bus nach New York und anschließend nach Upper Montclair, und das fast jedes Wochenende. Damals war der Zeitverlust schlimmer als das Fahrgeld. Aber unsere Beziehung wurde von Jahr zu Jahr teurer. Einmal im Monat trafen wir uns in New York oder Philadelphia und gingen groß aus — Theater, Restaurant und Drinks. Das belief sich meist auf rund 80 Dollar einschließlich Taxi und Busfahrten. So ging es bis zum nächsten Studienjahr weiter, als ich für das Wochenende ein Hotelzimmer nahm."

„Und wie konnten Sie sich das als Student leisten?"

„Ich habe abends in einem Supermarkt in Lehigh zwanzig Stunden pro Woche gearbeitet, um dafür zu sparen. Dann wurde sie wütend, wenn ich während unseres gemeinsamen Wochenendes manchmal fürs Studium arbeiten mußte."

„Was ist aus Ihnen beiden geworden?"

„Sie lernte irgendeinen Princeton-Studenten kennen, lud ihn zu einem großen Wochenende ein, zu dem wir eigentlich hatten gehen wollen, und einen oder zwei Monate später gingen wir auseinander."

„Fühlten Sie sich verletzt?" wollte Bob wissen.

„Ach, wissen Sie... ich konnte endlich meinen Job im Supermarkt aufgeben!" lachte Myron und umging so die Antwort.

„Trips in die Berge zum Skilaufen haben mich immer völlig pleite gemacht", wie sich Glenn erinnerte. „Eine Hütte mieten, ein Auto mieten, Skilift, Drinks, Restaurantbesuche... Dabei erinnere ich mich an ein Mädchen, das sich für wirklich unabhängig hielt, weil sie mich einmal zum Essen einlud und die Miete für ihre Skier selber bezahlte. Diese Wochenenden kamen manchmal auf 300 Dollar... Das konnte ich mir nur ein- oder zweimal im Jahr leisten. Ich schätze, daß ich etwa 90 Prozent gezahlt habe. Aber so konnte Mary sich mal wieder ein Wochenende mit ihren Freundinnen leisten, wenn sie mit fünf oder sechs Mädchen eine Hütte mietete. Dann trafen sie sich mit ein paar Jungs, die ihnen die Drinks und die Hälfte der Mahlzeiten bezahlten."

Al fiel ein: „Ihr scheint immer Frauen ohne Kinder kennenzulernen. Ich bin mal mit zwei Frauen befreundet gewesen, die Kinder haben, und ich hatte immer das unbehagliche Gefühl, daß ich ein wirklich netter Daddy/Onkel wäre, wenn ich die Kinobesuche der Kinder bezahlte, das Restaurantessen oder irgendeinen Vergnügungspark. Das bedeutete, daß ich die Kinder immer freihalten und mir auch sonst die größte Mühe geben mußte. Immer ein guter Kumpel sein und mitmachen, bis sie irgendeinen Preis gewannen. Ein Wochenende mit Madeline und den Kindern kam leicht auf Hunderte von Dollar, ohne daß wir etwas Besonderes unternahmen. Ich werde wohl irgendeine Laufbahn einschlagen müssen, die mir das alles ermöglicht."

„Ich kann nur mir selbst die Schuld geben", begann Norm. „Ich falle immer auf geldgierige Frauen rein, in die ich mich bei Europareisen ernsthaft verliebe. Dann kaufe ich ihnen Pelze, Unterwäsche, Kleider, einmal in Europa sogar einen Mercedes. Zum Glück wurde die Frau, der ich den Mercedes gekauft hatte, später meine Frau!"

Natürlich sind all diese „Zahlungen" für die Sexualität einer Frau Symbole dafür, wie gut es ein Mann schaffen kann, ein schönes Heim zu kaufen und die 140 000 Dollar aufzubringen, die ein Kind bis zum Flüggewerden kostet. Da ein Mann immer im Hinterkopf behält, daß er der Zahlmeister ist, verzichtet er oft auf ein geisteswissenschaftliches Studium und sucht sich lieber ein später besser

Vielen Dank für das Essen und dafür, daß Sie nicht versucht haben, mich zu küssen, Ralph.

Aber nicht doch. Ich habe einen ganz neuen Respekt vor meiner Geschäftspartnerin.

Sie haben mir klargemacht, wie billig es ist, als Gegenleistung für ein Geschäftsessen von 50 Dollar einen Kuß zu erwarten.

Sie können sich auf andere Weise revanchieren: Morgen früh um acht können Sie vor 50 unserer Vertreter einen Vortrag halten.

Manchmal hasse ich den Fortschritt.

Cathy Guisewite, *A Mouthful of Breathmints and No One to Kiss.*

bezahltes naturwissenschaftliches Studium aus; er nimmt dann einen risikoreichen Job im Bauwesen, im Bergbau oder in einer Stahlhütte an oder geht als Ölsucher in kalte und abgelegene Regionen wie Alaska.

Im Lauf der Zeit geht ihm irgendwie auf, daß ihn das Wort *Liebe* unter Umständen Geld kosten wird. Wenn er sich zu seiner Liebe bekennt, erzeugt das eine eingebaute Spannung: Auf der einen Seite ist das eine Möglichkeit, die Gefahr einer Zurückweisung zu verringern — er verspricht ihr die Erfüllung ihrer Primär-Phantasie, um die Erfüllung seiner zu erhalten (von Liebe versteht er vielleicht noch nicht viel, aber er lernt allmählich mehr über Politik); auf der anderen Seite kann Liebe bedeuten, daß er lebenslang zahlen muß.

Männliche Botschaft Nummer 4: 150 Initiativen oder 150 Methoden, eine Geliebte zu verlieren (bevor es überhaupt angefangen hat)

All das wird mit fortschreitender Pubertät immer schlimmer. Den Zahlmeister zu spielen, ist aber immer noch viel leichter, als die Initiative zu ergreifen. Ein Junge lernt, daß von ihm erwartet wird, Sex zu wollen, bevor er überhaupt weiß, was das ist. Und jetzt lernt er, daß er die Initiative ergreifen soll, obwohl er noch gar nicht weiß, was er da anstrebt. Er weiß nur, daß die Mädchen, mit denen er am liebsten ins Bett gehen würde, das am wenigsten zu wünschen scheinen, obwohl sie seine Aufmerksamkeit wollen und sich am Sonnabend gern von ihm ausführen lassen. Ein Junge ist in einer noch schlimmeren Lage als jemand, der seinen Körper bereitwillig verschenken will — jeder andere Junge versucht nämlich auch, seinen Körper zu verschenken, bevor der Konkurrent es tun kann. Jeder Junge muß sich das „Privileg" verdienen, derjenige zu sein, der seinen Körper verschenken *darf*.

In Wahrheit ist es sogar noch schlimmer. Der Junge ist so sehr darauf bedacht, seinen Körper zu verschenken, daß kein Mensch das für ein Geschenk hält! Er muß noch etwas dazugeben, um das Ganze genießbar zu machen. Er muß kompensieren, indem er für ihren Körper arbeitet. Wie? Er muß bei allem, das irgend etwas mit ihrem Körper zu tun hat, die Initiative ergreifen.

Der pubertierende Junge weiß nur selten, was er tut. Die Voraussetzung, daß er so die Initiative ergreifen sollte, *als wüßte* er, was er tut, läßt ihn in jeder Zelle seines Nervensystems davor zittern, wie ein Idiot dazustehen. Wissen die Mädchen es denn zu schätzen, daß er das Risiko einer Zurückweisung auf sich nimmt? Ganz im Gegenteil: Dieses Risiko könnte als ein Akt des Schenkens gedeutet werden — da man das Mädchen damit von dem Druck befreit. Wenn die Dinge so gesehen würden, könnte man von Mädchen erwarten, daß sie sich erkenntlich zeigen — daß sie im Restaurant für den Jungen bezahlen oder in anderer Form. Aber so sieht man es nicht, denn wir alle haben inzwischen verinnerlicht, daß *er* den Sex bekommt — der Sex ist für ihn und nicht für sie. Also sagt man ihm, daß er auch für den Restaurantbesuch bezahlen muß. Als müßte er sich dafür erkenntlich zeigen, daß er das Risiko der Zurückweisung auf sich nimmt.

Es ist nicht nur so, daß ein Neil Diamond einmal in eine gewisse Kathy verknallt war. Er lernt auch, daß er einen Korb riskiert, wenn er Kathy bittet, mit ihm auszugehen. Und wenn sie die Einladung annimmt, muß er den Arm als erster um sie legen. Ich weiß noch, daß ich in der sechsten Klasse den ganzen Nachmittag brauchte, um die Hand von meiner Seite auf Joanns Schulter zu praktizieren. Als ich endlich soweit war, erschienen meine Eltern, um mich abzuholen. Auf dem Weg aus dem Haus kam Joanns Hund angelaufen, dem sie einen dicken Kuß gab.

Wenn eine Frau es sich gefallen läßt, daß man ihre Hand hält, denkt er: „Sollte ich ihre Finger vielleicht ein bißchen streicheln, bevor unsere Hände wie festgeklebt sind — aber wenn ich ihr die Finger zu schnell streichle und sie vielleicht denkt, ich gehe zu sehr ran? Was passiert dann? Verderbe ich damit vielleicht alles?" Wenn sie es sich wieder gefallen läßt, kann er es vielleicht mit einem Scherz versuchen, so daß er sie während des Gelächters kurz umarmen und damit das Risiko der Zurückweisung verringern kann; vielleicht flüstert er ihr etwas ins Ohr. Dann kann er sehen, ob sie den Kopf stillhält. Dann kann er sie vielleicht auf die Lippen küssen und sich fragen: „Wie lange? Wie heftig? Wieviel Leidenschaft?" Wenn ihre Lippen nicht fest verschlossen sind, was dann? Bedeutet das, daß sie zu einem Zungenkuß bereit ist? Oder würde Hartnäckigkeit einen Kuß aus Zuneigung hier zu einem Übergriff machen? Und sollte er die Brust an ihren Brüsten reiben, wenn sie ihn leidenschaftlich wiederküßt? Ist jetzt die richtige Zeit gekommen, mit den Händen *über* ihrer Kleidung ihre Brust zu streicheln? Oder sollte er ihr jetzt unter die Bluse gehen? Sollte er sein Bein vorsichtig zwischen ihre Knie klemmen? Oder ein bißchen tiefer? Und wenn sie sich das gefallen läßt, was dann? Bedeutet es, daß sie mehr will, oder ist genug genug?*

Schon bald geht ihm der erste der drei Befehle in der vernichtendsten aller männlichen Botschaften auf — der männlichen Botschaft Nummer 4: *„Wenn du nicht die Initiative ergreifst, tun die Frauen es nicht — und was überhaupt zu holen ist, bekommen diejenigen, die sich darum bemühen. Mach dich also darauf gefaßt, daß du etwa 150mal zwischen Augenkontakt und sexuellem Kontakt Gefahr läufst, zurückgewiesen zu werden."* Und das 150mal mit jedem neuen Mädchen. Je attraktiver ein Mädchen ist, um so eher kann sie es sich leisten, dich zurückzuweisen, nämlich in dem Wissen, daß irgendein anderer hinter ihr her sein wird. Je attraktiver sie ist, desto länger läufst du Gefahr, abzublitzen. Das kannst du nur wettmachen, indem du ein Star wirst.

Das „erste Mal" ist der wichtige Anlaß, bei dem das Risiko der Zurückweisung bei weitem am größten ist. Mädchen haben inzwischen mehr dazugelernt, wenn es darum geht, sich einem Jungen zuzuwenden, wenn eine Beziehung erst einmal angefangen hat. Aber nur wenige Mädchen dürften einen Jungen küssen, der sie noch nie geküßt hat. Das Mädchen weiß normalerweise, daß der Junge an ihr interessiert ist, sonst wäre er nicht mit ihr ausgegangen. Beim erstenmal weiß der

---

* In meinem ersten Entwurf zu diesem Buch bin ich einem Paar durch sämtliche 150 Phasen der sexuellen Annäherung gefolgt — vom Lachen bis zur Angst. Dieses Kapitel mit dem Titel „Anatomie einer sexuellen Initiative" wurde jedoch zu einem eigenen Buch und mußte daher gestrichen werden. Oder zumindest für ein späteres Buch aufgehoben werden. Die hier und später genannten Beispiele reichen jedoch aus, um den Vorgang zu illustrieren.

Junge aber nicht, ob sie seine Einladung nur angenommen hat, weil sie nicht wußte, wie sie nein sagen sollte, oder ob sie sich für den Abend nur etwas vornehmen wollte, oder ob sie die Gelegenheit nur benutzen wollte, irgendeinen Jungen kennenzulernen, hinter dem sie *wirklich* her war, oder ob sie einfach nur aus Mitleid mit ihm ausgegangen ist. Mit all diesen Ängsten im Hinterkopf, von denen jedes Mädchen zugeben wird, daß sie durchaus begründet sind, läuft er dann Gefahr, sich einen Korb zu holen, wenn er ihre Hand ergreifen will — „Holt sie sich jetzt ein Taschentuch aus der Tasche, und was ist, wenn sie es tut? Will sie sich die Nase putzen oder mir einen höflichen Hinweis geben, daß ich aufhören soll?"

Vielen Frauen mag dies alles ein wenig happig vorkommen. „Warum läßt man es nicht wie von allein passieren?" werde ich von Frauen oft gefragt. „Warum ist er so zwanghaft — das raubt dem Ganzen die Romantik und die Spontaneität. Wenn es passieren soll, passiert es auch." Das ist etwa so, als würde ein Mann sagen: „Warum bist du so ein Putzteufel?" Er mag ein sauberes Zuhause; sie mag guten Sex. Beide mögen das Ergebnis, und beide wollen, daß das andere Geschlecht dafür sorgt, damit es so aussieht, „als passierte es von ganz allein". Wir wollen beide, daß es so wirkt wie ein perfekter Service in einem guten Restaurant — dann fällt uns gar nicht auf, daß er da ist. Sie lernt, daß es ihre Aufgabe ist, es so *aussehen* zu lassen, als passierte es von ganz allein. Und er lernt, daß es seine Aufgabe ist, es so aussehen zu lassen, als wäre es für ihn ganz natürlich, die Initiative zu ergreifen. Und am Ende fragen sich beide, warum ihre Mühen nicht mehr gewürdigt werden.

Wie bei der Hausarbeit kann es auch beim Sex sein: Wenn sich beide nicht die Verantwortung der Initiative teilen, kann ein großzügiger Mensch zu einem zwanghaft handelnden Charakter werden. Alleinverantwortung kann das Bewußtsein verändern. *Wenn sich Frauen ihrer selbst bewußt werden, sehen sie ihre Hausarbeit als ihre „Scheißarbeit"; wenn sich Männer ihrer selbst bewußt werden, halten sie sexuelle Initiativen für die männliche „Scheißarbeit".*

Wie übt ein Junge diesen letzten Initiationsritus ein — sein Vorhaben richtig zu planen und es zur richtigen Zeit ins Werk zu setzen? Durch Ausprobieren, durch Versuche und Irrtümer. Meist durch Irrtümer. Aber er steht immer auf dem Prüfstand. *All dieses Geprahle unter Freunden steigert nur die Unsicherheit eines Jungen — jeder Junge weiß, daß er übertreibt, aber er weiß eben nicht, ob auch die anderen übertreiben.* Die unterschwellige Botschaft solcher Prahlereien lautet so: „Was stimmt denn mit *mir* nicht — ich habe es bei Susan genauso gemacht, aber *mir* hat sie einen Korb gegeben."

Die weibliche Perspektive ist anders. Eine Frau kann das Gefühl haben, männlichen Initiativen weit öfter nachzugeben, als es ihr selbst lieb wäre. Und daß er oft wie ein D-Zug vom Kuß zum Geschlechtsverkehr übergehen würde, wenn sie ihn nicht etwas bremsen würde. Sie möchte gern etwas Zeit, um das Ganze zu genießen. Sehen wir uns einmal an, was mit ihm passiert, wenn sie zunächst ja sagt, um den Vorgang zu genießen, indem sie etwa seinen Kuß erwidert, um kurz darauf das Ganze abzubremsen, indem sie sich freimacht.

In seinen Augen ist ihre Hinhaltetaktik ein mögliches Nein. Er hat das Gefühl, im Stich gelassen zu werden; er muß jetzt entscheiden, ob er aufgeben oder es wieder versuchen soll. Warum? Weil er noch nie eine Frau gesehen hat, die erst nein sagt und später genau dort wieder anfängt, wo sie ihm Einhalt geboten hat. So hat er beispielsweise noch nie erlebt, daß eine Frau ihm bei ihren Genitalien Einhalt gebietet und später wieder mit dem Küssen und dem Berühren seiner Genitalien anfängt, bevor er einen neuen Anlauf gemacht hat. Trotzdem kann es passieren, daß sie später noch Sex haben und daß sie ihm sagt, es sei sexuell sehr aufregend gewesen, und das an dem Abend, an dem sie zunächst nein gesagt hat.

In diesem Moment lernt der Mann in der männlichen Botschaft Nummer 4 einen *zweiten Befehl: Finde heraus, welches Nein ein echtes Nein ist, welches Nein ein Vielleicht bedeutet und welches Vielleicht ein Ja bedeutet.* (Die Möglichkeit, daß er auch selbst nein sagen könnte, zieht er gar nicht erst in Betracht. Das ist ein Luxus, den sich nur der leisten kann, der im Überfluß lebt.)

Und *wie* stellt er das an? Joan und Harold küssen sich zum erstenmal auf einer Couch. Joan verzögert das Ganze, indem sie die Zunge zurückzieht. Harold spürt die Zurückhaltung. Sollte er sich zurückziehen? „Wenn ich es tue, hält sie mich vielleicht für einfühlsam. Vielleicht hält sie mich aber auch für einen Schlappschwanz." Sollte er hart bleiben? „Wenn ich es tue, hält sie mich vielleicht für aufdringlich. Vielleicht aber auch für aufregend."

Harold entschied sich für die Einfühlsamkeit. Aber dann stellte er sich die Frage: „Sollte ich mehr Licht machen oder lieber ein paar Lampen ausmachen? Die Musik lauter stellen oder vielleicht eine andere Platte auflegen? Soll ich sie nach ihrem Leben fragen oder lieber von mir erzählen? Soll ich ihr die Füße massieren oder ihr den Rücken reiben oder einfach auf den Händen sitzenbleiben? Wird sie sich entspannen, wenn ich ihr etwas Wein zu trinken gebe? Oder schläft sie dann ein? Wird Kaffee sie wach machen, wenn sie müde ist, oder verkrampft sie sich dann? Soll ich sie noch mal küssen? Auf die Wange oder auf die Lippen? Wenn sie sich dann wieder zurückzieht, soll ich es dann aufgeben oder diesmal hart bleiben?..."

Das Einhaltgebieten ist ein Teil dessen, was die 150 Initiativen zwischen Augenkontakt und sexuellem Kontakt erst hervorbringt. Bei einer typischen ersten Begegnung tauchen manche dieser Initiativen in leicht abgewandelter Gestalt wieder auf. Es ist etwas anderes, ob man nach einem Signal der Einfühlsamkeit wieder zu küssen anfängt oder wieder zu küssen beginnt, ohne daß es solche Signale gegeben hat. Dabei schrumpft das Ego. Und das bedeutet, daß er mehr tun muß als nur zu *raten*, welches Nein auch ein Nein bedeutet. Und damit kommt der *dritte Befehl* in der männlichen Botschaft Nummer 4: *Nimm die Verantwortung dafür auf dich, aus einem Nein ein Vielleicht und einem Vielleicht ein Ja zu machen. Erst hinterher kannst du herausfinden, ob du recht hattest oder ein Vergewaltiger bist.* Er meint, dieses Risiko auf sich nehmen zu müssen, denn wenn er abwartet, entgeht ihm vielleicht die Leidenschaft seines Lebens — vielleicht auch ein großer Teil der „Liebe" (die manchmal aus sexueller Leidenschaft erwächst). Und außerdem bekommen Schlappschwänze viel öfter einen Korb als Männer, die sich mit einem Nein nicht zufrieden geben. Der Kern dieser männlichen Neurose entspringt nicht der Initiative, sondern vielmehr der Überwindung aller Neins; der Furcht, daß er sich mit ziemlicher Sicherheit nur Neins einfängt, wenn er eine Frau fragt, ob sie seine sexuellen Phantasien verwirklichen möchte, sobald er es will; dem Gefühl, daß es im weiblichen Sprachschatz kein Wort für ja gibt, wenn er das erste Mal will, sondern nur dann, wenn er gut genug ist, höflich genug, hartnäckig genug, erfolgreich genug, romantisch genug, zärtlich genug, wenn er genug verdient, genug Geld ausgibt, sich genügend um sie kümmert und sich ausreichend bindet — *wenn, wenn, wenn...*

Wie er die Verantwortung schultert, entscheidet darüber, ob er ein Held ist oder eine Flasche. (Sie sind zwei Seiten derselben Medaille — eine Flasche ist oft ein potentieller Held, der die Sache unterwegs vermasselt.) Aus weiblicher Sicht mag dies etwas übertrieben scheinen. Viele Frauen sagen: „Ich sorge dafür, daß meine Andeutungen ziemlich deutlich sind. Bei mir gehen Männer kein sehr großes Risiko ein." Oder: „Es kann uns Frauen verrückt machen, wenn wir klar zu verstehen geben, daß wir nicht interessiert sind, der Mann aber trotzdem hartnäckig bleibt." Ich habe allerdings herausgefunden, *daß die vielen Andeutungen einer Frau der Frau selbst durchaus klar erscheinen können. Aber jede Frau ist ein Individuum, und für einen Mann sind die Andeutungen jeder Frau so individuell und einzigartig wie die Frau selbst.* Vom Mann wird erwartet, daß er genau die richtige Formel findet, um zu entscheiden, welche Andeutung in jedem Entwicklungsstadium ihrer sexuellen Beziehung was zu bedeuten hat. Wenn wir die Wahlmöglichkeiten mit 150 multiplizieren, haben wir eine ausgewachsene Obsession, was es einem Mann nur zu leicht macht, zum Versager zu werden.

So kann eine Frau beispielsweise sagen: „Ich weiß schon in dem Moment, in dem ich einen Mann kennenlerne, ob ich interessiert bin." Das kann dazu führen, daß sie auf der Stelle kaum wahrnehmbare erregte Signale aussendet. Für die meisten Frauen, „die sofort Bescheid wissen", ist es jedoch nicht selbstverständlich, auch auf der Stelle zu handeln. Daher kann es kommen, daß der Mann zu Beginn des Abends „positive Vibrationen" spürt und im Verlauf der folgenden Zeit davon abweichende Signale erhält. Aus seiner Sicht entgleitet die Frau ihm immer mehr, obwohl er für das Essen zahlt.

Während manche Frauen „sofort wissen, ob sie ein Mann interessiert", sagen andere: „Bei den meisten Männern denke ich wirklich nicht viel über Sex nach, bis er sich ernsthaft an mich heranmacht. Und dann kommt es ganz darauf an, wie er sich anstellt." Mit dieser Einstellung identifizieren sich viele Frauen. Sie widerspricht aber der Erwartung, daß ein Mann sich einer Frau nicht nähern sollte, bevor er positive Signale empfängt. Einerseits soll er auf diese Signale warten; andererseits sendet sie diese Signale erst dann, wenn er sich an sie heranmacht. Wenn er damit zu lange wartet, bekommt er oft zu hören: „Du bist so ein *netter* Mann... Laß uns einfach nur *Freunde* sein..."

Sehen wir uns einmal die weibliche Perspektive an. Frauen haben das Gefühl, sie erleichterten den Männern diesen Vorgang, indem sie das Ich der Männer schützen. Kurzfristig mag das zutreffen. Auf lange Sicht sieht es so aus: *Eine Frau beschützt das Ich eines Mannes nur insoweit, als sie ihn über die wirkliche Bedeutung ihrer Signale im unklaren läßt.*

Noch verwirrender ist die enorme Bandbreite sexueller Moralvorstellungen, die ein Mann bei Frauen kennenlernt. Das reicht vom „Keinen Sex vor der Ehe" bis zum „Ich bin an der Liebe genauso interessiert wie du... Ich erwarte ein paar Orgasmen und keine Fragen darüber, ob ich sie gehabt habe." Eine Äußerung wie etwa „Ich mag dich" kann bei einer Frau „Ich mag deine Sanftheit; ich möchte gern wieder mit dir ausgehen" bedeuten und bei einer zweiten: „Von mir aus kann's jetzt schon losgehen." Beides sind positive Signale. Sie sind jedoch eine Reaktion auf verschiedene Dinge, obwohl sie mit den gleichen Worten geäußert werden.

Selbst wenn sich Frauen über ihre sexuellen Wünsche mit einem Mann im klaren sind, fühlen sie sich oft nicht frei, ihre Hinweise so klar zu äußern wie ihre Wünsche. Von Frauen höre ich oft das Eingeständnis: „Ich fürchte, daß ich berechnen muß, ob eine ‚Hinhaltetaktik' ihn erregt oder ob es ihn verschreckt, wenn ich mich zu interessiert zeige." So kommt es, daß ein Mann gleichzeitig sowohl positive wie „berechnende" Signale empfängt. Die Annahme, daß die Signale einer Frau klar seien („Darum begreife ich nicht, warum sich Männer trotzdem so ins Zeug legen"), ist jedoch nicht gleichbedeutend mit dem Eingeständnis, daß die Frau Konflikte in sich spürt, und so wird erklärlich, warum ein Mann manchmal widersprüchliche Signale empfängt.

So wird auch verständlich, warum Signale, die für eine bestimmte Frau völlig klar sind, für einen bestimmten Mann unklar sein können. Aber selbst Andeutungen, die für einen Mann kristallklar sind, können ihre Tücken haben. Barry war ein Mann, für den „nein nein bedeutet". In einem Gruppengespräch erklärte er einmal: „Wenn eine Frau nein sagt, warte ich bis zur nächsten Verabredung, bevor ich einen neuen Anlauf mache. Das habe ich immer für anständig und richtig gehalten. Vor ein paar Monaten aber ging ich mit zwei Frauen aus, und es passierte das gleiche. Sie ließen sich beide küssen, aber bevor ich sie ins Bett bekommen konnte, ließen sie erkennen, daß sie nicht wollten. Und beide erzählten mir, daß ich ihnen besser gefiel als jeder Mann, den sie je kennengelernt hätten. Und kurze Zeit später erfuhr ich, daß sie mit Männern ins Bett gegangen waren, von denen ich wußte, daß sie ihnen nicht viel bedeuteten. Und jetzt sind beide ernsthaft mit diesen Burschen liiert. Ich muß irgendwas falsch machen..."

Paula antwortete: „Ich bin heute verheiratet, Barry, aber als ich es noch nicht war, war es bei manchen Männern manchmal so: *Je klarer mein Nein, um so mehr fühlte ich mich von Schuldgefühlen befreit — durch mein absolut klares Nein hatte ich meine Pflicht und Schuldigkeit getan.* Verstehst du? Ich meine, es war etwa so, daß ein Mann zum Ziel kam, wenn er nach meinem klaren Nein nicht lockerließ. Dann konnte ich mir sagen, daß ich ihn wirklich mochte — oder liebte. So bin ich das erstemal schwanger geworden, und am Ende heiratete ich den Mann, der mich geschwängert hatte. Ich gebe das zwar ungern zu, aber so ist es gewesen."

Paulas Ehrlichkeit half uns verstehen, welchem Dilemma sich Männer ausgesetzt sehen, wenn sie die Signale völlig verschiedener Frauen deuten sollen. Für Paula galt: Je klarer das Nein, um so klarer die Befreiung von Schuldgefühlen. Mit anderen Worten: Je klarer das Nein, um so klarer das Ja. Für manche Männer ist das höchst verwirrend.

Manche Frauen meinen, daß dies alles auf *andere* Frauen zutreffe, daß sie selbst aber oft die Initiative ergriffen. Wenn man jedoch nachhakt, entdeckt man, daß sie meist eine *rezeptive* Initiative ergriffen haben. Wenn eine Frau beispielsweise mit einem Mann im Kino sitzt, legt sie die Hand vielleicht auf die Armlehne zwischen ihnen. Wenn sie ihm damit ein positives Signal geben will, nenne ich das eine *rezeptive Initiative*. Wenn sie die Absicht verfolgt, noch weiter zu gehen, nenne ich es eine *aktive* rezeptive Initiative; meist soll es jedoch mit einem solchen Schritt dem Mann leichter gemacht werden, den nächsten Schritt zu tun; das nenne ich dann eine *passive* rezeptive Initiative.

Das Kennzeichen einer rezeptiven Initiative ist in beiden Fällen das Fehlen eines erkennbar klaren Willens. Da die Frau die Hand auch in der Absicht, sie einfach nur ruhen zu lassen, auf die Lehne hätte legen können, geht sie keinerlei Risiko ein. Der Unterschied zwischen einer passiven und einer aktiven Initiative ist die damit verfolgte Absicht. Wenn die Absicht besteht, das Risiko dem Mann zu überlassen, ist sie passiv.

Auch Männer ergreifen rezeptive Initiativen, aber meist nur, um sich in eine bessere Startposition zu bringen, bevor sie sich weiter vortasten oder *direkte* Initiativen ergreifen. Die rezeptive Initiative einer Frau erleichtert es dem Mann meist, sich weiter vorzuwagen oder zu direkten Initiativen überzugehen. Wie? Kehren wir zum Beispiel des Kinobesuchs zurück: Ein Mann legt die Hand vielleicht für eine halbe Sekunde auf die Hand der Frau, während er sie fragt, ob sie ein Stück Schokolade will. Er tastet sich vor, um herauszufinden, ob ihre Hand sich entspannt oder verhärtet. Er berührt sie nur ganz leicht und schnell genug, so daß man seine Geste auch so deuten kann, daß er sie nur um Aufmerksamkeit bitten wollte. *Vortastende* Initiativen sollen nur das Terrain sondieren: „Zieht sie sich zurück; wird sie nervös; ist sie empfänglich und entspannt?" Vortastende Initiativen lassen jedoch auch Zweifel zurück: Wenn sie sich entspannt zeigt, kann das auch bedeuten, daß sie für meine Annäherungsversuche empfänglich ist. Es kann aber auch bedeuten, daß sie sich nur entspannt!

Alle diese Unterscheidungen mögen manchen lächerlich vorkommen. Sie sind jedoch um keinen Deut lächerlicher als die Unterscheidung zwischen Ariel und Persil. Männer werden für ihre Initiativen nur deshalb nicht mit einem Etikett beklebt, weil niemand zugeben will, daß die Arbeit getan werden muß wie Hausarbeit.

Nach der vortastenden Initiative wird eine höhere Risikoebene erreicht: *der Wechsel der Intimitäts-Ebene*. Wenn sich etwa Phyllis und Bill auf einer Party begegnen und über ihre Jobs sprechen, wird Phyllis so gut wie nie als erste diese Ebene verlassen, indem sie etwa erklärt: „Ich mag Ihre Augen." Sie sagt vielleicht: „Ich mag

Ihre Locken", *nachdem* er gesagt hat: „Ich mag Ihre Augen." Sie wird es jedoch kaum nach einer Unterhaltung über den Beruf äußern, bevor er das Risiko auf sich genommen hat, die Intimitäts-Ebene zu wechseln.

Das größte Risiko ist die *direkte* Initiative, etwa wenn ein Mann zum erstenmal die Hand einer Frau ergreift. Er riskiert damit totale Zustimmung oder totale Ablehnung. In einer Hinsicht jedoch sind alle diese direkten Initiativen keineswegs direkt. Für viele Männer würde eine direkte Initiative so aussehen: „Die Frau *auf der Stelle* aufs Laken zu zerren und sie wild und leidenschaftlich zu lieben."

Männliche Botschaft Nummer 5: Homophobie

Während der heranwachsende Junge lernt, daß die Aufmerksamkeit attraktiver Mädchen sowie weibliche Sexualität knapp sind, lernt er die männliche Botschaft Nummer 5: *Es ist verboten, sich zu anderen Jungen hingezogen zu fühlen.* Wenn er das zu erkennen gibt, wird er sich sofortiger Ächtung ausgesetzt sehen; man hält ihn dann für „schwul" und schlägt ihn zusammen; in den Augen der anderen Jungen wird er damit seinen Status als Mensch verspielt haben. Die männliche Botschaft Nummer 5 befiehlt ihm, alles auf eine Karte zu setzen — nämlich auf die sexuelle Reaktion von Mädchen. Die starke Furcht vor sexuellem Kontakt mit Jungen bewirkt auch, daß er sich emotional von anderen Jungen zurückzieht, um sich ja nicht „verdächtig" zu machen. Das macht ihn jedoch auch von emotionalen Reaktionen der Frauen abhängig. Diese Kombination, die man Homophobie nennt, zwingt Jungen dazu, von Frauen abhängig zu werden. Die Furcht vor emotionalem Kontakt zu Männern, die der Furcht entspringt, in sexueller Hinsicht als verdächtig zu gelten, macht Jungen *gegenüber Mädchen ironischerweise noch machtloser. Homophobie — das ist etwa so, als würde man die USA für eine Nation von Waschlappen halten, wenn sie nicht ihr gesamtes Öl von der OPEC bezögen.*

So schreitet die männliche „Ölkrise" von sexueller zu emotionaler Abhängigkeit fort. Diese fünf Botschaften sind die typische Erfahrung eines Jungen in der Pubertät. Keine dieser Botschaften leugnet zwar die Tatsache, daß sich auch ein Mädchen machtlos fühlt, vor allem, wenn sie nicht attraktiv ist; wenn sie attraktiv ist, mag sie sich höchstens fragen, aus welchen Gründen man sie schätzt. Wie der Junge empfängt sie mehrdeutige Signale. Der Druck, dem sie sich ausgesetzt sieht, ihre Attraktivität zu steigern, bringt sie oft dazu, eine Haßliebe-Reaktion auf die Aufmerksamkeit zu entwickeln, die sie wegen der Attraktivität erhält, an deren Steigerung sie so hart gearbeitet hat.

Eltern können sich genauso machtlos fühlen wie ihr heranwachsender Sohn. Wenn sie ihrem Sohn all seine Gefühle und Möglichkeiten bewußt machen, fürchten sie vielleicht, ihn in die Arme von Schwulen zu treiben. Eltern, die einen Jungen dazu ermutigen, bewußt Risiken einzugehen, machen ihn zu einem Versuchskaninchen. Er wird gerade in den Jahren, in denen Konformität als bestes Mittel zur Erlangung von Sicherheit angestrebt wird, unter seinesgleichen isoliert. Natürlich versteht er nicht, daß diese „Sicherheit" zum Kern seiner Unsicherheit werden wird.

In der Schlußfolgerung werden wir uns einige Alternativen ansehen. Zu jeder dieser Alternativen gehört jedoch die Notwendigkeit, sich die Abwehrmethoden bewußt zu machen, mit denen Männer ihre Machtlosigkeit auszugleichen suchen — Abwehrmethoden, die bei Männern zu Verbrechen führen können. Beginnen wir mit den sexuellen Abwehrmethoden.

Phase 3: Sexuelle Abwehrmethoden gegen das Erlebnis weiblicher Ablehnung

Das männliche Gefühl der Machtlosigkeit vor einer genetischen Berühmtheit — das Gefühl, wie ein Hündchen um ein Stück Aufmerksamkeit sowie Sexualität zu betteln, indem der Mann etwas leistet, zahlt, das Risiko einer Ablehnung auf sich nimmt und zudem noch schlucken muß, daß er ein Schmutzfink oder fast schon ein Sittlichkeitsverbrecher ist — macht sein Ego zerbrechlich und sein Selbstbild verletzlich. *Verletzlichkeit löst eine Abwehrhaltung aus.*

Wie wehrt er sich gegen diese Verletzlichkeit? In der sexuellen Arena entdeckt er den *ersten Abwehrschritt* von Phase 3: *Es tut weit weniger weh, von einem Sex-Objekt zurückgewiesen zu werden als von einem reifen Menschen.* Wenn es einem Mann also gelingt, Frauen zu Objekten zu machen und Sex zu einem Spiel (so daß er seine Eroberungen auf einer „Strichliste" abhaken kann), wird er eine Zurückweisung weniger ernst nehmen. Es wird weniger weh tun.

Kaum hat ein Junge gelernt: „Wenn es schwierig wird, mußt du die Frauen zum Objekt machen", lernt er auch, daß diese Objektifikation der Frau noch nicht ausreicht. Seine zweite Abwehr läßt sich am besten durch einen kurzen Blick auf den inneren Dialog des Mannes verstehen, wenn nämlich ein Junge ein Mädchen sieht, das er attraktiv findet. „Sie ist schön. Es wäre toll, mit ihr ins Bett zu gehen. Mmh, mmh… *aber* wenn ich ihr das offen sage, wird sie nein sagen." So lernt er folgendes: Wenn er mit seinen sexuellen Gefühlen in dem Moment aufrichtig ist, indem er sie empfindet, und seinen Wunsch offen äußert, wird er sich genau das einhandeln, was man bei Dustin Hoffman in dem Film *Tootsie* beobachten konnte: Nachdem er sich einer Frau, die ihm erklärt hatte, wie sehr sie Direktheit verlange, seinen direkten Wunsch geäußert hatte — kippte sie ihm einen Drink ins Gesicht. Wenn ein Mann seinen sexuellen Gefühlen Ausdruck gibt, sobald er sie empfindet, wird er sich fast immer ein Nein einhandeln — besonders von den Frauen, die er am meisten begehrt.

Die *zweite sexuelle Abwehr* von Phase 3: *sexuelle Gefühle zu unterdrücken und die Gefühle durch Unaufrichtigkeit zu ersetzen.* Aufrichtigkeit garantiert einen Korb. Unaufrichtigkeit wird zu einer Abwehr. Der Mann lernt allmählich die Spielregeln und erfährt, was Sexualpolitik ist.

Der Zwang zur Unaufrichtigkeit und die Unterdrückung sexueller Gefühle blocken selbst den entferntesten Gedanken eines Jungen, er könnte eine Frau bitten, die Verantwortung für Initiativen mit ihm zu teilen. Die meisten Jungen ziehen eine solche Möglichkeit nicht einmal in Betracht, weil sie beobachtet haben, daß *die Jungen, die den meisten Spaß haben, kein Mädchen darum bitten, die Initiative mit ihnen zu teilen.* Ihnen geht allmählich auf, daß einfühlsames und empfindsames Verhalten nicht nur als „abweichend", als „unnormal" gilt, sondern auch noch den Zeitraum einer möglichen Zurückweisung verlängert.

Welchen Ausweg sucht sich ein junger Mann aus diesem Dilemma? *Eine dritte sexuelle Abwehr: den schnellen Sex. Der schnelle Sex verkürzt die Zeit vom Augenkontakt bis zum Geschlechtsverkehr auf ein Minimum.* Zu welchem Zweck? Je schneller ein Junge vom Augenkontakt zum Geschlechtsverkehr vordringt, um so kürzer der Zeitraum einer möglichen Zurückweisung.

Warum lassen Männer der Freundschaft mit einer Frau nicht Zeit, warum lassen sie die Dinge sich nicht entwickeln, und wenn es zum Sex kommt, dann passiert es eben? Hier gilt in etwa das gleiche: Je länger die Freundschaft, um so länger der Zeitraum möglicher Zurückweisung.

Wird sich dieser Zustand ändern? Erst dann, wenn beide Geschlechter sich die Verantwortung für alle sexuellen Initiativen teilen — und daher auch die Möglichkeit einer sexuellen Ablehnung.

Jungen durchlaufen in ihren Beziehungen zu Mädchen drei wichtige Phasen. Im Verlauf dieser Phasen hören sie fünf wichtige männliche Botschaften, die man wie folgt zusammenfassen könnte:

Die männliche Suche nach Gleichberechtigung oder
die Krise der genetischen Berühmtheit

Phase 1: Die genetische Berühmtheit

Männliche Botschaft Nummer 1: Manche Mädchen in meiner Klasse sehen schon jetzt aus wie Filmstars. Wenn sie mich nur so sehr wollten wie ich sie, wüßte ich, daß ich in Ordnung bin. Sie sind genetische Berühmtheiten. Ich bin ein genetischer Groupie.

Phase 2: Die männliche Suche nach Gleichheit — die Ölkrise der männlichen Pubertät

Männliche Botschaft Nummer 2: Ich muß etwas leisten, um das Interesse der genetischen Berühmtheit zu erregen.

Männliche Botschaft Nummer 3: Ich muß für weibliche Sexualität zahlen.

Männliche Botschaft Nummer 4: Bevor ich die Sexualität einer Frau bekomme, muß ich etwa 150mal eine Zurückweisung riskieren. Du darfst ihre Neins nicht für nein halten, wenn ihre Nuancen ja sagen.

Männliche Botschaft Nummer 5: Ich muß meine gesamte sexuelle emotionale Energie auf Frauen konzentrieren. Homophobie ist besser, als sich „sexuell verdächtig" zu machen.

Phase 3: Sexuelle Abwehrmethoden gegen das Gefühl, von Frauen abgewiesen zu werden

Abwehr Nummer 1:	Mach Frauen zu Sex-Objekten. Von einem Objekt abgelehnt zu werden, tut weniger weh, als wenn man von einem reifen Menschen abgelehnt wird.
Abwehr Nummer 2:	Unterdrücke sexuelle Gefühle und ersetze sie durch Unaufrichtigkeit — Politik zahlt sich eher aus als Aufrichtigkeit.
Abwehr Nummer 3:	Praktiziere den schnellen Sex. Bleib nicht bei der Freundschaft stehen. Je länger die Freundschaft dauert, um so länger läufst du Gefahr, dir einen Korb zu holen.

Gibt es eine Alternative zu den männlichen Gefühlen der Machtlosigkeit und der Verletzlichkeit? Nun ja. Ein Mann kennt nur eins, was jedem Bedürfnis und jeder Abwehr entgegenkommt. Man nennt es Erfolg.

Erfolg als Allheilmittel und Falle

Wie vermeidet es ein junger Mann, ein genetischer Groupie zu sein? Durch Erfolg auf dem Sportplatz oder im Fitness-Center. Ein paar Jahre später, wenn er auch im Beruf erfolgreich ist, kann er sich einen Skiurlaub und Theaterkarten leisten, Restaurantbesuche, Drinks und Leihwagen. Ein paar Drinks nach dem Essen und ein Tag auf dem Skiabhang verringern das Risiko, sich einen Korb zu holen. Erfolg reduziert die Zahl der Initiativen und erhöht die Wahrscheinlichkeit, daß sich eine attraktive Frau für ihn interessieren wird. Erfolg scheint ein Allheilmittel zu sein.

So wie der Erfolg ein Allheilmittel ist (er ermöglicht es einem Mann, eine Frau groß auszuführen und macht ihn „interessanter"), ist er auch eine Abwehr gegen Ablehnung durch eine Frau. Und macht sein Gefühl der Machtlosigkeit wett („Warum kann sie mich nicht wollen, ohne daß ich dauernd zahlen muß?"). Und wenn sich ein Mann trotz seines Erfolgs zu sehr abgelehnt fühlt (oder sich überhaupt nicht für Frauen interessiert), dient Erfolg als die perfekte Alternative. Er kann sich in den Erfolg verlieben. Erfolg bringt seine eigenen Belohnungen, sowohl innerlich wie äußerlich. Und er kann eine Tarnung sein. Wenn ein Mann erfolgreich genug ist, werden ihm nur noch wenige Menschen Fragen stellen — etwa die, ob er Frauen oder Männer bevorzuge. Sind Sie vielleicht der Meinung, daß ich übertreibe? Prüfen wir es anhand der Wirklichkeit.

Stellen Sie sich Frauen unter 30 vor, die attraktiv genug sind, Fotomodelle zu sein — die Frauen mit den meisten Wahlmöglichkeiten. Schreiben Sie ihre Namen auf, wenn sie Männer geheiratet haben, die ursprünglich nur geringes finanzielles Potential besessen haben:

1. ....

2. ....

3. ....

Dem Leser werden ohne Zweifel ein paar Frauen einfallen, die einfühlsame und loyale Männer geheiratet haben, die aber weniger erfolgreich sind als sie selbst, wie etwa die New Yorker Kongreßabgeordnete und Feministin Bella Abzug. Bella Abzug fällt jedoch weder in die richtige Alterskategorie noch in die Kategorie der hochattraktiven Frauen. Sie hat weniger Wahlmöglichkeiten. Und außerdem ist ihr Mann immer noch erfolgreich genug, notfalls für beide zu sorgen, falls sie dies wünschen sollten. Die Namen solcher Frauen sollten Sie also streichen. Wenn ihnen keine mehr einfällt, können Sie ein paar Frauen nennen, die Sie zwar nicht kennen, von denen Sie aber gehört haben. Wie viele bleiben übrig?

Falls jemand in der Kategorie der Frauen, „die Ihnen bekannt sind", übrigbleibt, ist es eine Frau unter 30, die in einem hochriskanten Beruf zum Erfolg getrieben wurde und einen Mann geheiratet hat, der die Verbindungen und das Format besitzt, ihre Talente zu fördern? Also ein Mann, der in finanzieller Hinsicht noch eine Rolle spielt?

Erinnern Sie sich an Marc? Er heiratete Marge, die zwar nicht seine Traumfrau war, ihn aber liebte. Manche Männer tun sich wie Marc mit Frauen wie Marge zusammen, nämlich in der Hoffnung, es mit ihnen gemeinsam „zu schaffen" — nur um sich dann in einer Midlife-crisis wiederzufinden, wenn sie es schaffen, und in einer Midlife-crisis, wenn sie es nicht schaffen. Je erfolgreicher der Mann wird, um so attraktiver wird er damit für andere Frauen, und um so mehr wird er sich versucht fühlen, sich von Marge abzusetzen. In der Midlife-crisis haben sogar glücklich verheiratete Männer oft das Gefühl, daß sie jetzt, wo sie es geschafft haben und so erfolgreich sind, daß auch die schönen Frauen der Anzeigen in ihre Reichweite gerückt sind, mit einer Frau verheiratet zu sein, die nicht zu diesem Image paßt. Nur wenige Ehen sind stark genug, den Kathys lange genug zu widerstehen, die einmal die Neil Diamonds fallenließen, als sie noch die Prügelknaben der Klasse waren, die ihnen aber jetzt, wo sie Märchenprinzen geworden sind, schöne Augen machen.

Je mehr sich Marc versucht fühlt, sich von Marge zu trennen, um so mehr Schuldgefühle hat er, weil er die Frau im Stich läßt, die ihn immer loyal unterstützt hat. Und das alles ironischerweise nur dafür, daß er für „andere Frauen" attraktiver wird. Und wenn er eine jüngere Frau findet, wird er nie ganz sicher sein, ob sie ihn um seiner selbst willen liebt oder wegen seines Geldes. (Ich kenne nur wenige Männer, die selbstsicher genug waren, ihre Karriere aufzugeben oder sich zu weigern, ihre Ersparnisse auszugeben, um es herauszufinden.) Folglich fühlt sich der Mann innerlich noch immer leer. Er verliert, wenn er gewinnt, und er verliert, wenn er verliert. Jetzt, wo er endlich „Macht" hat, verliert er sie, wenn er sie einsetzt.

Der Astronaut Gordon Cooper wußte vielleicht, woran er appellierte, als er vor seiner Ernennung zum Astronauten befürchtete, seine Frau zu verlieren. Millionen saßen an den Fernsehgeräten, als die Sendung *The Right Stuff* über die Bildschirme lief. Sie basierte auf den tatsächlichen Lebenserfahrungen der potentiellen Astronauten. Alle konnten sehen, wie Cooper an seine Frau appellierte: „Wer ist der beste Pilot der Welt?" Als er keine Antwort erhielt, lieferte er sie selbst: „Du siehst ihn vor dir." Ein zarter Hinweis. Zur gleichen Zeit jedoch zog er mit seiner Frau in ein schäbiges, einfaches und ziemlich heruntergekommenes Haus; er hatte nur eins zu bieten — die Prahlerei mit seinem Potential. Und Hoffnung. Er hatte sich nicht bewiesen. Haus und Hoffnung waren zwar gut genug für ihn, aber offensichtlich nicht für sie. Sie verließ ihn. Dann schaffte er es, in die Endrunde der Astronauten-Auswahl zu kommen. Sie überlegte sich seinen Appell zur Rückkehr.* Dann wurde er Astronaut. Sie kehrte zu ihm zurück.

Vielleicht hatte Gordon Coopers „Draufgänger-Persönlichkeit", sein männlicher Chauvinismus, seine Frau von ihm entfremdet. Das würde aber noch nicht ihre Rückkehr erklären, da sich mit Ausnahme des *Beweises für sein Draufgängertum* nichts geändert hatte. Und das nennt man Status. Das erklärt auch nicht die Tatsache, daß 84 Prozent der Topmanager mit ihren ersten Ehefrauen verheiratet sind — im Vergleich zu nur 53 Prozent der gesamten männlichen Bevölkerung[5]. Und das trotz der Tatsache, daß ein Topmanager in emotionaler Hinsicht oft von seiner Frau, seinen Kindern und seinen Gefühlen getrennt ist.

In einer weiteren sozioökonomischen Gesellschaftsgruppe müssen Männer, die ihre Offiziersausbildung aufgeben, ebenfalls feststellen, daß sie von den Frauen verlassen werden, die sie einmal geliebt haben. Ich wohne in der Nähe von Camp Pendleton, einem der größten Militärstützpunkte der USA nördlich von San Diego. Immer wieder habe ich dort gehört, daß „für eine Frau meine Persönlichkeit nie so wichtig ist wie mein Rang". Diese Männer identifizieren sich mit dem Hauptdarsteller des Films *Ein Offizier und Gentleman*, der die Liebe seines Lebens in dem Augenblick verlor, in dem er seiner persönlichen Integrität den Vorrang gab und die Offiziersausbildung aufgab.

Sam, ein Vertreter in einer Selbsterfahrungsgruppe in Chicago, drückte es so aus:

---

* Es kann sein, daß sein Appell auf der Furcht basierte, ohne Ehefrau nicht als Astronaut angenommen zu werden. Hätte er sie um die Rückkehr gebeten, wenn er das Gefühl gehabt hätte, es auch ohne sie zu schaffen? Oder hätte er es auch allein ausgehalten, weil er wußte, daß er sich über Frauenmangel nie würde beklagen müssen, wenn er es erst einmal geschafft hatte? Benutzen sich *beide* als Objekte?

„Als ich noch als Vertreter durchs Land reiste, beschwerte sich meine Frau: ‚Mir wäre es lieber, du würdest früher nach Hause kommen, etwas mehr auf mich Rücksicht nehmen und die Kreativität entwickeln, die du besitzt.' Also habe ich den Vertreterjob nur auf Teilzeitbasis weitergemacht und zu Hause ein Studio eingerichtet. Wir waren uns beide darin einig, daß ich als Künstler ein gewisses Potential habe. Mein Vertreter-Einkommen ist jedoch nur ein Drittel meines früheren. Und mit meiner Kunst komme ich gerade über die Runden. Unsere Ehe ging immer mehr in die Brüche, obwohl ich alles getan hatte, was sie an mir vermißte. Ich bin verwirrt und wahrscheinlich auch zornig."

Das alles mag den meisten Männern unbewußt bleiben, die es noch nicht geschafft haben (wie Frauen vor 20 Jahren), ihr Bewußtsein zu steigern. Wenn ein Mann das erst einmal geschafft hat, geht ihm allmählich auf, daß viele Männer nicht wegen ihrer Einfühlsamkeit geliebt werden, sondern *weil sie erfolgreich und einfühlsam sind.*

Beide Geschlechter streben danach, vom jeweils anderen Geschlecht die Art Macht zu bekommen, von der ihm selbst am meisten abgeraten wird. Je mehr ein Mensch vom anderen Geschlecht erwartet, um so eher sitzt er in der Falle der Erwartungen an sich selbst. *Je weniger ein Mann gewillt ist, ein Sexobjekt aufzugeben, um so eher wird er selbst zum Erfolgsobjekt werden und damit in der Falle sitzen.* Während er allmählich die Hoffnung aufgibt, einmal ein Henry Kissinger, ein Woody Allen oder ein Dustin Hoffman zu werden, gibt er auch seine Träume vom Starlet auf. *Aber wenn er immer noch das weibliche Rollenvorbild begehrt, wird er sich selbst in der Rolle des Patienten-Vorbilds wiederfinden.* Oder als Star. Wie es der Schauspieler Dustin Hoffman einmal ausdrückte: „Als ich noch in der High School war, hätten mich die Frauen nicht mal mit einer drei Meter langen Stange berührt. Jetzt kann ich sie mir damit nicht vom Leib halten."

Diese unterschiedliche Wirkung des Erfolgs auf Männer und Frauen kann erklären, warum Männer in ihrem Streben so zwanghaft und ehrgeizig sind. Der heranwachsende junge Mann erkennt bewußt oder unbewußt, wie sehr ihm jede Option dabei helfen wird, seine persönliche „Ölkrise" zu lösen — es wird ihm helfen, vor seinen Nachbarn an der Zapfsäule zu sein. Nur wenige junge Männer werden auf die Hilfe dieser Optionen verzichten können — nur wenige dürften sich bereitfinden, sich geistigen Fragen, der Selbsterkenntnis, der Liebe und Sensitivität zuzuwenden. (Menschen, deren Denken vom Kampfgeist und vom Ehrgeiz geprägt wird, werden sich kaum mit Fragen der Liebe beschäftigen.)

Auf jeden Mann, der an die Spitze kommt, kommen 1000 weitere, die es nicht schaffen — 1000 Männer, die zumindest teilweise ein Stellvertreterleben führen, nämlich durch die „Überlegenheit" „meiner" Fußballmannschaft, „meiner" Kinder oder „meines" Landes. Auch ihre Frauen bekommen sie stellvertretend — durch *Playboy, Penthouse* oder durch Pornographie. Das ist weder die Schuld der Männer noch der Frauen. Es handelt sich hier um Männer, die immer noch mit ihrer „Ölkrise" beschäftigt sind — sie bekommen ihren Erfolg stellvertretend und haben ihn sich auch stellvertretend verdient.

Bevor wir mit dieser Problematik fortfahren, möchte ich etwas klären. Wenn Männer und Frauen äußere Erfolge anstreben, empfinden beide eine verschiedene Art Verzweiflung. Das liegt daran, daß sich Männer nicht nur der Aufmerksamkeit und der Sexualität einer Frau als würdig erweisen müssen, sondern auch der Zustimmung von Eltern und ihresgleichen. Es ist ein Irrtum zu glauben, daß diese drei Dinge von drei Seiten her auf den Mann Druck ausüben. Das ist nicht so.

Nehmen Sie beispielsweise Eltern. Die meisten Eltern möchten ihrem Kind dabei helfen, mit dem anderen Geschlecht auszukommen. Auch wenn ihnen nicht gefällt, was sie sehen, halten sie es für ihre Pflicht, das Kind auf die harte Wirklichkeit vorzubereiten. Sie sagen ihren Töchtern aber nicht: „Wenn du erwachsen bist, solltest du deinen Mann finanziell unterstützen." Von einer Karrierefrau wird nur erwartet, daß sie für sich selbst aufkommt. Nicht für ihren Mann. *Da Karrierefrauen oft „nach oben heiraten", kann die Karriere einer Frau sogar den Druck auf einen Mann verstärken, seinen Weg zur Gleichberechtigung mit ihr zu verdienen. Eltern, die ihre Söhne auf diese Realität vorbereiten, verstärken unabsichtlich den Druck auf Jungen.* Daher macht es kaum einen Unterschied, ob wir uns unseren Eltern beweisen müssen oder den Mädchen.

Es beeindruckt mich zunehmend, wie sehr viele Männer ihr Leben, ihre Investitionen und ihre Karrieren für die Aufmerksamkeit einer attraktiven Frau aufs Spiel setzen, vor allem für ihre sexuelle Aufmerksamkeit. Denken Sie an die Männer, die bereit sind, für eine Affäre mit einer Sekretärin oder Studentin ihre Karriere aufs Spiel zu setzen — nämlich durch eine Anklage wegen sexueller Belästigung. Denken Sie an die Männer, die jahrelange Gefängnisstrafen, totale Demütigung und die Zerstörung ihrer Karriere und ihrer Familie für Sex mit einer Minderjährigen auf sich nehmen, dem einzigen weiblichen Wesen, das sie erreichen zu können meinen — ein Kind.

Wie oft lesen wir von Männern, die sich in kalte, reißende Flüsse stürzen oder in ein Flammenmeer, um eine Frau zu retten. Wir hören auch von Frauen, die solche Heldentaten vollbringen, um ein Kind zu retten — versuchen Sie aber, sich an einen einzigen Fall einer Frau zu erinnern, die das für einen Mann getan hat. Selbst für ihren Ehemann. An sich ist es weder gut noch böse, wenn man sein Leben für einen anderen Menschen einsetzt. Aber wenn Männer so viel riskieren, um zum Helden zu werden oder Sex zu bekommen, stellt sich die Frage nach den Grenzen der sexuellen Verletzlichkeit des Mannes.

Nehmen wir die Gottesanbeterin oder die Schwarze Witwe. Die Weibchen und Männchen „machen Sex". Das Männchen legt sich so sehr ins Zeug, daß es sich später aus eigener Kraft nicht befreien kann. Das Weibchen befriedigt sich und beißt dem Männchen dann den Kopf ab. Das Männchen ist beim Geschlechtsakt so unlösbar mit dem Weibchen verbunden, daß es nicht verhindern kann, verspeist zu werden. Die höchste Form der Verletzlichkeit.

Wie bei den Gottesanbeterinnen oder Schwarzen Witwen kann sich ein Mann so verletzlich und machtlos fühlen, daß er um der sichtbaren Achtung willen sogar riskiert, sich als Soldat oder Boxer umbringen zu lassen; als Feuerwehrmann; als Vorstandsvorsitzender oder als Astronaut; als derjenige, der die Herrenrasse erschafft oder die menschliche Rasse vernichtet — oder den Nobelpreis erhält, um sie vor Vernichtung zu bewahren. Oder, wenn ein nationales Heldentum nicht zu schaffen ist, als freiwilliger Feuerwehrmann der Heimatstadt. Es ist immer das gleiche. Während er versucht, die Achtung seiner Familie zu gewinnen, seiner Freunde und Bekannten, der Frauen und sogar Selbstachtung, kann ein Mann seine Familie verlieren, seine Frau opfern, seinen Körper zerstören und seine Seele verlieren.

Das Training des Mannes, die sexuelle Ablehnung zu überwinden, erweist sich auch für den Erfolg als wertvoll. Wer sich sowohl beruflich wie bei Frauen *nie mit einem Nein zufriedengibt, erwirbt die Eigenschaften, die männliche Kraft ausmachen, die aber auch zu männlichen Neurosen führen.* Frauen fühlen sich zu Erfolgsmännern hingezogen; sie hassen die Abwehrmechanismen der Männer. Sie hassen Männer, die sich mit einem Nein nicht zufriedengeben; sie lieben Männer, die sich mit einem Nein nicht zufriedengeben. Beides ist eine Auseinandersetzung mit der weiblichen Sexualität: *Wer bei einer Frau aus einem Nein ein Vielleicht macht, geht direkt vor; wer im Beruf aus einem Nein ein Vielleicht macht, geht indirekt vor. Erfolg ist die geachtetste Abwehr gegen Ablehnung durch eine Frau. Er ist eine Art Versicherung des Mannes. Erfolg ist vorbeugende Medizin.* Die Charaktereigenschaften jedoch, die sich dabei entwickeln, machen den Mann zu Hause nicht immer liebenswert, und manchmal halten sie ihn nicht einmal für seine Lieben am Leben.

Tiefere Auswirkungen

Wie sehen die tieferen Auswirkungen dieser Botschaften an Frauen und Männer aus? In den Botschaften heißt es: „Mach dich für das andere Geschlecht *attraktiv,* indem du dich vom anderen Geschlecht *abhebst.*" Das Problem? Gegensätze ziehen sich an; aber zusammenleben können sie nicht. Geschlechterrollentraining wird zum Scheidungstraining.

Ist dies einfach nur biologisch und natürlich? In den 1860er Jahren hat Charles Darwin dokumentiert, daß die sexuelle Selektion — die mächtigsten Männchen verbinden sich mit den attraktivsten Weibchen — ein Schlüsselelement der Evolution, des Überlebens der Tüchtigsten sei. Vermutlich ist es in unseren Genen angelegt, daß die am meisten geschätzten Frauen die ehrgeizigsten und überlebensstärksten Männer auswählen. Und umgekehrt. Die genetische Evolution hat jedoch auch die Technologie hervorgebracht — und die Fähigkeit zur Anpassung an das, was unsere Technik erschafft. Und die Technik hat den männlichen Konkurrenzkampf auf der Ebene des genetischen Überlebens zu einem Spiel gemacht, bei dem alle verlieren. Was einmal genetisch sinnvoll gewesen ist, ist heute zu einer Funktionsstörung geworden.*

Hat die Technik die Geschlechterrollen auch in zwischenmenschlichen Bezie-

* Siehe Kapitel 3.

hungen überflüssig gemacht? Ja. (Frauen interessieren sich mehr für Computertechnik als für die Bärenjagd.) Und bei der Kindererziehung? Ja. (Seitdem beide Geschlechter einer Berufsarbeit nachgehen können, können beide auch ein Kind erziehen.) Die moderne Technik hat die Geschlechterrollen überflüssig gemacht. In Zukunft werden die „tüchtigsten" Beziehungen diejenigen sein, die sich an eine neue Realität anpassen — die höheren Erwartungen an eine gute Kommunikation entsprechen und nicht bloß ans Überleben.

Wie ist es dazu gekommen? Sehen wir uns zunächst die Auswirkungen der Technik an. Die Fortschritte der Technik haben harte männliche Handarbeit überflüssig gemacht. Damit sind immer mehr Arbeitsplätze auch Frauen zugänglich geworden, während das gleichzeitige Aufkommen der Geburtenkontrolle zu kleineren Familien geführt hat. Die Entwicklung der Medizin hat das Leben verlängert, so daß keine Frau mehr ihr ganzes Leben zu Hause verbringen muß.

Es liegt jedoch in der menschlichen Natur, *die Erwartungen höherzuschrauben*, sobald es nicht mehr ums bloße Überleben geht. Da wir inzwischen die Arbeitsteilung zwischen Mann und Frau in der klassischen Form nicht mehr brauchen, haben wir unsere Erwartungen höhergeschraubt und entdeckt, daß die Arbeitsteilung von Mann und Frau auch zu einer Teilung der Interessen geführt hat — Scheidungstraining.

Der Teil unserer menschlichen Natur, der sowohl die Technik geschaffen als auch unsere Erwartungen gesteigert hat, hat also auch die Geschlechterrollen schnell funktionsunfähig gemacht, nämlich auf der Ebene des Überlebens (Atomkrieg), bei zwischenmenschlichen Beziehungen (Scheidungstraining) sowie bei der Kindererziehung (abwesende Väter). All das befindet sich mit einem anderen Teil unserer menschlichen Natur im Kriegszustand: Frauen suchen sich immer den Mann aus, der am meisten leistet.

Was wird die Zukunft bringen? Geschlechterrollen *hatten* einmal einen Sinn. Eine Spezies paßt sich immer neuen Realitäten an, bis sie ausstirbt.

Die männliche Suche nach Gleichberechtigung: Eine Zusammenfassung
Beide Geschlechter können den Sex und den Erfolg aus durchaus gesunden Gründen genießen. Männer aber sind aus mehreren Gründen so sehr auf den Sex fixiert: Erstens werden sie unterschwellig dazu erzogen, sich von einer knappen Droge abhängig zu machen — der genetischen Berühmtheit. Alles, was „darunter" liegt, wird als minderwertig empfunden — aber diese „minderwertige Ware" erfüllt zu weit geringeren Kosten so viele Bedürfnisse, daß die Männer lieber dazu greifen, als ganz zu verzichten. Zweitens werden sie dazu erzogen, ständig das Risiko der Ablehnung in Kauf zu nehmen, um an die knappe Ware heranzukommen. Drittens erzieht man sie dazu, die Ablehnung durch Frauen,durch zwanghafte Initiativen zu überwinden. Sie erleben aber nicht, daß auch Frauen diese Initiativen ergreifen. Um sich gegen diese Ablehnung zu wehren, machen sie die Frauen zu Sexobjekten. Was die Frauen noch mehr vom Sex mit Männern entfremdet. Folglich werden die Männer noch desperater. Das Ergebnis: Die Männer haben nichts als Sex im Kopf.

Warum jagen die Männer so dem Erfolg nach, und zwar über den Punkt hinaus, an dem Befriedigung und Applaus von anderen Männern und Eltern erreicht wird — daß sie sogar ihr Leben dafür aufs Spiel setzen? Erfolg ist die Form von Macht, deren sich Frauen am meisten beraubt fühlen. Während Frauen bei Männern Einfühlsamkeit zwar ersehnen, haben Männer das Gefühl, daß Frauen den Erfolg der Männer *brauchen*. Männer arbeiten also, um das zu bekommen, dessen *sie* sich beraubt fühlen — den Respekt von Frauen, Aufmerksamkeit, Sexualität und Liebe. Männer verabscheuen es, ihr Leben mit der Überwindung einer möglichen sexuellen Ablehnung direkt zu verbringen, also tun sie es auch indirekt — durch den Erfolg.

Der Erfolg ist eine vorbeugende Medizin gegen den Krebs der Ablehnung. Er ist die männliche Form der Macht, dazu gedacht, die männliche Form der Machtlosigkeit zu kompensieren; er ist die geachtetste Verteidigung gegen Verletzlichkeit. Teilweise ist der Erfolg das Mittel, mit dem sich Männer ihren Weg zur Gleichberechtigung mit den Frauen verdienen.

5.
Warum Männer nicht zuhören können

Wenn die Männer für das Einkommen sorgten, nach Hause kämen, um die Gefühle ihrer Lieben bettelten, aufmerksam zuhörten und mit den Kindern spielten, würden sich nur wenige Frauen beklagen. Anders ausgedrückt: Wenn es nicht seinen Preis hätte, zum Millionär zu werden, hätten nur wenige Frauen etwas gegen das Einkommen einzuwenden.

Viele Frauen haben das Gefühl, daß ein Mann zu Hause um so *erfolgloser* wird, je erfolgreicher er im Beruf ist. Daß die „Grundeinstellung" mit der Liebe in Konflikt gerät. Da Frauen inzwischen in der männlichen Berufswelt immer erfolgreicher werden, entdecken manche Männer diese Züge auch an Frauen. Bislang ist jedoch kaum beachtet worden, warum ein beruflich erfolgreicher Mann zu Hause erfolglos ist. Es mag uns zwar bewußt sein, daß das Herumalbern mit einem einjährigen Kind zu Hause geschätzt wird, daß derlei aber nicht zur Ausbildung eines künftigen Topmanagers gehört. Wie steht es aber mit der Kommunikation unter Erwachsenen? Warum fällt es beispielsweise vielen Männern schwer zuzuhören? Kehren wir zu Ralph zurück.*

Das Hineinhorchen in sich selbst

Alan hält in einer Abteilungskonferenz einen Vortrag. Ralph hört ein paar Sekunden zu, merkt sich den Kern dessen, was Alan sagt, und während Alan noch spricht, formuliert Ralph im Geiste einen eigenen Diskussionsbeitrag, den er in der Sekunde äußern kann, in der Alan eine Pause macht. Während er seinen Einwurf immer wieder durchgeht und sozusagen probt, kann er sich nach außen hin zwar noch den Anschein geben, als hörte er Alan zu, um nicht als Idiot dazustehen, aber überwiegend hört er sich selbst zu — *er horcht in sich hinein.* Wenn er mit dem zufrieden ist, was er sich zurechtgelegt hat, stellt er einen Augenkontakt mit Alan her, unbewußt eine Pause zu machen. In dem Moment, in dem Alan innehält, fährt ihm Ralph mit seiner wohlvorbereiteten Darlegung in die Parade.

Beide Geschlechter horchen in sich hinein, aber Männer tun dies, um einen Beitrag zu leisten, um Probleme zu lösen. Warum? *Ralph spürt, daß sein Diskussionsbeitrag ihm um so mehr Respekt einbringen wird, je aufmerksamer er in sich hineinhorcht und sich seine Äußerungen immer wieder durch den Kopf gehen läßt; damit wird er auch die Aufmerksamkeit seines Chefs von Alan ablenken und auf*

* Vgl. Kapitel 1: „Männer haben die Macht..."

sich ziehen. Das nennt man erfolgsorientiertes Verhalten — der Mann will schließlich vorwärtskommen.

Die Erfahrung hat Ralph auch gelehrt, daß sein Chef ihm vielleicht entscheidende Fähigkeiten zuspricht, die er Alan abspricht, falls es Ralph gelingen sollte, den entscheidenden Fehler in Alans Darlegung zu finden („theoretisch ist das zwar sehr schön, aber wenn wir die Dinge *realistisch* sehen..."). Das ist tatsächlich erfolgsorientiertes Verhalten. Hilft ihm das aber auch bei seiner Frau Ginny weiter? Begleiten wir Ralph nach Hause.

Ginny hat im Büro einen schwierigen Tag gehabt und dazu noch einen Zusammenstoß mit dem älteren Sohn. Ralph hört ein paar Sekunden zu, merkt sich den Kern dessen, was sie sagt, und überlegt sich dann eine Lösung ihres Problems sowie den Fehler in ihrem Lösungsansatz. Er nickt zustimmend und fährt seiner Frau bei der ersten Gelegenheit in die Parade. Und ist noch stolz darauf, wie er ihr „geholfen" hat.

Ginny hört aber eine andere Botschaft, wenn Ralph in nur wenigen Sekunden ein Problem gelöst haben will, an dem sie vielleicht schon den ganzen Tag gearbeitet hat. Was für ihn Hilfe ist, ist für sie das genaue Gegenteil.

Was will Ginny denn? Sie will nur, daß er ihr zuhört — aufmerksam und ohne ungeduldige Körpersprache —, daß er sie ihre eigenen Entdeckungen machen läßt, daß er anerkennt, was sie im Lauf des Tages geschafft hat — vielleicht indem er ihr leicht (nicht beherrschend) übers Knie streichelt —, daß er nachfragt.

Nehmen wir mal an, daß Ralph dieses „Herauskitzeln" auch beruflich einsetzt. Erst hört er Alan aufmerksam und geduldig zu. Die Folge? Ralph bekommt nie auch nur die Chance zum Sprechen — die Leute, die in sich selbst hineinhorchen, die ihre eigenen Diskussionsbeiträge überlegen, solange Alan noch spricht, machen als erste den Mund auf. Nehmen wir zweitens einmal an, daß Ralph sich tatsächlich äußert und die Vorzüge in Alans Darstellung hervorhebt. Das Ergebnis: *Alan* bekommt die Anerkennung für *seine* Entdeckungen. Drittens: Ralph muntert Alan auf, indem er dessen Knie berührt. Das Ergebnis: Ralph hat seine letzte Beförderung hinter sich!

Warum war es für Ralph so wichtig, befördert zu werden? In der „Arbeit" seiner Jugend, etwa beim Basketball, macht Erfolg im Sport eine Ablehnung durch Frauen weniger wahrscheinlich. Jetzt, als erwachsener Berufstätiger, hat Ralph unweigerlich das Gefühl, daß Ginny ihre Achtung vor ihm verlieren würde, wenn er beruflich zum Stillstand käme. Genau die Charakterzüge jedoch, die ihren Respekt am Leben erhielten, haben ihre Liebe erkalten lassen.

Der Antrieb der Männer, in sich selbst hineinzuhorchen, geht über den Beruf hinaus. Ein Beispiel: Jeff ergreift zum erstenmal die Initiative und versucht, Amanda zu küssen. Amanda ist zwar interessiert, aber er geht ihr zu schnell vor. Also läßt sie sich ein paar Sekunden lang küssen, dann zieht sie sich behutsam zurück. Um Jeffs Bürde zu erleichtern, beginnt Amanda wieder mit der Unterhaltung.

Was einen Mann im Beruf erfolgreich und zu Hause zu einem Versager macht

Mit 16 Jahren: Auf dem Fußballplatz

Ah! Endlich habe ich die Lücke in der Abwehr gefunden!

Mit 26 Jahren: Im Büro
Damit möchte ich meine Darlegungen beschließen…

Wenn ich den schwachen Punkt finde, wird der Chef auf mich aufmerksam werden…

Mit 26 Jahren: Mit der Ehefrau
Was mich so bekümmert, ist…

Du hast da einen Denkfehler gemacht…

Mit 34 Jahren: Mit der Tochter
Ich will nie wieder Fußball spielen!

6 Tore hintereinander — siehst du, du machst immer wieder den gleichen Fehler…

Während Amanda spricht, hält Jeff den folgenden inneren Monolog: „Wenn ich gleich wieder versuche, sie zu küssen, solange noch Spannung in der Luft liegt, wird es sie vielleicht erregen, wenn ich ihren Widerstand überwinde... andererseits könnte ich auch alle Chancen vermasseln. Vielleicht sollte ich die Stereoanlage lauter stellen, vielleicht auch leiser, ihr vielleicht auch die Füße massieren, ihr den Nacken reiben, oder ihr eine Frage stellen, vielleicht auch von meinem letzten Erfolg erzählen — "

Unterdessen spricht Amanda immer noch. Jeff hat kaum zugehört. Er hat nur in sich selbst hineingehorcht, um seinen nächsten Zug vorzubereiten.

Warum entspannt er sich nicht einfach? Warum baut er nicht etwas Vertrauen auf, was dem Sex nur förderlich sein kann? Oder warum läßt er Amanda nicht den Kuß erwidern, wenn und wann sie dazu bereit ist, statt zwanghaft das Terrain zu sondieren? Weil er, wie ich schon im vorhergehenden Kapitel dargelegt habe, kaum eine Frau gekannt hat, die als erste wieder mit dem Küssen anfängt, nachdem sie es einmal beendet hat. Und wenn zuviel Zeit mit „Freundschaft" vergeht, wie es bei Fran passierte, hat er Angst, den Spruch zu hören, man solle eine Freundschaft nicht durch Sex verderben. Solange von ihm erwartet wird, daß er die Initiative ergreift und daher das Risiko einer Zurückweisung auf sich nimmt, ist folgendes am wichtigsten: *Je länger er zuhört, um so länger der Zeitraum seiner möglichen Zurückweisung.* Je schneller er zum Geschlechtsverkehr kommt, um so schneller vergeht der Zeitraum der möglichen Abweisung.

Können Frauen besser zuhören? Im großen und ganzen ja, aber auch Frauen horchen in sich hinein. Als ich Gelegenheit hatte, Frauen in gemischten Selbsterfahrungsgruppen zu beobachten, entdeckte ich, daß sie oft kurz zuhörten, sich die wesentlichen Äußerungen merkten und sich dann eine *Frage* zurechtlegten, die sie im Verlauf der Unterhaltung stellen konnten. Wenn sie sich für einen Mann in der Gruppe interessierten oder wenn ein Mann da war, dem sie Macht und Einfluß zutrauten, stellten sie oft die Frage mit gleichzeitigem Augenkontakt zu diesem Mann. *Auch wenn sie die Antwort schon kannten.*

Während Männer sich durch Problemlösung oder dadurch selbst befragen, daß sie bei einem anderen ein Haar in der Suppe zu finden hoffen, horchen Frauen in sich hinein, um Pseudofragen zu stellen.

Warum dieser Unterschied? Eine Frau weiß genau, daß sie einem Mann auffallen wird, wenn sie ihn durch Fragen auf sich aufmerksam macht — er wird sich dann eher sicher genug fühlen, sie einzuladen. Ihre Fragen lassen bei Männern jedoch oft das Gefühl aufkommen, sie hätten Antworten, die Frauen nicht hätten. Nur wenige Männer begreifen, daß eine Frau, die eine Frage stellt, schon ihre eigene Version der Antwort parat haben kann — daß die Bewunderung, die nach seiner Antwort in ihren Augen aufblitzt, reines Flirten oder ein weibliches „Bewunderungstraining" sein kann und keine Aufklärung durch einen Professor Henry Higgins. *Die Ironie dabei ist, daß der gleiche Vorgang, der einem Mann genug Sicherheit gibt, eine Initiative zu riskieren, der gleiche ist, der ihn die Frau verachten läßt.*

Dabei ist sich ein Mann oft nicht sicher, inwieweit die Fragen einer Frau ein Interesse an ihm signalisieren und inwieweit sie ein Interesse am Inhalt der Frage bedeuten. Diese Ungewißheit verstärkt seine Unfähigkeit, seine berufliche Identität von seiner persönlichen zu trennen. Kein Wunder, daß er sein Vermögen verteidigt, als wäre es seine Seele.

Die Mißverständnisse, die aus dem weiblichen Training zu Pseudofragen und dem männlichen Training zu Problemlösungen erwachsen, laufen oft auf ein Scheidungstraining hinaus — wenn nicht eine Scheidung nach Recht und Gesetz, dann zumindest seelische Scheidung. Da haben wir wieder ein Beispiel dafür, wie Geschlechterrollen-Training zu Scheidungstraining werden kann.

Partner sind oft voneinander enttäuscht, weil „mein Psychotherapeut mir besser zuhört als du" oder weil „Sally mich versteht..." oder „John, und mit ihm brauche ich darüber nicht mal zu diskutieren". Die Vergleiche sind jedoch falsch. *Zuhören ist leicht, wenn derjenige, dem wir zuhören, sich nicht über uns beschwert;* wenn wir uns mit dem Ergebnis nicht auseinandersetzen müssen — wenn wir die Bedingungen des Zusammenlebens nicht jeden Tag neu aushandeln müssen; wenn wir keine emotionale und finanzielle Geschichte und keine emotionale und finanzielle Zukunft haben. Im Gegensatz dazu wird unsere Fähigkeit zum Zuhören auf die Probe gestellt, wenn alle diese Umstände zusammenkommen.

Was sollen wir tun, wenn sich ein geliebter Mensch über uns beklagt? Wenn ich am aufmerksamsten zuhöre, gehe ich nach den folgenden Schritten vor. Wenn ich mich streng an diese Regeln halte, bin ich immer wieder verblüfft, wie fast jede Auseinandersetzung am Ende dazu führen kann, daß sie die Liebe vertieft. Es ist fast so, als wäre die Auseinandersetzung eine Chance. Wenn ich mich nicht an diese Regeln halte, bleibt die Klage bestehen, und es kommt sogar zu neuen Klagen (nämlich darüber, daß ich nicht zuhören könne).

Was macht einen Mann im Beruf erfolgreich und als Vater weniger erfolgreich?

Als Junge war ich stolz darauf, Fußball zu spielen. Als ich in eine neue Schule kam und entdeckte, daß sie keinen Fußball hatten („Fußball — das ist doch europäisch"), überredete ich den Schulleiter, für die Schule einen Ball zu kaufen. Dann brachte ich meinen Klassenkameraden in der achten Klasse bei, wie man spielt. Ich trommelte alle Klassenkameraden zusammen. Natürlich wollte ich in erster Linie nicht den Fußballehrer spielen, sondern mir Respekt verschaffen. Als ich sie besiegte und schnell herausfand, daß ich mich isoliert, mir meine Klassenkameraden entfremdet hatte und wenige, wenn überhaupt einen der Jungen für das Spiel hatte interessieren können, hatte ich gelernt, daß man sich keine Freunde macht, wenn man andere schlägt.

Mein Wille zum Sieg war jedoch so ausgeprägt, daß ich ein „Déjà-vu-Erlebnis"

Ratgeber für richtiges Zuhören, wenn sich jemand über uns ärgert

Der Klagende

— Beklagen Sie sich nicht allzuoft.

— Stellen Sie dem Zuhörer keine Fragen („Sag mir doch, warum du das getan hast"), wenn Sie wollen, daß der andere Ihnen zuhört.

— Bitten Sie den anderen, ihn anzuhören. Sagen Sie ihm, daß Sie eine Beschwerde haben, und fragen Sie ihn, ob er oder sie bereit ist, den unten aufgeführten Schritten zu folgen.

Der Zuhörer während einer Beschwerde (aber niemand beherrscht dies perfekt!)

— Hören Sie zu, stellen Sie einen hilfreichen Augenkontakt her und ziehen Sie das Ganze in die Länge; etwa so: „Erzähl mir mehr davon…", „Ja, ich verstehe…", „Erklär mir das noch mal…"

— Korrigieren Sie Ihr Gegenüber nicht, wenn etwas falsch dargestellt wird. Überlegen Sie vielmehr, ob nicht eine gute Absicht dahintersteckt und ob er oder sie sich vielleicht verletzt fühlt.

— Lassen Sie etwas Zeit verstreichen, wenn Ihr Gegenüber zu Ende gesprochen hat (30 Sekunden bis zu einer Minute).

— Zeigen Sie sich verständnisvoll, und zwar ausschließlich aus der Sicht Ihres Gegenübers.

— Bitten Sie Ihr Gegenüber, alles zu klären, was Sie falsch verstanden oder ausgelassen haben.

— Wenn Ihr Gegenüber seine Aussage präzisiert hat, bestätigen Sie dessen Beschwerde.

— Lassen Sie noch etwas Zeit verstreichen.

— Jetzt sind Sie an der Reihe, Ihren Standpunkt darzulegen — Einwände, Fehldeutungen und so weiter. Wenn Sie die ersten sieben Schritte befolgt haben, sollte Ihr Gegenüber jetzt bereit sein, Sie anzuhören.

— Wenn die Beschwerde Ihres Gegenübers Sie dazu anregt, selber eine Beschwerde vorzubringen, verabreden Sie sich für einen *späteren* Zeitpunkt. In der Zwischenzeit sollten Sie sich mit Ihrem Partner etwas anderes vornehmen.

hatte, als ich später Megan, der Tochter meiner Freundin, das Fußballspielen bei-
brachte. Megan war damals zehn, und sie und ich spielten gegen zwei Jungen, die
schon von Kindesbeinen an Fußball gespielt hatten. Es stand 0:0, dann schoß ich
ein Tor, das ich für „uns" geschossen hatte. Als ich Megans Gesicht sah, ging mir
auf, daß ich es für mich geschossen hatte. Das war mein „Déjà-vu-Erlebnis". Von
da an gab ich mir die größte Mühe, mehr Pässe an Megan zu geben. Am Ende hatten wir verloren. Aber Megan hatte gewonnen. Und damit auch ich.

Mr. Polhemus war der Schulleiter der Midland Park High School in New Jersey.
Als eine meiner Klassenkameradinnen mich aus seinem Büro herauskommen sah,
kam sie zu mir und fragte: „Du warst gerade bei Mr. Polhemus?"
   „Ja", erwiderte ich.
   „Findest du ihn nicht auch ein bißchen seltsam?"
   „Nicht besonders. Wieso?"
   „Das will ich dir sagen", sagte sie vertraulich, „er wohnt seit kurzem in unserer
Nachbarschaft in Midland Park, und vor ein paar Tagen bin ich an seinem Haus
vorbeigegangen — und weißt du, was er tat? Er schlug mit seiner Tochter *Purzel-
bäume auf dem Rasen!* Ließ sie durch die Beine krabbeln und jagte sie ums Haus.
Er hat mich nicht gesehen, aber ich sah, daß er diese komischen Shorts trug und
ein T-Shirt — ohne seinen Anzug kam er mir so mager vor! Er kam mir vor wie
ein kleines Kind. Stell dir das vor — und *der* ist unser Schulleiter! Komisch, was?"
   Damals hatte ich selbst noch vor, Lehrer zu werden, und das war wohl der Grund
dafür, daß ich mir ihre Einstellung so gut gemerkt habe. Ich lernte dabei: „Wenn
du die Achtung deiner Mitmenschen gewinnen willst, darfst du nicht wie ein Kind
herumalbern." Mir war damals nicht klar, daß ich auch lernte, wie man *kein* guter
Vater wird; daß man *nicht* wie ein Kind herumalbern darf. Ich hoffe, daß ich diese
Lektion nicht zu gut gelernt habe.

Theoretisch ist es möglich, daß Menschen zwei Verhaltensmustern folgen — einem für den Beruf und einem zweiten für zu Hause. Nach einiger Zeit beginnt
der leitende Angestellte, der sich nicht nur für den Erfolg kleidet, sondern auch
entsprechend verhält, aber eine Körpersprache zu entwickeln, die auch zu Hause
immer erkennbarer wird. Wenn er dann mit seinen Kindern herumalbern soll, wird
ihm dabei immer unbehaglicher zumute. Zu diesem Konflikt kann es bei beiden
Geschlechtern kommen. Dorothy Schiff, die ehemalige Verlegerin der *New York
Post*, hat einmal gezeigt, wie die Arbeit ihr persönliches Leben beeinflußte, als
sie bemerkte: „Die meisten Menschen sind für mich nichts weiter als Personal-
probleme."[1]
   Wie kommt es dazu? Ein auf den Erfolg ausgerichtetes Verhalten bedeutet, daß
man ein Verhalten entwickelt, das so natürlich und mit der Persönlichkeit eines
Menschen so gut integriert ist, daß es zu einer Uniform, einem folgerichtigen Image
wird, auf das sich ein Mensch verlassen kann. Wie große Schauspieler beginnen
auch die meisten erfolgreichen Menschen, zu Hause ihre Rollen zu „leben". Hinter dem Image verbirgt sich aber oft eine Neurose. So verdienen beispielsweise
Männer, bei denen man eine Neurose diagnostiziert hat, durchschnittlich 23 Pro-

zent mehr als „normale" Männer.[2] Dutzende von geschriebenen und ungeschriebenen Regeln verschlimmern noch die Neurosen eines erfolgreichen Mannes. Im Büro eines Mannes wird man etwa weder eine Couch noch einen Ruhesessel finden. Kaffee ja, Couch nein. Und ein Nickerchen — nein, nein, nein. Wir dürfen uns zwar mit Drogen aufputschen und wieder beruhigen, uns aber nicht hinlegen. Nicht, wenn wir nach oben wollen. Und wenn die Kinder eines Mannes, der auf dem Weg nach oben ist, mal eine Pause machen, hält der Vater sie eher für faul als für vernünftig. Vor allem, wenn es seine Söhne sind.

Als Gary Hart nach der Nominierung von Walter Mondale als möglicher Vize-Präsident der USA im Gespräch war, bemerkte er: „Ich wäre kein guter zweiter Mann. Ich kann mich nicht gut unterordnen." Viele Männer akzeptieren Stellungen, die zu ihnen passen wie die Faust aufs Auge, und das in der Hoffnung, sich für einen höheren Posten in eine gute Ausgangsposition zu bringen. Wenn Männer dies tun, neigen sie Untersuchungen zufolge zu „Überschuß-Streß" — zu Streß, der sich zu Hause bemerkbar macht.[3]

Viele Männer haben mir gestanden, sie seien in solchen Zeiten „…kritischer, als ich es sein möchte… Die Kinder fangen am Eßtisch einen kleinen Streit an, und ich fahre aus der Haut. Dann stehen wir alle mit Magenkrämpfen vom Tisch auf." Andere Männer bekennen: „Die Welt ist hart, und wenn ich meine Kinder herumfaulenzen sehe, kann ich das nicht ertragen. Ich kritisiere sie aus Liebe, bin aber übermäßig kritisch."

In den Hunderten meiner Selbsterfahrungsgruppen mit Frauen war eines der häufigsten Themen das Bild, das Frauen von sich selbst haben. Fast alle Frauen, die damit Probleme haben, erzählten auch von kritischen Vätern. Überschuß-Streß macht viele Väter weit kritischer und läßt sie strenger auf Disziplin achten, als sie es eigentlich wünschen. Das macht vor allem Töchtern zu schaffen. Warum? Söhne können Kritik bis zu einem gewissen Grad als Vorbereitung auf ihre männliche Rolle ansehen — beim Spielen mit Freunden springen Jungen schließlich auch nicht immer zimperlich miteinander um. Mädchen, bei denen Härte und Kritik nicht zur Entwicklung ihrer Weiblichkeit gehört, neigen dazu, Kritik persönlicher zu nehmen.

Bei Söhnen finden wir oft eine Entwicklung, wie sie in dem Film *Jenseits von Eden* dargestellt wird. Ein Sohn wird der gute Junge, der in Dads Fußstapfen tritt oder sich auf einem anderen, aber vergleichbaren Feld beweist. Der zweite Sohn (James Dean) rebelliert, weil ihm klar wird, daß er mit seinem Bruder nicht mithalten kann. Keiner der beiden Söhne ist jedoch er selbst: Der eine imitiert den Vater, der andere reagiert fast reflexiv nur *gegen* Vater und Bruder.

Frank ist ein Top-Vertreter der Xerox Corporation für ein Gebiet im amerikanischen Mittelwesten. Er muß demnächst seinen Quartalsbericht abliefern. Er muß zugeben, daß er soeben seinen wichtigsten Kunden verloren hat — was bedeutet, daß die Firma in diesem Bezirk ihre führende Stellung verliert und daß alle Angehörigen der Abteilung die von der Firma ausgeschriebene Karibik-Reise mit der Familie verlieren. Bob, ein Kollege, geht zu Frank hinüber, umarmt ihn, drückt Franks Kopf sanft an seine Schulter und ermutigt ihn zärtlich, den Tränen freien Lauf zu lassen. Während Franks Tränen auf Bobs Jacke rollen, hält Bob seinen Kollegen voller Zuneigung fest und sagt mit sanfter Stimme, er könne sich vorstellen, wie schmerzlich dieser Verlust sei, er hätte den Kunden auch verloren, aber alle Kollegen würden jetzt zu Frank stehen.

Diese Szene ist natürlich die reine Fiktion. Hätte es sich wirklich so abgespielt, wären beide sofort in den Verdacht geraten, die „Schwulentruppe" der Firma zu sein. Stellen Sie sich aber folgende Situation vor.

Bobs Sohn Steve hat in seinem zweiten Jahr in der High School seine erste Vier bekommen. Er hatte gehofft, Stipendiat der University of Michigan zu werden. Jetzt, so befürchtet er, hat er keine Chance mehr. Bob geht zu seinem Sohn. Er legt den Arm um ihn, drückt Steves Kopf zärtlich an seine Schulter und ermuntert ihn, den Tränen freien Lauf zu lassen.

Die meisten von uns würden es sicher für richtig halten, daß Bob zu seinem Sohn geht und ihn tröstet. Ein solches Verhalten mag für Bob im Büro wünschenswert sein oder auch nicht. Darum geht es jedoch nicht. Es geht vielmehr darum, daß alles, was in den eigenen vier Wänden als erwünschtes Verhalten gilt, im Beruf als völlig unangemessen angesehen wird. Auch hier wieder finden wir zwei völlig verschiedene Verhaltensmuster, die von ein und demselben erfolgreichen Mann erwartet werden.

Wir werden sehen, daß es um so unwahrscheinlicher wird, daß die Ehefrau eines Mannes einer Berufsarbeit nachgeht, je erfolgreicher er ist. Daher ist es auch wahrscheinlicher, daß sich seine Tochter eine Mutter zum Rollenvorbild nimmt, die keiner Ganztagsarbeit nachgeht. Um einen Mangel an Aufmerksamkeit und Zuwendung zu kompensieren, machen erfolgreiche Väter ihren Töchtern manchmal Geschenke, womit sie die Botschaft vermitteln, „daß Männer Geld geben; das brauchst du dir nicht selbst zu verdienen".

Für den erfolgreichen Mann besteht eine Gefahr darin, daß sein Erfolg seine Frau und seine Tochter dazu verleiten, sich um das materielle Wohlergehen keine Gedanken zu machen.

Das Hineinhorchen in sich selbst und das Aufspüren von Fehlern bei anderen werden also im Beruf durch Erfolg honoriert; wer bei seiner Frau und seinen Kindern erfolgreich sein will, kann dies durch Zuhören erreichen — und eine bestimmte Dosis „Bewunderungstraining" kann auch nicht schaden. Wer zu Hause erfolgreich sein will, sollte mit Zärtlichkeiten nicht zu sparsam sein; im Büro kann das gleiche Verhalten zu bösem Klatsch führen. Wenn Daddy zu Hause „Junge, Junge" sagt, ist das in Ordnung; im Büro würde es Stirnrunzeln auslösen. Im Büro hat die Niederwerfung eines Gegners höchste Priorität; zu Hause hat es absoluten Vorrang, einem Kind gewinnen zu helfen. Zu Hause kann es hilfreich sein, auf dem Fußboden zu spielen und mit einem Kind herumzualbern; im Beruf, nun ja…
Männer versuchen sich genau durch das für Frauen attraktiv zu machen, was

sie letztlich den Frauen entfremdet. Und Frauen fühlen sich am meisten zu Männern hingezogen, die es am besten gelernt haben, Distanz zu halten, und dann wundern sie sich, warum es ihnen nicht gelingt, einfühlsame, verletzliche Männer zu finden, die ihre Nähe suchen. Die Entwicklung, die den Mann dazu bringt, Distanz zu halten, führt zu einem Intimitäts-Vakuum. Und das bedeutet, daß sich Männer mit einem tiefen Bedürfnis nach Intimität einer Bindung nähern. Warum also haben sie Angst, sich zu binden?

6.
Warum haben Männer solche Angst, sich zu binden?

Warum haben Männer solche Angst, sich zu binden? In Kapitel 2 wurde erklärt, warum die Primär-Phantasie der meisten Männer bedauerlicherweise immer noch darin besteht, an schöne Frauen heranzukommen. Eine Bindung bedeutet für einen Mann, daß er seine Phantasie aufgibt. Die Primär-Phantasie der meisten Frauen besteht in einer Beziehung zu einem Mann, der entweder wirtschaftliche Sicherheit bietet oder auf dem Weg dazu ist (er hat ein „Potential"). Für eine Frau bedeutet die Bindung an diesen Typus Mann, daß sie diese Phantasie *verwirklicht*.

Bindung — das bedeutet also oft, daß eine Frau ihre Primär-Phantasie verwirklicht, während ein Mann sie aufgibt. Bindung bedeutet für einen Mann also fast das genaue Gegenteil dessen, was es für eine Frau bedeutet. Und wenn ein Mann erst mal geheiratet hat, bricht er nach geltendem Recht das Gesetz, wenn er seine Primär-Phantasie zu verwirklichen sucht (Ehebruch). Die Primär-Phantasie der Frauen *ist* das Gesetz.

Weil Bindung bedeutet, daß ein Mann seine Primär-Phantasie aufgeben muß, muß ein Mann unter Umständen mehr *lieben*, um sich binden zu können. Sehen wir uns das einmal näher an.

Wenn ein Mann bereit ist, mit einer schönen Frau ins Bett zu gehen, bedeutet das noch lange nicht, daß er sie liebt. Ähnlich dürfen wir auch nicht davon ausgehen, daß eine Frau einen Mann liebt, der ihr finanzielle Sicherheit bietet und an den sie sich deshalb bindet. Es kann sein, daß sie sich eher in die finanzielle Sicherheit verliebt als in den Mann — oder vielmehr in das Image der Freiheit, die das finanzielle Sicherheitsnetz ihr bietet, so daß sie ihr Leben nach Wunsch gestalten kann; in das Image, daß ihre Eltern sie für reif halten, weil sie einen „reifen" Mann gewählt hat; in das Image, daß ihre Kinder gute Schulen besuchen; in das Image des Wohnens in einem guten Wohnviertel; oder in das Image einer möglichen Phantasie-Karriere, die der Frau Unabhängigkeit, Erfüllung und ein Leben als geachtetes Rollenvorbild erlaubt. Wenn ein Mann finanzielle Sicherheit bietet, kann eine Bindung für die Frau der Ausdruck folgenden Wunsches sein: „Ich möchte diese finanzielle Sicherheit für das ganze Leben." Für einen Mann kann eine solche Bindung bedeuten, daß er seine Phantasie für den Rest seines Lebens aufgibt. Es wäre also besser für ihn, sich *wirklich* zu verlieben.

Dies alles soll jedoch nicht bedeuten, daß es für Männer schlecht ist, sich zu binden. Tatsächlich leben verheiratete Männer länger und sind oft glücklicher als Junggesellen. Einer der Gründe dafür, warum eine Bindung für Männer im allgemeinen gut ist, liegt genau darin, daß sie sich nicht mehr vorwiegend mit einer destruktiven und oft aussichtslosen Phantasie herumplagen müssen. Männern fällt es jedoch oft genauso schwer wie Frauen, sich von ihrer Phantasie zu verabschieden. Eine Frau muß ihre Aschenputtel-Träume über Bord werfen, wenn sie etwa einen arbeitslosen Malergesellen heiratet.

Wenn ein Mann sagt: „Ich bin an einer Heirat nicht interessiert", lautet die entsprechende erste Aussage einer Frau: „Ich bin nicht an Sex interessiert." So wie ein Mann immer wieder versucht, das sexuelle Nein in ein Vielleicht und das Vielleicht in ein Ja zu verwandeln, bemüht sich die Frau, das Nein zu einer Bindung in ein Vielleicht und das Vielleicht in ein Ja zu verwandeln. Die Frau aber, die die Warnung des Mannes unbeachtet läßt, fühlt sich verletzt, wenn er sich auch nach zwei Jahren noch nicht binden will.

Wenn es um die Bindung geht, befindet sich der Mann in der Machtposition — er kann einer Frau den Zugang zu ihrer Primär-Phantasie gewähren oder verweigern. Während die Frau in Sachen Sex auf dem Thron sitzt. Dabei wollen auch die meisten Frauen Sex. Und die meisten Männer wollen sich binden. Was soll also das tiefsitzende Nein beider Geschlechter? Es ist ein Ausdruck dafür, *„daß du meine Bedingungen nicht erfüllst".*

Die meisten Frauen sind durchaus in der Lage, diese Bedingungen zu erfüllen — angefangen bei Loyalität und Attraktivität bis hin zu Ergebenheit und Sex. Neuerdings können sie sogar zum Haushaltseinkommen beitragen. Die Männer denken inzwischen jedoch schon etwas weiter: Nach der Heirat wird das Einkommen der Frau abnehmen, ihr Gewicht dagegen zunehmen, und im Lauf der Zeit werden auch die Ergebenheit, die Intimität und der Sex immer mehr verschwinden. Warum sich also binden?

Das verleiht der männlichen „Bindungsangst" einen etwas anderen Anstrich. Hinter diesem Begriff steckt meist eine Anschuldigung: „Er ist ein typischer Mann — er weiß nicht, wie er einer Frau nahekommen soll. Ich weiß, daß er mich liebt, aber sobald wir einander nahekommen, rennt er weg…" Mit der Intimität haben beide Geschlechter ihre Schwierigkeiten, aber eine Bindung erfordert keine Intimität. Es stellt sich sogar die Frage: *Warum will sich eine Frau überhaupt binden, wenn ein Mann nicht weiß, wie er Nähe zu einer Frau herstellen soll?* Die Anschuldigung, ein Mann habe Angst, sich zu binden, ist manchmal durchaus berechtigt. Und es trifft auch zu, daß viele Männer Schwierigkeiten mit Intimität haben. Eine Frau kann aber nicht behaupten, sie wünsche aufrichtig Intimität von einem Mann, und anschließend behaupten, sie wolle sich an einen Mann binden, der zu Intimität unfähig sei.

Bindungsdruck

Wird auf Männer auch in den achtziger Jahren noch Druck ausgeübt? Ja. Männer mit Bindungsängsten nennt man „Peter Pans" — Männer also, die nie erwachsen werden. So veröffentlichte etwa die Zeitschrift *Esquire*[1] einen Artikel mit dem

Titel „Das Peter Pan-Prinzip", und man findet den Ausdruck in dem einzigen Buch über die Psychologie des Mannes von einem männlichen Autor, das es je geschafft hat, auf die Bestsellerliste der *New York Times* zu kommen: Dan Kileys *The Peter Pan Syndrome: Men Who Never Grow Up* (Das Peter Pan-Syndrom: Männer, die nie erwachsen werden).[2] Im Februar 1986 stellte die Literary Guild ein Buch vor mit dem Titel *How to Get a Man to Make a Commitment* (Wie man einen Mann dazu bringt, sich zu binden). Die Anzeige spielt erkennbar auf die Angst einer Frau an, der Mann könne ihre Verbindung lösen: Das Bild zeigt, wie der Mann der Frau den Brillantring vom Finger zieht.

Der *Esquire*-Artikel erhellt, was dem Bindungsdruck auf die Männer zugrunde liegt. Der Autor hat eine Reihe von Frauen über Männer befragt, die sich nicht binden konnten. Alle befragten Frauen nannten Beispiele und wollten wissen, was mit diesen Männern los sei. Einem männlichen Leser fällt nur auf, daß sämtliche genannten Männer beruflich höchst erfolgreich waren. Die Frauen beklagten sich *nicht* über *erfolglose Männer, die sich nicht binden wollten.* Sie beklagten sich über Männer, die mit ihrem Beruf sehr viel, mit den befragten Frauen aber nichts zu tun haben wollten.

Diese Männer waren beruflich engagiert genug, die notwendigen Examina abzulegen (Nationalökonomen und Ärzte etc. der Harvard University). Sie hatten Jahre ihres Lebens für den Erfolg aufgewendet, von dem sie meinten, diese Frauen wollten ihn nun über Nacht. Sie hatten im Lauf der Jahre gelernt, daß es Ausdauer, Zielstrebigkeit und geduldiges Warten erfordert, bis eine Phantasie realisiert werden kann (ganz anders als etwa bei einem Playboy). Für die meisten Männer bedeutete es auch, daß sie für die Jagd auf Frauen nur ein Minimum an Zeit hatten aufwenden können.

Manche Männer eroberten sich nicht nur zum erstenmal einen Platz in der Gesellschaft, sondern taten noch mehr. Sie erforschten die Wertvorstellungen, wozu ihre Eltern vielleicht nie die Zeit gefunden hatten, und fragten sich: „Jetzt habe ich die Möglichkeit, als Werbetexter 100 000 Dollar im Jahr zu verdienen. Will ich mein Leben wirklich damit zubringen?" Für diese Männer bedeutet das Hinterfragen aller Möglichkeiten, daß sie erwachsen werden.

Ich selbst kann meine Wertvorstellungen am besten in einer Zweierbeziehung erforschen — ob in einer Ehe oder im Zusammenleben mit einer Frau. Bei manchen Männern ist das anders. Als Barry überlegte, ob er sich an Meg und ihre beiden Kinder binden sollte, wußte er, daß die zusätzlichen Kosten es weniger wahrscheinlich machen würden, daß er seinen Job als Werbetexter aufgab. So beschloß er, die Frage der Bindung noch offen zu lassen, was ein Zeichen von Reife war. Er wollte sich nicht binden, um später nur Aggressionen gegen Meg zu entwickeln.

Man wirft Männern, die sich „nicht binden wollen", oft vor, sie behandelten Frauen als Objekte — sie sprängen von einer schönen Frau zur nächsten. Viele Männer tun dies und vollziehen „fliegende Wechsel". Aber dieses Springen von Frau zu Frau bedeutet jedoch nicht unbedingt, daß ein Mann die Frauen zu Objekten macht. Männer, die von einer schönen Frau zur nächsten springen, halten meist nach dem

Ausschau, was sie beim letzten „Sprung" nicht haben finden können: Kommunikation, Gemeinsamkeiten, eine gute Chemie. Diese Männer sind hinter dem her, was wir alle wollen, obwohl die meisten aus Furcht, wir könnten es nicht bekommen, vorher aufgeben. Männer, die selbstsicher genug sind, all diese Dinge zu fordern, finden heraus, daß sie bei einer Frau genauso schwer zu finden sind wie bei einem Mann. Die fliegenden Wechsel beim Mann sind das Äquivalent der weiblichen Äußerung: „So kann ich nicht weitermachen — ich brauche eine Bindung." Sie „springt" in eine Bindung. Er „springt", bis er eine Frau findet, an die er sich binden möchte.

Worauf wird ein Mann verzichten wollen, wenn er keine perfekte Frau erwarten kann? Auf so gut wie alles, wenn er genug dafür bekommt. Er verzichtet sogar auf Schönheit. Der Lernprozeß jedoch, daß er unter Umständen auch auf Schönheit verzichten muß, fällt einem Mann sehr schwer, vor allem, wenn er seine Primär-Phantasie von einer *Vielzahl* von Frauen aufgeben muß und wenn die Frau, die er auswählt, nicht einmal schön ist. In diesem Fall ist die Bindung für einen Mann noch schwerer als für eine Frau, denn sie erhält durch den bloßen Vorgang der Heirat immerhin einen Teil der weiblichen Primär-Phantasie.

Manche Frauen, die der Meinung sind, Männer seien bindungsunfähig, können auch ein Bedürfnis haben, an dieser Einstellung festzuhalten. Wie mir eine Frau einmal gestand: „Er hat mich abgewiesen. Ein Jahr lang zog ich es vor zu sagen: ‚Er konnte sich nicht binden.' Inzwischen bin ich bereit, mir auch die Gründe anzusehen." *Wenn sich eine Frau über die „Bindungsangst" der Männer beklagt, vermeidet sie es vielleicht auch, sich die Gründe dafür einzugestehen, daß sie abgelehnt wurde.* Für eine gewisse Zeit ist das ein durchaus verständlicher Abwehrmechanismus. Wenn die Einstellung der Frau aber zu einem Abwehrmechanismus dagegen wird, sich genau anzusehen, was die Bindungsangst des Mannes ausgelöst hat, werden auch die neuen Männer im Leben dieser Frau schnell spüren, welchen unerlösten Groll sie gegen Männer hegt.

Wenn eine Frau diesen Groll in ihre nächste Beziehung einbringt, kann diese von Anfang an unter einem schlechteren Stern stehen als die letzte. Unter Umständen wird sich keine richtige Beziehung entwickeln können. Die Frau geht mit einem Handicap an den Start, das ihre Körpersprache dem Mann von Anfang an verrät.

Wenn eine Bindung um ihrer selbst willen erstrebt wird, birgt das die Gefahr in sich, daß man sich in die Bindung verliebt, statt sich richtig zu verlieben. Keine gute Voraussetzung für ein glückliches Familienleben. Ein ähnlicher Druck wird auf Frauen ausgeübt, wenn wir Frauen, die keine Kinder wollen, selbstsüchtig nennen. Ich habe schon erwähnt, daß man eine ledige Frau, die für sich selbst aufkommt, eine Karrierefrau nennt, während ein Junggeselle, der für seinen Lebensunterhalt aufkommt, ein Play*boy* genannt wird. *Es kann zwar sein, daß er für ihr Spiel genauso zahlt wie für sein eigenes — aber er wird erst dann „erwachsen", wenn er auch für ihr Leben zahlt.* Ironischerweise hält man eine Frau, die sich bindet und finanziell *ab*hängig wird, für reifer als einen Mann, der sich *nicht* bindet, finanziell aber *un*abhängig ist.

Wenn wir einen Mann zu einer Bindung drängen, indem wir ihm unterstellen, er sei noch nicht erwachsen geworden, verhalten wir uns wie ein Trainer, der seinen Schützling einen „Feigling" nennt, um ihn zu sportlichen Höchstleistungen anzuspornen. Vielleicht ist „Bindung" nur das moderne Wort für Leistungsdruck.

Frauen unterliegen jedoch auch einem Bindungsdruck. Der Teil dieses Drucks, der in Gestalt einer Phantasie daherkommt, wird oft nicht als das erkannt, was er ist — Druck. Ein Mann, der davon phantasiert, ein Kriegsheld zu sein, wird davon abgehalten, den Sinn des Krieges in Frage zu stellen oder die Möglichkeit seines eigenen Todes in Betracht zu ziehen — er erkennt nicht, daß seine Phantasie in Wahrheit ein Druck ist, keine Fragen zu stellen. In ähnlicher Form ist die Phantasie einer Frau von einem schönen Zuhause in Wahrheit ein Druck. Sie soll sich nicht fragen: „Hält das Leben für mich eine Ehe bereit?", „Ist dieser Mann für mich gedacht?" oder „Werde ich Kinder haben?". Die Phantasien beider Geschlechter berauben sie der Macht.

Bindungsphantasien einer Frau können zu Bindungszwang führen, so wie Arbeit und sexuelle Phantasien eines Mannes ihn zum „workaholic" und zu einem sexuell zwanghaft handelnden Menschen machen können. Wie es eine Frau in einer Selbsterfahrungsgruppe einmal ausdrückte: „Wie konnte ich nur in diese 21jährige Gefängnisstrafe mit Kindern und Hausarbeit rennen?" Ihre Phantasie hatte den Druck getarnt.

Bindungspolitik

Er sagt, er liebt mich... Warum zieht er sich dann zurück?
In einer Sitzung mit einer Frauengruppe in Stevens Point/Wisconsin fragte mich eine Frau namens Elena einmal: „Warum signalisieren Männer Bindungsbereitschaft, wenn sie es gar nicht ernst meinen? Jedenfalls nicht, um Sex zu bekommen, denn das ist schon längst passiert." Ihr Freund Bob stand dabei neben ihr; zu ihrer Überraschung stand er freiwillig Rede und Antwort. „In der ersten Zeit unserer Bekanntschaft sagte ich manchmal Dinge wie: ‚Es wäre schön, wenn wir im nächsten Monat mal ein Wochenende zum Skilaufen fahren könnten — falls wir dann noch zusammen sind.' Damals zog Elena immer ein Gesicht und sagte: ‚Warum sagst du immer, *falls* wir noch zusammen sind?' Also verkniff ich mir das. Heute sagt sie, ich hätte keine Versprechungen machen sollen, die ich nicht halten konnte."

Bob hatte sich systemkonform verhalten. Er hatte Angst, daß Elena die Beziehung beenden oder sich sexuell zurückziehen könnte, wenn er statt vielleicht „nein" sagte. Später, als ihn Elena nach seiner Meinung über die besten Monate zum Heiraten und über die von ihm bevorzugte Art der Einrichtung befragte, hatte Bob sich immer darauf eingelassen. Elena übersetzte seine Antworten in die Feststellung: „Er ist interessiert." Es mag ihm zwar bewußt gewesen sein, daß sie etwas ganz anderes im Auge hatte als er, aber er wollte sie aus Furcht, sie zu verlieren, nicht mit der Wahrheit konfrontieren. In einem tieferen Sinn verhielten sich beide identisch — jeder versuchte, der Phantasie des jeweils anderen gerade so viel Nahrung zu geben, daß auch seine eigene Futter erhielt.

Haben auch Frauen Bindungsängste?

Viele Frauen sind mit einem Mann verbunden, der ihr den Hof macht, und nicht mit einem der zahlreichen Männer, die sie in ihrem Leben vielleicht schon kennengelernt hat und denen sie sich genähert hätte, wenn sie anders erzogen worden wäre. Diese Sozialisation zum Veto (ich nenne das „Sozialisation zur Veto-Macht") kann dazu geführt haben, daß sie sich an einen Mann band, der erst an fünfter oder sechster Stelle gekommen wäre, wenn sie unter den Hunderten von Männern, die ihr Interesse erregt hatten, die Initiative ergriffen hätte. Ihre Sozialisation zum Veto oder ihr „Ist er nicht süß", wenn sie mit einer Freundin zusammensitzt, bedeutet, daß sie viele Männer verpaßt hat, die ihre indirekten Andeutungen nicht aufgegriffen haben. Man hat sie nicht dazu erzogen, die Barrieren der Konvention zu überwinden, um von sich aus eine Unterhaltung mit einem Mann zu beginnen, ihn um seine Telefonnummer zu bitten und sich gleich mit ihm für einen Restaurantbesuch zu verabreden. All das kann dazu führen, daß sie sich ihrer Gefühle zu dem Mann, mit dem sie zusammenlebt, nicht ganz sicher ist, obwohl sie der *Idee* der Bindung durchaus positiv gegenübersteht.

Andere Frauen wie etwa Jan ergreifen bei aufregenden Männern durchaus mal die Initiative. Am Ende heiratete aber auch Jan einen Mann, der „gut" für sie war. Sie erzählte mir, sie phantasiere oft von dem einen Mann, „der bis zu meinem wirklichen Ich vorgedrungen war".

Als Student hatte ich mir bei einem seit 24 Jahren verheirateten Ehepaar ein Zimmer gemietet. Mrs. Levinson erzählte mir gern, wie sehr die Studenten früher hinter ihr hergewesen seien, und zwei ihrer „Verehrer", wie sie sie nannte, seien später berühmt und reich geworden. Wenn sie einen der beiden mal in den Fernsehnachrichten entdeckte, versäumte sie es nie, das zu erwähnen, manchmal sogar vor ihrem Mann, und erzählte, daß sie früher mit dieser Berühmtheit befreundet gewesen sei. In ihrer Stimme hörte ich so etwas wie Bedauern heraus: „Und John habe ich für Barney aufgegeben..." Ich weiß noch, daß sie bei ihrer Silberhochzeit Barney mit wenig überzeugendem Tonfall sagte: „Ich hätte John heiraten können, aber ich bin froh, daß ich dich genommen habe."

Die Silberhochzeit eines Ehepaares mag zwar theoretisch die „Erfüllung der weiblichen Primär-Phantasie" symbolisieren, was aber nicht ausschließt, daß eine Frau dabei eine tiefer sitzende Ambivalenz empfindet als der Mann. Sie hat einen Mann akzeptiert, der hinter ihr her war, der ihr *sicher* war oder der sein Potential nicht voll ausgeschöpft hat, während der Mann zumindest seine zweite oder dritte — wenn auch nicht die erste — Wahl, um die Ehe zu bitten, gewagt hat.

Spüren Männer diese Ambivalenz, die man ihnen entgegenbringt? Durchaus. Sie hören sie bei Sätzen wie: „Du kommst immer zu spät zum Essen", und dann wird im selben Atemzug gesagt: „Ich brauche mehr Zeit für mich." Bei Arbeitern, von denen viele in der Nähe der Wohnung arbeiten, in Bergwerken, Fabriken, Lagerhallen oder Tankstellen, so daß sie zum Mittagessen nach Hause gehen können, ist es nicht unüblich, daß sie zu Hause folgendes zu hören bekommen: „Ich habe dich zwar geheiratet, um Freud und Leid mit dir zu teilen, aber nicht dafür, daß du auch in der Mittagspause bei mir rumsitzt." Da stellt sich bei vielen Männern schon die Frage, aus welchen Gründen sie überhaupt geheiratet worden sind. Die Phantasie mag zwar Intimität wollen, aber wenn die Realität eines Ehemanns ins Haus steht... Na schön, aber nicht auch noch in der Mittagszeit, herzlichen Dank.

Frauen scheinen sich also kaum vor dem Gedanken einer Bindung zu fürchten; sie neigen eher dazu, dem Mann, den sie tatsächlich geheiratet haben, ambivalente Gefühle entgegenzubringen.

Angst vor der Angst
Manchmal bringen Frauen einen Mann dazu, sich zu binden, indem sie ihn der Bindungsangst beschuldigen. Damit läßt sich beweisen — wenn auch aus dem falschen Grund —, daß er keine Angst hat. Ein Mann, der sich so manipulieren läßt, weil er glaubt beweisen zu müssen, daß er keine Bindungsangst hat, läßt sich später auch zu anderen Dingen manipulieren — zu dem Beweis, daß er keine Angst vor der Verantwortung für ein Kind hat, zur Bewerbung um eine Beförderung, von der er weiß, daß er ihr nicht gewachsen sein wird. Diese Manipulation geht mit dem Preisschild eines möglichen Rückzugs einher — ob nun an der Bar oder vor dem Fernseher. Das Preisschild ist das Fehlen von Intimität. Ein weiterer Hinweis darauf, daß Bindungsbereitschaft unter Umständen wenig mit Intimität zu tun hat.

Wenn ein Mann zugibt, daß er Angst hat, durch Appelle an seine Bindungsbereitschaft in eine Bindung hineinmanipuliert zu werden, ist er sich über seine Gefühle im klaren. Er mag zwar nicht immer in der Lage sein, seine Ängste zu artikulieren, aber er hat immerhin erkannt, daß *etwas* nicht stimmt.

Und wie ist es mit Frauen, die keine Mühe haben, bindungsbereite Männer zu finden?
Jüngere Frauen neigen am wenigsten dazu zu sagen, Männer hätten Bindungsängste. Bei Frauen von Anfang Zwanzig dürfte es eher umgekehrt sein; ihrer Meinung nach binden sich Männer „leicht". (Wenn unsere Einstellung zur Bindung so negativ wäre wie unsere Einstellung gegenüber dem Sex, würde man einen Mann, der *keine* Angst hätte, sich zu binden, als „leichten Fang" ansehen.) Warum? In allen Altersgruppen unter dreißig gibt es mehr Männer als Frauen.[3] Einschließlich der ledigen Männer. Frauen von Anfang Zwanzig haben also mehr Wahlmöglichkeiten — und Menschen mit Wahlmöglichkeiten machen sich um eine mögliche Bindung weniger Sorgen.

Wie die jungen haben auch die hochattraktiven Frauen kaum Probleme, bindungsbereite Männer zu finden. Wie steht es aber mit den Frauen, die weder jung sind noch so aussehen wie die „Drei Engel für Charlie"? Gibt es auch unter ihnen welche, denen Männer die Türen einrennen und Anträge machen? Ja. Sie haben oft Beziehungen, die sowohl sie selbst wie ihre Männer glücklich machen. Was unterscheidet nun diese Frauen von den anderen, die Probleme haben?

Bei meiner Arbeit mit rund 300 Selbsterfahrungsgruppen habe ich bei diesen beiden Gruppen von Frauen signifikante Unterschiede gefunden. Einer davon ist die unterschiedliche Einstellung gegenüber Männern. Wenn ich diesen Unterschied daran messen wollte, wie Frauen dieses Buch lesen, ergäbe sich folgendes Bild: Die Frauen, denen Männer die Türen einrennen — selbst wenn die Frauen schon 50 sind und damit kaum noch zur Primär-Phantasie der Männer gehören —, dürften es bis zu diesem Kapitel aufmerksam gelesen und kaum bis hierhin übersprungen haben. Solche Frauen beschäftigen sich weniger mit dem *Ziel* der Bindung, sondern eher damit, warum Männer wie Ralph sich verletzt oder machtlos fühlen. Zweitens wird eine solche Frau beim Lesen auch kaum denken: „Aber er versteht nicht, wie *ich* mich fühle." Diese Frau liest, um bis zum Kern der Wahrheit vorzustoßen, und nicht, um beim Mann die Fehler zu finden.

Drittens: Frauen ohne Bindungsprobleme sprechen nur gelegentlich mit ihren Müttern oder Freundinnen, wenn sie eine Kritik an den Männern loswerden wollen. Sie setzen ihre Energie zunächst dafür ein, seine Sicht zu verstehen, um dann den Mann direkt mit dem zu konfrontieren, was ihnen noch unklar ist. Und wenn sie selbst kritisiert werden, *machen sie keine große Geschichte daraus* — weder bei direkter Kritik („Es gefällt mir nicht, daß du immer dicker wirst") noch bei indirekter („Ich habe mich dabei ertappt, daß ich von einer anderen Frau geträumt habe"). Viertens: Sie neigen nicht zu verbalen Zornausbrüchen à la „Ich hasse dich", sondern werden eher bereit sein, den Zorn im richtigen Kontext der Auseinandersetzung zu sehen. Sie benutzen Zornausbrüche nicht als Ausweichmanöver, um von den wahren Hintergründen des Zorns abzulenken. Folglich werden ihre Männer nur selten in Wut geraten. Mit anderen Worten: Wer sich verstanden fühlt, wird kaum je explodieren. *Diese vier Eigenschaften scheinen auch Männer mit den gleichen vier Eigenschaften anzuziehen.*

Falls diese Frauen berufstätig sind, mögen sie ihre Arbeit und haben auch nicht vor, sie nach einer Eheschließung aufzugeben. Solche Frauen genießen den Sex um seiner selbst willen und nicht nur, weil er etwas mit der Bindung zu tun hat; sie besitzen *Lebensfreude*. Der Mann im Leben einer solchen Frau spürt das Potential zur Erfüllung seines primären unerfüllten *Bedürfnisses* — Intimität — und erfreut sich auch eines guten Sexlebens. Solchen Frauen rennen Männern die Tür ein. Und derjenige, der am Ende Einlaß erhält, fühlt sich weder ausgetrickst noch in eine Falle gelockt, sondern dankbar.

Ist für Männer die Eroberung wichtiger als die Bindung?

Es gibt so etwas wie eine männliche „Eroberungs"-Mentalität. Manche Männer verbauen sich den Weg zu einem wirklichen Verständnis ihrer Frauen als Menschen, wenn sie Frauen zu Sexobjekten machen, um einer möglichen Zurückweisung vorzubeugen. Und wenn die Primär-Phantasie erfüllt wird, neigen beide Geschlechter zu einer Eroberungsmentalität — sie wollen ihre Phantasie erfüllt sehen —, statt sich um ein wirkliches Verständnis des Partners zu bemühen. Der Eroberungsmentalität von Männern wird jedoch ein übertriebenes Gewicht beigemessen. Wenn ein Mann seinen Wunsch nach Sex erfüllen kann, passieren zwei Dinge: Erstens sagt ihm die Qualität der sexuellen Beziehung eine Menge darüber aus, ob seine Partnerin ebentuell die Richtige sein könnte; zweitens wird sich ein Mann mit einem erfüllten Geschlechtsleben weniger darüber Gedanken machen, wie er Sex bekommen kann, ohne sich der Gefahr einer Ablehnung auszusetzen. In einer sexuell erfüllten Beziehung wird ihm nicht nur Sex im Kopf herumgehen. Das erlaubt ihm einen Wechsel der Prioritäten — er kann jetzt klarer erkennen, ob die Zeit, die er mit einer Frau vor der ersten Nacht verbracht hat, sie zu einer geeigneten Ehekandidatin macht. Hier kommt es weniger darauf an, daß er eine Eroberung gemacht hat, sondern vielmehr darauf, daß auch andere Frauen noch das Potential besitzen, *die Richtige* zu sein, wenn diese eine es nicht sein sollte. Da dieser Mann in erster Linie nicht von einer Bindung träumt, erträumt er auch keine Bindung mit dieser Frau, solange sie seine sonstigen Bedürfnisse nicht erfüllt — also sucht er weiter, vor allem, wenn er das Gefühl hat, daß an eine Bindung noch andere Bedingungen geknüpft werden könnten.

Wir sagen oft, Männer hätten nur Sex und Eroberung im Kopf, als wäre das ein und dasselbe. *Wenn sich Männer nur für Sex interessieren, würden sie am Ball bleiben, nachdem sie soviel Zeit, Geld und die Gefahr einer Ablehnung investiert haben, um ihn zu kriegen.* Natürlich werden die meisten Männer *tatsächlich* an einer Frau festhalten, die gut im Bett ist. Aber dann können wir sie nicht beschuldigen, nur an einer Eroberung interessiert zu sein. Die Qualität der sexuellen Beziehung ist ein wichtiger Bestandteil der Bindung. Sex allein ist es nicht.

Warum binden sich Männer?

Zwischen Mitte der sechziger und Mitte der achtziger Jahre hat sich bei Männern der Sinn einer Bindung gewandelt. Früher war eine Ehe der sicherste Weg zu Sex und Liebe, zu einem Menschen, der für Haus und Kinder sorgen konnte, sowie zur Verwirklichung des „Familienvater-Images". Heutzutage haben Männer weniger das Gefühl, heiraten zu müssen, um Sex zu bekommen; ihnen ist bewußter geworden, daß Hausarbeit auch von einer Putzfrau geleistet werden und daß man auch im Restaurant essen kann; sie lassen sich weniger durch die Motivation, unbedingt Familienväter sein zu wollen, „in die Falle" locken. Sie haben auch nicht mehr das Gefühl, unbedingt Kinder haben zu müssen. Immer mehr Männer wollen sich in der Hoffnung binden, eine Frau zu finden, die sie lieben können. Aus diesem Grund haben die durch die Frauenbewegung angeregten Veränderungen so sehr zu dem neuen Potential der Liebe beigetragen.

Glauben Männer, in einer Bindung Liebe zu gewinnen? Als man mehr als 600 Paaren einmal die Frage vorlegte: „Lieben Sie Ihren Ehegatten?", sahen sich nur 11 Prozent der Befragten in der Lage, mit einem uneingeschränkten „Ja" zu antworten.[4] Männer zögern immer mehr, sich zu binden, denn wenn sie ihre Primär-Phantasie aufgeben, tun sie das immer mehr im Austausch gegen Intimität und Liebe.

Da die Chancen fast 1:9 stehen, daß sie Intimität und Liebe erhalten, wird ihr Zögern verständlich. Mehr noch: Wenn ein Mann sich bindet, weil er Liebe will, aber auch noch erfolgreich ist, fragt er sich vielleicht, ob die Frau mehr auf Liebe oder auf Sicherheit Wert legt.

Warum Männer sich binden: Wie sie sich verändert haben

Familien- vater-Image	Hausarbeit	Kinder- Erziehung	Erfüllter Sex	Liebe
▼	▼	▼	▼	▲

Nach unten gerichtete Pfeile bedeuten, daß diese Gründe heute weniger wichtig sind als früher; ein nach oben gerichteter Pfeil deutet auf gestiegene Bedeutung hin. „Einkommen von Frauen" ist für manche Männer ein neuer Grund, sich zu binden, wird hier aber nicht aufgeführt, da dies früher für einen Mann kein Grund war, sich zu binden. Da Kinder zunehmend weniger eine gleichsam programmierte Voraussetzung für männliche Reife sind, wird das Bedürfnis eines Mannes, „eine Mutter für seine Kinder zu finden", zu einer zweitrangigen Frage. Er will vielmehr eine Frau finden, die er liebt, und erst dann entscheiden, ob er Kinder haben will oder nicht. Er sucht weniger eine gute Mutter als eine gute Frau.

Der Prioritätswandel beim Mann —
Von der Primär-Phantasie zu Intimität

Wenn ein Mann sich bindet, kommt es zu einem entscheidenden Wandel. Ich nenne ihn den „männlichen Prioritätswandel". Er gibt seine Primär-Phantasie auf und hofft, daß sein primäres unerfülltes Bedürfnis erfüllt wird: Intimität, Achtung und Wertschätzung — im Kern: Liebe. Überleben und Sicherheit sind die Primär-Bedürfnisse aller Menschen[5], aber der männlichen Sozialisation gelingt es, die meisten Männer dazu zu erziehen, selbst für ihre Sicherheitsbedürfnisse zu sorgen; die Sozialisation der Frau ist bei vielen darauf angelegt, die Erfüllung des Primär-Bedürfnisses der Sicherheit dem Mann zu überlassen. *Sicherheit ist für viele Frauen also das primäre unerfüllte Bedürfnis; für die meisten Männer ist es Intimität oder Liebe, da ein Mann davon ausgeht, daß er seine Sicherheitsbedürfnisse selbst erfüllen kann. Das macht mehr Männer dafür frei, sich ausschließlich um der Liebe willen zu binden.*

Ist Intimität schon ein Bestandteil der weiblichen Primär-Phantasie? Nein. Die ist erst ein Teil ihrer Phantasie „Ich will alles haben". Eine Frau neigt aber nicht dazu, sich im Rahmen einer Intimitäts-Schablone zu verlieben (etwa in einen kleinen Angestellten, mit dem sie mal etwas gehabt hat), sondern eher im Rahmen einer Erfolgs-Schablone. Denn ihre *primäre* Phantasie ist ja die Sicherheit.

Wie kann ich Sicherheit als primäre *Phantasie* einer Frau bezeichnen, wenn ich gleichzeitig sage, sie sei auch ihr primäres *Bedürfnis*? Weil ihre Phantasie darin besteht, daß ihre primären Bedürfnisse von einem Mann erfüllt werden. Oder zumindest darin, daß ein Mann für sie verantwortlich gemacht wird, während sie sich selbst die Entscheidung offenhalten will, ob sie die Verantwortung selbst übernimmt oder nicht.

Warum richten viele Frauen ein stärkeres Augenmerk auf Intimität als Männer? Der Grund ist einfach: Im Rahmen der Schablone, innerhalb derer sie ihre Männer ausgesucht haben, ist Intimität oft der wichtigste fehlende Bestandteil. Und: Da diese Männer den Frauen einen großen Teil der Sorge um die Erfüllung ihres primären Bedürfnisses abgenommen haben, können die Frauen den Luxus genießen, sich auf die vernachlässigte Intimität zu konzentrieren.

Wenn man bedenkt, wie sich der Mann zwischen seiner Primär-Phantasie und seinem primären unerfüllten Bedürfnis hin und hergerissen fühlt, ist es interessant festzustellen, daß ein Mann nach dem Ende einer Ehe eher den Wunsch hat, zu einer Erfüllung seiner Intimitäts-Bedürfnisse zurückzukehren. Er heiratet also lieber, statt seine Primär-Phantasie von vielen Frauen wiederaufleben zu lassen. Die Statistik zeigt, daß Männer eher eine neue Ehe eingehen als Frauen, vor allem Witwer.

Das Ausmaß des männlichen Prioritätswandels läßt sich erst dann richtig würdigen, wenn wir uns ein paar Zahlen ansehen: Dr. Kathy Shanor hat in einer Studie herausgefunden, daß der durchschnittliche Mann unter 40 sechsmal pro Stunde[6] an Sex denkt; dem steht die Tatsache gegenüber, daß das durchschnittliche Ehepaar 1,5mal pro Woche Sex hat.* Ein Mann denkt also mehr als 600mal öfter an Sex, als er ihn hat. Männer in den Vierzigern denken 336mal pro Woche an Sex, üben ihn aber nur 1,5mal pro Woche aus.

Eine Mehrheit aller verheirateten Männer (zu Kinseys Zeiten waren es sogar 75 Prozent) wünscht sich außereheliche Beziehungen, aber nur wenige Männer gehen eine Bindung mit dem Hintergedanken ein, den Partner später zu betrügen. *Angesichts der außerordentlichen Anregungen, denen sich ein Mann in einer Beziehung ausgesetzt sieht (überall in den Medien werden schöne Frauen und mehr Sex innerhalb der Partnerschaft idealisiert), gehört es zu den vielleicht am meisten unterschätzten Anpassungen im menschlichen Verhalten überhaupt, daß Männer bereit sind, einen Prioritätswechsel vorzunehmen, wenn sie sich erst einmal gebunden haben.* Vielleicht genauso unterschätzt und wenig gewürdigt wie die Sehnsucht der Männer nach Intimität und danach, verstanden und geliebt zu werden.

Das verrät uns auch etwas darüber, wie sich Männer ändern: langsam, dafür aber nachhaltig. Männer mögen sich zwar nur zögernder binden als Frauen, aber wenn

---

* Ehepaare, die weniger als zwei Jahre verheiratet sind, haben ein wenig häufer Sex; Ehepaare, die länger als 10 Jahre verheiratet sind, etwas weniger (*American Couples*, S. 195−196).

sie es erst mal tun *(selbst dann, wenn sie einmal pro Monat einen Seitensprung machen)*, ist die Veränderung im Verhältnis zu ihrer Phantasie immer noch gewaltig. Vor allem dann, wenn ein Mann vor einer Bindung seine Phantasie auslebte.

Diese Bedeutung einer Bindung beim Mann läßt sich erst dann voll würdigen, wenn man seine Verhaltensänderung voll würdigt. Oder wenn wir verstehen, was Intimität für einen Mann bedeutet.

Wenn es um die Nähe zu einem anderen Menschen geht, legt ein Mann oft alle Eier in einen Korb: Er vertraut sich ausschließlich seiner Frau oder Freundin an. Eine Frau verteilt ihre „Intimitäts-Eier" unter Kindern, Freundinnen und Mann. Da ein Mann meist weniger enge Freunde hat als eine Frau Freundinnen und da er nach einer Scheidung nur in zehn Prozent aller Fälle das Sorgerecht für die Kinder erhält, steht er plötzlich *ohne* einen vertrauten Menschen da, wenn er seine Frau verliert. Wenn sie ihn verliert, findet sie Trost bei ihren Freundinnen, Frauenzeitschriften sprechen ihr Trost zu, die Bindungen zu ihrer Familie werden oft besser, und außerdem brauchen die Kinder ihre Mutter; so kann die Frau nach einer Scheidung sogar noch mehr menschliche Nähe bekommen als vorher. Da Intimität mit einer Frau oft bedeutet, daß ein Mann alles riskiert, geht er nur mit Vorsicht an eine Frau heran, der er sich anvertrauen soll. Wenn sich ein Mann jedoch sein Bedürfnis nach Intimität erst einmal eingestanden hat, können Mitgefühl und Fürsorge einer Frau zu einer weit stärkeren Droge werden als selbst seine Primär-Phantasie. Der Mann kann so abhängig werden, daß seine Frau sich von seiner Sehnsucht nach „einer Mutter" abgestoßen fühlt.

Wie abhängig? In einer US-amerikanischen Studie wurde herausgefunden, daß Witwer weit öfter seelische Zusammenbrüche erleiden, Selbstmord begehen, sich schwere Krankheiten zuziehen und bei Unfällen sterben als Witwen.[7] Die finanzielle Sicherheit, die ein Mann einer Frau gibt, wird im Fall seines Todes meist teilweise durch eine Lebensversicherung gewährleistet oder im Fall einer Scheidung durch Unterhaltszahlungen oder sonstige Eigentumsregelungen. *Die Intimität, die Männer oft bei Frauen finden, wird jedoch weder durch Versicherungen noch durch Unterhaltszahlungen aufrechterhalten.* Die „männliche Machtstruktur" bewahrt keinen Mann vor dem vollständigen Verlust der Intimität. Gerade wenn er sie am meisten braucht, erweist sich seine „Macht" als eine Illusion. Die Lösung? Männer müssen es sich zu einer Hauptaufgabe machen, auch zu anderen Männern und Frauen seelische Nähe herzustellen. Es wäre zu wünschen, daß Frauen Männer dabei unterstützen und verstehen, daß es auch hilft, die Abhängigkeit eines Mannes von einer Frau zu verringern.

Wenn Männer sich binden, wird ihnen oft gerade das vorenthalten, weswegen sie sich überhaupt gebunden haben — Intimität, Verständnis, das Gefühl, gebraucht zu werden. Am ehesten wird noch ihrem Bedürfnis entsprochen, gebraucht zu werden — obwohl sie sich manchmal nicht bewußt sind, daß sie oft vor allem *finanziell* gebraucht werden. Wissenschaftler der University of Chicago und des National Institute of Mental Health haben zehn „Lebensbelastungen" ausgemacht, die den Streß eines Mannes verstärken. Sie fanden heraus, daß drei davon direkt mit der

Ehe zusammenhängen, zwei mit der Elternschaft und die andere Hälfte mit Traumata der Arbeitswelt (Angst vor Entlassung, Versetzung auf einen schlechter bezahlten Posten etc.) Die Wahrscheinlichkeit, daß verheiratete Männer länger leben als Junggesellen, ist 2:1[8], und das trotz der Tatsache, daß alle zehn der großen Lebensbelastungen von Männern durch eine Bindung noch verschlimmert werden. So sind etwa berufliche Probleme für einen Familienvater aus naheliegenden Gründen schwerer zu bewältigen als für einen Junggesellen. Folglich werden diese Lebensbelastungen während der Ehe *sämtlich* stärker. Das erleichtert das Verständnis für die männliche Bindungsangst und die außerordentliche Bedeutung, die selbst eine nur teilweise Erfüllung ihres Bedürfnisses nach Intimität für Männer hat.

So wie sich viele Frauen heute bewußt das Leben ihrer Mütter ansehen, um herauszufinden, ob sie genauso leben wollen, so blicken auch Männer auf das Leben ihrer Väter zurück, allerdings weniger bewußt. Erst dann treffen sie die Entscheidung, ob sie sich binden sollen. Buzz wuchs in einem Vorort von Detroit auf, bevor er die Wayne State University besuchte. Sein Vater hatte die Wochentage in einer Automobilfabrik von Ford verbracht, seine Wochenenden hatte er mit Rasenmähen, kleineren Arbeiten im Haus und mit Fernsehen zugebracht. Das einzig Aufregende am Leben seines Vaters schien die Spannung zu sein, am Wochenende zwei Baseball-Mannschaften aufeinandertreffen zu sehen.

Als Buzz die Fotos von seinem High School-Abschluß ins Familienalbum steckte, fragte er seinen Vater, ob dieser Bilder aus seiner Schulzeit habe. Sein Vater holte sie hervor und staubte sie ab. Buzz war schockiert. Er sah den schlanken Körper seines Vaters, das Glitzern in den Augen, das glückliche, verschmitzte Lächeln auf seinem Gesicht. „Ich hatte damals eine deutsche Freundin", erinnerte sich sein Vater. „Manchmal hat sie mich *Teufel* genannt." Buzz konnte nur mit Mühe die Tränen zurückhalten, als er sah, wie das Fotoalbum auf dem Bierbauch seines Vaters lag. Das Glitzern im Auge war längst dahin. Am liebsten hätte er die Arme um seinen Vater gelegt und gesagt: „Ist es meine Schuld, Dad?"

Buzz hatte Angst, seiner Verlobten Kerry davon zu erzählen. Er befürchtete, daß sie es eher persönlich nehmen würde, als das Ganze als etwas zu sehen, woran sie beide bewußt würden arbeiten müssen. Er hatte Angst, sie könnte es als Teil seiner Bindungsangst betrachten und ihm sagen, er solle endlich „erwachsen werden". Wenn das aber alles sein sollte, was an einer Bindung und am Erwachsenwerden dran war, hielt Buzz es für besser, nach einer Frau Ausschau zu halten, die *mit* ihm nach einer sinnvollen Alternative suchte.

Sie jongliert, er strampelt

In den letzten 20 Jahren haben immer mehr Frauen begonnen, ihre Phantasie von einem schöneren Zuhause als mühselige Plackerei zu sehen. Folglich haben sie ihre Prioritäten geändert. Sie erwarten aber statt dessen, daß sich die Männer an der Hausarbeit beteiligen und um die Kinder kümmern, *als wäre dies ein Bestandteil der männlichen Phantasie.* Den Männern wurde es allerdings nicht als Phantasie präsentiert, sondern vielmehr so: „Wenn du mir nicht einen Teil der Hausarbeit abnimmst, bist du ein Chauvi." Kein Wunder, daß die Männer Angst bekamen, sich an eine Phantasie zu binden, die nie die ihre gewesen ist.

Der Phantasiewechsel vieler Frauen war in Wahrheit eine Phantasie-Erweiterung, zu der auch Berufsarbeit gehörte, die aber nicht die ursprüngliche Phantasie ausschloß. Das führte dazu, daß Frauen mit einem Mal mit Kindern, Haus und Berufsarbeit jonglierten. Sobald die Männer sich aber gebunden und Kinder hatten, mußten sie „strampeln" — ihre beruflichen Anstrengungen verstärken.

Bei berufstätigen Frauen ist es 43mal wahrscheinlicher als bei Männern, daß sie sich aus familiären Gründen für sechs Monate oder länger von der Arbeit beurlauben lassen.[9] Was bedeutet, daß es bei Männern etwa 43mal wahrscheinlicher ist, daß sie sich in ihrem Beruf mehr Mühe geben, selbst wenn sie eine mitarbeitende Ehefrau haben. Die Kosten von Kinderkleidung, einem größeren Auto und einer größeren Wohnung zwingen einen Mann, mehr zu arbeiten und sich unter Umständen

Wie eine Eheschließung sich auf die Einkommensverhältnisse auswirkt*

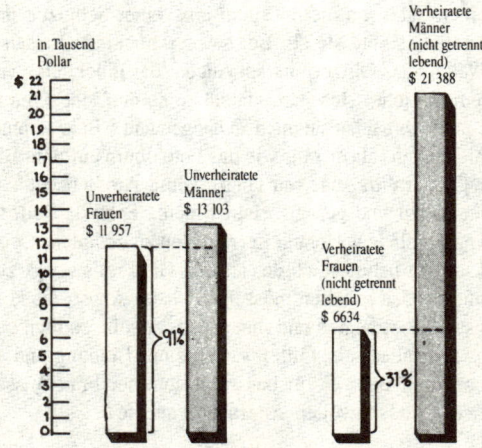

* Jährliche Durchschnittseinkommen, bezogen auf Angehörige sämtlicher Hautfarben im Alter von 25 bis 64 Jahren in den USA.

Quelle: Grafik des Autors auf der Grundlage einer Bevölkerungsschätzung des Bureau of the Census, Serie P60, Nr. 146 (Juli 1985). Familienstand

eine besser bezahlte Stellung zu suchen. Die obige Grafik erklärt die Veränderung in der Höhe des Einkommens nach einer Eheschließung und macht verständlich, daß der Mann stärker „strampeln" muß.

Nach einem Vortrag in Atlanta sprach mich einmal ein Mann an: „Hilda und ich überlegen, ob wir heiraten sollen. An diesem Wochenende haben wir uns ein paar Häuser in einem netten Vorort von Atlanta angesehen. Hilda hat das Gefühl, daß sich die Gegend gut für Kinder eignet. Was soll ich sagen: Sie verliebte sich in ein Haus, das 165 000 Dollar kostet. Bei Hypothekenzinsen von 13,5 Prozent bedeutet das mehr als *eine halbe Million Dollar*. Dann habe ich irgendwo gelesen, daß es 140 000 Dollar kostet, ein Kind großzuziehen, und bei zwei Kindern macht das 280 000 Dollar. *Nach Steuern!* Scheiße... Dann habe ich mir noch die sonstigen Ausgaben überlegt, Gebrauchsgüter, Autos, Benzin, Versicherung, Kleidung und, natürlich, Lebensmittel. Das reicht schon, um mir den Magen umzudrehen. Ich habe nur noch daran gedacht, *wie ich das alles schaffen soll,* so daß ich mir erst heute abend über meine Gefühle klargeworden bin. Nun, sie sehen so aus, daß ich eine höllische Angst habe. Eine wirklich tiefe Angst. Und Hilda sagt, ich hätte Angst, mich zu binden."

Frauenzeitschriften bestätigen dieses Problem der Frauen — mit Begriffen wie etwa „Superfrau-Syndrom".[10] Immerhin können sich die Frauen einigermaßen in die Lage eines Mannes hineinversetzen. In Wirtschaftszeitschriften wie *Forbes* und *Fortune* findet man jedoch keine Artikel etwa mit den Überschriften: „Wenn der Mann strampeln muß — fühlen *Sie* sich hilflos und der Lage nicht gewachsen?... Lesen Sie von anderen Männern, denen es genauso geht." Frauen lesen in Anzeigen, Cartoons, Zeitungsartikeln und Büchern, wie sie ihren Mann dazu bringen können, bei der Hausarbeit zu helfen, und nennen die Männer Neandertaler, wenn sie sich weigern. Ich habe erst in einer vor fast einem Vierteljahrhundert erschienenen *Playboy*-Ausgabe eine vergleichbare Kritik an der herkömmlichen Frau gefunden.[11]

Solche einseitigen Protraits, welche die nie endende Beanspruchung der Frau durch traditionelle Hausarbeit außer Betracht lassen, lassen sich mit einseitigen Artikeln über Hausarbeit vergleichen, in denen die ökonomische Last des Mannes nicht gewürdigt wird. Die folgende Anzeige vermittelt eine Vorstellung davon, wie ein Mann traditionellen Zuschnitts die finanzielle Belastung spürt, die einer privaten Bindung folgt. Davon ist jedoch in „Männerzeitschriften" wie *Forbes, Fortune, Esquire, Sports Illustrated* oder *Popular Mechanics* so gut wie nie die Rede.

Frauen, die ihre Phantasien erweitern und daher auch ihre Verantwortlichkeiten gesteigert haben, haben es übel vermerkt, daß ihre Männer ihnen bei der Hausarbeit und der Erziehung der Kinder nur halfen und nicht die Hälfte der Arbeit abnahmen. In diesen Zeitschriftenartikeln, die den Klagen der Frauen so breiten Raum widmeten, wurde jedoch nicht klargestellt, daß es auch bei Frauen Unterschiede gibt, die unter Umständen zum Widerspruch herausfordern. Manche helfen dem Mann lediglich ein wenig beim Broterwerb, während andere es lebenslang auf sich nehmen, pro Jahrzehnt eine halbe Million Dollar zu verdienen, gleichgültig, wie unbefriedigend der Job sein mag. Auf diese Parallele zwischen Männern und Frauen wurde nicht hingewiesen, und so ärgerten sich die Leserinnen nur über die angeblich so faulen Männer.

Haben Sie die Tretmühle satt?
Hängt Ihnen das ewige Einerlei zum Hals heraus?

Also gut... wie würde Ihnen eine Chance gefallen, 8000, 20 000 *oder gar 50 000 Dollar und mehr pro Jahr* zu verdienen, und das zu Hause und in der Freizeit? Kein Verkauf! Kein Pendeln! Keine Stechuhren!

Seien Sie Ihr eigener Chef!!!

Ja, ein garantiertes lebenslanges Einkommen kann *jetzt* Ihnen gehören, in einem leichten, streßfreien Teilzeitjob, der es IHNEN erlauben wird, den größten Teil jedes Tages so zu verbingen, *wie Sie es wünschen!* — Sie können sich entspannen, lesen, fernsehen, Karten spielen, sich mit Freunden treffen! All das, *zusätzlich* noch lebenslang garantierte Sicherheit, die eine *freie* medizinische Versorgung einschließt, Versicherungen und eine Rente! Ein *kostenloses* Zuhause Ihrer Wahl! Ein *kostenloses* Auto jüngeren Modells, das Ihnen kostenfrei zur Verfügung steht! *Kostenlose* Lebensmittel, Kleidung, Telefon und Gebrauchsgüter! *Kostenloser* Urlaub, freie Reisen und *kostenlose* Freizeitgestaltung!

Keine Erfahrung erforderlich!!

Handeln Sie **jetzt!**
Vielleicht können wir Ihnen nie wieder ein solches Angebot machen!!!

Können Männer eigentlich etwas anderes als Zorn erwarten, wenn Frauen die Superfrauen spielen, während sie selbst die gleichen alten Rollen spielen müssen? Aus einer vom Survey Research Center der University of Michigan kürzlich vorgelegten landesweiten Studie, in der sämtliche Beiträge von Männern und Frauen zum Unterhalt der Familie zusammengefaßt wurden, geht hervor, daß es in dieser Hinsicht nur zwei bezeichnende Lücken zwischen den Beiträgen von Männern und Frauen gibt. Man erkennt sie an den ersten beiden Säulenpaaren der folgenden Graphik.

Die Karrierefrau, die ausschließlich für sich selbst sorgt, ist wie der Junggeselle, der für sich selbst kocht und seine Wohnung selbst sauberhält. Wenn dieser Junggeselle behaupten würde, er wisse genau, wie es sei, auch noch *für eine Ehefrau und die Kinder* zu kochen und zu putzen, würden wir ihn auslachen. Wir würden ihm entgegenhalten, er habe keine Ahnung davon, wie es sei, hinter einem anderen

Menschen herzuräumen, der Diener des Partners zu sein, die Last eines großen Haushalts auf sich zu nehmen, all das jeden Tag zu tun, um dann noch mit der Erwartung konfrontiert zu werden, das sei ein Bestandteil seiner langfristigen Rolle.

Gesamtzeit, die Ehefrau bzw. Ehemann mit Hausarbeit, Kindererziehung und Berufstätigkeit außerhalb der Wohnung verbringen*

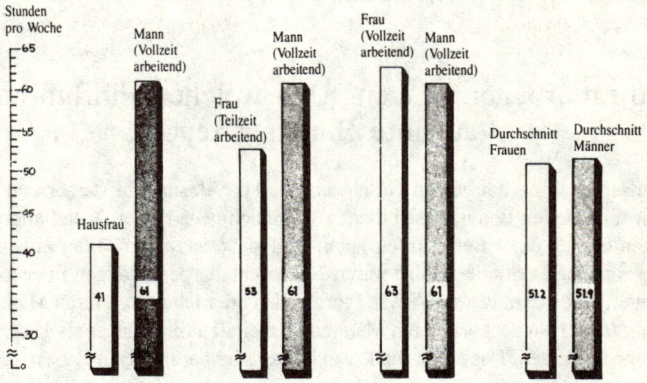

* Dazu gehört auch die Anfahrt zum Arbeitsplatz. Zur Hausarbeit gehören Gartenarbeiten und Reparaturen genauso wie Kochen, Putzen etc. Zur Kindererziehung gehören die allgemeine Aufsicht, Spielen, Unterrichten, Vorlesen, Gespräche und Ausflüge mit dem Kind. Falls Aufsicht über die Kinder sich mit Hausarbeit überschneidet, wird nur ein Wert gezählt.

** Der Wert schließt arbeitslose Ehemänner ein.

Quelle: Graphik des Autors auf Grundlage der von der University of Michigan erarbeiteten Daten von Martha S. Hill, *Patterns of Time Use in Time, Goods and Well Being,* Hrsg. F. Thomas Juster und Frank P. Stafford (Ann Arbor: Institute for Social Research, University of Michigan 1985), Tabelle 7.3.

In ähnlicher Weise könnte die Karrierefrau behaupten, sie verstehe genau, was Männer durchmachten, aber sie versteht nicht wirklich, was es heißt, für die finanziellen Bedürfnisse eines Ehegatten aufzukommen, der nur ein Viertel des eigenen Einkommens hat (und das wäre bei einem Rollentausch der Fall). Die Karrierefrau, die nur für sich selbst sorgt, versteht nicht, was es heißt, für die zusätzlichen Schlafzimmer einer größeren Wohnung aufzukommen, die für sie, ihren Mann und eine wachsende Familie nun mal nötig ist. Von den Hypothekenzinsen ganz zu schweigen, ebenso von Haushaltsgeräten, Grundsteuern, einem Zweitwagen, Kleidung und den Bedürfnissen der Kinder. Wenn es darum geht, die Lasten des jeweils anderen Geschlechts zu verstehen, befindet sich die Karrierefrau in der gleichen Lage wie ein Junggeselle.

Die Karrierefrau, die das volle Sorgerecht für ihre Kinder hat und in einem Haus lebt, das sie mit eigenem Geld gekauft hat, und die weder Unterhalt für sich noch für die Kinder bezieht, ist das genaue Gegenstück eines Mannes in der gleichen Lage. Wir nennen sie dann eine Superfrau. Interessanterweise treten neuerdings viele Männer für ein solches Privileg ein — das Privileg des vollen Sorgerechts in einem Haus, das sie mit eigenem Geld gekauft haben, und dabei verzichten die Männer sogar auf Unterhalt für sich und die Kinder. Wir sind jedoch weit davon entfernt, diese Männer Supermänner zu nennen.

Warum arbeiten Frauen? Und welchen Einfluß hat das auf ihre Bindungsfreude?

Berufsarbeit kann bei beiden Geschlechtern das Selbstgefühl steigern und vielen nicht-finanziellen Bedürfnissen dienen. Dennoch gehen zwei Drittel aller berufstätigen Frauen einer Berufsarbeit nach, weil sie *keine andere Wahl haben*. Einer 1983 vorgelegten Studie zufolge waren 26 Prozent der berufstätigen Frauen nie verheiratet; 19 Prozent waren Witwen, geschieden oder lebten von ihren Männern getrennt; und 21 Prozent waren mit Männern verheiratet, die weniger als 15 000 Dollar im Jahr verdienten. Das ergibt rund zwei Drittel aller berufstätigen Frauen — Frauen, die arbeiten müssen.

Von dem verbleibenden Drittel haben wiederum zwei Drittel Ehemänner mit einem Jahreseinkommen von 35 000 Dollar oder mehr im Jahr[12], was ihnen die Wahl läßt, sich entweder eine befriedigende Arbeit zu suchen oder damit aufzuhören, falls die Arbeit unbefriedigend werden sollte. Anders als bei verheirateten Männern bedeutet berufliche Arbeit für verheiratete Frauen also nicht, daß sie einen Ehegatten unterhalten müssen (es sei denn, um vorübergehend seine Ausbildung zu finanzieren, damit er später ein besserer Ernährer werden kann). Folglich behält die Ehe ihr primäres Traumziel, denn sie bedeutet in der Realität, daß eine Frau oft nicht mehr mit absoluter Notwendigkeit arbeiten muß (nach wie vor gehen 46 Prozent aller Ehefrauen keiner beruflichen Arbeit nach[13]); die Ehe bedeutet, daß die Frau so lange arbeiten kann, wie es ihr Spaß macht.

Wenn wir uns ein Bild von einer berufstätigen Frau machen, verbinden wir damit die Vorstellung, daß sie die Primär-Phantasie, daß ein Mann für ihren Lebensunterhalt aufkommen werde, hinter sich gelassen hat. Tatsächlich kann es sein, daß die berufstätige Frau, die nur deshalb arbeitet, weil sie keinen Ehemann hat, in Wahrheit ihre Primär-Phantasie steigert, wie wunderbar es wäre, wenn ein Mann ihr diese Bürde abnähme. Die geschiedene Frau mit dem Sorgerecht für die Kinder und einem schlechtbezahlten Job hat vielleicht sogar eine noch anspruchsvollere Primär-Phantasie. Und die verheiratete Frau, die nur arbeitet, weil ihr Mann zu wenig verdient, verstärkt noch die Phantasie von einem Ehemann, der mehr verdient. Die Frau, die um der Selbstverwirklichung willen arbeitet, hat immer noch oft den Wunsch, sich durch eine Heirat gesellschaftlich zu verbessern. Folglich hat die Zunahme der weiblichen Berufstätigkeit in jeder sozioökonomischen Gruppe nur den Druck auf die Männer verstärkt, der weiblichen Primär-Phantasie besser zu entsprechen. Die zunehmende Berufsarbeit von Frauen hat in uns die Illusion von der „unabhängigen Frau" genährt, „die nicht daran interessiert ist, daß ein Mann für sie aufkommt". Es kann sogar sein, daß die „unabhängige, berufstätige Frau" nur noch verzweifelter nach einem Mann Ausschau hält, der für ihren Lebensunterhalt aufkommt.

Weder arme noch reiche Frauen kommen *freiwillig* für ihre Ehemänner auf — oder gar die Familie. An der Sozialisation, „*in Freud und Leid*" finanzielle Verantwortung zu übernehmen, hat sich kein Jota geändert.

Wenn Männer in der Lage sind, ihren Frauen ein gutes Auskommen zu bieten, verändern sich die Statistiken über berufstätige Frauen drastisch. In einer Untersuchung der Lebensumstände vor kurzem beförderter leitender Angestellter wurde vermerkt, daß 87 Prozent der Ehefrauen dieser Männer keiner bezahlten Berufsarbeit nachgingen.[14] Allgemein läßt sich sagen, *daß die Berufsarbeit einer Ehefrau um so unwahrscheinlicher wird, je erfolgreicher der Ehemann ist.* Dies ist jedoch nicht die Schuld der Frau. Die Entscheidung trifft immer ein Paar gemeinsam.

Bindungswandel der Frau

Die „Ehe auf Probe", so hat die Studie *American Couples* herausgefunden, unterscheidet sich von der *Institution* der Ehe in einer wichtigen Hinsicht: „Eine Frau, die ihren Job aufgeben will, wird das erst dann tun, wenn die Ehe formell geschlossen ist."[15]

45 Prozent der alleinstehenden Frauen (im Vergleich zu 23 Prozent der Junggesellen) leben bei ihren Eltern. Bei Frauen bedeutet „Bindung" oft, daß sie von ihren Eltern direkt ins Haus oder in die Wohnung eines Mannes ziehen. Und sollten diese Frauen ihre Beziehung zu einem Mann beenden, ist es bei Frauen zehnmal wahrscheinlicher als bei Männern, daß sie die Beziehungen zu ihren Eltern wieder verbessern.[16]

Diese beiden „Sachverhalte" spiegeln einige Aspekte des „Bindungswandels der Frau" wider. Diese Aspekte lassen sich am Beispiel Colette Dowlings illustrieren, der Autorin des Buches *The Cinderella Complex*. Colette Dowling erinnert sich, daß sich in ihrem Leben eine große Veränderung ergab, als sie mit einem Mann zusammenzog. Sie war freie Schriftstellerin und kam aus eigenen Mitteln für sich und ihre drei Kinder auf, bevor sie mit ihrem neuen Freund zusammenzog. Von Stund' an „ließ" sie ihren neuen Lebensgefährten allein für ihren Unterhalt, seinen eigenen und den der drei Kinder aufkommen. Er nahm ihr diesen Wandel übel. Sie erinnert sich: „Ich hätte mir nie träumen lassen, wie schnell mein Ehrgeiz zusammenbrach, kaum daß ich wieder mit einem Mann zusammenlebte."[17] Mehr noch: „Ich schien mir dieser Ungleichheit nicht einmal *bewußt* zu sein."[18]

Wieviel Ungleichheit kommt durch diesen Bindungswandel zustande? Stellen

Sie sich mal vor, daß eine Frau ihrer Freundin erzählt: „Als wir zusammenzogen, kam ich für seinen Unterhalt, den seiner drei Kinder von einer anderen Frau und meinen eigenen auf. Ich schien mir dieser Ungleichheit nicht einmal *bewußt* zu sein." Keiner Frau würde eine solche Ungleichheit verborgen bleiben, wenn sie mit einem Mann zusammenzöge und sofort für ihn und seine drei Kinder aufkommen müßte — dazu brauchte sie nicht einmal mit diesem Mann verheiratet zu sein. Wir können uns eine solche Situation einfach nicht vorstellen, denn Mutter, Vater und Freundinnen dieser Frau würden keine Mühe scheuen, ihr die Augen zu öffnen: „Er *nutzt dich nur aus*. Bist du sicher, daß er dich überhaupt liebt?" Sollte sie ihn etwa mit der Antwort verteidigen: „Aber er kocht für uns, macht die Betten und paßt auf die Kinder auf", würde sie sich sofort die Gegenfrage einhandeln: „Hast du etwa deinen Hausgehilfen geheiratet?" Eltern und Freunde würden wissen, daß es seine Kinder sind und nicht die gemeinsamen und daß man sich eine bezahlte Hausgehilfin nehmen kann; sie hätten den Verdacht, daß es sich bestenfalls um einen charmanten Gigolo handelt — das heißt, *falls* er überhaupt charmant ist.

Wenn ein Mann sich an eine Frau bindet, kann das für sie bedeuten, daß sie nicht mehr aus Notwendigkeit arbeitet, sondern zur Selbstverwirklichung. *Damit verbaut sie ihm die Möglichkeit, selbst einen solchen Wandel zu vollziehen.*

Ein Mann möchte gern eine unabhängige Frau mit einer aussichtsreichen Karriere heiraten. Er glaubt, die Richtige gefunden zu haben. Muß er jetzt befürchten, daß sie gleich schwanger wird, um Karriereängste zu vermeiden, sobald er sich gebunden hat? Dr. Ruth Moulton von der Columbia University und Judith Bardwick, die Autorin des Buches *The Psychology of Women*, sind der Meinung, daß er Angst haben sollte. Selbst hochtalentierte Frauen, so Ruth Moulton, „werden oft schwanger, um Karriereängste zu umgehen".[19]

Nehmen wir aber mal an, daß die Frau Kinder hat, mal berufstätig gewesen ist und wieder arbeiten möchte, sobald die Kinder ein oder zwei Jahre älter sind. Sollte der Mann befürchten, daß sie es sich noch einmal anders überlegt? Dr. Moulton sagt, daß mindestens die Hälfte ihrer Patientinnen, die eine Rückkehr ins Berufsleben geplant hätten, ein weiteres Kind bekommen hätten, um einer weiteren Konfrontation mit der Außenwelt zu entgehen. Dr. Bardwick nennt dies das Syndrom der „vorbeugenden Schwangerschaft". Sie erklärt, daß sich gebildete Mütter zwar über die häusliche Langeweile beklagen und behaupten, sie wollten ins Berufsleben zurückkehren. Allerdings „läßt sich leicht reden, aber es ist schwierig, einem möglichen Fehlschlag und dem Verlust der Selbstachtung ins Auge zu sehen. Wenn die Kinder älter werden und die Möglichkeit der Rückkehr ins Berufsleben real wird, läßt das Interesse nach. Der logische und auffallende Mechanismus, mit dem sich ein Wiedereintritt ins Berufsleben verhindern läßt, ist eine ‚zufällige' Schwangerschaft."[20]

Bindungsgründe: Wollen Frauen Gleichheit und Männer Dominanz?

Die umfassendste Studie über unverheiratete Personen der achtziger Jahre hat klargestellt, daß Frauen mit hohem Einkommen fast doppelt so oft ungebunden bleiben wollen wie Frauen mit geringem Einkommen.[21]

Die Autoren des Buches *American Couples* haben herausgefunden, daß Lesbierinnen öfter als andere Frauen behaupten, Einkommen und gesellschaftlicher Status seien in einer Beziehung irrelevant. Die Autoren entdeckten jedoch zu ihrer Überraschung, daß in lesbischen Beziehungen fast immer die Partnerin mit dem hohen Einkommen und dem hohen gesellschaftlichen Status aus der Beziehung ausbricht.[22]

Je höher also das Einkommen einer Frau, um so weniger ist sie gewillt, sich zu binden. Was sie einem Mann ähnlich macht — und damit wird verständlich, warum Männer (die mehr verdienen) mit größerer Vorsicht an eine Bindung herangehen. Die Studie *American Couples* enthüllt, daß auch bei Lesbierinnen die weibliche Primär-Phantasie, nämlich der Wunsch nach einem Partner mit einem höheren Einkommen und einem höheren Status — das „Nach-oben-Heiraten" —, immer noch der entscheidende Punkt ist. Die Studie enthüllte, daß dies bei lesbischen Beziehungen ein wichtiger Faktor ist. Sie haben die höchste Trennungsrate aller untersuchten Gruppen — sie ist höher als bei homosexuellen Männern und um 400 Prozent höher als bei heterosexuellen Paaren.[23]

Wenn eine Frau sich erst einmal gebunden hat, beeinflußt das Einkommen ihre möglichen Entscheidungen über ein Ausbrechen aus einer Beziehung auf ganz andere Weise als bei Männern. Bei höherverdienenden Männern ist ein Ausbrechen weniger wahrscheinlich — ebenso die Aussicht, verlassen zu werden. Wie oben bereits erwähnt, sind 84 Prozent aller männlichen Topmanager immer noch mit ihren ersten Frauen verheiratet — im Vergleich zu 43 Prozent der männlichen Gesamtbevölkerung.[24]

Frauen binden sich also zum Teil, um Nutznießerinnen des männlichen Einkommens zu werden, und lösen eine Verbindung, wenn sich dieses Einkommen nicht einstellt. Liegt es ebenso in der „Natur" der Männer, Dominanz zu wünschen? Ein Blick auf homosexuelle Männer gibt uns wertvolle Aufschlüsse: Männer in homosexuellen Beziehungen hassen es, wenn der Partner nicht die Hälfte der gemeinsamen Ausgaben übernimmt.[25] Dieselbe Untersuchung zeigt, daß es homosexuellen Männern nicht schwerfällt, sich die Hausarbeit zu teilen, die Wohnung sauberzuhalten und abwechselnd zu kochen.[26]

Verheiratete Männer kommen eher für den Unterhalt ihrer Frauen auf als Männer in „Ehen ohne Trauschein".[27] 40 Prozent mehr Frauen als Männer geben der Ehe vor dem Zusammenleben den Vorzug.[28] Sobald eine Ehe jedoch geschlossen ist, nehmen sowohl die sexuelle Qualität[29] wie die sexuelle Frequenz ab.[30]

Mit anderen Worten: Je höher die Bindungsebene, um so mehr unterstützt der Mann die Frau, um so seltener der Sex und um so dürftiger die Qualität des Sex.*

---

* Selteneren und dürftigerer Sex wird von beiden Geschlechtern als Verlust empfunden. Studien zeigen, daß die sexuelle Frequenz bei männlichen Homosexuellen-Paaren etwa doppelt so hoch ist wie bei Lesbierinnen; das gibt uns einen Hinweis darauf, welches Geschlecht sich bei einem Rückgang der Frequenz enttäuschter fühlt. Vgl. *American Couples*, S. 195—196; Karen Shanor, *The Shanor Study* (Dial Press, New York), S. 253.

Dies liegt jedoch nicht an weiblicher Arglist. Beide Geschlechter tun nämlich das gleiche — sie erfüllen Rollenerwartungen. Je mehr ein Mann aber die Rollenerwartungen der Bindung erfüllt, um so weniger erfüllt er die Rollenerwartungen seiner Phantasie; je mehr eine Frau die Rollenerwartungen der Bindung erfüllt, um so näher bleibt sie an ihrer Phantasie.

Das „Für-alle-Fälle"-Syndrom

Wenn Männer herausfinden, daß Frauen in der Ehe mehr Wahlmöglichkeiten haben, fragen sie sich manchmal, ob ihre Frauen sie nur „für alle Fälle" geheiratet haben: für den Fall nämlich, daß im Beruf etwas schiefgeht und sie ein finanzielles Sicherheitsnetz brauchen; für den Fall, daß die berufliche Arbeit zu anstrengend wird oder daß die Frau den Wunsch hat, eine andere Laufbahn einzuschlagen oder Mutter zu werden — dies ist das „Für-alle-Fälle"-Syndrom. Als zehnjähriger Junge fragte ich mich oft, was Gott denken würde, wenn er das Gefühl hätte, daß ich nur „aus Vorsicht" am Sonntag in die Kirche gehen würde. Würde Gott Angst haben, sich an mich zu binden?

Warum bedeutet eine Bindung meist weniger Sex? Das „Tabu des ehelichen Inzests"

Was ist es, was bei Ehepaaren einen Rückgang der sexuellen Frequenz auslöst? Es gibt Hunderte von Gründen, die Tausende von Büchern füllen. Es gibt jedoch eine interessante Ursache, die ich noch in keinem Buch gefunden habe und die ich „das Tabu des ehelichen Inzests" nenne. Nach meinen Beobachtungen sieht es bei vielen Paaren so aus: Wenn sie etwa einen Monat keine Liebe gemacht haben und einer der Partner sich dann überlegt, ob er einen Anlauf machen soll, sieht er oder sie sich einer Art Tabu ausgesetzt — es ist fast so, als würde man an einen Bruder oder eine Schwester Hand anlegen wollen. Das nenne ich „das Tabu des ehelichen Inzests". Das wahre Inzestverbot hat uns gelehrt, daß wir unserer Familie gegenüber keine Leidenschaft entwickeln dürfen; Menschen, die uns allzu vertraut sind, sind tabu — oder diejenigen, denen unser Rülpsen, unser Schnarchen und unsere Lockenwickler allzu vertraut sind. Wir dürfen auch keine Leidenschaft gegenüber Menschen empfinden, mit denen wir überleben. Das Inzestverbot bringt uns vielmehr dazu, unsere Leidenschaft nach außen zu lenken — auf Menschen, die wir verklären und idealisieren können. Sex in der Ehe ist Sex mit dem, was uns vertraut ist. Was zu einem Teil erklären kann, warum Sex bei Ehepaaren fast zu einem Tabu werden kann. Nur wenige Männer begreifen, warum der Sex in der Ehe nachläßt (das Tabu ist nur ein Grund), aber sie spüren, daß es etwas mit der Vertrautheit zu tun hat; sie fürchten, daß es ihnen passieren wird, wenn sie mit einer Frau erst einmal vertraut sind oder sie geheiratet haben. Männer verraten diese Furcht indirekt — indem sie etwa über Kombiwagen die Nase rümpfen und neidisch einem Porsche hinterherblicken.

Wenn das Tabu des ehelichen Inzests dazu beiträgt, den vertrauten Sex tabu zu machen, wie kommt es dann, daß ein Paar, das sich erst vor kurzem kennengelernt hat und den ersten gemeinsamen Urlaub verbringt, so leidenschaftlichen Sex hat? Nehmen wir Orin und Hope, die sich kurz nach dem Kennenlernen bei einem Urlaub in der Karibik zweimal am Tag liebten, die aber vier Jahre später bei einer zweiten Karibikreise, die ihrer Ehe den alten Schwung wiedergeben sollte, eher das Nachtclubleben pflegten und auf die Qualität des Hotels achteten.

Woher diese Leidenschaft, die in der Ehe aufhört? Im ersten Urlaub träumte Hope von einer bevorstehenden Bindung, was ihr erlaubte, sich ganz zu öffnen. Und Orins Phantasien von Leidenschaft wurden durch Hopes Offenheit genährt. Zudem war Hope für Orin eine neue Geliebte; die Tatsache, daß sie „neu" war, entsprach dem Aspekt seiner Primär-Phantasie, in dem es um eine „Vielzahl von Partnerinnen" ging. In dem ersten gemeinsamen Urlaub verschmolzen die Primär-Phantasien beider, und was dabei herauskam, war leidenschaftlicher Sex.

Die wirkliche Doppelmoral

Es zahlt sich für einen Mann nicht aus, die Primär-Phantasie einer Vielzahl von Frauen zu nähren und gleichzeitig ein Eheideal zu haben, das diese Phantasie ausschließt. Es zahlt sich für ihn ebenfalls nicht aus, daß die Ehe die Primär-Phantasie einer Frau erfüllt, von ihm aber die Preisgabe seiner verlangt. *Die Tatsache, daß wir für jedes Geschlecht verschiedene Phantasien entwickeln und die Ehe dazu ausersehen, die Phantasie des einen Geschlechts zu erfüllen, die des anderen aber zu unterdrücken, ist die wahre Doppelmoral.**

Männliche Institution und Hintergedanken

„Eine Frau heiratet einen Mann in der Erwartung, daß er sich ändern wird, aber das tut er nicht; ein Mann heiratet eine Frau in der Erwartung, daß sie sich nicht ändern wird, und dann tut sie es doch." Die allgemein bekannte Beobachtung hört sich nur zu wahr an. Wenn eine Frau hofft, daß ein Mann sich ändern werde, hat sie Hintergedanken. Vor kurzem habe ich folgende Unterhaltung zweier Frauen aufgeschnappt:

„Tim sagt, er will nicht heiraten — nur mit mir zusammenleben. Na schön, dann tun wir's — *bis auf weiteres*."

„O ja... Vince sagt, daß er keine Kinder will, aber du kennst ihn ja... Wenn wir erst mal eins haben, wird er ganz begeistert sein."

---

* Warum die Doppelmoral (Männer dürfen mehr Sex haben als Frauen...) in Wahrheit ein Mythos ist, wird in Kapitel 8 näher erläutert.

Männer, die die Beziehung zu einer Frau „abrupt" abbrechen, haben manchmal unbewußt etwas von ihren Hintergedanken gespürt. Die Frau ist wütend, weil er nicht klar formulieren kann, warum er „plötzlich" keine Nähe mehr will — warum er nicht bereit ist, ihr offen zu sagen, was seiner Meinung nach nicht stimmt. Der Mann hat nur eine Intuition; es fällt ihm nicht leicht, der Frau zu sagen, daß er etwas „spürt", wofür es nicht den geringsten konkreten Beleg gibt.

Der Mann spürt die Hintergedanken der Frau, spürt aber auch das Geheimnis hinter diesen Hintergedanken — die Verachtung, die sie für ihn empfindet. Die Verachtung zeigt sich etwa in dem Satz: „Aber du kennst Vince ja…"; die Verachtung, die sich in ihrer Entschlossenheit zeigt, hinter seinem Rücken das Leben beider verändernde Entscheidung zu treffen (Kinder), als wüßte sie besser als er selbst, was für ihn gut ist. Die Verachtung, die sich in der Bereitschaft zeigt, eine kurzfristige Lösung zu akzeptieren, die langfristig anders aussehen soll („also leben wir erst mal zusammen — *bis auf weiteres*"). Diese Verachtung verrät sich auch in der Körpersprache der Frau; nur wenige Männer haben die Gabe entwickelt, mehr als Unbehagen zu zeigen, ohne daß sie sagen könnten, warum das so ist.

Manchmal weiß ein Mann genau, warum er eine Beziehung löst, sagt es aber nicht, weil er ein Feigling ist. Statt seine Gründe zu nennen, statt sich einzugestehen, daß er „das zerbrechliche weibliche Ego nicht verletzen will", schweigt er einfach. In anderen Fällen *hat ihn die Intimität dem Gespür für ihre heimliche Verachtung nähergebracht*, aber nicht nahe genug, es formulieren zu können. Und wenn sie eine Bindung erzwingen will, wird er eher ausbrechen als zustimmen.

Die Tatsache, daß ein Mann die Gründe für seine Bindungsängste nicht artikulieren kann, bedeutet nicht, daß kleine Hinweise nicht irgendwo registriert würden. Wenn er ein Mann ist, der sich wirklich eine unabhängige Frau wünscht, bekommt er das erste klare Signal, wenn die erste Restaurantrechnung auf dem Tisch landet. Als Lois und Craig zum erstenmal ausgingen, machte keiner von beiden Anstalten, die Rechnung an sich zu nehmen. Als Craig es schließlich tat, fragte Lois: „Kann ich aushelfen?" Craig erwiderte: „Wenn es dir nichts ausmacht." Lois reagierte auf zweierlei Weise — verbal und nicht-verbal. Sie sagte: „Wieviel schulde ich dir?"; gleichzeitig huschte ihr ein Ausdruck der Enttäuschung über das Gesicht. Trotz ihrer vermeintlichen Bereitschaft, die Hälfte der Rechnung zu übernehmen, kam sich Craig angesichts ihrer klaren Mißbilligung wie ein Geizkragen vor.

Craig konnte sich dieses Gefühl erst erklären, als ein anderer Mann in einer Selbsterfahrungsgruppe zufällig eine fast identische Szene beschrieb. Craig kam es vor, als erinnerte er sich an einen Traum. Er fühlte sich plötzlich wieder wie der kleine Junge, der seiner Mutter glaubte, als sie sagte: „Ich will zum Geburtstag kein Geschenk von dir." Craig war sich nicht bewußt, daß eine Akkumulation mehrdeutiger Botschaften ihn mißtrauisch gemacht hatte, daß er nämlich befürchtete, daß er für Lois' Lebensunterhalt würde aufkommen müssen, wenn er sie erst einmal geheiratet hatte. Und das, obwohl sie auf ihre Arbeit und die damit verbundene Unabhängigkeit stolz war.

Wenn Männer sich über ihre Gefühle im klaren sind, werden sie allmählich auch in die Lage versetzt, sie mit den Widersprüchen in Verbindung zu bringen, die sie überall um sich herum erkennen. Wenn sie ehrlich sind, werden sie die Frau mit diesen Widersprüchen konfrontieren. Das ist der Preis dafür, daß Männer sich über ihre Gefühle klar werden. Die Belohnung: Wenn die Widersprüche auch nur zum Teil gelöst werden, wird der Weg zu einer liebevollen Beziehung um so klarer.

Die besonderen Ängste von Vätern

„Als wir erst mal Kinder hatten, war es mit dem Sex vorbei. Ich mußte mir immer anhören, wir müßten warten, bis die Kinder schlafen; ich durfte nicht zu laut sein; sie war müde; mußte früh aufstehen. Glauben Sie, daß diese Mutterschaft eine Flucht vor der Sexualität ist?"

Brian, 46

„Als Sammy da war, kam es mir vor, als wären sie und Sammy die Familie und ich ein Außenseiter, nichts weiter als ‚Daddy die Brieftasche'. Wenn Sammy um etwas bat, gestand sie es ihm so schnell zu, daß ich das Gefühl hatte, als würde sie Sammy zu sehr verwöhnen. Also wurde ich ‚der strenge Vater'. Das möchte ich aber nicht noch einmal sein."

Harvey, 40

„Ich konnte meine Ex-Frau bestenfalls bewundern, weil sie so gut mit den Kindern umgehen konnte; im schlimmsten Fall hatte ich das Gefühl, nicht ihre Liebe zu spüren, sondern nur ihre Bedürftigkeit..."

Tom, 38

Die sehr reale Bindungsangst vieler Männer, die einmal Kinder gehabt haben, entspringt der Erinnerung an ihre ersten Ehefrauen, die zu „Childaholics" wurden und durch ihre Kinder vor ihren Männern und der Welt flüchteten. Manche Männer schreiben Kindern eine entfremdende Wirkung zu, so daß sich Männer gezwungen sehen, „Workaholics" zu werden, um für Frau und Kinder aufkommen zu können. Das macht das Heim zur Burg der Frau und nicht zur Burg des Mannes. Wie es ein Mann einmal ausdrückte: „Mein Heim ist meine Burg — das ist doch alles Unfug; ich habe mich den Regeln meiner Frau gebeugt. Es war *ihre* Burg, mir blieben nur die Hypotheken."

Bei vielen Männern kommt die größte Veränderung in der Ehe mit der Geburt der Kinder. Dann wird die Ehefrau für die Intimität mit dem Kind bezahlt. Der Ehemann verliert dagegen Geld, wenn er sich Zeit für Intimität nimmt. Intimität, die eigentliche Aufgabe der Frau im Haus, wird beim Mann zu einer Ablenkung von seinem Job. Aber um der Intimität willen hat er sich einmal gebunden. Wenn er also schon mal Kinder gehabt hat, kann ihn der Gedanke an die Bindung an die Kinder einer zweiten Frau fragen lassen, ob er gerade die Intimität verliert, für die er seine Phantasien hergegeben hat. Er erlebt den „Intimitätsentzug".

Den größten Intimitätsentzug scheinen die Männer zu erleben, die mit Frauen verheiratet waren, für die Kinder „Teil eines Programms" waren — so etwas wie die nächste Phase der Primär-Phantasie der Frau. Zunächst weigern sich solche Männer, sich einzugestehen, daß sie sich benutzt fühlen. Sie haben das Gefühl, daß das Kind ihre Stelle eingenommen hat. Männer reagieren, indem sie sich diese Gefühle nicht eingestehen, sondern sich zurückziehen; sie stellen kein neues Gleichgewicht zwischen den Ansprüchen der Frau und ihrer eigenen zunehmenden Belastung her, sondern strampeln sich noch mehr ab, um für ihre Intimität zu bezahlen.

Einem Mann wird nicht mal eine Andeutung seiner Primär-Phantasien aus *Playboy* und *Penthouse* erfüllt, wenn er für ein größeres Haus, höhere Rechnungen, Babysitter, mit Spielzeugen und schmutzigem Geschirr überladene Zimmer zahlen muß, dazu noch die Ablehnung der Kinder erlebt und sich einer Frau gegenübersieht, die sich zwischen ihm und den Kindern hin- und hergerissen fühlt. Nur wenn Mann und Frau ihre Beziehung neu ordnen, um den Intimitätsentzug zu vermeiden, wird er das wiederfinden — Intimität —, wofür er sich einmal gebunden hat. Und die Frau wird eine Identität finden, die nicht nur die Kinder einschließt.

Frank, ein Mann mit zwei Kindern aus erster Ehe, der Judy heiraten wollte, die das Sorgerecht für ihre drei Kinder hatte, sagte einmal halb im Scherz: „Jedesmal, wenn ich Judy sage: ‚Ich liebe dich', denke ich an sieben Mäuler, die ich stopfen muß." Für Judy bedeutete die Ehe mit Frank weniger Verantwortung für das Stopfen von vier Mäulern. Auf einen frischgebackenen Vater warten viele Freuden. Er kann viel lernen. Frank liebte Judys Kinder, aber sie waren trotzdem nicht das, was er ursprünglich gesucht hatte.

Wenn eine Frau auf der Jagd nach einem Vater ist, kann es vorkommen, daß sie sich einem Mann nicht öffnet, der dieser Rolle nicht gerecht wird. Ihr fällt es leichter, sich an einen Mann zu binden und ihn zu lieben, der diese Rolle ausfüllt. Beim Mann ist es genau umgekehrt: Bindung und Liebe fallen ihm schwerer, gerade weil er eine Rolle erfüllen muß.

Die neue Angst: Stiefvaterschaft

In den USA leben heute 14 Millionen Kinder bei nur einem Elternteil. *Da mehr als 90 Prozent dieser Kinder bei der Mutter leben, ist die Wahrscheinlichkeit, Stiefelternteil zu werden, bei Männern neunmal höher als bei Frauen.* [31]

Stiefeltern beiderlei Geschlechts (im folgenden spreche ich von *neuen* Vätern und Müttern) sehen sich Realitäten gegenüber, die früheren Generationen bei einer Heirat nur selten begegneten: Sie müssen sich mit den Kindern des neuen Partners abfinden, mit Besuchsrechten, mehreren Großelternpaaren und den Beziehungen der vorhandenen Kinder zu den neuen. Zu diesen ohnehin schon komplexen Beziehungen kommen noch die gegensätzlichen Theorien der Erwachsenen über Kindererziehung und das Gleichgewicht zwischen Disziplin, Liebe, Alltag, gerechter Behandlung und eigenen Wünschen hinzu. Das alles bedeutet gegenüber dem Junggesellenleben eine so ungeheure Veränderung, daß es Alleinstehenden beiderlei Geschlechts schon zu denken geben kann.

Einerseits ist es erstaunlich, daß diese „gemischten" Familienbeziehungen durchschnittlich fast fünf Jahre halten.[32] Andererseits kann uns eine Beziehung, die wahrscheinlich nur fünf Jahre hält, uns das Verständnis für die besonderen Ängste von Männern erleichtern — das Geschlecht, das sich bereit erklärt, fünf Jahre lang in Kinder zu investieren, die nicht die eigenen sind und die ein Mann vermutlich nie wiedersieht, sollte die Beziehung in die Brüche gehen.

Der neue Vater als abgelehnter Vater: Das Zwei-Jahres-Syndrom

Die neunmal größere Wahrscheinlichkeit, daß eine Frau nach der Scheidung das Sorgerecht für die Kinder erhält, macht es sehr viel wahrscheinlicher, daß ein Mann und nicht eine Frau das „Zwei-Jahres-Syndrom" erlebt: Die zwei Jahre währende und fast ständige Ablehnung durch seine neuen Kinder (Experten sagen, daß es durchschnittlich so lange dauert, bis ein neuer Elternteil von den Kindern des Partners akzeptiert wird). Für die Hunterttausende von Männern, die vorher noch nie Väter waren, bedeutet das Zwei-Jahres-Syndrom, daß ihre Einführung in die Vaterschaft in einer zwei Jahre währenden Ablehnung besteht. Und niemand kann einen Menschen subtiler und stärker ablehnen als ein Kind.

Ich habe in den drei Jahren meines Zusammenlebens mit Anne und ihrer Tochter Megan ein besonderes Gespür für die Verletzungen entwickelt, die ein neuer Vater erfahren kann. Als ich Anne vor fünf Jahren kennenlernte, hielt mich Megan — noch bevor sie mich kennengelernt hatte — für „den Mann, mit dem Mami länger wegblieb, als sie gesagt hatte — den Mann, der Mami dazu brachte, den Babysitter warten zu lassen". Megan hatte das besondere Interesse ihrer Mutter sofort gespürt.

Das Ergebnis? Als ich Megan zum erstenmal begegnete, sahen ihre drei wichtigsten Reaktionen auf mich so aus: „Ich weiß nicht", „Ist mir egal" und „Das macht doch keinen Unterschied". Sie und ihre Mutter hatten seit sechs Jahren allein gelebt. Nachdem ihr Vater zum erstenmal wieder geheiratet hatte, brachte dessen neue Frau Megan nur sehr wenig Zuneigung entgegen. Und Anne hatte sich in diesen Jahren nur einmal verliebt (in einen Mann, der mehr als 800 Kilometer entfernt wohnte). Megan sah das so: „Mami war damals viel öfter weg als sonst... Wenn Mami sich noch mal verliebt, werde ich wieder ihre Liebe verlieren."

Folglich wurde ich abgelehnt, bevor Megan abgelehnt werden konnte.

Wenn ich heute sagen kann, daß es nur vier oder fünf Monate dauerte, diese Phase zu überwinden, sagt das noch nichts über den außergewöhnlichen Schmerz aus, den ich bei jedem unerwiderten Anlauf empfand: Das unausgesprochene „Raus hier — du bist nur nett zu mir, weil du mir meine Mutter wegnehmen willst"; das

Mißtrauen in den Augen einer Achtjährigen, die zu sagen scheint: „Ich weiß, was du *wirklich* willst"; der Gutenachtkuß, wenn die Wange weggedreht wird, und wenn man sieht, wie die Hände des Mädchens schon darauf warten, alle Spuren eines möglichen Hautkontakts wegzuwischen; das Geschenk, das ohne ein Dankeschön entgegengenommen wird, die Reaktion auf das Angebot, wertvolle Zeit am Schreibtisch zu opfern, um Megan abzuholen, als ihre Mutter zu beschäftigt war — *„Mami soll mich abholen (nicht du, Warren)"*.

Die täglich neue Ablehnung in einer täglich tiefer werdenden Bindung ließ mich fragen, ob ich mich auf Jahre mit einer solchen Behandlung würde einrichten müssen. Meine Vorstellung von mir selbst als einem liebevollen, großzügigen Mann, der genug Geduld und Kreativität besitzt, eine ausgeglichene und liebevolle Beziehung zu einem Kind aufzubauen, wurde jeden Tag mehr angeknackst. War ich unfähig, war ich ein Masochist, oder war dies nur eine vorübergehende Phase? Der Verstand sagte mir, daß es nur eine Phase sei, aber es auch so zu nennen, ist etwa so, als würde man einem Rekruten, der soeben heil sein erstes Minenfeld überstanden hat — wobei er in jeder Sekunde weiß, daß ein achtloser Schritt alles zerstören kann, wofür er gearbeitet hat —, sagen würde, dies sei „nur eine vorübergehende Phase" gewesen.

Ich wußte, daß es Anne in dieser Zeit nicht geholfen hätte, wenn sie meine Vorsicht erkannt und mir in einem anklagenden Ton gesagt hätte, ich hätte Angst vor einer Bindung. Es wäre für sie genauso schädlich gewesen, wenn sie gesagt hätte: „Ich bin froh, daß *du* nicht so bindungsängstlich bist wie die meisten *anderen* Männer." Das wäre eine „Ego-Bestechung" zur Verleugnung meiner Gefühle gewesen. Ich wollte, daß man meine Angstgefühle anerkannte und die *Gründe* dafür verstand. Meine Vorsicht hielt ich für ein Zeichen von Reife — und von Selbstachtung und auch Achtung gegenüber Anne und Megan. Als ich mich auf dieser Ebene verstanden fühlte, ging ich davon aus, eine Frau kennengelernt zu haben, die selbst dann meine Gefühle verstand, wenn sie der Meinung war, sie würde diese Gefühle bei mir lieber *nicht* sehen. *Das* sagte mir eine Menge.

Umgekehrt wäre es für Anne unvernünftig gewesen, mir Verständnis entgegenzubringen, wenn ich *ihr* „Minenfeld" nicht erkannt hätte: Ich sah, wie sie sich Mühe gab, unsere zerbrechliche neue Beziehung zu pflegen und dabei ihr Kind nicht zu vernachlässigen; ihre Crux, daß Megan es als Beweis dafür deuten könnte, daß meine Aufnahme in die Familie ihren Ausschluß bedeutete, wenn ihre Mutter mich verstand (was Megan nur dazu zwingen würde, mich noch länger abzulehnen); ich sah auch Annes nagende Furcht, daß sie einen Mann verlieren würde, den sie liebte, wenn sie sich nicht auf meine Seite stellte. Das würde sie Megan immer vorwerfen. Ich vermute, daß sich unser Verständnis schrittweise immer mehr verstärkte — je mehr sie mich verstand, um so besser verstand ich sie. Vor allem aber hatte ich ein sehr gutes Gefühl dabei, daß die zunehmende Tiefe unserer Beziehung mehr dem wechselseitigen Verständnis entsprang als irgendwelchem Druck.

Die verständliche Anpassungsperiode des Kindes kann in dem neuen Vater eine neue Furcht auslösen: Ist die Mutter des Kindes wirklich in mich verliebt, oder liebt sie die Tatsache, daß ihr Kind ein männliches Rollenvorbild hat und ein schöneres Zuhause, als wir uns ohne diesen Mann leisten könnten?

Bei den meisten Vätern spielt sich das alles in einem luftleeren Raum ab. Ihnen fehlen die Selbsthilfegruppen von Frauen, die sich in den letzten 15 Jahren gebildet haben, ein Nebenprodukt der neuen Kommunikationsformen unter Frauen. Statt den Männern zur Seite zu stehen, verkünden Zeitschriften und Zeitungen: „Inzestuöse Väter sind oft Stiefväter, die die Mutter nur geheiratet haben, um Zugang zur Tochter zu bekommen... Diese Männer haben keine klar erkennbaren Verhaltensmerkmale... Es kann sein, daß sie die geachtetsten Kirchgänger ihrer Gemeinde sind." Mit anderen Worten: Jeder Vater ist verdächtig. Was dem neuen Vater kaum dabei hilft, es noch einmal mit einer kleinen Umarmung zu versuchen, die höchstwahrscheinlich abgelehnt wird.

Die Kehrtwendung der Frauen am Ende einer Beziehung

„Meine Frau und ich haben uns gerade getrennt. Im Bett war es aber immer großartig — die Elektrizität war so stark, daß wir nie zu heizen brauchten. Man könnte vielleicht sagen, daß wir einander sexuell ‚hörig‘ waren. In dem Moment aber, in dem wir auseinandergingen, war sie nicht mehr hörig. Ich könnte es verstehen, wenn sie den Verzicht auf Sex brauchte, um von mir loszukommen. Es scheint aber so zu sein, als hätte sie Sex überhaupt nicht mehr nötig. Das gibt mir zu denken...

Jonathan, 29

Früher war ich Gott; heute bin ich der Teufel."

Ned, 44

Millionen von Frauen und Männern, die eine neue Beziehung eingehen wollen, sind „eheerfahren". (Die Gesellschaft nennt es „geschieden".) Am Ende einer Beziehung machen beide Geschlechter eine Kehrtwendung. In meinen vier Jahren bei NOW (National Organization for Women) und in den 14 Jahren der Arbeit mit Hunderten weiblicher Selbsterfahrungsgruppen habe ich viele berechtigte Klagen über das Verhalten von Männern nach der Scheidung gehört — angefangen bei ausbleibenden Unterhaltszahlungen für die Kinder bis hin zu körperlichen Mißhandlungen und dem Verschwinden auf Nimmerwiedersehen. Das führt bei vielen Frauen zu einem Argwohn gegenüber Männern, obwohl sie nach wie vor ihre Bindungs-Phantasie pflegen. Fühlen sich Männer besonders verletzt oder verbittert, so daß es ihnen besonders schwer fällt, sich wieder zu binden?

Als ich einem Gruppengespräch frischgeschiedener Männer beiwohnte, war keine Verletzung für diese Männer verwirrender als die Verhaltensänderungen ihrer Ex-Frauen nach der Trennung: „Gestern war sie mir noch ergeben; heute hat sie nur noch eins im Kopf: mir jeden Cent aus der Tasche zu ziehen." Es war ihnen rätselhaft, wie ihre Frauen sich so *plötzlich* verändern konnten. Und so total. Ein Mann sagte: „Erst als es vorbei war, sagte sie mir all die Dinge, die sie die ganze Zeit an mir gehaßt hatte — wenn ich sie nur halb so sehr gehaßt hätte, hätte ich *nie* mit ihr zusammenleben können."

Es kam den Männern bekannt vor, als Chuck sagte: „Erst sagte sie mir, was für ein Scheißkerl ich sei — als Mensch; dann erzählte sie mir, wie hilflos *sie* sei. Das war wie ein Tiefschlag, und der saß. Ich fühlte mich so schuldig und beschissen, daß ich ihr alles versprach."

Einige Männer bekannten, auch Neds Erfahrung komme ihnen bekannt vor: „Ich hatte das Gefühl, daß ich wieder ein wunderbarer Mensch sein würde, wenn ich mich neu band; wenn nicht, würde ich nur bestätigen, daß ich ein scheußlicher Mensch bin." Diese Kehrtwendungen ihrer Frauen geben Männern das Gefühl, „Beziehungs-Objekte" zu sein. Die Folge: Sie überlegen es sich dreimal, bevor sie sich wieder binden.

Natürlich hat keins der beiden Geschlechter ein Monopol auf all die schrecklichen Dinge, die am Ende einer Beziehung getan werden, um das andere Geschlecht zahlen zu lassen. Vor allem, wenn er oder sie der verlassene Partner ist. Ob ein Geschlecht mehr draufzahlt als das andere oder nicht, läßt sich unmöglich ermessen. Es läßt sich nur sagen, daß Männer oft von einer totalen Kehrtwendung ihrer Frauen am Ende der Beziehung sprechen; aus der „wunderbaren Frau" werde plötzlich ein „böses Weib". Frauen dagegen sagen oft: „Ich habe diese miese Seite seines Charakters *schon immer gespürt.*" Männer berichten, ihre Frauen hätten sie länger im Ungewissen gelassen und gerade in dem Moment mit ihren Eröffnungen konfrontiert, in dem sie am verwundbarsten gewesen seien. Die Kehrtwendung einer Frau nach dem Zusammenbruch einer Beziehung schmerzt. Ironischerweise ist gerade das ein Grund dafür, daß sich Männer sofort in die Arme der nächsten Frau flüchten: Um sich zu vergewissern, daß nicht alle Frauen sie so sehen wie die letzte Partnerin; und um die Wunden zu lecken, die man aus eigener Kraft nicht heilen kann.

Wenn ein Mann am Ende einer Beziehung diese Kehrtwendung einer Frau erlebt, kann das zu einer schnellen Wiederheirat führen, vor allem, wenn die neue Frau in die negative Beurteilung der früheren Ehefrau einstimmt. Dies ist jedoch ein Alarmsignal: Je unnötiger der Verdacht ist, den die zweite Frau der ersten entgegenbringt, um so wahrscheinlicher wird es, daß sie selbst kaum wiederzuerkennen sein wird, sollte die neue Beziehung enden — so wie jemand, der einem Klatsch zuträgt, auch der erste sein wird, der über einen klatscht.

Warum hat es den Anschein, als würden manche Frauen genau die Männer, die sie noch vor ein paar Tagen so tief zu lieben schienen, plötzlich zu Objekten zu machen? Je mehr die Frau die Außenwelt fürchtet, um so mehr wird sie zu einer Kehrtwendung neigen, indem sie den Mann, der ihr die Außenwelt „aufzwingt", zum Objekt macht. Ihre Zuneigung stellte sich ein, als er sie vor diesen Ängsten schützte; der Mann, der ihr diesen Schutz bot, kann davon ausgehen, daß ihre Neigung, ihn zum Objekt zu machen, bei einem Ende seiner Beschützerrolle genauso stark wird, wie ihre Ergebenheit tief war, als er ihr noch Schutz bot.

Ich habe heute von 47 weiteren Firmen Absagen erhalten, Cathy. Möchtest du mit mir essen gehen?

Hm… das kommt drauf an, Irving.

Wirst du mich auch immer lieben, weil ich dir in schlechten Zeiten immer zur Seite gestanden habe… oder wirst du es mir übelnehmen, daß ich der Mensch bin, der dich in Zeiten der Not gesehen hat?

… Verstehe. Oh, Irving, wie süß!

Er sagt, es soll eine Überraschung sein.

Cathy Guisewite, *A Mouthful of Breathmints and No One to Kiss.*

Frauen haben oft das Gefühl, daß ihre Ergebenheit mißbraucht wird — daß sie nur dazu benutzt werden, einem Mann genügend Sicherheit zu geben, so daß er seine Primär-Phantasie weiterverfolgen kann. In dem zweiten Bild versucht Cathy, Irvings „Mißbrauch" ihrer Ergebenheit vorzubeugen; sie hofft, ihn so zu einer Bindung zu bringen. Aus der Sicht mancher Männer ist auch das ein Mißbrauch von Ergebenheit. Das gibt einsichtigen Männern das Gefühl, Frauen nicht um ihrer selbst willen zu lieben, sondern um dessentwillen, was sie bieten, womit sich die Ängste der Frauen, austauschbar oder Beziehungs-Objekte zu sein, nur noch verstärken.

Zuneigung im Austausch gegen finanzielle Unterstützung verschwindet, wenn das Geld ausbleibt. Wie kann ein Mann spüren, ob eine Frau so reagieren wird? In einem in der Zeitschrift *Medical/Mrs.* erschienenen Bericht über Ärztefrauen hieß es, daß diese nach eigener Einschätzung von ihrer Ehe eher Sicherheit erhofften als irgend etwas sonst. Colette Dowling hat es in ihrem Buch *The Cinderella Complex* so ausgedrückt: „Es ist unfaßbar, welche einander widerstreitenden Gefühle und welche Feindseligkeit diese Frauen gegenüber den Männern empfanden, die ihnen all diese Sicherheit und Geborgenheit gegeben haben."[33] Trotzdem galten viele dieser Frauen in den Augen ihrer Umwelt als ergebene Ehefrauen.

Wenn wir den Frauen, die sich vor einer Ablehnung durch die Außenwelt fürchten, das gleiche Verständnis entgegenbringen wie Männern, die sich vor sexueller Ablehnung fürchten („Es tut weniger weh, von einem Objekt abgelehnt zu werden als von einem reifen Menschen"), ahnen wir etwas von der ungeheuren Angst, die hinter der plötzlichen Kehrtwendung der Frau steckt, wenn sie den Mann zum Objekt macht. Ihre Zuneigung galt in Wahrheit nicht ihm, sondern vielmehr der Tatsache, daß er sich band. Die Kehrtwendung nach Ende der Bindung ist lediglich eine Kehrtwendung in der Objektwahl.

Wie kann ein Mann erkennen, ob er es mit Zuneigung aus Angst oder mit Zuneigung aus Liebe zu tun hat? Wenn eine Frau für sich selbst sorgen kann und nicht an der *Idee* der Ehe hängt, kann er davon ausgehen, daß sie ihn liebt. Ein Mann kann erst dann sagen, ob eine Frau aus Liebe bei ihm bleibt oder um seiner finanziellen Unterstützung willen, wenn sie finanziell und psychologisch unabhängig genug ist, ihn auch zu verlassen.[34] *Bis eine Frau gelernt hat, wie man eine Beziehung beendet, kann nicht einmal sie wissen, daß sie gelernt hat zu lieben.*

Die große Männerknappheit — gibt es sie überhaupt, oder gibt es sie nur dann, wenn Männer sich binden sollen?

Ich habe schon darauf hingewiesen, daß Frauen, die ihren Blick auf nur zehn Prozent aller Männer richten, die daneben noch neun Bedingungen erfüllen müssen, eine Männerknappheit wahrnehmen, die es in Wahrheit gar nicht gibt.

Sehen wir uns einmal an, ob Männer von einer Frauenknappheit sprechen würden, wenn auch sie einige dieser neun Bedingungen stellen würden. Nehmen wir einmal an, ein Mann hielte Ausschau nach einer Frau, die erfolgreicher ist als er selbst (so daß sie sich weder durch seine Unabhängigkeit noch durch seine Karriereziele bedroht fühlen kann) und die bereit ist, ihn mit ihrem Einkommen zu unterstützen, falls er beruflich Pech haben sollte. Würde das seine Wahlmöglichkeiten begrenzen? Nehmen wir ferner an, daß er sich unter diesen Frauen nur für die attraktiven interessiert und darauf wartet, daß sie ihn anrufen und mit ihm ausgehen und sexuelle Initiativen ergreifen wollen. Könnte es nicht sein, daß er dann von einer „großen Frauenknappheit" sprechen würde?

Wo liegt die Lösung? Wie kann ich sicher sein, daß ich verliebt bin?

Eine Frau oder ein Mann kann durchaus jemanden lieben, der auch seiner oder ihrer Primär-Phantasie entspricht. Wenn wir aber erleben, daß ein Mann seine Suche auf schöne Frauen beschränkt oder eine Frau ihre Suche auf Männer mit größerem finanziellem Potential, als sie es selbst besitzt, können wir fast garantieren, daß die Liebe dahin ist, wenn der Mann seine finanziellen Möglichkeiten verliert oder die Frau ihre Schönheit. Warum hätten beide ihre Wahl sonst auf einen so engen Rahmen begrenzt?

Für eine Frau ist finanzielle Unabhängigkeit eine Vorbedingung dafür, daß sie sagen kann: „Jetzt, wo ich Geld nicht mehr *nötig* habe, kann ich mich auf die stärksten meiner sonstigen Bedürfnisse konzentrieren — auf einen Mann, der mich wirklich versteht und zu mir steht. Und bei diesen Männern brauche ich jetzt *nicht* darauf zu achten, ob sie erfolgreich sind, sondern darauf, wie ihre Arbeit sich auf ihr Leben auswirkt." Sie kann erkennen, daß *seine Arbeit auch der Zweierbeziehung einen Preis abverlangen wird, wenn sie ihn ihm selbst abverlangt.* Dies ist eine andere Einstellung als der Wunsch nach finanzieller Unabhängigkeit und Statusgewinn, was die Wahlmöglichkeiten dieser Frau unter einfühlsamen Männern beschränkt.

Als ich diese Frage in einer Selbsterfahrungsgruppe in Oregon besprach, fragte mich eine Frau: „Nehmen wir mal an, daß ich schon einen wunderbaren Mann liebe, daß sein Erfolg seiner Lebensenergie aber *tatsächlich* einen Preis abverlangt? Kann *ich* etwas dagegen tun, wenn ich ein gutes Gehalt nach Hause bringe?"

„Ja. Sie können sich folgendes fragen: ‚Kann ich mein Geld dazu verwenden, *ihm den Übergang in einen Job zu erleichtern, der ihm zwar weniger Geld bringt, für ihn selbst und für uns beide aber mehr Lebensenergie bringt?'*"

Es gibt nur wenige Frauen, die ihr Geld so einsetzen. In meinen Augen wäre jedoch *genau das* ein sinnvoller Einsatz von Geld, um daraus Liebe zu machen. Diese Einstellung ist etwas völlig anderes als das Warten darauf, daß plötzlich der ledige Märchenprinz auftaucht. Der Märchenprinz kann es aus eigener Kraft geschafft haben (und das macht ihn begehrt, hat ihn aber auch zu einem einsamen Wolf gemacht), vielleicht aber auch mit einer Ex-Frau (er zahlt Unterhalt), vielleicht hat er es aber auch als Wolf unter Wölfen geschafft. Einige von Amerikas besten Männern eignen sich jedoch nicht zu diesem Kampf unter Wölfen. Und manche, die geeignet wären, verzichten freiwillig darauf.

Warum gibt es immer mehr Scheidungen, obwohl so sehr an Beziehungsproblemen gearbeitet wird?

All die Zeit und Mühe, die Männer und Frauen darauf verwandt haben, das jeweils andere Geschlecht zu verstehen, hat tatsächlich zu verbesserten Beziehungen geführt — aber die Beziehungen der achtziger Jahre zeigen sowohl eine größere Komplexität wie auch höhere Erwartungen, was wiederum zu höheren Scheidungsraten geführt hat.

Wenden wir uns zunächst der Komplexität zu. In Zweitehen beispielsweise gibt es oft Kinder aus früheren Ehen neben den neuen. Und bereits vorhandene Kinder, die Einstellung früherer Ehegatten und das gesetzliche Sorgerecht sind sämtlich Faktoren, mit denen man sich in einer ersten Ehe nicht auseinandersetzen muß. Hätten die Menschen inzwischen nicht gelernt, etwas besser miteinander zu kommunizieren, könnte man neuen Beziehungen keinerlei Chance geben.

Zweitens: die Erwartungen. In jeder Revolution hält die Fähigkeit vieler Menschen, sich zu verändern, nicht mit der durch die Möglichkeit zur Veränderung geschaffenen Erwartungshaltung Schritt. In der Zeit der Industriellen Revolution, vor der Erfindung der Elektrizität, erwartete zum Beispiel niemand, daß es im Haus elektrischen Strom gab. Kurze Zeit später waren die Menschen jedoch enttäuscht, wenn sie keinen Strom im Haus hatten. Männer fühlten sich als Versager, wenn ihr Einkommen diesen Luxus nicht ermöglichte.

Ähnlich verhält es sich bei der Beziehungs-Revolution. In früheren Zeiten mußte ein Mann für seine Familie sorgen können, die Frau ein paar Kinder großziehen, und dabei durfte sie ein wenig zunehmen. Viel mehr wurde nicht erwartet. Heute gibt es gemischte Familien und mehrfache Orgasmen; doppelte Berufsarbeit und gemeinsame Hausarbeit, Doppelnamen und Kommunikationsseminare.

Noch vor zwanzig Jahren durfte kaum ein Vater einen Kreißsaal betreten. Jetzt erwartet man, daß er bei der Geburt eines Kindes dabei ist. Ein Familienvater war im Kern ein abwesender Vater. Heute wird erwartet, daß ein Familienvater auch ein im Haushalt mitarbeitender Vater ist. Noch vor 20 Jahren hatten Millionen von Ehefrauen kaum mehr im Kopf, als „einem Mann Sex zu geben". Heute ist der Sex auch für die Frauen da. Vor 20 Jahren gab es noch Frauen, die nicht einmal wußten, was ein Orgasmus ist. Heute erwarten die Frauen mehrfache Orgasmen, gleichzeitige Orgasmen, Einfühlsamkeit und Sinnlichkeit. Die Erwartungen haben sich verändert. Und dabei kann die Wohltat von gestern zur Enttäuschung von heute werden.

Man hat die Industrielle Revolution die „Revolution der steigenden Erwartungen" genannt.[35] Ihre Nebenwirkungen waren Enttäuschung, Streß, Selbstmorde. Die Beziehungs-Revolution ist ebenfalls eine Revolution steigender Erwartungen. Ihre Nebenwirkungen sind Zorn, Schmerz, Scheidungen. Die Industrielle Revolution hat aber unseren Lebensstandard verbessert; und die Beziehungs-Revolution ist dabei, unseren *Liebes*standard zu verbessern.

TEIL 4

DER NEUE SEXISMUS

7.
Der neue Sexismus

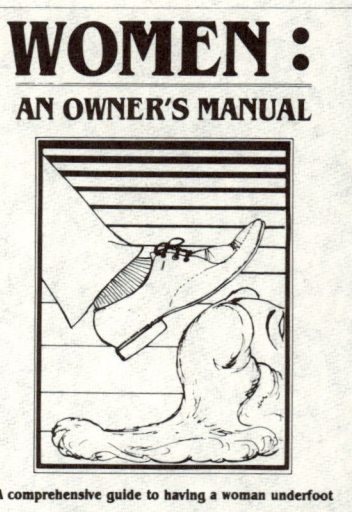

Hier die Umschlagseite eines Bestsellers über Männer:

Männer: Ein Handbuch

Wie man Männer am Boden hält — ein umfassender Leitfaden
Wozu sie gut sind — Wie sie denken —
Wo man sie findet — Ob man sie behalten soll — Wie man sie nennen soll
— Wie man Nieten erkennt

Von Stephanie Brush

Stephanie Brush, *Men: An Owner's Manual* (Simon & Schuster/Linden Press, New York 1984)

Würden wir den folgenden Rollentausch als Sexismus erkennen?

Frauen: Ein Handbuch

Wie man eine Frau am Boden hält —
ein umfassender Leitfaden
Wozu sie gut sind — Wie sie denken —
Wo man sie findet — Ob man sie behalten soll — Wie man sie nennen soll
— Wie man Nieten erkennt

Von George Brush

Rollentausch durch den Autor

Cartoons wie die folgenden sind Beispiele des neuen Sexismus.

„Fühlt sich dein winziges kleines Hirn in deinem
dicken fetten Kopf nicht ein bißchen verloren?"
Playgirl, Juli 1983

„Es ist nichts Ernstes — er leidet nur an eingebildeter
Begabung."
Playgirl, Februar 1982

Der neue Sexismus — eine Einführung

Sexismus ist Nichtbeachtung der weiblichen Erfahrung der Machtlosigkeit; der neue Sexismus ist Nichtbeachtung der männlichen Erfahrung der Machtlosigkeit.

Ein Rollentausch wie etwa in diesen Cartoons schärft das Bewußtsein, was einer der wichtigsten Aspekte der Frauen- wie der Bürgerrechtsbewegung gewesen ist. Leute, die solche Rollenwechsel vornehmen, um das Bewußtsein der Öffentlichkeit für den neuen Sexismus zu schärfen, könnte man „Maskulinisten" nennen. Ziel jeder dieser Bewegungen ist es, die Methoden zu beseitigen, mit denen wir eine Gruppe von Menschen zu Objekten machen. Wenn man darüber witzelt, daß eine Frau an „eingebildeter Begabung" leidet, würde man das für sexistisch halten, wie wir im folgenden Cartoon sehen können (ein Rollentausch gegenüber dem vorausgegangenen):

„Es ist nichts Ernstes — sie leidet nur an eingebildeter Begabung."

Rollentausch durch den Autor

In den vergangenen 25 Jahren haben wir die Abneigung gegen andere Rassen an den Pranger gestellt und Rassismus genannt; wir haben auch Abneigung gegen Frauen an den Pranger gestellt und sie Sexismus genannt. Abneigung gegen Männer nennen wir Humor.

Die Menschen haben schon immer das Bedürfnis gehabt, sich einen Feind zu suchen. Während der Stolz der Schwarzen den Rassismus immer mehr in den Hintergrund drängte und das gestiegene Selbstbewußtsein der Frauen den Sexismus, wurden die Männer zum neuen Feind. Wir haben zwar behauptet, Männer seien zartbesaitet, sie aber gleichwohl angegriffen, als wären sie unverwundbar.

Wenn ein paar Wahrheiten so verdreht werden, daß sie zu einer vorgefaßten Meinung passen, können wir von Rassismus oder Sexismus sprechen. Im *Hite-Report* heißt es, daß mehr *Männer* als Frauen den Koitus vorziehen; die Studie *American Couples* von Schwartz und Blumstein fand heraus, daß mehr *Frauen* als Männer den Koitus vorziehen.[1] Shere Hite hat ihre Erkenntnisse so interpretiert, daß Männer dem Koitus den Vorzug geben, weil der Koitus auf den Mann zugeschnitten sei und dem Vergnügen des Penis diene, weil er eine Folge der männlichen Dominanz und der Ich-Befriedigung sei.[2] Schwartz und Blumstein haben ihre Daten so interpretiert: „Wir sind der Meinung, daß Frauen dem Koitus den Vorzug geben, weil er die *gleichrangige* Beteiligung beider Partner erfordert, mehr als jeder andere sexuelle Akt. Keiner der Partner ‚gibt‘ oder ‚nimmt‘ ausschließlich. Folglich empfinden Frauen beim Koitus eine gemeinsame *Intimität...*"[3] Diese Erkenntnisse sind einander diametral entgegengesetzt, aber beide Interpretationen gehen ausschließlich von der Möglichkeit aus, daß Frauen der Intimität und der Gleichheit den Vorzug geben, während Männer ausschließlich auf Ich-Befriedigung und Dominanz aus seien. Das nenne ich Verdrehung der Tatsachen, damit sie zu einer vorgefaßten Meinung passen — oder, wenn man das auf Männer anwendet, den neuen Sexismus.

Wie groß ist das Bedürfnis nach Tatsachenverdrehung, wenn es um Männer geht? Stellen Sie sich vor, die Interpretationen lauteten so: „Die weibliche Vorliebe für den Koitus bedeutet, daß Frauen den Partner beherrschen wollen"; oder: „Die weibliche Vorliebe für die klitorale Stimulation gegenüber dem Koitus bedeutet, daß Frauen auf weibliche Dominanz und selbstsüchtige Ich-Befriedigung aus sind." Es hätte einen Aufruhr gegeben. *Das* ist der Kern der Frage. Im Kern geht es nicht darum, daß drei Sexualforscher die Männer verdammt und die Frauen gepriesen haben, und das ohne Rücksicht auf ihre Erkenntnisse, sondern vielmehr darum, daß Hunderte von Millionen Amerikanern diese Autoren im Fernsehen haben sprechen hören oder ihre Erkenntnisse in Zeitschriften wie *Time, Newsweek* oder Tageszeitungen gelesen und *nicht* protestiert haben. Die Autoren haben uns sogar die Interpretationen geliefert, die wir hören wollten — und genau das haben Forscher schon immer getan, ob als Werbeberater oder als Wissenschaftler. Je mehr wir von diesen Leuten zu hören bekommen, um so mehr kommen uns diese Deutungen als die einzig möglichen Interpretationen vor, gleichgültig, was bei Untersuchungen an Daten zutage gefördert wird.

Vielleicht ist die von der Lebensberaterin Ann Landers durchgeführte Postkarten-Befragung von 90 000 Leserinnen die einzige „Studie", die mehr Publicity erhielt als die beiden erwähnten. Als Ann Landers herausfand, daß 70 Prozent aller Frauen auch ohne „den Akt" zufrieden sein würden, solange man nur mit ihnen schmuste, wurde das so ausgelegt, als verstünden sich Männer so wenig auf Sex, als wären sie so kommunikationsunfähig und für Zärtlichkeiten so unbegabt, daß die so schmerzlich vernachlässigten Frauen sich mit Schmusen und Süßholzgeraspel zufriedengeben. Jetzt nehmen Sie einmal an, die Untersuchungen hätten ergeben, daß 90 Prozent der Frauen ohne „den Akt" *nicht* zufrieden wären. Dann hätte man uns erzählt, die Frau von heute sei sexuell emanzipiert und ergreife von sich aus die Initiative.

Haben Frauen einen tiefsitzenden Zorn auf Männer entwickelt? Ja. Ich habe schon darauf hingewiesen, daß dieser Zorn auf Männer sich besonders stark in Frauenzeitschriften wie *New Woman, Woman, Playgirl, Ms.* und *Cosmopolitan* zeigt, die sich vor allem mit unerfüllten Phantasien von Frauen befassen. Hier nun ein Beispiel aus *Cosmopolitan*, der meistverkauften Frauenzeitschrift in dieser Kategorie.

Eine der häufigsten Demütigungen von Männern in diesen Zeitschriften sind die Cartoons, in denen ein Mann sich einer Frau nähert. Unten ein Beispiel aus der Zeitschrift *Woman*, die rasch an Auflage gewinnt.[4] Rechts daneben ein entsprechendes Beispiel dafür, wie es bei einer Frau aussehen würde.

„Versuchen Sie, ein Macho zu sein, oder sind Sie einfach nur dämlich?"

Woman, Februar 1985

„Sie haben noch nicht viel gesagt. Versuchen Sie weiblich zu sein, oder sind Sie einfach nur dämlich?"

Rollentausch durch den Autor

Heirate den Feind

Der nächste Cartoon, ebenfalls aus *Woman*, zeigt die Überschrift, wie sie in der Zeitschrift erschienen ist — da die Cartoons oft Artikel illustrieren, in denen Männer ebenfalls verächtlich gemacht werden. Beachten Sie, daß der Mann nicht nur als „Knallkopf" bezeichnet wird, sondern daß die Rubrik überschrieben ist: „Abhängig von einem Scheißkerl."

Wie Sie sich den Knallkopf aus dem Kopf schlagen
... und ihn wünschen lassen, er hätte wieder einen Platz in Ihrem Herzen.

„Haben Sie als menschliches Wesen schon Erfahrungen gesammelt?"

Woman, Oktober 1984

Beachten Sie den Rache-Aspekt: Es ist für die Frau nicht genug, „diesen Scheißkerl" aus dem Kopf zu bekommen — sie muß ihn auch noch dazu bringen, sich die Rückkehr in ihr Herz zu wünschen. Das ist ein perfektes Beispiel für das Thema „Heirate den Feind". Wenn etwa eine Männerzeitschrift einen vergleichbaren Titel bringen würde (…„und sie dazu bringen, daß sie sich die Rückkehr in Ihr Herz wünscht"), würde das kein Mensch als Beitrag zur Selbstverwirklichung werten. Titel dieser Art findet man nicht einmal in jüngeren Ausgaben des *Playboy* — der nicht unter „Selbstverwirklichung" geführt wird, sondern unter dem Begriff Pornographie.

Wie man die Rasse eines Mannes erkennt

Ein entscheidender Aspekt der Trainingsmethode von Barbara Lovehouse ist die Auswahl des Mannes, der für Sie richtig ist. Hier ein Fragebogen, der Ihnen bei der Entscheidung hilft, mit welcher Kategorie von Mann Sie es zu tun haben:

Sie gehen zu einer Party. Er beginnt sofort:
(a) anderen Frauen schöne Augen zu machen.
(b) anderen Männern schöne Augen zu machen.
(c) sich mit Leuten zu umgeben, die Börsenratschläge von ihm wollen.
(d) Witze zu erzählen — jeder liebt seinen Sinn für Humor.
(e) sich so zu benehmen, daß man ihn bittet, gleich wieder zu gehen.

Antworten:
(A) Sie haben einen Wolf.
Dieser wird das Jagen nie lassen können; er wird wohl auch nie lernen, dem Befehl zu gehorchen: „Platz, mein Kleiner."
(B) Sie haben einen Pudel.
Die sind manchmal zwar durchaus nützlich, aber Sie dürfen nicht erwarten, daß sie fähig sind, leidenschaftliche Schlafzimmertricks zu lernen.
(C) Sie haben eine Dänische Dogge.
Reserviert, rassig und diszipliniert; dieser Mann ist stolz darauf, daß er seine Gefühle verbirgt.
(D) Sie haben sich einen Bernhardiner eingefangen. Er ist großzügig und verschmust, neigt aber dazu, den Toilettensitz nach ausgiebigem Training aufgeklappt zu lassen.
(E) Dies ist ein Basset. Das ist der Typ Mann, den Sie zufällig kennenlernen — weder gutaussehend noch sexy noch reich. Eines spricht natürlich für ihn: *Keine Frau* wird je versuchen, ihn Ihnen wegzunehmen.

Entdecken Sie dies und noch viel mehr in dem Buch:
Keine schlechten Männer

Barbara Lovehouse, *No Bad Men,* Rückseite des Schutzumschlags.

In dem Begleitartikel zu obigem Cartoon wird der Mann zunächst wegen seiner angeblichen Bindungsunfähigkeit verdammt und später angegriffen, weil er sich einer anderen Frau zugewandt hat. Man erkennt also mühelos, daß es in Wahrheit um die verletzten Gefühle der Frau geht. Aber heißt es nicht, daß Frauen es gut verstünden, sich über ihre Gefühle klarzuwerden?

Was provoziert diese Verleugnung von Gefühlen, diese bösartigen Attacken? Die Frau fühlte sich nicht nur durch einen Mann abgewiesen; die Ablehnung traf noch mit ihrer Furcht zusammen, nie ihre Primär-Phantasie zu verwirklichen. Sind Männer in dieser Hinsicht besser? Nein, keinen Deut. Darum findet man in der Pornographie auch so viel Gewalt gegen Frauen und Ablehnung von Frauen — die Leser haben oft das Gefühl, daß ihre Primär-Phantasie noch auf Erfüllung wartet. Ähnlich ist es, wenn die weibliche Primär-Phantasie bedroht ist (wie bei einem Mann, der mit einer anderen Frau geflirtet hat, wie in einer Illustration aus dem Buch *No Bad Men*; der Mann findet sich mit einem Messer in der Brust wieder.

Und wenn eine Frau Männer immer wieder ablehnt, aber nicht den Wunsch hat, sich ihrer Angst vor Nähe zu stellen? Wie kann sie es vermeiden, sich darüber Klarheit zu verschaffen? Sie kann alle Männer in Kategorien einteilen und jeden einzelnen Mann zu einem anderen Verlierertyp machen. Hier ein Beispiel: die Rückseite des Buches *No Bad Men* (Siehe Seite 197).

Männer als Pudel und Wölfe, als Haie, Würmer und Guppies

In den letzten zwei Jahrzehnten haben wir aufgehört, Männer bloß in Schubladen zu stecken — neuerdings werden sie ganz offen und ungeniert zu Objekten gemacht, zu Würmern etwa oder Wölfen. Dieses Vorgehen ist eine Vorbedingung dafür, daß man sich keine Sorgen machen muß, wenn Angehörige einer solchen Gruppe verletzt oder getötet werden. Wenn Frauen zu Objekten werden, schafft man Vergewaltiger; nachdem man die Vietnamesen mit dem Ausdruck „gooks" erst einmal zu Objekten gemacht hatte, konnte man sie mit Bombenteppichen belegen. *Bis vor kurzem haben wir Männer auf subtilere Weise zu Objekten gemacht — durch Bestechung. Wir haben ihnen gesagt, sie seien Helden, wenn sie sich gegenseitig umbrächten.*

Der neue Sexismus ähnelt mehr der Verunglimpfung der Vietnamesen als „gooks" als der Schaffung von Helden. Der neue Sexismus bereitet uns darauf vor, daß es uns nichts ausmachen sollte, wenn der Durchschnitts-Mann verletzt oder umgebracht wird.

„Ich brauche keine Partnervermittlung, wenn ich Intelligenz, Loyalität und Schutz will. Das kann ich mir alles schon im Hundezwinger holen."
Playgirl, Juni 1980

Die Verachtung für Frauen endet damit, daß Frauen verletzt werden. Beachten Sie, daß die beiden Frauen in dem *Playgirl*-Cartoon sich wechselseitig eine Entschuldigung dafür liefern, daß sie es nicht auf sich nehmen, sich die Männer zu suchen, die Sie wollen („Ich brauche keine Partnervermittlung..."). Sie unterstützen sich gegenseitig, indem sie sich beklagen, statt etwas zu tun. Trotzdem wird uns hier ein Bild von tüchtigen, berufstätigen Frauen vermittelt.

In Wahrheit ist diese Kategorisierung von Männern eine Furcht vor Nähe. Sie schafft ein System wechselseitigen Rückhalts: „Wir Frauen wissen genau, daß die Männer das Problem sind." Die Frau, die mit einem Mann Konflikte hat, *braucht sich also nie selbst einer kritischen Prüfung zu unterziehen*. Die institutionalisierte Ablehnung von Männern ist eine sorgfältige Umgehung der schwierigsten Vorbedingung der Nähe — nämlich der kritischen Prüfung unserer eigenen Rolle bei einem Konflikt. Diese Furcht vor *Selbstkritik* ist die wirkliche Angst hinter der Angst vor Nähe.

Nur wenige Menschen haben vor Nähe und Intimität an sich Angst; sie haben Angst vor der Herausforderung an ihre Egozentrik, die jede Beziehung mit sich bringt. Es bedeutet noch lange keine Herausforderung an die Egozentrik, wenn man sich selbst betrachtet. Wenn man sich *kritisch* betrachtet, ist es allerdings der Fall.

Wenn man die Männer in Zeitschriften und Büchern, die sich vor allem mit „Selbstverwirklichung" beschäftigen, kategorisieren und zu Objekten machen kann, kann man es vermeiden, sich seiner kritischen Selbstprüfung zu unterziehen und gleichzeitig selbstgerecht sein.

Auf der folgenden Seite ein paar Beispiele aus einem Artikel über einen Bestseller über Selbstverwirklichung, *Smart Women: Foolish Choices* (Kluge Frauen: Schlechte Partnerwahl)[5].

Mitte der achtziger Jahre kam eine Formel des Neuen Sexismus auf, mit der sich „Beziehungskisten"-Bücher auf die Bestsellerliste der *New York Times* hieven ließen. Frauen mußten ohne Fehl und Tadel sein, wie in *Wenn Frauen zu sehr lieben*[6] oder in *Smart Women: Foolish Choices*. Oder die Männer mußten so dargestellt werden, als wären sie das Problem, wie etwa in *Das Peter Pan-Syndrom*[7], *Die Angst der Frauen, sie selbst zu sein. Das Wendy-Dilemma*[8], *Smart Women: Foolish Choices;* oder bestenfalls als Randfiguren wie in *Men Are Just Desserts*.[9]

Während alle diese Bücher auf der Bestsellerliste der *New York Times* auftauchten, verschwanden andere Bücher spurlos in der Versenkung, deren Titel diese Formel des neuen Sexismus ignorierten, wie etwa *Mirror, Mirror* (Spieglein, Spieglein)[10]. Und Bücher mit ähnlichen Titeln, die sich an Männer wenden, wie etwa *Smart Men: Foolish Choices*, gibt es gar nicht. Warum?

In *Smart Women: Foolish Choices* wird davon ausgegangen, daß die Frauen das kluge und clevere Geschlecht seien; es liege alles nur daran, daß sie sich die falschen Männer aussuchten — und da fast jeder Mann, der einer Frau einfällt, sich irgendwie als „schlechte Wahl" einstufen läßt, ist folglich nicht die Frau das Problem — sondern der Mann. Ein solches Buch wird zur perfekten Ergänzung des Horoskops: Darin kann sich jede Frau in irgendeiner der zahlreichen Beschreibun-

Warum kluge Frauen eine dumme Wahl treffen

Von Nanci Hellmich
USA TODAY

In *Smart Women* unterscheiden die Autoren die Männer nach mehreren „Gauner"-Typen:

— **Der Don Juan.** Frauen halten ihn für eine Herausforderung und für aufregend. Er gibt einer Frau für kurze Zeit das Gefühl, begehrt zu sein, wendet sich aber bald einer anderen Eroberung zu.

— **Der schwer faßbare Liebhaber.** Er besitzt die Gabe, so etwas wie Hoffnung zu erzeugen und dieses Gefühl auch für einige Zeit aufrechtzuerhalten, erklärt sich aber nie. Er verlangt seine Freiheit, während er für die Zukunft nur ein vages Versprechen bereithält.

— **Die verheiratete Ratte.** Er besitzt die entscheidende Eigenschaft, die neugierig macht: Er ist nicht zu haben und daher verboten. Er verspricht, sich von seiner Frau scheiden zu lassen, hat aber keineswegs die Absicht, das zu tun.

Außer den „Gaunern" gibt es noch andere Typen, die Frauen zum Wahnsinn treiben können.

— **Der Verschlossene.** Seine Maske harter Unnahbarkeit verbirgt einen im Kern selbstsüchtigen, wachsamen und unaufrichtigen Charakter. Die Frau hält ihn für den starken und schweigsamen Mann, den man nur aus der Reserve locken muß, aber sie wird es nie schaffen, seine Schale zu durchdringen.

— **Der pseudo-emanzipierte Mann.** Für Frauen entwaffnend attraktiv. Er scheint einfühlsam und verletzlich zu sein, benutzt seine neue Freiheit aber nur dazu, einer Frau seine Probleme vorzujammern.

— **Der ewige Jüngling.** Er wirkt charmant, hat in Wahrheit aber hohle Ansichten und ist unfähig zu einer sinnvollen Beziehung mit einer Frau.

— **Der wandelnde Trauerkloß.** Hat sich vor kurzem von seiner Frau/Freundin getrennt oder hat sich scheiden lassen. Dieser Mann ist noch dabei, sich von der Bitterkeit, Ablehnung und seinen Verletzungen zu erholen. Sein Selbstmitleid geht einer Frau nach einiger Zeit auf die Nerven.

gen wiederfinden — rund 90 Prozent sind positiv. In *Foolish Choices* paßt so gut wie jede Beschreibung auf einen Mann, mit dem die Frau gerade ein Problem hat — rund 90 Prozent aller Männer werden negativ dargestellt. Ein umgekehrter Titel wie etwa *Smart Men: Foolishes Choices* würde sofort als selbstgerechte und sexistische Verächtlichmachung der Frau verdammt werden. In den siebziger und achtziger Jahren hat es kein Buch mit einem entsprechenden Titel geschafft, auf die Bestsellerliste der *Times* zu kommen.

Wie kommt es, daß ein Buch wie *Mirror, Mirror*, das von dem erfolgreichsten amerikanischen Buchverlag der frühen achtziger Jahre veröffentlicht worden ist (Simon & Schuster), ein solcher Flop wurde — obwohl es sich um ein kluges und sehr gut beworbenes Buch handelt? Der Titel erinnert an die Eitelkeit einer Frau — was im Prinzip eine Kritik enthält. Zusammen mit dem Untertitel, *A Fear of Aging* (Die Furcht vor dem Altern), fordert es die Leserin/den Leser dazu auf, die

Schönheit als Machtbasis einer Frau neu zu überdenken. So blieb das Buch in den Regalen liegen, während etwa Diätbücher nach wie vor Renner waren.

Robin Norwoods *Wenn Frauen zu sehr lieben* tauchte zusammen mit *Smart Women* im Frühjahr 1986 auf der Bestsellerliste der *New York Times* auf, Anfang 1987 auf der *Spiegel*-Bestsellerliste. Stellen Sie sich mal ein Buch mit dem Titel *Wenn Männer zu sehr lieben* vor. Und einen Mann, der dieses Buch liest und von sich behauptet, er neige zur Nabelbeschau. Wenn wir sehen würden, daß er sein einziges Problem so definierte, als würde er zu sehr lieben — womit er unterstellen würde, daß das wahre Problem in der Unfähigkeit der Frauen liege, mit seiner allumfassenden Liebe zurechtzukommen —, würden wir das männliche Überheblichkeit nennen und nicht Selbstverwirklichung.

Das Problem liegt nicht immer in dem Buch selbst. Manche dieser Publikationen enthalten durchaus wertvolle Argumente. Auf dieser Grundlage lassen sie sich jedoch nicht verkaufen. Dann werden sie zu Flops wie *Mirror, Mirror*.

Peter Pan

Mitte der achtziger Jahre sind mehrere Bücher erschienen, die Männer wegen ihrer Bindungsunwilligkeit kritisieren, etwa Barbara Ehrenreichs *The Hearts of Men: The American Dream and the Flight from Commitment* (Die Herzen der Männer: Der amerikanische Traum und die Angst vor der Bindung) und Dan Kileys *Peter*

Gibt es in Ihrem Leben einen Mann, der nie erwachsen geworden ist?

Dieser Fragebogen hilft Ihnen bei der Antwort:

- Fällt es ihm schwer, Ihnen zu sagen, wie es ihm geht?
- Bringt er nicht die Geduld auf, sich die Meinungen anderer Menschen anzuhören?
- Fühlt er sich durch seine Mutter eingeschüchtert?
- Ist er unfähig, sich zu entschuldigen?
- Geht er mit Ihnen nur dann ins Bett, wenn ihm danach zumute ist?
- Läßt er alles stehen und liegen, wenn seine Saufkumpane ihn rufen?
- Gibt er anderen die Schuld, wenn er einen Fehler gemacht hat?

Redbook, September 1984

Pan-Syndrom. Sie haben nicht nur Wissenschaftler, sondern auch Laien angesprochen. Versuchen Sie sich vorzustellen, wie auf Männer gemünzte Titel aufgenommen worden wären: *Die Herzen der Frauen: Der amerikanische Traum und die weibliche Angst, den Lebensunterhalt selbst zu verdienen.* „Peter Pan" ist in den achtziger Jahren ein Mann, der sich noch nie gebunden hat und daher nie erwachsen geworden ist — das heißt, er hat es versäumt, die weibliche Primär-Phantasie eines schöneren Zuhauses zu erfüllen. Wie würde wohl eine entsprechende Anzeige für ein „Selbstverwirklichungs"-Buch aussehen, die Frauen dafür tadelt, daß sie die *männliche* Primär-Phantasie nicht erfüllen, da sie ihn sexuell nicht begehren?

Man hat uns glauben machen wollen, daß *Das Wendy-Dilemma* das Gegengewicht zu *Das Peter Pan-Syndrom* sei — daß dieses Buch den Frauen ein paar harte Wahrheiten sage. In Wahrheit geht jedoch auch hier der Angriff auf die Männer weiter. Auch hier geht es in erster Linie darum, wie eine Frau es vermeiden kann, einem unreifen und egozentrischen Knaben zum Opfer zu fallen. Der Untertitel („Wenn Frauen aufhören, ihre Männer zu bemuttern") sowie der Werbetext verraten, wo das Schwergewicht liegt („Müssen Sie auf Zehenspitzen gehen, wenn er seine Launen hat, sich anderen gegenüber für sein Verhalten entschuldigen, zu Hause seine vernachlässigten Pflichten übernehmen… ein Drama, in dem immer Sie den kürzeren ziehen?"). Es wird eine Frau gezeigt, die dem Mann seine Hausschuhe überstreift. In dem Prospekt wird der Mann an keiner Stelle sympathisch dargestellt. Seine Dilemmas bleiben mißverstanden.

Die Phantasie „Ich wünschte, er wäre tot"… und das Dilemma des 21. Jahrhunderts

Herablassung, Zorn, Verachtung und „enttäuschte Abhängigkeit" der Frauen haben den Mann zum Objekt gemacht und die nicht mehr so subtile Phantasie des

„Ich wünschte, er wäre tot" hervorgebracht. Wie konnte es dazu kommen? Es beginnt mit der Phantasie der totalen Kontrolle. Sehen Sie sich zunächst die Anzeige in der Zeitschrift *Vogue* an (Siehe Seite 202):

Die Anzeige symbolisiert das weibliche Dilemma des 21. Jahrhunderts. Die Phantasie einer Frau hat sich so sehr erweitert, daß sie nicht nur Reichtum erwartet, sondern *genügend Reichtum und Kontrolle über ihr Leben, damit sie Sex zu ihren eigenen Bedingungen haben kann.* Das Dilemma besteht darin, daß die Phantasie sich schneller erweitert hat als die Bereitschaft der Frau, für sie aufzukommen. Die Anzeige appelliert an den Konflikt zwischen den traditionellen Wünschen vieler Frauen, die einen erfolgreichen Mann wollen, und ihrem Unabhängigkeitsdrang, der Kontrolle über die eigene Sexualität, die des Mannes und sogar über ihn selbst erträumt. Der traditionelle Teil ihres Charakters ist so erzürnt, daß er ihr keinen Erfolg liefert, daß der Zorn mit ihr durchgeht (daher der Zorn in den Zeitschriften für die „unabhängige Frau"). Folglich muß sie seinen kümmerlichen Talenten mit ihrem Todeswunsch begegnen.

„Ich möchte ein Parfum, das einem Mann sagt: ‚Scher dich zum Teufel!'"
Woman, April 1985

„Deine Überraschung zuerst!"
New Woman, März 1985

Ich habe schon erörtert, wie der Todeswunsch der Frau für den Mann auch in Liebesromanen ausgelebt wird. Das Foto aus dem Buch *No Bad Men* zeigt, wie eine Frau mit einem Dolch auf einen Mann einsticht. In diesem Fall wird die Todesphantasie direkt gegen einen Mann gerichtet, der eine Frau in seiner Rolle als Ernährer zu enttäuschen drohte, weil er mit einer anderen Frau geflirtet hat.

Was können wir von einem Mann vernünftigerweise erwarten?
In den folgenden vier Original-Cartoons fällt auf, daß die Frauen keine Männer wollen, die im Austausch für die Erfüllung weiblicher Rollen irgendeine der tradi-

tionellen Männerrollen aufgeben. Statt dessen gehen die Frauen davon aus, daß der Mann *die weibliche Rolle zusätzlich auf sich nimmt*. Der folgende Cartoon läßt zunächst an zwei emanzipierte Frauen denken:

„Für's Kochen hätten wir einen Mann mitbringen sollen!"

New Woman, Mai 1984

Im umgekehrten Fall jedoch müssen wir an zwei faule Männer denken:

„Wir hätten eine Frau mitnehmen sollen, die für all das zahlt!"

Rollentausch durch den Autor

Der folgende Wunsch scheint durchaus vernünftig zu sein:

„Und wie wollen Sie meine Tochter seelisch unterstützen?"

New Woman, August 1984

Aber umgekehrt?

„Und wie wollen Sie meinen Sohn finanziell unterstützen?"

Rollentausch durch den Autor

Beachten Sie, daß sich keinerlei Hinweis darauf findet, daß es sich um eine berufstätige Frau handelt:

„Das Vergnügen, nicht kochen zu müssen".

New Woman, Juli 1984

Im umgekehrten Fall muß es sich also um einen nicht-berufstätigen Mann handeln:

„Das Vergnügen, nicht arbeiten zu müssen".

Rollentausch durch den Autor

Der Original-Cartoon:

„Wenn ihm deine rauhen, roten Hände nicht gefallen, laß IHN doch den Abwasch machen."
New Woman, Juni 1983

und mit vertauschten Rollen:

„Wenn ihr deine ehrgeizige, gefühllose Art nicht gefällt, soll SIE doch für den Unterhalt der Familie aufkommen."

Rollentausch durch den Autor

Warum sind Männer solche Knallköpfe?
Beachten Sie, daß in dem folgenden Cathy-Cartoon zwischen den drei bösen Männern und dem einen guten unterschieden wird. Jeder der Bösewichte hat es nicht geschafft, auf die eine oder andere Weise die weibliche Primär-Phantasie zu erfüllen — Phil hat sie betrogen, Tony hat ihr Leben ruiniert, und Nick war einfach nur dämlich. Frank, der die Phantasie der Frau erfüllte, ist der Held des Tages.

Auf Nick, der seine
große Chance hatte
und sie versaute!

Auf Phil, der mit
meiner Schwester
durchbrannte!

Auf Tony, der mein
Leben ruiniert hat!

Auf den süßen, an-
betungswürdigen
Frank, der mich ge-
beten hat, seine
Frau zu werden!!

Nichts ruiniert ein
Essen so sehr wie
eine gute Nachricht.

Cathy Guisewite, *A Mouthful of Breathmints and No One to Kiss.*

Wenn wir uns erst einmal klargemacht haben, daß eine gesellschaftliche Gruppe
ihre Objektifikation oft nur dadurch bewältigt, daß sie andere zu Objekten macht,
wird verständlicher, warum Männer zu Objekten gemacht werden. Das erkennen
wir sofort in Cartoons wie dem folgenden in der Zeitschrift *Woman*, der eine „plötzlich alleinstehende Frau" zeigt:

„Nachdem es mit Phil aus war, sagte ich mir, daß es im Meer noch Massen anderer Fische
gibt. Bis jetzt habe ich aber nur Haie, Kraken und unbeholfene Guppies gefunden!"
                                                                    Woman, Dezember 1984

Wir erkennen die Ablehnung durch den Primär-Phantasie-Mann im Titel des

Cartoons, „Plötzlich alleinstehend". In einem Artikel des *Washington City Paper* beschreibt Deborah Laake eine bestimmte Sorte Männer als „Kriecher", die vor der Ehe zurückschrecken und sogar zögern, eine Frau ins Restaurant einzuladen, weil das die Verpflichtung bedeuten würde, mehr als nur einen Drink zu bezahlen. Auch hier wieder ist die Beleidigung der Männer eine klare Reaktion auf die Ablehnung. Der Mann hat es versäumt, die Frau einzuladen, zu bezahlen und zwar für alles zu bezahlen, „was sie verdient" (nämlich ein Essen und nicht nur die Drinks). Hier verrät sich aber auch Wut über die Gleichstellung mit dem Mann, und *die Beschimpfung ist ein Weg, die Gleichberechtigung zu umgehen.* Solche Aufforderungen zur Männerbeschimpfung helfen einer Frau jedoch kaum weiter. Es wäre hilfreicher, wenn man sie ermutigte, dem Mann wahrhaft gleichberechtigt zu sein. Sie könnte ihn etwa selbst einladen und für sein Essen zahlen, statt sich zu beschweren, daß er zu knickerig sei. Hilfreich wäre auch die Aufforderung, nicht als „Bindungsangst" abzutun, was in Wahrheit der Wunsch eines Mannes sein kann, einer weiteren einseitigen Zahlungssituation aus dem Weg zu gehen.

Wenn wahre Gleichberechtigung und Nähe auf dem Umweg solcher Objektifikationen vermieden werden und wenn Hoffnungen auf Nähe wiederholt zunichte werden, wird jeder neuen Beziehung ein Filter aus Verdächtigungen und Mißtrauen vorgeschaltet.

Es gibt jedoch noch Hoffnung. Wenn man den Männern nicht trauen kann, können wir uns immer noch einreden, daß Männer nur ein Nachtisch sind — so ist der Titel eines Buches. Wenn wir mit einer Ablehnung nicht fertig werden, müssen wir den Mann in etwas Harmloseres verwandeln, in ein Objekt. So wie Männer es tun, wenn eine Frau nicht mit ihnen ins Bett will. Dann machen sie den Sex zu einem Spiel und nennen es „bumsen". Ein Spiel ist weniger ernst. Also warum nicht die Männer zu Tieren machen, und wenn die als Hauptgericht immer noch zu ernst sind, macht sie doch einfach zu einem Nachtisch!

Warum sowohl Männer wie Frauen sich als machtlos empfinden
Die Beschuldigung, Männer hätten eine „Taktik", kommt so häufig vor, daß sich Cartoons zu diesem Thema immer wiederholen.

„An Ihren Namen kann ich mich zwar nicht erinnern, aber Ihre Masche kommt mir bekannt vor." *New Woman*, Dezember 1983

In solchen Cartoons wollen sich die Männer offenkundig an die Frauen heranmachen, und trotzdem lehnen diese sie ab. Warum? Weil *jeder Mann die Frau so behandelt, daß klar erkennbar wird, daß er die Frau für seine Phantasie haben will, aber nicht für ihre.* Eine so behandelte Frau fühlt sich machtlos; immerhin braucht sie *einen* Mann — irgendwie, irgendwo —, aber daß sie sich wie ein Stück Fleisch behandeln lassen soll, kommt natürlich nicht in Frage. Lieber Selbstachtung als *das*.

Einem Mann kommt seine Taktik vor wie die eines Vertreters. Als Vertreter oder Verkäufer fühlt er sich in der macht*losen* Position. Der Mächtige kann nein sagen. („Ich erinnere mich zwar nicht mehr an den Namen Ihres Produkts, aber die Behauptung kommt mir irgendwie vertraut vor.") Je attraktiver die Frau, um so wahrscheinlicher ist es, daß sie ihm nicht einmal die Uhrzeit sagt.

Sehen wir uns Beispiele für die Taktik beider Geschlechter an. Dann sehen wir, wann beide sich machtlos fühlen. Bevor es zum Sex kommt, müssen die Männer der Cartoons ihrer Taktik folgen und ihre Sprüche herunterbeten. Nach dem Sex beginnt die Machtposition sich zu verlagern, und jetzt beginnt die Taktik der Frau: „Normalerweise tue ich so etwas nicht." Je mehr eine Bindung näherrückt, um so wahrscheinlicher wird es, daß eine Frau, die keinen Mann mehr abzubekommen fürchtet, etwa äußert: „Keine Frau wird dich je so lieben können wie ich." Beide Geschlechter greifen zur Taktik, wenn sie befürchten, daß ihre Primär-Phantasie nicht Wirklichkeit wird. Die Taktik besteht aus Versprechungen, die darauf angelegt sind, den wahren Bedürfnissen entgegenzukommen. *Wenn wir solche Zusagen machen, versprechen wir etwas, was wir als die wirklichen Bedürfnisse des anderen Menschen wahrnehmen — oder als seine Achillesferse.* Wenn eine Frau sagt: „Keine Frau wird dich je so lieben können wie ich", gibt sie unwillkürlich zu, wie sehr ein Mann sich bindet, um Liebe zu bekommen.

Eine Folge der männlichen Taktik ist die Prahlerei, das Gegenstück zum Make-up der Frau. Beides sind Versuche, mehr zu zeigen, als man hat. Beide, Taktik und Make-up, sollen das Gefühl der Machtlosigkeit überspielen.

Kann ich eine unabhängige Frau sein und trotzdem einen Mann erwarten, der mich unterstützt?
Obwohl Studien von Frauen, die es in der Arbeitswelt „geschafft" haben, immer wieder die außerordentliche Abhängigkeit von Männern und die Großzügigkeit von Gönnern zeigen, gibt es unter den Hunderten von Cartoons, die ich in Frauenzeitschriften untersucht habe, keine einzige Frau, die scherzhaft auf diese Abhängigkeit hinweist oder die Hilfe eines Mannes anerkennt. Das häufigste Cartoon-Thema zeigt statt dessen eine Frau, die ihren Mann verächtlich macht, weil er für ihre Gedanken nicht einen Penny gegeben hat, während „ich jetzt ein Vermögen dafür bekomme". Ironischerweise gesteht die Frau ihrem Mann dabei die Fähigkeit zu, sie ihrer Identität als denkender Mensch zu berauben. Ein Cartoon in *New Woman* (September 1984) zeigt eine Frau, die ihren Mann bei der Polizei anzeigt, weil er ihre Identität gestohlen hat.

Welche versteckten Botschaften finden sich in folgendem Cartoon?

„Ich habe mich entschlossen, für den Kongreß zu kandidieren. Ich habe herausgefunden, daß es sich mehr auszahlt, Staatsdienerin zu sein als Dienerin meines Mannes."

New Woman, August 1983

Versuchen Sie sich vorzustellen, daß ein Mann einem anderen sagt: „Ich habe herausgefunden, daß es sich mehr auszahlt, Staatsdiener zu sein als Diener meiner Frau." Der Cartoon enthüllt unfreiwillig die Sozialisation einer Frau zu drei Optionen: Einkommen vom Ehemann, Einkommen von der Arbeit oder eine Kombination beider. Der Zorn der Frau im Cartoon geht darauf zurück, daß ihr Mann ihr nicht genug gezahlt hat. Einem Mann dagegen würde es nichts ausmachen, wenn seine Frau nicht in der Lage wäre, ihm genug Geld zu geben, so daß er mit der Arbeit aufhören könnte.

In diesem Cartoon wie in allen anderen gibt es nicht den kleinsten Hinweis auf eine Vorbereitung auf den Job oder auf Dankbarkeit. Die Frau sagt nie: „Mein Mann hat mich zehn Jahre unterstützt, bis ich mein Jura-Examen hatte, bis ich für das Landesparlament kandidierte, die erste Kandidatur für den Senat verlor, aber jetzt ist er bereit, mit dem ersten Kind zu warten, bis ich im Kongreß sitze." Auf dem Schreibtisch der Frau steht kein Bild ihres Mannes. Er hat ihr nämlich nicht genug dafür bezahlt, daß sie zu Hause bleiben kann.

Weder dieser Cartoon noch irgendein anderer der Hunderte, die ich untersuchte, hatte etwas mit *enttäuschten Phantasien* zu tun — wie sechs Monate später in einer zweiten Szene: „Mein Mann hilft mir jetzt mit meinen 100 000 Dollar Schulden wegen dieser Kandidatur für den Kongreß. Und ob du es glaubst oder nicht, jetzt macht sich das Finanzamt über *ihn* her." Weder in diesem noch in irgendeinem anderen Cartoon habe ich eine Frau gefunden, die sich der Tortur der Vorwahlen unterwirft.

Sind diese Cartoons ein Spiegelbild der Wirklichkeit oder einfach nur Witze? Denken Sie an die amerikanischen Präsidentschafts-Vorwahlen. *Seit Beginn der Frauenbewegung hat sich keine einzige weiße Frau der Qual der Vorwahlen unterzogen,* *um für eine der großen Parteien zu kandidieren.** Für die Kandidatur der Demokraten 1984 stürzten sich acht Männer ins Rennen. Der Überlebende *ernannte* eine Frau zur Kandidatin für das Amt der Vize-Präsidentin. Als Geraldine Ferraro befragt wurde, warum ihr Mann sich geweigert habe, seine finanziellen Verhältnisse offenzulegen, entgegnete sie: „Ich lebe mit einem Italiener zusammen, und Sie wissen doch, wie die sind!" Mario Cuomo wehrte sich gegen diese Bemerkung — denn Frau Ferraro machte die *Italiener* lächerlich, aber nicht die Männer allgemein. Hätte Mondale oder Reagan je gesagt: „Ich lebe mit einer Italienerin zusammen, und Sie wissen ja, wie *die* sind", hätte man sie der Volksverhetzung und des Sexismus beschuldigt. Die beiden Politiker hätten die Folgen zu spüren bekommen. Ein Cartoon ist nie sehr weit von der Wirklichkeit entfernt.

Unter der Oberfläche ist der Cartoon jedoch sowohl für Frauen wie für Männer gleichermaßen verletzend. Der Frau wird bedeutet, daß sie nicht die Nähe zu einem Mann und Karriereziele *gleichzeitig* haben kann. Wir werden gleich sehen, warum dies eine falsche Dichotomie ist.

Will er mich nur meines Geldes wegen haben oder wird er sich durch mein Geld bedroht fühlen, wenn ich Erfolg habe?
Die beiden vorhergehenden Cartoons zeigen uns, daß eine erfolgreiche Frau sich im Recht fühlt, wenn sie einen Mann abweist. Immerhin war er nur hinter ihrem Geld her. Wenn er umgekehrt sie abweist, liegt es daran, daß er mit ihrem Erfolg

„Ich bin nur nach dir allein verrückt, Gloria. Deine 30 000 Dollar im Jahr sind nur Zuckerguß auf dem Kuchen."

Woman, Oktober 1984

* Interessanterweise haben sich in diesem Zeitraum sowohl eine schwarze Frau (Shirley Chisholm) wie ein schwarzer Mann (Jesse Jackson) die Mühe gemacht.

„Ignorieren Sie mich, weil Sie keine Limonade mögen, oder weil Sie sich durch eine erfolgreiche Karrierefrau wie mich bedroht fühlen?"   *Playgirl,* Dezember 1982

nicht zurechtkommen würde. Eine weitere Methode, eine kritische Selbstprüfung zu vermeiden.

Wir entdecken in diesen Cartoons auch eine doppelte Moral: *Wenn der Mann in einer Beziehung mehr Geld hat als die Frau, nennen wir das Macht. Wenn die Frau mehr Geld hat, heißt es, sie würde ausgenutzt.* Wenn eine Frau empfindlich ist, weil sie sich ausgenutzt fühlt, heißt es, „sie sei mit ihren Gefühlen im reinen". Wenn ein Mann empfindlich ist, weil man seine finanzielle Unterstützung der Frau „Macht" nennt, ist er ein Geizkragen.

Was passiert, wenn ein Mann weder ehrgeizig ist, noch sich durch den Erfolg seiner Frau oder Freundin bedroht fühlt? Hier die Reaktion:

Die geschlauchten Männer
Von Eve Babitz

Wie kommt es, daß Männer zu einem Häufchen Elend werden, warum vergessen sie ihren Ehrgeiz, wenn ihre Frauen Erfolg haben?
                                                            Playgirl, Dezember 1981

Welche Botschaft steckt hinter dieser Botschaft? Könnte es sein, daß diese Klage nur die Suche nach einem Mann rechtfertigen soll, der so erfolgreich ist, „daß er sich durch mich weder bedroht fühlt, noch mich ausnutzt"? Ist dies alles eine unterschwellige Rechtfertigung dafür, daß man nach oben heiraten will?

Der kumulierte Effekt all dieser Botschaften ist eine Verstärkung der Erfolgsangst der Frau — der Angst, daß der Erfolg sie zwingen wird, auf Männer zu verzichten. Die Wahrheit sieht jedoch anders aus. *Anders als allgemein angenommen, sind Männer mit erfolgreichen Ehefrauen in ihrer Ehe glücklicher.* [11]

Entspricht die Klage über „geschlauchte Männer" dem männlichen Verhalten — oder dem Verhalten von Frauen? Wie ich schon erwähnt habe, sind 87 Prozent der Ehefrauen von Topmanagern ohne Beruf. [12] Je erfolgreicher der Mann, um so wahrscheinlicher ist es, daß die Ehefrau keiner Berufsarbeit nachgeht. [13] Und umgekehrt: Je erfolgreicher die Frau, um so wahrscheinlicher ist es, daß sie einen noch erfolgreicheren Mann heiratet.

Papi weiß weniger

„Papi weiß alles am besten" — das ist ein Teil des Problems, das wir Sexismus nennen. Und wenn „Papi weniger weiß", ist das ein Teil des Problems, das der neue Sexismus darstellt.

„Hör doch auf, Daddy — Aschenputtel ist doch ein alter Hut!"

New Woman, Oktober 1983

Papi weiß nicht nur weniger als Mami, sondern auch weniger als das Kind. Nein, das ist ungenau. Weniger als das *kleine Mädchen*. In den Hunderten von Cartoons, die ich in Frauenzeitschriften unter die Lupe genommen habe, wurden Männer nie von kleinen Jungen, sondern *ausschließlich* durch kleine Mädchen gedemütigt. So wie in dem Cartoon mit der Limonadenverkäuferin, die einem Passanten sagt, er fühle sich wohl durch eine Karrierefrau bedroht.

Wir fragen, warum sich Väter nicht mehr um die Kindererziehung kümmern. Und wenn sie es tun, kritisieren wir ihre Methoden. Berufstätige Mütter nennen wir Superfrauen, aber Männer, die sowohl einer Berufsarbeit nachgehen wie sich bemühen, gute Väter zu sein, sind nichts als „berufstätige Väter". Sie sind keine Supermänner, sondern sexistisch eingestellt. Falls wir berufstätige Frauen ähnlich verächtlich machen wollten, könnte *Esquire* etwa folgenden Cartoon bringen:

„Kann die Verhandlung beginnen?"
Rollentausch durch den Autor

Gib Papi einen Gutenachtkuß

„Ich lebe seit kurzem mit Don zusammen. Er liebt meine Tochter Carrie, und Carrie liebt ihn. Sonntag morgens krabbelt Carrie zu uns ins Bett, und wir toben alle miteinander herum — es wird gekitzelt, gealbert, wir umarmen uns und haben uns lieb. Letzten Sonntag habe ich die beiden allein gelassen, um das Frühstück zu machen, und als ich wiederkam..."

Ergänzen Sie die Geschichte hier mit eigenen Worten: ....

....

Lassen Sie sich ein paar Sekunden Zeit, sich ihre Vorstellungen durch den Kopf gehen zu lassen. Was machten Don und die Tochter der Frau, als diese aus der Küche zurückkam? Wenn Ihnen vorschweben sollte, daß Don die Tochter seiner

Freundin unsittlich berührt hat, sollten Sie sich klarmachen, welchem Mißtrauen die männliche Sexualität begegnet. Jeder Zeitungsartikel über Inzest, der in den letzten zehn Jahren erschienen ist, hat unser Mißtrauen gegenüber Männern vertieft. Trotzdem muten wir den Männern noch immer zu, in sexueller Hinsicht die Initiative zu ergreifen. Das bedeutet, daß Männer eine Hürde überwinden müssen — ein zusätzliches Mißtrauen.

Als Carries Mutter Kristin ins Schlafzimmer zurückkam, mußte sie dieses Mißtrauen bewältigen. Es kann sein, daß Don und Carrie jahrelang miteinander herumtoben, ohne daß ihr Mißtrauen vollständig verschwindet („Sie bekommt jetzt Brüste..."; „Er bringt ihr das Tanzen bei..."; „Sie entwirft eine Badehose für ihn..."). So müssen sich Männer nochmals als vertrauenswürdig erweisen, *bevor sie den Frauen auch nur gleichgestellt sind*. Die obige Geschichte endet so:

> „... Als ich zurückkam, zeichneten Carrie und Don gerade ein Bild von mir. Überschrift: ‚Die beste Mami der Welt.' (Natürlich hatte Don hinter ‚Mami' ein kleines Sternchen gemalt und auf die Rückseite ‚etc.' geschrieben, als Carrie gerade nicht hinsah.)"

Wenn der Vater berufstätig ist, kritisiert man ihn, weil er sich nicht um die Kinder kümmere. Wenn er arbeitslos ist, steht er im Verdacht, sie sexuell zu belästigen. Wenn er ein leiblicher Vater ist, möchte er einen Sohn, der seinen Namen trägt. Wenn er ein Stiefvater ist, heiratet er die Mutter vielleicht nur, um an die Tochter heranzukommen. An Anschuldigungen dieser Art haben wir uns immer mehr gewöhnen müssen. In den letzten zehn Jahren hat die Emanzipation mit sich gebracht, daß es bei Vätern nicht mehr heißt, „Papi weiß alles am besten", sondern „Väter sind Sittenstrolche".

1986 war es bei Warenhausketten wie J.C. Penney schon üblich, daß Mütter mit ihren kleinen Söhnen auf die Toilette gehen durften, während das Vätern mit fünfjährigen Töchtern versagt blieb. Als Penney wegen Diskriminierung verklagt wurde, berief sich das Unternehmen auf „die allgemeine Anschauung, daß Männer Voyeure und Sittenstrolche seien".

Von Achtung zu Verdacht

1970 konnte sich jemand noch Achtung verdienen, wenn er oder sie Jahre damit zubrachte, den Dr. phil. zu erwerben, wenn er unzählige Fakultätssitzungen auf sich nahm, wenn er Studenten und Studentinnen bei ihren Doktor- und Diplomarbeiten half, wenn er seine Abende und Wochenenden mit der Niederschrift von Artikeln für Fachzeitschriften zubrachte und vier Sommer hintereinander mit dem Schreiben und Umschreiben eines Buches zubrachte — und wenn der Betreffende am Ende Professor war. 1977, mit dem Erscheinen von Philip Roths Roman *Professor der Begierde*, verband man mit dem Wort Professor schon eine andere Assoziation.[14]

Mitte der achtziger Jahre erschien ein erfolgreiches Buch, in dessen Titel das *Professor* erneut auftauchte: *The Lecherous Professor*[15] (Der geile Professor).

Wie „Professor" war auch „Papi" mal ein Wort, das mit Respekt verbunden war.

1980 jedoch war *Kiss Daddy Goodnight* eins der meistverkauften Bücher der USA über Inzest.[16]

Das perfekte Beispiel für die männliche Vorherrschaft sind mißhandelte Frauen — vor allem mißhandelte Ehefrauen...

Frage: Wie ist das Verhältnis mißhandelter Ehefrauen zu mißhandelten Ehemännern?

(a) 4 zu 1   (b) 102 zu 1   (c) 2 zu 1   (d) 34 zu 1

Antwort: Keine Zahl ist richtig. Die Zahlen stammen aus *Polizeiberichten* in verschiedenen Städten. Und Polizeiberichte geben nur wieder, was an Strafanzeigen eingelaufen ist. Wenn wir uns nicht den Polizeiberichten zuwenden, sondern der einzigen landesweiten und repräsentativen Erhebung über Ehegattenmißhandlung, *entdecken wir, daß 12 Prozent der Ehemänner gegenüber ihren Frauen gewalttätig wurden und 12 Prozent der Ehefrauen gegenüber ihren Männern.* Ein Verhältnis von 1 zu 1. Diese Untersuchung wurde von Dr. Murray Straus, Dr. Suzanne Steinmetz und Dr. Richard Gelles[17] anhand der Angaben von 2143 Personen durchgeführt, die einem repräsentativen Bevölkerungsdurchschnitt entsprachen. Als ich das erstemal von diesen Zahlen hörte, wurde ich wütend — ich wollte sie einfach nicht glauben. Dieser Bericht sprach allem hohn, was ich vorher gelesen hatte. Ich fragte sofort: „Wie wird Gewalt definiert? Wer ist gewalttätiger?"

Die Wissenschaftler hatten Gewalt auf sieben Gebieten studiert. Stellen Sie selbst eine Reihenfolge von eins bis sieben auf, je nachdem, wodurch Sie sich am meisten verletzt fühlen würden, wenn es Ihnen widerführe:

(a) Mit harten Gegenständen beworfen zu werden

(b) Schubsen und Stoßen

(c) Faustschläge oder Ohrfeigen

(d) Fußtritte oder Faustschläge

(e) Schläge mit Gegenständen

(f) Bedrohung mit einem Messer oder Schußwaffen

(g) Messer- oder Schußwaffengebrauch

Vergleichen Sie Ihre Rangfolge mit den tatsächlichen Erkenntnissen, wie sie von Dr. Suzanne Steinmetz in der Zeitschrift *Victimology*[18] wiedergegeben worden sind.

Ein Vergleich physischer Gewalt durch Ehefrauen und Ehemänner (in Prozent)*

Art der Gewalt	Ehemänner	Ehefrauen
Mit harten Gegenständen werfen	3	5
Schubsen oder Stoßen	11	8
Ohrfeigen oder Schläge	5	5
Fußtritte oder Faustschläge	2	3
Schläge mit Gegenständen	2	3
Bedrohung mit einem Messer oder einer Schußwaffe	0,4	0,6
Messer- oder Schußwaffengebrauch	0,3	0,1
Gebrauch von Gewalt insgesamt	12	12

* Dieser Studie lag eine Befragung von 2143 Personen zugrunde.

Quelle: Suzanne Steinmetz, *Victimology*, Bd. 2, 1977–1978, Zahlen 3–4, S. 499–509.

Obwohl ich in wissenschaftlichen Untersuchungsmethoden ausgebildet worden bin, habe ich bis zu dieser Arbeit nie in Frage gestellt, ob die veröffentlichten Statistiken über Ehegattenmißhandlung aus Polizei- und Sozialarbeiterberichten — ein Hinweis darauf, welches Geschlecht sich am häufigsten *beklagte* — oder ob sie aus Angaben eines repräsentativen Bevölkerungsquerschnitts stammten. Wie kommt es, daß sich nur die Männer einen schlechten Ruf eingehandelt haben, wenn auch Frauen Männer mißhandeln?

Sehen wir uns einmal an, wie wir den Tod von Männern und Frauen mit verschiedenen Augen sehen. Wir spüren Entsetzen, wenn wir erfahren, daß „unschuldige Frauen und Kinder" getötet worden sind. Wenn Männer getötet werden, nennen wir sie, wie Fredric Hayward es ausgedrückt hat, „Soldaten, Bergleute, Arbeiter, Leute, und oft sind sie nur Zahlen wie etwa in der Schlagzeile ‚Baugerüst zusammengebrochen: 18 stürzen in den Tod'."[19]

Wenn wir Männer, die im Krieg sterben, Amerikaner nennen, statt zu sagen: „Von den in Vietnam gefallenen Amerikanern waren 56 886 Männer und 8 Frauen", vertuschen wir den Tod von Männern. Vielleicht reagieren wir nur mit einem Achselzucken auf eine solche Meldung: „Immerhin haben Männer diese Männer in den Krieg geschickt — es fällt mir schwer, Mitleid mit Männern zu haben, die in ihren eigenen selbstzerstörerischen Spielen umkommen." Diese Einstellung erklärt auch unser fehlendes Mitgefühl mit Männern, wenn etwa eine Margaret Thatcher im Falkland-Krieg 473 Männer in den Tod schickte, aber keine einzige Frau.[20] *Wenn Männer sich gegenseitig umbringen, sind sie selber schuld.*

Ich habe mir vor kurzem den Film *The River* angesehen. In einer Szene des Films wird die Schauspielerin Sissy Spacek durch eine Dreschmaschine schwer am Arm verletzt. Das Publikum ließ entsetzte Rufe hören. Einige Szenen später wird ihr Mann von Streikposten zusammengeschlagen — er hat wochenlang für einen miserablen Lohn gearbeitet, um seine Familie über Wasser zu halten. Als ihm das Blut über das Gesicht lief, war im Publikum nicht die geringste Reaktion zu spüren.

Da wir *erwarten*, daß Männer lebensbedrohende Rollen spielen, entsetzt es uns weniger, wenn sie ihr Leben verlieren. So können wir es vermeiden, unsere eigene Rolle dabei zu beachten, denn wir *fördern* Gewalt gegen Männer, indem wir uns Kriegsfilme, Kriminalfilme, Western oder Fernsehfilme ansehen, in denen Männer zu unserem Vergnügen umgebracht werden.

In Horrorfilmen dagegen werden oft Frauen umgebracht. Warum heißen sie übrigens Horrorfilme? Weil mit ihnen die Absicht verfolgt wird, Tabus zu brechen — und das schafft Horror. Eine Frau zu töten ist tabu. Einen Mann zu töten nicht. In Western und Kriegsfilmen werden links und rechts Männer umgebracht, aber diese Produkte nennt man nicht Horrorfilme. Wenn eine Frau umgebracht wird wie in *Ein Mann sieht rot* ist die Empörung so groß, daß Kinobesucher in ganz Amerika jubelten, als Charles Bronson aus Rache einen Ganoven nach dem anderen erschoß. Die Empörung war so groß, daß sie dem Film einen Riesenerfolg einbrachte. Den Produzenten war bewußt, daß sie diese Empörung nie erreicht hätten, wenn sie zu Beginn des Films die Ermordung eines Mannes gezeigt hätten.

In Nicht-Horrorfilmen werden Frauen nicht am laufenden Band umgebracht so wie Männer in Kriegsfilmen und Western. Man kann sogar eines mit Sicherheit voraussagen: Wenn das Leben einer Frau, *die in mehr als zwei Szenen eines Films aufgetreten ist,* bedroht wird, wird sie im Verlauf des Films weder ermordet noch erschossen werden. Mit wenigen Ausnahmen wird die Ermordung einer Frau stets in der Eröffnungssequenz eines Nicht-Horrorfilms erfolgen, bevor wir sie als Frau kennenlernen können. Bei männlichen Filmgestalten sieht es anders aus. Wenn wir uns Alexis im *Denver Clan* und Bobby und J.R. Ewing in *Dallas* ansehen, besteht die Erregung darin, daß die Frauen *bedroht werden,* während die Männer *ermordet* oder *angeschossen* werden. Wenn auf Männer geschossen wird, ist das nicht Horror, sondern *Erregung.* Dann findet sich immer ein Hersteller von Auto-Aufklebern und Ratespielen (wie in der amerikanischen Werbekampagne „Wer schoß auf J.R.?").

Der wichtigste Teil dieses Unterschieds: Wenn Frauen getötet werden, sind sie als Opfer erkennbar. Wenn Männer getötet werden, scheinen sie es verdient zu haben. Immerhin, so sagen wir, bringen sich Männer auch im Krieg gegenseitig um. Wir gestehen uns nicht ein, daß auch Männer zu Opfern gemacht werden, indem man ihnen in Kriegsfilmen, Western oder Science-fiction-Filmen die Rolle des Beschützers und Helden zuweist. *Wir schützen Frauen, indem wir ihnen keine Rollen zuweisen, in denen sie sich gegenseitig umbringen müssen; folglich erscheint uns Gewalt gegen Frauen bestürzender als Gewalt gegen Männer.*

Da uns Gewalt gegen Frauen schockiert, wird es auch für Wissenschaftler, die es eigentlich besser wissen sollten, leichter, die Gewalt gegen beide Geschlechter daran „zu messen", wie oft Strafanzeige erstattet wird.

Wenn wir uns Fragen versagen, die wir sonst zu stellen gewohnt sind, wissen wir, daß das Unbewußte am Werk ist. Könnte es sein, daß es sich bezahlt macht, wenn wir Frauen als Opfer und Männer als Täter sehen? Falls sich jemand erdreisten sollte, gegen die Verherrlichung des Tötens von Männern in Kriegsfilmen zu protestieren, würde er bei vielen wohl gleich als schwul gelten.

Das brennende Bett

Der Fernsehfilm *The Burning Bed* mit Farrah Fawcett in der Hauptrolle war ein Fernseh-Ereignis ersten Ranges. Er beruht auf einer wahren Geschichte: Eine mißhandelte Ehefrau ermordet ihren Mann.

Gibt es auch mal den umgekehrten Fall? Wie reagiert die Öffentlichkeit, wenn sich ein Mann dadurch rächt, daß er seine Frau ermordet und anschließend freigesprochen wird? Sehen wir uns einmal einen Fall an, der sich 1980 in Florida ereignete.

Betty King hatte ihren Mann geschlagen, verprügelt, mit Messerstichen traktiert, mit Säure übergossen und auf ihn geschossen.[21] Eddie King war jedoch nicht zum Staatsanwalt gegangen, als ihm seine Frau das Gesicht mit einem Teppichmesser aufgeschlitzt hatte, auch dann nicht, als sie ihn mit einem Dolch im Rücken auf einem Parkplatz zurückgelassen hatte. *Keiner dieser Zwischenfälle fand den Weg* in die Polizeistatistik. Die Frau wurde nur zweimal festgenommen — als sie ihren Mann öffentlich (in einer Bar) mit einem Messer in den Rücken gestochen hatte, so daß der Fall gemeldet werden mußte.

All diese Messerstechereien, Schießereien und Säure-Attacken ereigneten sich in vier Jahren Ehe. Danach kam es noch einmal zu einem Wortgefecht auf der Veranda eines Freundes. Betty King griff wieder einmal in ihre Handtasche. Diesmal wurde sie von Eddie King erschossen. Als die Ermittlungen zu dem Ergebnis führten, daß es sich um Notwehr handle, schrien Feministinnen und Medien empört auf.

Eddie King hatte auf eine unmittelbare Bedrohung reagiert; wenn er noch zwei Sekunden gezögert hätte, hätte das seinen Tod bedeuten können. In dem Film *The Burning Bed* liegt der Ehemann im Bett und schläft. Es ist weit schwieriger zu behaupten, außer Mord sei dem Täter keine Wahl geblieben, wenn die „Bedrohung" schläft. Dennoch war dies der fünfte Fall von Notwehr durch einen Mann, die allein Eddie Kings Anwalt vor Gericht vertrat.

Warum wird der Gerechtigkeit Genüge getan, wenn eine Frau ihren schlafenden Ehemann ermordet, der sie mißhandelt hat, aber nicht, wenn ein Ehemann eine hellwache Ehefrau ermordet, die ihn mißhandelt hat? Warum war es so wichtig, daß eine der schönsten Frauen Amerikas (Farrah Fawcett) in *The Burning Bed* die Rolle der Frau spielte? Antwort: Je schöner die Frau, um so „weiblicher" ist sie, und je weiblicher sie ist, um so mehr Mitgefühl ist ihr sicher. Die Vorstellung, daß einer *schönen* Frau etwas angetan wird, weckt unbewußt Mitgefühl, aber wenn einem Mann etwas angetan wird, erzeugt das eine Reaktion, als würde einem Verbrecher etwas angetan.

Daß auch Frauen kriminell sein können, wollen wir irgendwie nicht wahrhaben — was zum Teil daran liegt, daß wir uns einen Mann nicht vorstellen wollen, der Grund zur Klage hat. Jammernde Männer sind nie sehr gefragt gewesen. Im Frankreich der Nach-Renaissance mußte ein von seiner Ehefrau mißhandelter Mann Frauenkleider tragen und verkehrt herum auf einem Esel sitzend durch die Stadt reiten.

Vor kurzem gestand in Großbritannien Christine English, sie habe ihren Freund *absichtlich* mit ihrem Auto an einem Strommast zerquetscht. Sie wurde freigesprochen, da sie behauptete, „prämenstruelle Spannungen" hätten sie vorübergehend die Selbstkontrolle verlieren lassen. In der westlichen Welt ist es seit Jahrhunderten so, daß wir uns Männer leicht als Verbrecher vorstellen können, zarte, zerbrechliche Frauen wie etwa Farrah Fawcett jedoch nicht. In dieser Hinsicht weigern wir uns, Tatsachen anzuerkennen. Wir vermeiden es, bestimmte Fragen zu stellen, suchen dafür aber nach rechtlichen Gründen, die unsere Voreingenommenheit stützen.

Bewußt wie unbewußt haben wir Frauen immer beschützt, während Männer sich gegenseitig umbringen, um sich die Rolle des Beschützers zu verdienen.

Ein aufschlußreicher Fragebogen

Fred Hayward, einer der kenntnisreichsten Philosophen des neuen Sexismus, hat einen Fragebogen erarbeitet, der uns dabei helfen kann, die „Verhärtung unserer Standpunkte" zu beenden, wie Gabriel Marcel es ausgedrückt hat. Hier ein paar Fragen aus diesem Fragebogen:

Frage: Die Frauenorganisationen haben unseren Blick dafür geschärft, wieviel Gewalt gegen Frauen verübt wird. Welches ist Ihrer Ansicht nach der Hauptgrund dafür, daß so viele Frauen *ermordet* werden?

(a) Fernsehen und Filme
(b) Pornographie
(c) Einseitige Ausrichtung unseres Rechtssystems
(d) Soziale Akzeptanz von Gewalt gegen Frauen

Antwort: Keines der genannten Dinge. „So viele Frauen" werden nicht ermordet. Drei von vier Opfern von Gewaltverbrechen sind Männer.[22] Bei Männern ist die Wahrscheinlichkeit, an Leib und Leben angegriffen zu werden, also anderthalbmal höher. Die Regeln des Sexismus befreien die Männer nicht vom Terror der Gewalt; sie halten sie nur davon ab, sich zu beklagen.

Frage: Das amerikanische Rechtssystem garantiert, daß ein Mann als unschuldig gilt, bis seine Schuld bewiesen ist. Wahr oder falsch?

Antwort: Falsch. Die bloße Unterstellung, jemand habe einen Familienangehörigen geschlagen oder ein Kind unsittlich berührt, oder selbst die Unterstellung, ein Mann neige zur Gewalt, genügt manchmal schon, einen Mann aus seiner Wohnung zu jagen und von seiner Familie zu trennen. Geschiedene Väter berichten häufig, daß sie ihre Besuchsrechte bei ihren Kindern selbst dann nicht zurückerhalten, *nachdem* sich die Haltlosigkeit einer Anschuldigung erwiesen hat.

Frage: Zu Kindesmißhandlungen kommt es am häufigsten bei

(a) Vätern in Vororten
(b) Vätern aus dem Mittelstand
(c) ungebildeten Vätern
(d) geschiedenen Vätern

Antwort: Nicht bei Vätern. Kindesmißhandlungen sind in Frauen-Haushalten am häufigsten.

Ausgewogenheit

Vor ein paar Monaten arbeitete ich in der Soziologischen Fakultät der University of California in San Diego. Eines Tages flatterte mir ein Rundschreiben der Fakultät auf den Tisch.[23] Eine Fakultätsangestellte hatte in dem leeren Raum am Ende einer Seite elf Beispiele von Sexismus aufgeführt. Die Erkenntnisse der Frauenbewegung waren schon so verinnerlicht, daß diese Frau keine Angst hatte, eine Kontroverse auszulösen oder ihren Job zu verlieren, indem sie diese Daten präsentierte, ohne auch „die andere Seite" zu Wort kommen zu lassen. Vielleicht war weder für sie noch für irgend jemanden sonst überhaupt eine „andere Seite" vorstellbar. In der folgenden Tabelle führe ich einige der gewichtigsten ihrer Beispiele auf der linken Seite auf, und auf der rechten einige Beispiele des Neuen Sexismus, die bei ausgewogener Betrachtung hätten gegenübergestellt werden müssen.

Ausgewogenheit in der Wahrnehmung

Traditioneller Sexismus	Der Neue Sexismus
■ Verschlagene Männer gelten als clever, während verschlagene Frauen als berechnend gelten.	■ Wenn Frauen ihre Macht mit zwanzig einsetzen, nennen wir das Hochzeit; wenn Männer sie mit vierzig einsetzen, nennen wir das Midlife-crisis.
■ Wütende Männer nennen wir erbost, während man wütende Frauen hysterisch nennt.	■ Wenn Frauen Männer nicht heiraten wollen, nennen wir das Unabhängigkeit; wenn Männer Frauen nicht heiraten wollen, nennen wir das Bindungsangst.
■ Wenn Männer sich unterhalten, nennen wir das Konversation, aber wenn Frauen sich unterhalten, nennen wir es Klatsch.	■ Eine Frau, die lebenslang einen Mann unterstützt, gilt als verrückt, während ein Mann, der eine Frau lebenslang unterhält, Ernährer genannt wird.
■ Starke Männer gelten als charismatisch, während starke Frauen als herrschsüchtig gelten.	■ Wenn Männer mit neunzehn im Libanon sterben, nennen wir es Macht; wenn kalifornische Frauen 90 Jahre alt werden, nennen wir es Machtlosigkeit.
■ Bei aufsässigen Männern heißt es, sie hätten einen starken Willen, während aufsässige Frauen als unbelehrbar gelten.	■ Warum tun uns Witwen mehr leid als ihre verstorbenen Ehemänner?
■ Wenn Männer Fotos ihrer Kinder auf dem Schreibtisch stehen haben, ist das ein Zeichen für einen liebenden Vater; wenn Frauen Fotos ihrer Kinder auf dem Schreibtisch haben, ist das ein Zeichen dafür, daß sie ihre Arbeit nicht ernst nehmen.	■ Eine arbeitslose Mutter gilt als liebevoller Elternteil, während wir einen arbeitslosen Vater als Penner bezeichnen.

Befreiender Humor

Um unsere Arbeit ein wenig aufzulockern, nahmen meine Assistentin und ich uns 1000 Cartoons vor, die 1985 in der *Washington Post*, der *Chicago Tribune* und in der *Los Angeles Times* erschienen waren. Wir wollten herausfinden, in welchem Verhältnis Gewalt von Männern und Gewalt von Frauen zueinander stehen.[24] Das Ergebnis unserer Arbeit: Es ist achtmal wahrscheinlicher, daß Männer zu Opfern von Gewalt werden. Männer verüben häufiger Gewalt gegen Männer als Frauen gegen Männer. Cartoons, in denen Gewalt *bevorstand*, zeigten elfmal häufiger Männer als potentielle Opfer. Unter den 1000 Cartoons gab es nur ein Tabu: Gewalt von Frauen gegen Frauen.

The Women's Room

Wenn Rassismus oder Sexismus angeprangert werden, findet man sie in literarischen Meisterwerken ebenso wie in den Bestsellern des Tages, wie es Kate Millett in ihrem Buch *Sexual Politics* nachgewiesen hat. Einer der großen Bestseller der letzten Jahre, Marilyn Frenchs *The Women's Room* (dt. *Frauen*)[25], ist ebenfalls ein Spiegelbild des neuen Sexismus. Die Handlung des Romans läßt sich in folgende fünf Phasen einteilen:

1. Abhängige Ehefrau
2. Der Frau „wird klar", daß sie von Männern unterdrückt wird.
3. Frau verläßt Ehemann, hat mit Männern nichts zu tun.
4. Frau begegnet dem Märchenprinzen.
5. Auch der Märchenprinz ist ein Idiot. Schlußfolgerung: *Alle* Männer sind Idioten.

Wenn wir uns Marilyn Frenchs Roman genau ansehen, erkennen wir von Anfang an, wie die „Erkenntnis" der Frau, daß sie von Männern unterdrückt wird, wie natürlich zur Entfremdung von Männern führt. Damit entsteht eine sich selbst erfüllende Prophezeiung, daß alle Märchenprinzen der Zukunft zu Idioten werden. Bei dieser Einstellung wird die „Emanzipation" zum Einzelzimmer.

Der Zorn ernährt sich selbst. Schriftsteller müssen ihre Bücher veröffentlicht sehen, wenn sie etwas zu beißen haben wollen, also schreiben sie, was sich verkaufen läßt. Wenn der Wind des Zeitgeistes den Männern ins Gesicht weht, können es sich nur wenige Schriftsteller leisten, gegen den Strom zu schwimmen. Also schüren sie das Feuer noch, um ihre Familien zu ernähren.

Sind Frauen Bürger zweiter Klasse?

In den letzten 15 Jahren ist auch unser Bild des Rassismus einem Wandel unterworfen gewesen — aus einem System, das beide Geschlechter unterdrückte, ist ein

System geworden, das vorwiegend Frauen unterdrückt. Sowohl die Bürgerrechtsbewegung wie Alex Haleys *Roots* gingen davon aus, daß beide Geschlechter unterdrückt wurden. In den achtziger Jahren jedoch erschien Alice Walkers Roman *Die Farbe Lila*, in dem vier schwarze Frauen porträtiert werden, die von vier schwarzen Männern unterdrückt werden. *Trotz der Zeitspanne, die dieser Roman umfaßt, nämlich die Zeit des Ersten Weltkriegs bis zur Depression, wird nicht ein einziger schwarzer Mann als Opfer dargestellt.*

Die schwarzen Männer werden als Vergewaltiger dargestellt, sie belästigen Kinder, rauben Kinder, verkaufen Kinder, treiben Inzest, schlagen ihre Frauen, sind entweder egoistisch oder Schlappschwänze. Die Frauen sind Opfer, die am Ende als Siegerinnen dastehen, da sie zusammenhalten und gegen ihre männlichen Unterdrücker aufstehen. In Wahrheit kam der Sieg jedoch erst dann, als die unabhängige Shug Avery einen reichen Mann heiratete und die abhängige Celie zunächst durch die frischerlöste Shug Avery mitgerissen und dann auf dem Umweg über ihren toten Vater („Todeswunsch") zu ererbtem Reichtum kam. Und wie werden die beiden schwarzen männlichen Retter dargestellt? Der eine ist ein egoistischer Knallkopf; von dem zweiten ist überhaupt nichts zu sehen.

Kann ein schwarzer Mann auch mal was richtig machen? Durchaus. Als sich alle drei schwarzen Frauen gegen den schwarzen Unterdrücker zusammentun, wird er besiegt. Erst durch seine Niederlage kann er wieder auf die Füße kommen, nur dadurch wird er zu einem Retter (der Celias Kinder und ihre Schwester aus Afrika zurückholt).

Das Ergebnis? Das Buch wurde mit einem Pulitzer-Preis ausgezeichnet, und der Film, der zwar keinen Oscar gewann, wurde immerhin elfmal für den Oscar nominiert. Damit hatte der Rassismus seinen Einzug in den neuen Sexismus gehalten — jetzt wird nur noch die Machtlosigkeit eines Geschlechts dargestellt.

Frauen und Männer sind in verschiedener Hinsicht sowohl Sklaven wie Bürger zweiter Klasse. Die Frau traditionellen Zuschnitts läßt sich als Sklavin im Hause eines Mannes denken, aber auch der herkömmliche Mann kann im Haus einer Frau der Sklave sein. Wir können sie als Sklavenhalterin porträtieren, die dem Mann die Aufgabe zuweist, das Feld zu bestellen und den Lebensunterhalt zu verdienen. Der Mann gibt das Geld der Frau, damit sie es nach ihren Wünschen ausgeben kann, um die Plantage zu erhalten. In dieser Version ist es wie beim Sklaven oder der Arbeitsbiene — der Mann bringt sein Geld der Bienenkönigin. Und wie die Arbeitsbiene stirbt er früher.

Frauen sind die einzige „Minderheits-"Gruppe, die genausooft in die Oberschicht hineingeboren wird wie Männer. Die einzige Minderheit, deren „unbezahlte Arbeit" sie in die Lage versetzt, jedes Jahr für 50 Milliarden Dollar Kosmetika zu kaufen; deren Angehörige die Zeit finden, mehr Liebesromane zu lesen und öfter vor dem Fernseher zu sitzen als Männer in jeder Zeitkategorie[26]; deren Angehörige nur ein Drittel von dem verdienen, was weiße Männer verdienen, für persönliche Bedürfnisse aber mehr ausgeben als sie.[27] Frauen sind die einzige Minderheitsgruppe, die mit dem Bewußtsein aufwächst, ihr stünde eine Arbeiterklasse (nämlich Väter) zur Verfügung, die für sie arbeitet; sie sind die einzige Minderheit, die eine Mehrheit ist.

Bedeutet dies, daß Frauen mehr Macht haben als Männer? Nein. Es bedeutet, daß die Geschlechter anders als die gesellschaftlichen Klassen in etwa gleicher Zahl in priviligierte wie unterprivilegierte Lebensbedingungen hineingeboren werden. Es liegt im Interesse beider Geschlechter zu erfahren, wie das jeweils andere Geschlecht Machtlosigkeit erlebt.

8.
Warum ist die sexuelle Revolution so kurzlebig gewesen?

In den späten siebziger und frühen achtziger Jahren änderte sich die Zielrichtung des feministischen Protests. Zu Beginn hatte der Feminismus noch etwas mit sexueller Freiheit zu tun. Germaine Greer sprach davon, daß die Frauen auch ihren Taxifahrer vernaschen sollten. 1984 hieß es in Germaine Greers Buch *Sex and Destiny*[1] jedoch, Frauen sollten abstinent und zölibatär leben. Mitte der achtziger Jahre hieß es in Broschüren der amerikanischen Regierung, in Schriften sozialistischer Feministinnen, der Moralischen Mehrheit und bei Dr. Joyce Brothers, Frauen sollten sich mit Sex mehr zurückhalten. Wie beim „alten Sex".

Was war passiert? Zu Beginn der sexuellen Revolution Ende der sechziger und Anfang der siebziger Jahre hatte die Geburtenkontrolle die weibliche Zurückhaltung in Sachen Sex beseitigt; Frauen, die eigenes Geld verdienten, brauchten nicht mehr nach finanzieller Sicherheit Ausschau zu halten, und selbständige Frauen waren auch nicht mehr so von orthodoxen Religionen abhängig, die sexuelle Zurückhaltung predigten. Intellektuelle, wirtschaftliche und religiöse Gründe für sexuelle Zurückhaltung wurden vorübergehend schwächer. *Aber da die Berufstätigkeit von immer mehr Frauen ihnen erlaubte, in ihren Beziehungen ehrlicher zu sein — ohne fürchten zu müssen, mittellos auf der Straße zu stehen und sich selbst und ihre Kinder ernähren zu müssen —, zerbrachen immer mehr Ehen.* Plötzlich entstand ein neues Bild — *wirtschaftliche Unabhängigkeit wurde plötzlich mit wirtschaftlicher Unsicherheit gleichgesetzt.* Berufstätigkeit aus eigener, freier Entscheidung ist etwas *ganz anderes* als Berufsarbeit aus Notwendigkeit — wenn man sich selbst ernähren und auch zum Unterhalt der Kinder beitragen muß.

Kaum zerbrachen immer mehr Ehen, war das, was einmal als Recht begonnen hatte, plötzlich eine Verantwortung. Jetzt hieß es nicht mehr, sexuelle Freiheit *plus* wirtschaftliche Freiheit. Die folgende Anzeige für das Parfum „Ninja" zeigt eine Frau, die von einem Mann nur Sex um seiner selbst willen haben will (ohne daß der Mann wirtschaftliche Sicherheit bieten muß). Frauen, die den Sex nur um seiner selbst willen haben wollen, werden fast immer so dargestellt, als brauchten sie sich um den Lebensunterhalt keine Sorgen zu machen.

Daran sind die Frauen jedoch unschuldig. Wenn man den Männern von Kindesbeinen an und seit vielen Generationen erzählt hätte, sie brauchten sich um ihren Lebensunterhalt keine Sorgen zu machen, wenn sie nur gut aussähen, ihre Frauen unterstützten und mit ihrer Sexualität nicht allzu freigebig umgingen, würden sie sexuell weniger frei und ihren Frauen eher eine Stütze sein. Die traditionelle Strategie sah früher so aus, daß Sex zurückgehalten wurde, bis der Mann finanzielle Sicherheit garantierte. Da sich die wirtschaftliche Unabhängigkeit der Frau immer mehr als wirtschaftliche *Un*sicherheit erwies, wurde schnell auf eine etwas konservativere Sexualität zurückgeschaltet.

Working Woman, November 1984

Ob diese Entwicklung nun bewußt oder unbewußt war, zufällig oder nicht, kaum wurde offenbar, daß die sexuelle Freiheit nicht mit wirtschaftlicher Freiheit einherging, wurde sie schon in Frage gestellt. Die Schriftstellerin Erica Jong hörte auf, von „Spontanficks" mit fremden Männern in Eisenbahnabteilen zu sprechen, und warnte plötzlich vor Sex ohne Bindung.

Die Moralische Mehrheit hatte unterdessen nie Mühe, Sex und Bindung auf dem Umweg über Gott und Moral zusammenzukoppeln. Die Moral wurde von Feministinnen über Bord geworfen; sie entwickelten statt dessen ein Mißtrauen gegen die Sexualität des Mannes, das als Moralersatz herhalten mußte, um die Rückkehr zu einer konservativeren Sexualität vor der Ehe zu rechtfertigen.

Ende der siebziger und Anfang der achtziger Jahre ging es zunehmend darum, Mißtrauen gegen die männliche Sexualität zu wecken: Es gab Proteste gegen Pornographie, Prostitution, sexuelle Belästigung, Vergewaltigung, Belästigung von Kindern und Inzest. Dieses Mißtrauen erlaubte es einer Frau, wieder die Position einzunehmen, daß ein Mann sich erst als vertrauenswürdig erweisen muß, bevor sie sich mit ihm einläßt. Dieses Mißtrauen ließ auch eine unheilige Allianz zwischen religiösen Fundamentalisten und Feministinnen entstehen. Beide Gruppen hatten — wenn auch aus verschiedenen Gründen — der weiblichen Sexualität die gleiche Rolle zugedacht wie in dem Leitartikel der Zeitschrift *Cosmopolitan*: „Er soll es sich verdienen."

In den achtziger Jahren hatten sich der neue Sexismus und das Mißtrauen gegen die männliche Sexualität so wirkungsvoll vereinigt, daß selbst Zeitschriften wie *Glamour*[2] sich in einer Weise für die weibliche Sexualität einsetzen konnten, wie es bei der männlichen nie möglich wäre. In einem *Glamour*-Artikel mit dem Titel „Sexuelle Freuden der Geburt" heißt es beispielsweise, Mütter sollten beim Stillen die Saugbewegungen des Kindes sexuell genießen und versuchen, durch den Kontakt der Brustwarzen mit dem Mund des Kindes zum Orgasmus zu kommen. Trotzdem wird Inzest Mitte der achtziger Jahre immer noch als Kontakt mit einem Kind definiert, *bei dem ein Mann sexuelle Gefühle hat.*

Ein Säugling muß gestillt und gebadet werden, aber es kam vor, daß Väter auf die bloße Anschuldigung hin festgenommen wurden, sie hätten ein Kind beim Baden „allzu lange" an den Genitalien berührt — vor allem, wenn der Säugling ein Mädchen war. In manchen Gebieten der USA befestigten Ärzte den Penis eines Vaters an einer Maschine und legten ihm dann Bilder eines kleinen Mädchens vor, während der Apparat registrierte, ob diese Bilder den Mann erregten.[3] Wenn sie es taten, wurde das als *erheblicher* Beweis gegen den Mann gewertet. So wurde der Ruf vieler Männer ruiniert, ob sie unschuldig waren oder nicht. Vielen geschiedenen Vätern wurde das Besuchsrecht genommen, bevor sie verurteilt worden waren, und viele durften ihre Kinder nicht einmal mehr dann wiedersehen, als ihre Unschuld feststand.

Wie kommt es dann, daß die sexuelle Erfahrung einer Frau mit ihrem Kind Mitte der achtziger Jahre stillschweigend akzeptiert wird, während ein Mann schon auf *den bloßen Verdacht* hin festgenommen werden kann, er habe sein Kind beim Baden zu lange berührt? Wie kommt es, daß ein Blatt wie *Glamour* das sexuelle Vergnügen zwischen Mutter und Kind ausführlicher beschreiben kann als das sexuelle Vergnügen zwischen einem erwachsenen Mann und einer erwachsenen Frau?

Wie kommt es, daß die Zeitschrift *New Woman* 1985 eine Titelgeschichte von Dr. Joyce Brothers mit dem Titel veröffentlichen konnte: „Warum Sie mit Ihrem Liebhaber nicht zusammenziehen sollten"?[4] Erklärung: Wenn eine Frau mit einem Mann zusammenlebe, „hole sie aus der Beziehung nie soviel heraus wie er". Frau Brothers erklärt auch, warum: „Denn sie schenkt ihm das Äquivalent des ehelichen Sex, ohne als Gegenleistung mehr als einen Orgasmus zu erwarten."[5] Und: „Das ist *alles*, was sie bekommen wird."[6] (Hervorhebung durch den Autor.) Mit anderen Worten: Er bekommt Sex und sie auch. Wenn man das für Ungleichheit hält, erkennen wir, warum Männer Angst haben, sich zu binden. Auch bei der *Neuen Frau* sind wir wieder beim alten Sex angelangt.

Das Mißtrauen gegenüber Männern und der männlichen Sexualität ist so tief geworden, daß Dr. Joyce Brothers sagen und *New Woman* in einer Überschrift festhalten konnte, daß Zusammenleben eine „unechte Beziehung" sei, Zusammenleben sei so destruktiv wie Kokain, und die Frau ziehe *„immer das schlechtere Los"*[7]. (Hervorhebung durch den Autor.)

Sehen Sie sich einmal den folgenden Cartoon an, dem man die Überschrift gegeben hat: „Warum Sie mit Ihrem Liebhaber nicht zusammenziehen sollten." Hört sich dieser Mann etwa vertrauenswürdig an?

„Ich habe nicht gemeint, wir sollten *richtig* zusammenleben, Mitzi; ich hatte mir mehr gedacht, daß wir von Zeit zu Zeit Zusammenleben spielen." *New Woman,* März 1985

Der *Zeitungsartikel* verdammt zwar das *Zusammenleben mit* einem Mann, aber wenn es im Cartoon geheißen hätte: „Ich habe nicht gemeint, daß wir gleich heiraten sollten... Ich habe gemeint, wir sollten erst mal zusammenleben", wäre der Mann zu vernünftig erschienen, um diesen Cartoon als schmückendes Beiwerk neben den Artikel zu setzen. Indem man den Mann unglaubwürdig macht („Von Zeit zu Zeit Zusammenleben spielen"), erscheint ein Zusammenleben fast als Dummheit. Diese unbewußte emotionale Querverbindung ist nötig, um den Mann als Opportunisten erscheinen zu lassen, der seinen Sex bekommt, und die Frau als Opfer, die nichts bekommt — statt beide als gleichberechtigt darzustellen, die nichts weiter wollen, als sich gegenseitig kennenzulernen, bevor sie sich fürs Leben binden und vielleicht gemeinsam Kinder großziehen.

Die emotionale Assoziation des Zusammenlebens soll für die Frau bedeuten: „Es ist dumm und sinnlos, und du wirst von einem Opportunisten übervorteilt, der nur deinen Körper will." Indem sie Männer nur noch so porträtiert sehen, lernen „neue Frauen", den alten Sex (Sex als Gegenleistung für lebenslänglich garantiertes Einkommen) mit dem neuen Sexismus zu verbinden (Mißtrauen gegen Männer und männliche Sexualität). Ergebnis: Gleichberechtigung und eigenverantwortliches Handeln rücken in den Hintergrund.

Wie können wir wissen, daß das Mißtrauen gegen die männliche Sexualität und der alte Sex nur dazu dienen sollen, Geld und Geborgenheit zu sichern? Wenn wir Ausreden hören, die einer näheren Prüfung nicht standhalten. In dem *New Woman*-Artikel sagt uns Frau Dr. Brothers, das Zusammenleben sei für ein Paar nicht hilfreich, sich gegenseitig kennenzulernen, da Mann wie Frau in dieser Bindungsform sich Mühe geben, sich ausschließlich von ihrer Schokoladenseite zu zeigen. Dabei ist doch offenkundig, daß ein Zusammenleben von einem oder zwei Jahren viel mehr über einen Menschen verrät als der Sprung von ein paar gemeinsamen Restaurantbesuchen und einem anschließenden Urlaub mit Sex direkt in die Ehe. Zwei Jahre: Das bedeutet gemeinsame Finanzen, geteilte Hausarbeit und gemeinsames Kochen, geteilte Kleiderschränke und Badezimmer, gemeinsame Wohnungseinrichtung, Koordinierung von Schlafzeiten, Rücksicht auf Stimmungsschwankungen, auf Arbeitszeiten, Wertvorstellungen, Gewohnheiten, Verwandte und vielleicht sogar auf die Kinder des Partners. Wie kann eine intelligente Frau wie Dr. Brothers also zu solchen Kommentaren kommen? Nur dann, wenn man sie als *Strategie* begreift — als Ideologie, die nur das Ziel vor Augen hat und den gesunden Menschenverstand auf Urlaub schickt.

Als Strategie für ein lebenslanges Einkommen kann der neue Sexismus im Verein mit dem alten Sex tatsächlich wirkungsvoll sein. Beide zusammen ermöglichen es aber auch, daß Frauen buchstäblich vergewaltigt werden. Alter Sex und neuer Sexismus können zu einer Falle werden, unter der Frauen, Männer und die Liebe gleichermaßen zu leiden haben.

Die sechs Phasen des Vergewaltigungs-Zyklus

„Alle Männer sind Vergewaltiger, und das ist auch alles, was sie sind."[8]
Marilyn French, Autorin von *Frauen*

Ich würde mich für den alten Sex und den neuen Sexismus nicht so interessieren, wenn sie im Zusammenspiel mit Geschlechterrollen nicht weit mehr Probleme schüfen, als sie lösen. Die Kombination von altem Sex, neuem Sexismus und Geschlechterrollen erzeugt einen Zyklus von sechs Phasen. Sehen wir uns diesen Zyklus einmal an, vor allem im Hinblick auf die Rolle des alten Sex.

1. Sex ist schmutzig (der alte Sex).
2. Beim Sex muß der Mann die Initiative ergreifen (Geschlechterrollen).
3. Man kann den Männern nicht trauen, da sie nur auf all dieses schmutzige Zeug aus sind (alter Sex plus Geschlechterrollen führen zum Neuen Sexismus).
4. Ein Mann muß sich erst als vertrauenswürdig erweisen, bevor eine Frau mit ihm ins Bett geht (sie selbst muß sich nicht als vertrauenswürdig erweisen, um von ihm sexuell akzeptiert zu werden).

5. Um mit einer möglichen Ablehnung umgehen zu können, lernen Männer, Frauen zu Sexobjekten zu machen, was die bei Frauen notwendige Entfremdung verstärkt, wenn sie Männer auch weiterhin als Erfolgsobjekte behandeln wollen. Damit ist der Zyklus „Sexobjekt/Erfolgsobjekt" etabliert.
6. Die Verwandlung von Frauen in Sexobjekte ist eine Vorbedingung für Vergewaltigung, Entfremdung von der Sexualität, Entfremdung vom eigenen Ich, Entfremdung von Nähe... womit Phase 1 bewiesen ist: Sex ist schmutzig.

Phase 1: Früher hielten wir Sex für schmutzig... Aber das stimmt doch nicht mehr, oder?
Viele Frauen entdecken irgendwann, daß sie Spaß am Sex haben, und fühlen sich frustriert, wenn ihr Verlangen unerfüllt bleibt. Indem wir uns klarmachen, daß die Verteufelung des Sex als schmutzig fröhliche Urständ feiert, gewinnen wir ein tieferes Verständnis dafür, was wir tun, um das Mißtrauen gegenüber Männern zu schüren, das Frauen und Männer gleichermaßen unbefriedigt läßt.

Ein Beispiel für das Wiederaufleben des alten Sex war Anfang der achtziger Jahre des Wiederauftauchen der Ratgeber-Kolumne „Liebe Abby" in zahlreichen amerikanischen Zeitungen. Diese schon vor Jahren entschlafene Kolumne wurde mit dem Argument wiederbelebt, die Gefahren des vorehelichen Sex seien immer noch gegeben. Ich habe zwar nichts gegen Ratgeber, die beide Geschlechter auf die Bedeutung der psychologischen Bereitschaft zum Sex hinweisen — vor allem beim „ersten Mal". Die „liebe Abby" mahnt jedoch nicht junge Männer zur Vorsicht, sondern nur junge Mädchen:

„Liebt er dich? Jemand, der dich liebt, will nur das Beste für dich. Er will, daß du:

Eine unmoralische Handlung begehst.
Deine Tugend opferst.
Deine Selbstachtung wegwirfst...
Ein Junge, der ein Mädchen liebt, würde sich lieber den rechten Arm abhacken...
Warum beweist du ihm deine Liebe nicht gleich damit, daß du den Kopf in den Backofen steckst und den Gashahn aufdrehst...?"[9]

Versuchen Sie einmal, sich den umgekehrten Fall vorzustellen, eine Kolumne wie etwa „Lieber Abbott". Abbott gibt den Rat: „Eine Frau, die einen Liebesbeweis von dir will, nämlich die Erfüllung ihrer Primär-Phantasie (die Ehe), verlangt von dir, daß du den Kopf in den Backofen steckst und den Gashahn aufdrehst..." Würden wir Abbott nicht vorhalten, neurotische Vorstellungen von der Ehe zu haben, die er uns aufzwingen wolle? Würden wir nicht dagegen protestieren, daß solche Neurosen gedruckt werden?

Anfang der achtziger Jahre kursierten regierungsamtliche Familienberatungsbroschüren, in denen über Geschlechtsverkehr gesprochen wurde, als wäre er das gleiche wie Schwangerschaft. Die Rückseite einer Gesundheitsbroschüre mit dem Titel „Beratung für Teenager: die Folgen des Geschlechtsverkehrs" beantwortet die Ti-

telzeile der Rückseite, „Was passiert, wenn es zum Geschlechtsverkehr kommt?",
gleich selbst:

„8 von 10 verließen das Gymnasium...
„die Säuglingssterblichkeit ist doppelt so hoch wie bei anderen Babys...
„die Wahrscheinlichkeit, während der Schwangerschaft zu sterben, ist mehr als
doppelt so hoch wie sonst."[10]

Natürlich verlassen keineswegs 80 Prozent aller Teenager, die schon Geschlechtsverkehr haben, das Gymnasium. Allerdings tun es viele, *die keine Geburtenkontrolle praktizieren.* Teenagern wird oft eine negative Einstellung zum Sex eingeimpft,
etwa die, daß ein junges Mädchen nicht mit Verhütungsmitteln in der Handtasche
herumlaufen sollte — denn „dann würde es so aussehen, als würdest du es darauf
anlegen, mit einem Jungen ins Bett zu gehen". Botschaft: Sex ist schmutzig. Broschüren dieser Art helfen also mit, die Katastrophen entstehen zu lassen, die
eigentlich vermieden werden sollen.

Hat sich unser Sex-Vokabular in den letzten zwanzig Jahren wirklich verändert?
Die meisten Wörter, die wir mit Sex assoziieren, werden immer noch in die Nähe
von Kraftausdrücken gerückt. Sagen Sie „Sinnlichkeit" und beobachten Sie, wie
Ihr Gegenüber den Unterschied zur *Sexualität* mit einem warmen Aufleuchten im
Auge quittiert; sagen Sie „Geistigkeit", und sie werden feststellen, wie Ihr Gegenüber dabei einen noch tieferen Kontrast zur Sexualität empfindet. Die Trennung
von Liebe und Sex, von Sinnlichkeit und Sexualität sowie von Geistigkeit und Sexualität verbannt den Sex in die Niederungen des Triebhaften: Sie macht den Sex
anti-sinnlich, anti-geistig und liebesfeindlich. Das ist Schwarzweiß-Denken in Rein-
kultur.

Die meisten Menschen sind der Meinung, daß Gewalt schlecht und Sex gut sei.
Trotzdem werden wohl nur wenige Eltern ihr Kind bitten, den Fernseher abzustel-
len, wenn gerade ein Horror-Western läuft, in dem Männer von Kugeln durchsiebt
werden, vom Pferd fallen und von Pferdehufen zermalmt werden. Wenn wir aber
mitansehen würden, daß unser Kind am Sonntagmorgen einen Sexfilm im Fernsehen sieht, wären die meisten von uns außer sich vor Entrüstung und würden sofort
beim Sender protestieren.

Wir behaupten zwar, unsere Kinder zu sexueller Eigenverantwortlichkeit erziehen zu wollen, aber ein großer Teil der Fernsehzuschauer ist immer noch dagegen,
daß im Fernsehen nicht über Geburtenkontrolle gesprochen wird. Wenn wir uns
ansehen, wofür im Fernsehen ebenfalls nicht geworben werden darf, etwa Feuer-
waffen und Zigaretten (die beide den Tod bringen können) sowie Drogen (die wir
als Laster brandmarken), erkennen wir, daß wir Sex immer noch für ein solches
Laster halten, daß selbst *verantwortungsbewußter* Sex als Laster gilt. Wir nehmen
lieber Abtreibungen hin (oder protestieren lieber gegen Abtreibungen), als durch
Werbung für Geburtenkontrolle anzuerkennen, daß gesunder Sex vielleicht in Ordnung sein könnte.

Während die meisten Männer Beziehungen mit Frauen haben, die ihre Einstellung, Sex sei schmutzig, zu überwinden suchen, müssen viele Männer entdecken, daß sich diese Einstellung anderweitig auf tausenderlei Weise verrät. Einen Mann enttäuschte es zu entdecken, daß manche Frauen, die beim Sex schreien, noch lauter schreien, wenn im Fernsehen die 64 000-Dollar-Frage richtig beantwortet wird.[11] Und Männer, die mit alleinerziehenden Müttern befreundet sind, berichten oft von der außerordentlichen Mühe, die sich diese Mütter geben, ihre Sexualität vor den Kindern verborgen zu halten.

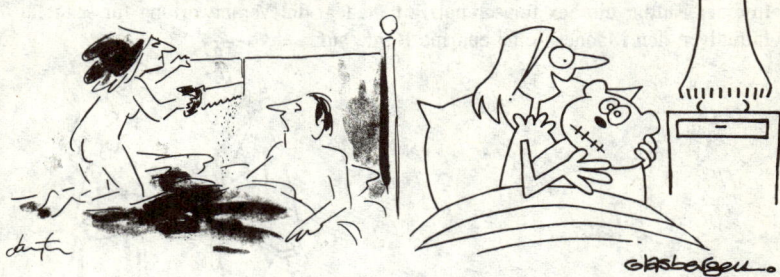

„Schon gut, schon gut, ich werde auf meiner Seite des Betts bleiben."
Cosmopolitan, August 1984

„Weißt du, warum ich dich so lieb habe? Wir können die ganze Nacht schmusen, und du wirst trotzdem nie versuchen, mich zum Sex zu zwingen."
New Woman, Februar 1984

Wie nehmen Kinder solche Botschaften auf? Zunächst machen wir es beiden Geschlechtern unbewußt klar, daß Sex vom Rest unseres Lebens zu trennen sei, indem wir unsere Genitalien vom Rest des Lebens abtrennen: So baden viele Eltern ihre Kinder zwar am ganzen Körper, waschen die Genitalien aber nur oberflächlich. Und wenn ihr Kind öffentlich die Genitalien berührt, runzeln sie mißbilligend die Stirn, nehmen die Hand des Kindes weg oder demütigen ihr Kind vor aller Augen. Manchmal äußert sich die Abtrennung auch darin, daß wir ein Kind bitten, sich einen Badeanzug anzuziehen oder sich in einem anderen Raum umzuziehen. *Wir trennen den Sex vom Rest unseres Lebens ab, und wundern uns dann, wenn unsere Kinder es uns nachtun.*

Sowie wir es geschafft haben, die Genitalien beider Geschlechter als unnatürlich erscheinen zu lassen, sind wir auch bereit, die Genitalien nicht mehr als natürlich anzusehen, sondern als Ware.

Beide Geschlechter lernen, daß Genitalien schmutzig seien. *Ein heranwachsendes Mädchen lernt irgendwann, daß ihre Genitalien zwar schmutzig seien, daß diese abscheulichen Männer aber aus unerfindlichen Gründen diese schmutzigen Genitalien wollen. Sie lernt, daß sie etwas besitzt, was schmutzig und wertvoll zugleich ist.*

Wie kann man es vermeiden, als schmutzig zu erscheinen? Schieben Sie die Verantwortung jemand anderem zu. Und das Geschlecht, das für den Schmutz verantwortlich gemacht wird, genießt kein Vertrauen mehr. So gehen Phasen 2 und 3, „Die Initiative beim Sex ist Sache des Mannes" und „Man kann Männern nicht trauen", Hand in Hand.

Phasen 2 und 3: Männer sind doch alle gleich...

„Ein erigierter Penis hat kein Gewissen"; wenn er aber nicht erigiert ist, nennen wir einen Mann „impotent". Die Folge: Männer wissen nicht mehr, woran sie sind. In einer Kultur, die Sex für schmutzig hält, legt die Verantwortung für sexuelle Initiativen den Männern eine enorme Bürde auf.

„Mit dem würde ich nicht Vater-Mutter-Kind spielen. Da kommst du nie aus dem Schlafzimmer heraus."
Playgirl, April 1983

„Auf keinen Fall, José — Händchenhalten führt unweigerlich zur Sache selbst!"
New Woman, Juli 1984

In diesen Cartoons erkennen wir das Bindeglied zwischen der männlichen Rolle der sexuellen Intitiative und dem Gefühl, daß Sex schmutzig sei — sogar in *Playgirl* und *New Woman*. In *New Woman* fällt auch auf, daß die „neue Frau" nicht die Intitiative ergreift. Und der Mann muß sich anhören, daß er die falsche Taktik gewählt hat. *Frauen fragen oft: „Warum probieren es die Männer bei verschiedenen Frauen mit der gleichen Masche? Die Antwort lautet: Aus dem gleichen Grund, aus dem Frauen für verschiedene Männer das gleiche Parfüm tragen. Wir versuchen es alle immer wieder mit den Maschen, die sich bewährt haben.*

In der Zeitschrift *Playgirl*, die von allen Frauenblättern dem Sex noch am positivsten gegenübersteht, finden wir Hunderte von Cartoons, in denen der männliche Sex herabgewürdigt wird. Stellen Sie sich mal einen Cartoon im *Playboy* mit der Unterschrift vor: „Mit *der* darfst du nicht verheiratet spielen. Du wirst nie aus dem Schlafzimmer rauskommen." Der *Playboy* würde eher einen Cartoon folgenden Inhalts bringen: „Spiel mit der bloß nicht verheiratet... dann wirst du nie *ins* Schlafzimmer kommen."

Das Buch *No Good Men* (siehe folgenden Cartoon) illustriert, wie wir von Männern die Initiative erwarten, was dazu führt, daß Männer ihre Sexualität aktivieren müssen (eine Vorbedingung dafür, daß sie die Initiative ergreifen können), was wiederum dazu führt, daß Männer als potentielle Vergewaltiger in Verdacht geraten:

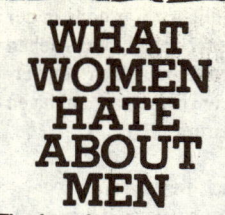

WHAT WOMEN HATE ABOUT MEN

They leave the toilet seat up, they hog the covers, they never call when they say they will, they take phone calls during sex and ...

They consider all forms of physical affection as foreplay.

MY GOD, ALAN! IT WAS MERELY A PAT ON THE KNEE. NOTHING MORE!

RIP

WAS
FRAUEN
AN MÄNNERN
HASSEN

Sie lassen den Klodeckel aufgeklappt, sie ziehen einem die Bettdecke weg, sie rufen nie an, obwohl sie es versprechen, sie nehmen beim Sex Anrufe an und...

Sie halten jede Form körperlicher Zuneigung für ein Vorspiel.

„Mein Gott, Alan! Ich hab dir doch nur das Knie getätschelt, mehr war's doch nicht!"

Aus: *No Good Men* von Genevieve Richardson, © 1983 Rick Detorle. Abdruck mit freundlicher Genehmigung von Wallaby Books.

Dieser Cartoon war in *Playgirl* Teil eines Features, in dem Männer in neun aufeinanderfolgenden Cartoons mehr als 40mal herabgewürdigt wurden.

Wenn wir den Spieß einmal umdrehen und statt des Mannes, der nur Sex im Kopf hat, die Frau zeigen, die nur ihre Primär-Phantasie im Kopf hat, könnte folgendes herauskommen:

WHAT MEN HATE ABOUT WOMEN

They leave the toilet seat down, they expect me to call, they take aspirins before sex and fantasize pregnancy after...

They consider all forms of Commitment as foreplay to marriage

I'm glad we met. would you like to do a movie next saturday?

Sounds good!

He's interested! Oh, he'd make a great father to little Johnny.

WAS
MÄNNER
AN FRAUEN
HASSEN

Sie klappen den Klodeckel runter, sie erwarten, daß *ich* anrufe, sie schlucken vor dem Sex ein Aspirin und phantasieren hinterher von Schwangerschaft...

Sie halten alle Formen von Bindung für ein Vorspiel zur Ehe.

Ich bin froh, daß wir uns kennengelernt haben. Würden Sie am Sonnabend mit mir ins Kino gehen?

Hört sich gut an!

(Er ist interessiert! Oh, er wäre für den kleinen Johnny ein großartiger Vater.)

Rollentausch durch den Autor

Warum finden sich diese sexfeindlichen und männerfeindlichen Cartoons in der einzigen Frauenzeitschrift, die dem Sex mit Männern positiv gegenüberzustehen scheint? Ist es wirklich unser Ernst, daß Männer für diesen schmutzigen Sex verantwortlich sein sollen, damit man sie als abstoßend und unzuverlässig anklagen kann? Das scheint in etwa die Botschaft zu sein, aber warum?

Phase 4: Haltet euch die Männer vom Leib, bis sie sich beweisen

Je weniger man den Männern trauen kann, um so mehr müssen sie sich beweisen. Wie wir gesehen haben, besteht selbst in den achtziger Jahren noch eine der geeignetsten Methoden darin, die Früchte jedes Erfolgs auf dem Weg über ein Eheversprechen mit anschließendem Brillanten auf eine Frau zu übertragen. So erweist sich der Mann als vertrauenswürdig, seriös und verantwortlich. Sex ist heutzutage zwar leichter zu haben als früher, aber damit hat der Druck auf die Männer noch lange nicht nachgelassen. *Wir gehen mit Sex zwar etwas freizügiger um, haben unser Mißtrauen gegen Männer aber verstärkt, womit die Männer sich immer noch beweisen müssen.* Welcher Natur die Zurückhaltung einer Frau auch sein mag, ob nun Moral (wie in der Religion), Furcht vor Schwangerschaft oder Mißtrauen dahintersteht, *sind die Restriktionen der Frau, wie berechtigt sie auch sein mögen, zu den Bedingungen geworden, die der Mann erfüllen muß* — er muß sich erst beweisen, bevor ihm Sex „erlaubt" wird.

Ich will keineswegs einem schrankenlosen Sex das Wort reden. Ich trete nur dafür ein, daß beide Geschlechter zu etwa gleichen Bedingungen antreten sollten. Dahin kann es jedoch erst dann kommen, wenn beide Geschlechter die Initiative ergreifen — was wiederum nur dann möglich ist, wenn sich beide Geschlechter gleichermaßen für das Haushaltseinkommen verantwortlich fühlen. Es wäre zwar einfach und angenehm, diese Dinge säuberlich auseinanderzuhalten, aber gerade diese Trennung hat viel zum wechselseitigen Mißverständnis zwischen Männern und Frauen beigetragen.

Warum hat die Moralische Mehrheit die männliche Sexualität weniger streng verurteilt als die Feministinnen? Zum Teil vielleicht, weil die traditionelle Frau für die Erfüllung ihrer Sicherheitsbedürfnisse zu sehr auf einen Mann angewiesen war, um sich den Anschein einer Männerhasserin zu geben. Männerhaß wurde nur mit Freundinnen erörtert, hinter dem Rücken der Männer, aber nie öffentlich in einer Zeitschrift geäußert. Statt das Mißtrauen in die männliche Sexualität offen zu äußern, konzentrierte sich die Frau statt dessen auf ihre Abneigung gegen Geburtenkontrolle, auf die Furcht vor Schwangerschaft und Krankheit und auf religiöse Überzeugungen, um einen Mann auf Abstand zu halten, bis er sich bewies. Ob diese Überzeugungen berechtigt waren oder nicht, die Wirkung auf die Männer blieb die gleiche. Dr. Kristin Luker hat in den USA eine landesweite Studie über Abtreibungsgegnerinnen und -befürworterinnen erstellt. Sie fand folgenden bemerkenswerten Unterschied heraus: *Abtreibungsgegnerinnen gehen fast immer davon aus, daß ein Mann ihre Haupteinnahmequelle sein wird.* Daher darf die geheiligte Rolle der Frau als potentielle Mutter durch Abtreibungen nicht gefährdet werden.

Umgekehrt: Frauen, die sich die Möglichkeit einer Abtreibung offenhalten wollen, wollen sich fast immer auch die Möglichkeit einer eigenen Berufstätigkeit offenhalten.[12] Sie wollen wählen — Karriere oder Kind. Die Abtreibung läßt ihnen diese Wahl.

Dies bedeutet jedoch nicht, daß die Befürwortung von Abtreibungen und religiöse Überzeugungen unaufrichtig oder oberflächlich wären. Unsere ernstesten Überzeugungen entstammen unserem Selbstbild. Ideologie, Religion und Atheismus haben eines gemeinsam: Sie folgen dem eigenen Interesse. Und so wurden im Verlauf der siebziger und achtziger Jahre wieder alte Töne laut: Abtreibung sei Mord, hieß es plötzlich wieder, oder Herpes sei eine Strafe Gottes für die Zügellosen. Damit sollte dem „Fortschritt" jener entgegengewirkt werden, die Sex von Bindung trennen und höchstens freiwillig, nicht aber auf Befehl zusammenbringen wollten. Auch Homosexuelle gerieten wieder in Bedrängnis; auch sie stellen für die Vorstellung, daß die Ehe eine Vorbedingung des Sex sei, eine Bedrohung dar. Wenn sich diese Vorstellung bei Homosexuellen nicht anwenden läßt, wie sollten wir sie bei Heterosexuellen passend machen? Viele hatten das Gefühl, der Zügellosigkeit würde Tür und Tor geöffnet, wenn die Moral sich weiter lockerte.

Nur wenige Menschen dürften Sex ohne Liebe dem Sex mit Liebe vorziehen. Das männliche Sexualverhalten scheint jedoch dem alten irischen Sprichwort zu folgen: „Sex mit Liebe ist das Schönste auf der Welt. Sex ohne Liebe das Zweitschönste.* Für viele Frauen hört sich „nur Sex" an wie etwa „nur Hausfrau". Aber auch hier wiederum ist es so, daß beide Geschlechter dem Sex unter idealen Bedingungen den Vorzug geben. Männer haben das Gefühl, sich erst beweisen zu müssen, um die neun Bedingungen der Frau zu erfüllen, während sie selbst von den Frauen nur die Erfüllung einer einzigen Bedingung verlangen (vgl. Kapitel 1).

Wenn wir Sex und Liebe verbinden, haben wir *faire l'amour,* und wenn wir Sex und Bindung verbinden, haben wir die *Ehe.* Wenn man sie jedoch trennt, haben wir *Abenteuer für eine Nacht, freien* Sex, Sex *als Zeitvertreib, unverbindlichen* Sex, *billigen* Sex, sämtlich *Sex ohne Vorbedingungen.* Menschen, die *billigen Sex* haben, sind selbst *billig.* Dieses Verdammungsurteil unterstellt, daß sowohl Sex wie Liebe etwas kosten müssen. Sex gegen Geld. Du mußt auf ewig zahlen.

So wie Männer für Sex immer noch zahlen, zahlen auch Frauen, wenn sie ihn zu leichtfertig herschenken — Werturteile wie *promiskuitiv, Hure* oder *Prostituierte* sind auch heute noch aktuell, obwohl bekannt sein dürfte, daß eine Prostituierte ihren Körper keineswegs kostenlos hergibt. Je negativer unsere Einstellung gegenüber dem Sex, um so mehr müssen Männer zahlen, um ihn sich „zu verdienen". Und das erhält unsere unbewußt negative Einstellung zum Sex aufrecht, mit dem unbeabsichtigten Nebeneffekt, daß wir auch zu Männern eine ablehnende Haltung gewinnen.

---

* Ein Beispiel: 91 Prozent der amerikanischen Männer halten Liebe nicht für eine unbedingte Voraussetzung für erfüllten Sex. Diese Zahl stammt aus Anthony Pietropintos und Jacqueline Simenauers *Beyond the Male Myth* (Signet Books, New York 1977), S. 230.

In einem Gruppengespräch in Maine sagte eine junge Frau namens Carly, sie fühle sich „benutzt", wenn ein Mann, mit dem sie zum erstenmal geschlafen habe, sie am nächsten Tag nicht anrufe. Carly erwartete, daß ihr Abenteuer irgendein Ergebnis haben müsse. Sie legte sich aber nie die Frage vor, ob sie vielleicht nicht auch selbst anrufen solle.

Leiden Männer in Sachen Sex unter einem schlechten Ruf? Sobald sie sich gebunden haben, ja. Der Schauspieler Alan Alda wird wegen seiner Treue gepriesen. Wenn ein Mann mit allzu vielen Frauen schläft, ohne sich binden zu wollen, hält man ihn wie Ted Kennedy für einen „Weiberhelden", der die Frauen nur „ausbeute". Warum? Sind die Frauen mit Kennedy etwa nicht freiwillig ins Bett gegangen? *Oder geht man davon aus, daß die Frau ausgenutzt wird, weil sie nichts als Sex erhält?* Wenn solche Männer Weiberhelden sind, müßten die entsprechenden Frauen eigentlich „mannstoll" sein. Was tun sie für den Mann, nachdem *er* ihnen Sex gegeben hat? Beide Geschlechter können in einen schlechten Ruf geraten.

Ein Mann muß mit Ablehnung fertig werden, wenn er sich zuvor nicht als würdig beweist, und bekommt einen schlechten Ruf, wenn er später nicht mehr bietet als nur Sex.

Phase 5: Der Zyklus Sexobjekt/Erfolgsobjekt

Ich habe schon darauf hingewiesen, daß die männliche Rolle, in sexueller Hinsicht die Initiative ergreifen zu müssen, die Männer dazu bringt, Frauen zu Sexobjekten zu machen, damit eine mögliche Ablehnung weniger weh tut; ferner darauf, daß der Zeitraum einer möglichen Ablehnung um so länger wird, je länger die Freundschaft vor dem Sex dauert. Die Männer wehren sich gegen Freundschaft vor dem Sex, was die Entfremdung der Frauen von den Männern fördert und die Wahrscheinlichkeit steigert, daß die Frau den Mann ablehnt, was ihn nur noch mehr dazu bringt, sie zum Objekt zu machen, was sie weiter entfremdet und ihre Ablehnung verstärkt, was wiederum dazu führt... Der Teufelskreis ist da.

In den sechziger und siebziger Jahren wurde die Lösung des Problems fälschlicherweise darin gesehen, daß man die Zeitspanne vor dem Sex abkürzen müsse. Aber sobald es Mode wurde, schon gleich nach dem Kennenlernen miteinander ins Bett zu gehen, wurde dies zu einem Teil des Problems, denn eine Mode hat mit individuellen Bedürfnissen und Gefühlen nichts zu tun.

Allmählich erkennen immer mehr Menschen, daß die wirkliche Lösung anders aussieht: Die Verantwortung für das Einkommen muß gemeinsam getragen werden, damit wir das unbewußte Bedürfnis überwinden, die Begierde des Mannes stärker zu halten als die der Frau, damit sich die Männer durch kurz- oder langfristige Zahlungsverpflichtungen (sprich: die Ehe) die Sexualität einer Frau erst verdienen müssen.

An diesem Punkt unserer genetischen Geschichte ist ein großer Teil der Kluft zwischen männlicher und weiblicher Begierde zweifellos biologisch bedingt. Die Lösung: Wir müssen uns weit mehr Mühe geben, die Sozialisation von Kindern darauf anzulegen, die Kluft zu überbrücken, statt sie noch weiter aufzureißen.

Im täglichen Leben würde dies bedeuten, daß die 150 Phasen einer sexuellen Initiative zwischen Augenkontakt und sexuellem Kontakt von beiden Geschlechtern gemeinsam getragen werden müssen. Wir haben gesehen, wie weit wir davon noch entfernt sind. Solange der weibliche Körper aber in Werbung und Medien noch weit mehr angepriesen wird, werden wir die „Bedürftigkeit" der Männer verstärken und damit auch den Ansporn für die Männer, die Initiative zu ergreifen.

Der Preis dieser Einseitigkeit zeigt sich in dem Morast des Zyklus „Sexobjekt/Erfolgsobjekt": Männer machen Frauen zu Sexobjekten, bevor sie die Initiative ergreifen; Frauen machen Männer zu Erfolgsobjekten, eine Vorbedingung für die Ehe. Zu den Konsequenzen für die Frauen gehört Vergewaltigung; die Konsequenzen, die Männer zu Erfolgsobjekten machen, schließen auch den Krieg ein.

Phase 6: Die Frau als Sexobjekt macht Vergewaltigungen erst möglich

Die ersten fünf Phasen haben bei den Frauen einen tiefverwurzelten Zorn ausgelöst, weil sie sich von den Männern zu Objekten herabgewürdigt fühlen und weil die Männer das ernstgemeinte Nein einer Frau nicht wahrhaben wollen. Bei den Männern haben diese fünf Phasen einen Zorn auf Frauen ausgelöst, der mit jeder neuen Ablehnung nur noch größer wird. Bei Frauen erzeugen die fünf Phasen eine Verachtung für Prahlhänse und Männer, die sich mit schwachsinnigen Maschen an sie heranmachen; bei Männern lösen sie eine Verachtung für Frauen aus, die sich an der Verantwortung für den ersten Schritt nicht beteiligen wollen — die erst nein sagen, sich dann aber doch willig ins Bett ziehen lassen. Bei Frauen lösen sie Selbstzweifel darüber aus, aus welchen Gründen sie eigentlich geschätzt werden, denn selbst das Auflegen von Make-up verstärkt die Selbstzweifel und das Gefühl, ein Objekt zu sein; bei Männern entstehen Selbstzweifel, was ihre Eigenschaften betrifft, die selbst Erfolgstypen befallen, die sich als Erfolgsobjekte sehen.

Zorn, Verachtung, Frustration, Unsicherheit und Selbstzweifel führen bei beiden Geschlechtern zu einem Gefühl der Machtlosigkeit und einer Neigung zur Gewalt, führen dazu, daß beide Geschlechter sich gegenseitig auf spezifische Weise zu Objekten machen und vergewaltigen. Dieser Teufelskreis wird erst dann durchbrochen werden, wenn Sex nicht mehr als schmutzig gilt und den Männern nicht mehr die Rolle auferlegt wird, das schmutzige Geschlecht zu sein.

Wie ich's auch mache, ich mache es falsch

> *„Ein feministischer Mann ist wie eine Riesengarnele — bei beiden fragt man sich, wozu sind sie eigentlich da."*
> Die Komikerin Cassandra Dans von den High Heeled Women

> *„Vorsicht bei dem Mann, der die Emanzipation der Frau preist; er hat wahrscheinlich vor, seinen Job aufzugeben."* Erica Jong (1980)

Wenn man das Erica Jong-Zitat umdreht, könnte es so lauten: „Vorsicht bei der Frau, die Spaß am Sex hat; sie will dich nur zur Ehe zwingen."

In vielen Büchern und Zeitschriften werden Männer beschuldigt, sie hätten Angst zu sagen: „Ich liebe dich", weil das einer Frau Macht über sie verleihen würde;[13] in anderen wirft man ihnen gerade das vor, weil sie angeblich die sexuelle Macht über eine Frau gewinnen wollten.[14] Solange es nur gegen die Männer geht, protestiert niemand.

Wenn eine Frau beim Mann Fellatio praktiziert, heißt es meist, sie „bediene" ihn; beim Cunnilingus heißt es, der Mann „kontrolliere" die Frau.[15]

In den vergangenen zwei Jahrzehnten hat der bewußte Mann immer wieder zu hören bekommen, die Monogamie sei eine männliche Erfindung zur Kontrolle der weiblichen Sexualität, und gleichzeitig erfahren, die Männer machten sich nur deshalb zu Fürsprechern der „aufregenden Monogamie", da sie die männliche Vorherrschaft sichere, die Frauen aber emotional im Regen stehen lasse.[16]

Dr. Joyce Brothers schreibt, daß 40 von ihr untersuchte Frauen aus allen gesellschaftlichen Gruppen (von denen *keine* eine Therapiepatientin war) sämtlich Orgasmen vortäuschten.[17] *Alle* diese Frauen täuschten sie mindestens *jedes zweite Mal* vor. Und trotzdem beschuldigt man die Männer, die sexuelle Erfüllung der Frauen lasse sie kalt. Wie wäre einer Frau zumute, wenn ein Mann die Begeisterung über ihr neues Kleid nur vortäuschte und sich dann fragte, warum sie es weiterhin trägt, da er nämlich zu dem Schluß gekommen ist, sie hätte seine Abneigung doch spüren müssen?

Es ist ein Zeichen männlicher Anpassung, daß sich die Männer über ihr „was ich auch mache, ich mache alles falsch" klargeworden sind und sich entweder mehr zurückgezogen oder aber gewehrt haben. Beide Geschlechter täuschen lieber emotionale Reaktionen vor, als sich der Mißbilligung des anderen Geschlechts auszusetzen.

Warum trennen Männer ihre Gefühle vom Sex?
In Wahrheit hat Sex für Männer sehr viel mit Gefühlen zu tun. Wenn wir sagen, Männer trennen ihre Gefühle vom Sex, meinen wir damit eher, daß sie den Sex von emotionaler Bindung trennen. Das heißt, sie trennen Sex von *den Gefühlen,* die Frauen bei Männern gern sehen würden. Das erklärt auch, warum diese Klage meist von Frauen zu hören ist.

Sex hat für Dennis etwa genausoviel mit Gefühlen zu tun wie ein Studentenball für Dawn. Beide wollen ihre Primär-Phantasie für einen Abend erfüllt sehen. Dabei geht es beiden nicht unbedingt um den anderen Menschen, sondern vielmehr um das Erlebnis, das der andere bietet — Sex oder Studentenball. Wenn der andere etwas Besonderes ist, wachsen auch die Gefühle. Aber wenn Dawn das Gefühl hat, ihre Erregung könne Dennis glauben machen, sie sei bereit, mit ihm ins Bett zu gehen, bevor sie es tatsächlich ist, oder wenn Dennis das Gefühl hat, seine Erregung werde Dawn das Gefühl geben, er sei zu einer Bindung bereit, obwohl er es noch gar nicht ist, werden sich beide gezwungen sehen, ihre Gefühle abzuschalten, um den anderen nicht in die Irre zu führen.

Beide Geschlechter trennen ihre Gefühle oft von dem, was das jeweils andere

Geschlecht an Gefühlen gern an uns erleben würde. Wir tun dies vor allem dann, wenn wir das Gefühl haben, daß das andere Geschlecht unser Interesse an seiner Primär-Phantasie sehen will, bevor wir bereit sind, diese zu erfüllen.

Wenn ich die Initiative ergreife, scheinen sich die Männer zurückzuziehen... Wie kommt das?

Viele Männer zucken tatsächlich zurück, wenn eine Frau den ersten Schritt tut. Umgekehrt genauso. Je mehr jemand die Initiative ergreift, um so mehr Ablehnung wird er erhalten — und um so wahrscheinlicher wird auch, daß er oder sie seinen/ihren idealen Partner/Partnerin findet. Menschen, die die Initiative ergreifen, suchen sich Menschen aus, die *sie* wollen, nicht unbedingt Menschen, die sich für sie interessieren. Folglich werden sie abgewiesen. Es ist nicht etwa so, daß der Mann mit einer Frau nichts anzufangen wüßte, die selbst die Initiative ergreift. Wenn ein Mann sich für eine Frau interessiert, hätte er absolut nichts dagegen einzuwenden.

Es gibt jedoch einen Grund, der selbst interessierte Männer zurückschrecken läßt. Dieser Grund ist der Leistungsdruck — das Gefühl, daß „sie mich will; er muß stehen, wenn sie es will".

Leider sieht es jedoch so aus, daß Zeitschriftenartikel und Cartoons Männer wegen ihrer mangelhaften Leistung rügen, je mehr ein Blatt wie etwa *Playgirl* dazu neigt, seine Leserinnen die Botschaft „Sex ist okay" vermitteln will. Ein klares Beispiel für Leistungsdruck bietet der folgende Cartoon:

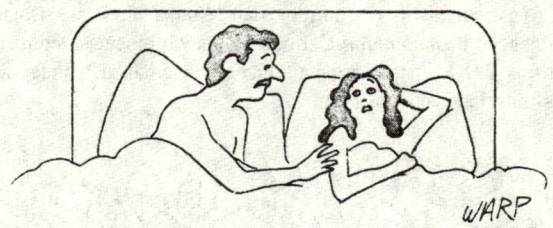

„Oh, es ist nichts. Es ist nur so, daß du als Phantasie besser warst." *Playgirl,* Dezember 1982

Dutzende von *Playgirl*-Cartoons zeigen Frauen, die sich über Männer lustig machen, nur weil diese sich bei dem Versuch, den Frauen zu gefallen, zum Affen machen. Das ist etwas völlig anderes als die Wut auf Frauen in Blättern wie *Playboy* und *Penthouse.* Hier geht es meist um eine Abwehr gegen Ablehnung und nicht um Kritik an einer Frau, die den Mann zwar akzeptiert hat, im Bett aber miserable Leistungen zeigt.

Wenn *Playboy* und *Penthouse* immer wieder Cartoons mit Männern brächten, die beim Sex mit einer Frau gelangweilt oder kritisch erscheinen, *könnte der Eindruck entstehen, daß die Männer die Frauen ablehnten, um ihre eigene sexuelle Aversion zu verbergen.*

„Oh, es ist nichts. Es ist nur so, daß du als Phantasie besser warst."

Rollentausch durch den Autor

Phantasie und Angst

Die Vermutung, daß die Ablehnung von Männern nur eine Tarnung für die sexuellen Aversionen der Leserinnen sind, erhärtet sich, wenn wir uns den Unterschied zwischen Cartoons in *Playgirl* und *Cosmopolitan* ansehen. *Playgirl* kritisiert die Männer wegen ihrer mangelhaften Leistungen bei komplizierteren Sexspielen, während *Cosmopolitan* deren mangelhafte Leistungen auch beim einfachsten Akt bemängelt. Eine Studie über die Sexualität von *Cosmopolitan*-Leserinnen[18] enthüllte, daß die *Cosmo*-Frau auch vor einfachsten Dingen Angst hat (wie etwa Geschlechtsverkehr bei Tageslicht). Indem sie sich auf der Ebene über Männer lustig macht, auf der sie sich selbst noch nicht ganz behaglich fühlt, kann die Frau sagen: *„Ich habe keine Angst vor Sex; es ist nur so, daß Männer alles falsch machen."*

In dem folgenden *Cosmopolitan*-Cartoon finden wir einen weiteren Hinweis auf dieses Bedürfnis nach Selbstbestätigung: Die Frau unterhält sich hinter dem Rücken des Mannes mit einer anderen Frau.

„Bei Ronald wäre ich zu allem bereit, aber das steht der nie durch."

Cosmopolitan, September 1984

Ich mag es nicht, daß meine Kinder mich mit ihm im Bett sehen, solange ich nicht weiß, ob er nicht bald wieder verschwinden wird

Es gibt zwei neue Situationen, die den neuen Sex dem alten ähnlicher werden lassen: sexuell übertragbare Krankheiten wie Herpes und AIDS sowie die Frau als alleinerziehender Elternteil. Herpes und AIDS bedürfen keiner näheren Erläuterung. Sehen wir uns aber das Dilemma der alleinerziehenden Frau einmal näher an.

Sophie ließ Henry oft bei sich übernachten, aber er mußte immer aus dem Haus gehen, bevor die Kinder aufwachten. Henry gefiel es aber nicht, den Wecker auf Viertel vor fünf zu stellen, sich zu duschen, sich zu rasieren und zu verschwinden, bevor die Kinder durch das Geräusch seines wegfahrenden Wagens geweckt werden konnten; es gefiel ihm nicht, auf dem Weg zur Arbeit zu frühstücken oder vor der Arbeit eine Stunde totzuschlagen, so daß er schon erschöpft war, bevor der Tag auch nur halb vorüber war. Sophie war eine traditionell erzogene Frau. *Henry hatte erst das Gefühl, sich beweisen zu müssen, bevor er über Nacht bleiben konnte, und jetzt mußte er sich nochmals beweisen, bevor er den Kindern als Sophies Bettgenosse vorgestellt werden konnte.* Eine doppelte Gefährdung.

Als ich Henry und Sophie in Atlanta bei einem Gruppengespräch kennenlernte, standen sie kurz davor, sich wegen dieser Frage zu trennen. Henry meinte, sich an Sophie nicht binden zu können, bevor er zu ihren Kindern eine wirkliche Beziehung aufgebaut hatte und mit ihr mehr Zeit verbringen konnte; außerdem wollte er auch weiterhin mit ihr schlafen. Sophie meinte, es sich nicht leisten zu können, die Kinder mitansehen zu lassen, daß sie mit „vielen Männern" schlief, und daher brauche sie eine stärkere Willensbekundung zu einer späteren Bindung. Henry hielt das für heuchlerisch; immerhin schlief sie mit ihm: „Wenn es in Ordnung ist, mit mir ins Bett zu gehen, wäre es dann nicht richtiger, es den Kindern zu sagen? Und wenn es nicht in Ordnung ist, solltest du vielleicht gar nicht mehr mit mir schlafen..." Sophie wußte sofort, was *das* bedeutete.

Indem Henry vor allem den Sex im Kopf hatte, übersah er die Frage der Stabilität. Es kann für ein Kind sehr verwirrend sein, erst gefühlsmäßig an einen Mann gebunden zu sein*, und dann, wenn die Erwachsenen sich trennen, den Mann plötzlich verschwinden zu sehen. Und Sophie hatte übersehen, daß das Versäumnis, Henry den Kindern vorzustellen, für sie eine Art Ersatz-„Entzug" geworden war, da sie ihrem Freund den Sex nicht vorenthalten hatte.

Sophie hatte sich entschlossen, ihren neuen Freund den Kindern nicht vorzustellen, da sie mit ihrem letzten Freund Pat eine Enttäuschung erlebt hatte. Nachdem sie und Pat sich getrennt hatten, waren die Kinder schockiert gewesen und hatten sich ausgeschlossen gefühlt. („Warum kommt Pat heute abend nicht zu uns, Mami?") Hätte Sophie die Enttäuschung ihrer Kinder verringern können? Ja. Sophie hatte sich schuldig

---

* Anders herum kommt dies weit seltener vor, da, wie bereits erwähnt, Frauen in mehr als 90 Prozent der Fälle das Sorgerecht für die Kinder erhalten.

gefühlt, da sie mit Pat ins Bett gegangen war, obwohl noch nicht feststand, ob sie zusammenbleiben würden. Folglich hatte sie Pats Anwesenheit *überbetont* und ihre Kinder somit nicht darauf vorbereitet, daß Pat eines Tages wieder verschwinden konnte.

Als Sophie gelernt hatte, sich weniger schuldig zu fühlen, und es auch nicht mehr für so notwendig hielt, Henry etwas vorzuenthalten, bis er sich „erklärte", konnte sie ihn den Kindern auch vorstellen, ohne seine Bedeutung zu übertreiben. Um das zu erreichen, mußte sie die Erwartung überwinden, daß Henry sich im Austausch gegen Sexualität erst beweisen müsse. Nachdem sie sich von dieser Vorstellung gelöst hatte, wurden sie und Henry mehr und mehr zum Team, statt gegeneinander zu arbeiten. Die „Team-Lösung" schien ein natürlicherer Weg zu einer Bindung zu sein als eine moderne Variante des Sex-Entzugs.

Männer sind doch *wirklich* ein bißchen pervers, nicht wahr?

„Als Sekretärin scheinen Sie perfekt zu sein. Und wie können Sie mit einer Peitsche umgehen?"

Playgirl, Juli 1983

Selbst in einem Blatt wie *Playgirl* wird die männliche Sexualität mit der Absicht eines Mannes in Zusammenhang gebracht, sadomasochistische Praktiken zu einer Vorbedingung für ein Arbeitsverhältnis zu machen — siehe obigen Cartoon. Sind Männer wirklich so?

In der größten US-amerikanischen Studie über Alleinstehende (von Jacqueline Simenauer und David Carroll) wurde herausgefunden, daß zwei Prozent mehr heterosexuelle Männer als heterosexuelle Frauen zu sadomasochistischen Praktiken neigen: fünf Prozent gegenüber drei Prozent.[19] Bedeutet dies, daß Fesselung ein vorwiegend männlicher Fetisch ist? Bei der Befragung gab fast ein Drittel aller Befragten Lesbierinnen zu, solche Praktiken zu pflegen, während nur sieben Prozent der homosexuellen

Männer sich dazu bekannten. Ein anderes, ähnliches Ergebnis: „Fast *die Hälfte* aller Lesbierinnen gibt Gruppensex zu" — dagegen nur 30 Prozent der homosexuellen Männer.[20] Dies bedeutet jedoch nicht, daß weniger Männer ihre Partner zu Objekten machen oder auf andere Weise anonymen Sex haben (wie etwa in Schwulensaunen); es bedeutet nur, daß wenn man den Sex aus dem männlich-weiblichen Kontext herauslöst und damit auch aus seinen ökonomischen Implikationen, verhalten sich beide Geschlechter durchaus ähnlich. Das Mißtrauen bleibt jedoch allein den Männern und nicht den Frauen. Nicht verwunderlich, daß ein Blatt wie *Playgirl* den Spaß am Sex zu fördern scheint, während die wahre Botschaft so aussieht: „Mißtraut den Männern und ihrer Sexualität." Die Folge? Die Männer werden auch weiterhin in der unterlegenen Position dessen gehalten, der sich erst noch beweisen muß.

„Männliche Macht kontrolliert die Körper von Frauen"
Wir kennen alle die „Geschichte" der männlichen Kontrolle über die Körper der Frauen mit Hilfe des Kampfes gegen Geburtenkontrolle und Abtreibung. Es wird leicht vergessen, daß die Suffragetten, die Feministinnen der Jahrhundertwende, sich gleichfalls gegen Geburtenkontrolle und Abtreibung aussprachen[21]; es wird auch die Tatsache ignoriert, daß die engagiertesten Kämpfer für das Recht des ungeborenen Kindes auf Leben fast sämtlich Frauen sind, die ihre Familien in einem solchen Ausmaß vernachlässigen, daß inzwischen einige der enttäuschten Ehemänner ein „Recht auf ihre Frauen" proklamiert haben.

Vergewaltigung, so heißt es, sei ein Ergebnis männlicher politischer Macht und wirtschaftlicher Macht. Wenn das so ist, wie kommt es dann, daß Frauen schwarze Männer fünfmal häufiger als Vergewaltiger anzeigen als weiße Männer?[22] Haben die Schwarzen plötzlich mehr politische und wirtschaftliche Macht gewonnen? Vielleicht entspringt Vergewaltigung nicht der Macht, sondern vielmehr der Machtlosigkeit.

In sexuellen Dingen haben die Männer eine Doppelmoral, und die habe ich jetzt satt...

In jeder Studie über die Zahl der Sexualpartner von Männern und Frauen, die ich je gesehen habe, findet sich die Feststellung, daß Frauen viel weniger Sexpartner haben als Männer. Aber mit wem schlafen dann diese heterosexuellen Männer? Möglicherweise mit Prostituierten? Die Statistik weist immer noch eine riesige Kluft auf, selbst wenn man Prostituierte nicht mitzählt. Bei Unverheirateten hatten beispielsweise 61 Prozent der Männer Sex mit 10 oder mehr Frauen gehabt; jedoch hatten nur 31 Prozent der Frauen mit 10 oder mehr Männern geschlafen.[23] Liegt das vielleicht daran, daß Ehefrauen mit Junggesellen schlafen? Nein. Sämtliche Statistiken zeigen, daß *Frauen aller Kategorien* mit weniger Männern Sex haben als umgekehrt Männer mit Frauen. Überdies ist bei Frauen auch die sexuelle

Frequenz geringer. Das ist natürlich statistisch unmöglich. Was die Statistiken wirklich zeigen, ist die Zahl der Sexpartner, die jeder Befragte *zugibt.**

Die doppelte Moral besteht im Unterschied zwischen dem, was Männer und Frauen zugeben wollen, und nicht dem, was sie tatsächlich tun. Wir gestehen Frauen nicht das gleiche Recht zu wie Männern, Seitensprünge zuzugeben, und damit wird verständlich, daß sich Frauen auch zu weniger Ehebrüchen bekennen. Wir sollten das also als Tatsache anerkennen, statt Statistiken zu glauben, die nicht nur aus dem Grund unstimmig sind, daß sie die Klischeevorstellung vom untreuen Mann verstärken.

Ich muß meine Affären geheimhalten... Es würde sein Ego verletzen, wenn ich's ihm erzählte

Wenn wir uns erst einmal klargemacht haben, daß der „untreue Mann" ein statistischer Mythos ist, können wir uns auch darüber klar werden, wie sich ein solcher Mythos im täglichen Leben verstärkt. Trish und Tom hielten ihre Seitensprünge voreinander geheim. Trish tat es, weil „Tom es nicht verkraften würde; es würde sein männliches Ego verletzen — seinen männlichen Stolz". Tom gab zu, daß es ihn *tatsächlich* verletzen würde. Warum? „Weil mir Trish glatt ins Gesicht gesagt hat, daß Sex für sie nicht einfach nur Sex sein könne. Sie würde nicht einfach losgehen und mit einem anderen Mann schlafen, solange in unserer Beziehung alles in Ordnung sei — nur dann, wenn sie sich gefühlsmäßig beteiligt fühle. Wie kann sie erwarten, daß mich so etwas nicht verletzt?"

Tom erklärte, er beichte seine Affären nicht, weil Trish ihm klar gesagt habe: „Ich kann einfach nicht begreifen, wie du einfach so mit einer Frau ins Bett springen kannst." Da Trish ihm klargemacht hatte, daß sie ihn nur mißverstehen würde, hatte Tom das Gefühl, daß nichts gewonnen wäre, wenn er Trish Geständnisse machte. Er würde nur ihre Beziehung in Gefahr bringen. Und für Tom bedeutete ein Seitensprung nicht den Wunsch, seine Beziehung mit Trish zu gefährden.

Trishs Bemerkung: „...das würde sein Ego verletzen" verrät die Absicht, Tom nicht verletzen zu wollen. *Indem sie ihr Schweigen auf sein verwundbares Ich zurückführt, schiebt sie ihm die Verantwortung zu.* Dabei wird die Verachtung für sein „zerbrechliches männliches Ego" noch verstärkt. Stellen Sie sich mal vor, Tom würde sagen: „Ich habe es Trish nicht erzählt, weil es ihre weibliche Identität beschädigen würde." Dann würden wir sofort sowohl seine Verachtung wie seine Tarnung spüren. Und was wollte Trish tarnen? Daß Tom sich verletzt fühlen könnte, weil er sie beim Wort nahm — „Sex kann für mich nicht einfach nur Sex sein..." —,

---

* Man könnte sagen, daß Männer die Zahl ihrer Partner übertreiben. Bei eigenen Untersuchungen habe ich herausgefunden, daß jüngere Männer, etwa Oberschüler und Studenten, zu Übertreibungen neigen, während Ehemänner weniger Seitensprünge zugeben, als sie tatsächlich haben, bei ihnen ist aber die Kluft zwischen Wirklichkeit und Eingeständnis kleiner.

und daß sie sich verletzt fühlen könnte, da sie Toms Feststellung, Sex sei für ihn einfach nur Sex, nicht akzeptieren konnte, auch nicht die Tatsache, daß seine Seitensprünge keine Drohung bedeuten sollten.

Da es zwischen der Zahl der männlichen wie der weiblichen Sexualpartner keine signifikanten Unterschiede gibt, kann niemand genau sagen, wie groß der *tatsächliche* (im Gegensatz zum zugegebenen) Unterschied zwischen der Zahl von männlichen wie weiblichen Seitensprüngen ist. Wir sehen nur eine unterschiedliche Bewertung von Ehebrüchen. Und darin, was beide Geschlechter zugeben. Das ist die einzige Doppelmoral, die sich durch Tatsachen belegen läßt.[24]

„Dein Penis ist größer als der eines Gorillas"

In dem Kapitel über Bindung habe ich von der männlichen Intuition gesprochen, wenn es um geheime Vorbehalte einer Frau geht — daß ein Mann sich von einer Frau zurückzieht, wenn er deren Verachtung spürt, normalerweise aber nicht in der Lage ist, mit Worten auszudrücken, was er fühlt.

Eine der häufigsten Formen dieser Verachtung fühlt ein Mann, wenn eine Frau „sein Ego beschützt". Ein großer Teil dieses „Schutzes" wird auf dem Gebiet der Sexualität gewährt. Und was sagt das einem Mann? Daß sie das Gefühl hat, Sex sei für ihn und nicht für sie da und daß sie den Mann für einen Dummkopf hält. Eine Frau, die sich das eingesteht, wird damit in die Lage versetzt, ihre Verachtung einer neuen Prüfung zu unterziehen. Hier ein Beispiel dafür, wie sich die Verachtung in Dr. Joyce Brothers' Frauenratgeber zeigt. Dr. Brothers verrät uns, wie eine Frau einem Mann „helfen" kann, der sich um die Größe seines Penis sorgt; zwei Frauen unterhalten sich.

„Ich sage ihm, daß seiner größer ist als der eines Gorillas. Das geht den Männern runter wie Öl", sagte sie.

„Weißt du, wie groß der Penis eines Gorillas ist?"

Ich mußte gestehen, ich wisse es nicht.

„Er ist winzig", kicherte sie. „Etwa so groß wie mein kleiner Finger!"[25]

Viele Männer sagen: „Ich ruf' dich morgen früh an", und dann tun sie es nicht. Liegt das daran, daß alle Männer Lügner sind?

In vielen Frauenzeitschriften finden sich immer wieder Artikel darüber, warum Männer nach einer gemeinsamen Nacht nicht anrufen. Erstens: Eine Frau und ein Mann schlafen miteinander, und der Mann ruft weder an, noch verspricht er es; zweitens: Er sagt: „Ich rufe dich morgen an", und dann tut er es nicht.

Männer, die sich so verhalten, sind sich oft nicht bewußt, daß die fragliche Frau am nächsten Tag vielleicht zu einer Freundin sagt: „Warum hat er nicht angerufen, dieser Scheißkerl." Das kann vor allem dann passieren, wenn sie ihn wirklich mag. Und wenn sie zum erstenmal miteinander geschlafen haben, sind ihre Gefühle meist sehr intensiv.

Ein Mann, der einen Anruf verspricht und sich dann nicht daran hält, *ist* tatsächlich im Unrecht. Ebenso im Unrecht wie eine Frau, die einem Mann sagt, sie werde anrufen, und es dann doch nicht tut — der Mann ist jedoch nicht mehr im Unrecht als die Frau. Wenn eine Frau einen Anruf verspricht und dann nichts von sich hören läßt, wird wahrscheinlich der Mann zum Hörer greifen und sie anrufen. Er wird keinen Freund anrufen und sagen: „Jeannie hat versprochen, mich anzurufen, hat sich aber noch nicht gemeldet." Falls er einem Freund mit einer solchen Klage kommen würde, würde er kein Mitgefühl ernten, sondern nur eine bissige Bemerkung. Bei gleichliegenden Sachverhalten haben wir mit Frauen Mitgefühl, mit Männern jedoch nicht.

Die tiefere Frage lautet jedoch: *Warum hat es nicht die Frau auf sich genommen, ihn anzurufen?* Die selbstverständliche Annahme, daß der *Mann* etwas verspricht oder nicht verspricht, ist der dahintersteckende Sexismus.

Wenn Sex im Spiel ist, ist es noch sexistischer — und schockierender —, mit welcher Häufigkeit „emanzipierte" Frauen gleich den Männern die Schuld geben, wenn diese am Morgen „danach" nicht anrufen, selbst dann, wenn der Mann das gar nicht versprochen hat. Selbst wenn diese Frauen im Büro täglich Dutzende von Malen zum Telefonhörer greifen, fällt es ihnen nicht ein, selbst den Mann anzurufen. *Die Frau geht also davon aus, daß der Mann ihr für den Sex etwas schuldet.* Unausgesprochen wird vorausgesetzt: „Wenn ich ihm Sex *gebe*, sollte er mich *zumindest* mit einem Anruf bedenken."

Die Erwartungen der Frau gehen jedoch noch weiter. Oft läßt sich ihr Vorwurf so übersetzen: „Er sollte wieder mit mir ausgehen", was heißen soll: „Ich wünsche, daß er uns eine Zukunft gibt, wie ich es tue", und das wiederum bedeutet: „Wenn er schon mit mir ins Bett darf, schuldet er es mir, mir die Wahlmöglichkeit zu bieten, eine Zukunft mit ihm zu akzeptieren oder abzulehnen — und zahlen soll er, bis er schwarz wird." *Das macht verständlich, warum Männer ihre Zusagen manchmal vergessen* — oder gar nicht erst Zusagen machen. Und der Mann, der sich gedrängt fühlt, etwas zu versprechen, erliegt der Vorstellung, er schulde der Frau mehr als sie ihm.

Würden emanzipierte Männer einer Frau das gleiche Recht auf einen Anruf zugestehen? Nein. Nicht das Recht, sondern die Pflicht. Frauen, die sich gleichermaßen verantwortlich fühlen wie Männer, machen mit ihnen ganz andere Erfahrungen. Einer solchen Frau ist klar, warum sie manchmal nicht anrufen will, weil sie fürchtet, das könnte zu einem allzu schnellen Wiedersehen führen, obwohl sie selbst gern eine kleine Pause einlegen würde; obwohl sie ihn mag, würde sie nächste Woche lieber mit einem anderen Mann ausgehen.

Frauen, die sich auch selbst in die Pflicht nehmen, teilen die männliche Erfahrung, und Männer spüren ihr Mitgefühl. Ironischerweise lernen solche Frauen nur selten Männer kennen, die sich am Morgen danach nicht mehr melden. Wie die Impotenz ist das Stillschweigen „danach" das Symptom und nicht das Problem. Männer, die ihrem Penis die Schuld geben, und Frauen, die den Männern die Schuld geben, werden beim nächstenmal ein noch schwereres Problem vorfinden.

Seine Männlichkeit ist bedroht — und darum ist er impotent

Unzählige Bäume sind nach dem Fällen zu Papier verarbeitet worden, zu einem *Redbook* und Zeitschriften wie *McCall's, New Woman* oder *Ms.* Immer wird der Frau gesagt, *sie* sei die Schönste im Land — *er* sei das Problem, er mit seiner empfindlichen Seele, seinem männlichen Stolz, seiner bedrohten Männlichkeit, seiner Impotenz und Bindungsangst. Diese Schuldzuweisung stellt für kurze Zeit den Seelenfrieden wieder her, aber dann nagen wieder die weiblichen Selbstzweifel, wie eine Frau die Männer anlocken soll. Damit ist die alte Ungewißheit wieder da. Aus der Sicht der Zeitschriften ist es notwendig, daß die Frau besorgt bleibt; ohne sie würden sich Diät-Artikel und Diät-Produkte schlechter verkaufen lassen, ebenso Make-ups und Deodorants.

Diese Schuldzuweisungen führen aber zu Beziehungen, die von der Hölle auf Erden nicht weit entfernt sind. Oder zu dem Fall der erwähnten *Cosmopolitan*-Leserin, die zu ihrem Lieblingsblatt eine bessere Beziehung hatte als zu Männern.

Wie hilft der Satz „Seine Männlichkeit ist bedroht" einer Frau — oder einem Mann — zu erkennen, was zur Lösung des Problems getan werden muß? Wie soll ein Mann Selbstsicherheit entwickeln, wenn ihm dauernd gesagt wird, „er habe eine empfindliche Seele"? Wie kann der Satz „Die Frauenbewegung ist die Ursache der männlichen Impotenz" Männern, Frauen oder der Frauenbewegung weiterhelfen? Alle diese Anklagen sind manchmal zutreffend. Aber *keine* hilft weiter, wenn man es dabei beläßt.

Es kommt manchmal vor, daß ein Mann bei mir impotent ist. Bedeutet das, daß er keine Lust hat, oder fühlt er sich bedroht?

Ich definiere *Impotenz* so: Ein weicher Penis in einem harten Augenblick. Vielleicht will Gott so auch dafür sorgen, daß ein Mann mit seinen Gefühlen ins reine kommt. Aber nicht einmal Gott hat voraussehen können, daß wir ein Wort geschaffen haben, mit dem die Männer für ihre Machtlosigkeit so sehr verurteilt werden, daß sie vergessen haben, wozu ein weicher Penis eigentlich da ist.

Ein Mann kann sich seinen Penis als eine Art Radar vorstellen. Wenn er weich ist, ist das ein Signal dafür, daß seine Gefühle „abgestellt" sind. Wenn der schlaffe Penis dieses Gefühl nicht vermittelt, *dann* ist der Mann impotent.

„Hier scheint mir eine Schweigeminute angebracht." *Playgirl*, Dezember 1983

Der Begriff *Impotenz* unterstellt, daß die Kraft eines Mannes in seinem Penis sitze. Damit wird der Penis zum Problem, was ein anderes Problem verstärkt: Gehemmtheit. Bei meiner Arbeit mit männlichen Selbsterfahrungsgruppen habe ich herausgefunden, daß fast 90 Prozent aller Fälle sogenannter „Impotenz" durch irgendeine Kombination aus *Gehemmtheit und Angst vor Ablehnung* ausgelöst wurden, manchmal aber auch durch einfache *Abgelenktheit.* Wenn das auslösende Moment in einem Augenblick wirkt, in dem wir von einem Körperorgan erwarten, daß es seine Gestalt verändert, *kann sich dieses Organ nicht konzentrieren.* Unsere Befangenheit verhindert liebevolles Bewußtsein.

Martin, ein Vertreter aus dem Raum Cleveland, hatte zwar nicht den Job verloren, aber seine Karriere verlief nicht so glatt, wie er und seine Frau Glennis es sich bei der Hochzeit vorgestellt hatten. Martin interessierte sich „zunehmend weniger für Sex" und war gelegentlich auch „impotent". Seine Frau Glennis war im Beruf erfolgreicher als er, und beide waren sich darin einig, daß Martin sich „bedroht" fühlte. Was tatsächlich der Fall war. Aber *warum?* Bei der Heirat waren sie davon ausgegangen, daß Martin erfolgreicher sein würde, daß sie inzwischen Kinder haben sollten und daß es ihnen immer besser gehen werde. Martin spürte deutlich die Enttäuschung seiner Frau, daß sie inzwischen auf andere Männer im Büro reagierte und an ihrem Mann zu zweifeln begann. Gerade in dem Augenblick, in dem Martin die Unterstützung seiner Frau am nötigsten brauchte, hatte Glennis die geringste Lust, sie ihm zu geben.

Martins Gefühle waren Angst vor Ablehnung und *Selbst*-Bewußtsein („Enttäusche *ich* sie?" — „Ist sie wütend auf *mich?*" — „Hat sie das Gefühl, daß ich mir nicht genug Mühe gebe?"). Sein gehemmtes Selbstbewußtsein verhinderte ein liebevolles Bewußtsein.

Wie sah für Glennis und Martin die Lösung aus? Sie hatten einmal als Team angefangen — „Gemeinsam packen wir's". Dieses Team-Bewußtsein hatten sie verloren. Martin brauchte das Gefühl, daß sie auch weiterhin ein Team waren, gerade zu einer Zeit, in der er nicht gerade als der wertvollste Feldspieler glänzte. Eine nicht ernstgemeinte Bestätigung durch Glennis wäre nicht hilfreich gewesen. Der Penis spürt die Unaufrichtigkeit. Er weiß genau, wann das Teambewußtsein zurückgekehrt ist. (So wie eine Frau vor Sex zurückschreckt — obwohl sie so manches „Ich liebe dich" gehört hat —, wenn sie spürt, daß die Gefühle des Mannes schwächer werden.) Die Behauptung, Martin fühle sich in seiner Männlichkeit bedroht, war das Ergebnis eines Pakts der beiden Eheleute, Martins Gefühle nicht näher zu untersuchen.

In meinem Buch *The Liberated Man* habe ich vorgeschlagen, den Begriff Impotenz durch „fehlende Bereitschaft" zu ersetzen. Damit wird jedoch unterstellt, daß der Mann sexuell nicht bereit sei. Das ist immer noch ungenau, *denn wenn sich zwei Frauen ohne einen Penis lieben können, dann ist ein Mann mit einem weichen Penis genauso bereit wie eine Frau.* Es gibt kaum etwas, was einem Mann mehr Selbstsicherheit geben kann, als mitanzusehen, wie sich zwei Frauen lieben. Die Liebkosungen und die Zärtlichkeit zu beobachten, die auch ohne einen Penis — mag er hart oder weich sein — zu höchster Erfüllung führen. Er wird damit eine Selbstsicherheit gewinnen, die ihm klar macht, wie unwesentlich sein Penis für die sexuelle Befriedigung ist, so daß er sein Glied künftig eher als nette kleine Zugabe denn als Voraussetzung für seine Sexualität ansehen kann.

Wenn man den Penis als *Erweiterung* der männlichen Sexualität betrachtet, erkennt man, daß der Ausdruck „er ist impotent" etwa so ist, als würde man von einem Menschen mit Kopfschmerzen sagen, *„er ist ein Kopfschmerz".* Wir machen keinerlei Versuch, die Impotenz von der Gesamtpersönlichkeit zu trennen, wie wir es etwa bei Kopfschmerzen tun. Das alles läßt uns ahnen, welcher Leistungsdruck auf Männern lastet — sie sollen Penisse zu Maschinen machen: „Der Penis ist bereit, wenn du es bist."

Inwiefern ist dies ein Teil des neuen Sexismus? Als Drew Susan frigide nannte, nannte sie ihn einen Sexisten. Als Susan sich mit Sheila zusammensetzte, Drews ehemaliger Freundin, lachten die beiden darüber, daß Drew „ihn beim erstenmal nicht hochkriegte". Sie kamen sich dabei gar nicht sexistisch vor. Drew hatte Susan frigide genannt, da sie sowohl gefühlsmäßig wie sexuell nicht auf ihn reagierte. Er hätte sie nie frigide genannt, wenn sie ihn geküßt, ihn berührt und sich ihm geöffnet hätte, es ihr aber schwergefallen wäre, ihn wegen mangelnder Feuchte eindringen zu lassen. *Er hätte sich nie mit einem Freund zusammengesetzt und sich darüber kaputtgelacht, daß Susan „nicht feucht wurde". Den meisten Männern geht es nicht um die physiologische Funktion der Frau, sondern um ihre Begierde.* Und sollte das nicht genau das sein, worauf es bei einem geliebten Menschen ankommt — ob Mann oder Frau?

Wenn Begierde und Sexualität insgesamt die Hauptfragen sind, wie sollen wir dann bezeichnen, was wir einmal Impotenz genannt haben? Wir könnten den Begriff durch eine Verhaltensbeschreibung ersetzen, etwa so: „Er ist in einem Augenblick weich, in dem er am liebsten hart sein würde." Das öffnet uns den Blick für die Gefühle, die zu einem bestimmten Verhalten führen. Vielleicht läßt sich der Begriff „Impotenz" aber auch durch einen kürzeren Begriff ersetzen, der den Blick auf die Gefühle nicht verstellt. Wir könnten etwa sagen „weicher Penis". Wenn er chronisch weich ist, können wir ihn chronisch weichen Penis nennen; wenn das nur gelegentlich vorkommt, handelt es sich um einen gelegentlich weichen Penis. Und dabei dürfen wir nicht vergessen: Der gelegentlich weiche Penis ist ein Glied, das *für* uns arbeitet. So wie unser Schmerzempfinden spüren läßt, daß mit dem Körper etwas nicht in Ordnung ist.

Der neue Sexismus ist also ein Teil unseres Bedürfnisses, unsere wichtigsten Konkurrenten zu Feinden zu machen, ein Bedürfnis, das vor allem bei Frauen entstand, bei denen kein Mann für wirtschaftliche Sicherheit sorgte. Es entstand zu einem Zeitpunkt der Geschichte, als sich Frauen von Männern scheiden lassen konnten und der ehemalige Ernährer plötzlich zum Konkurrenten geworden war.

Die sexuelle Freiheit wurde wieder zum alten Sex, als sie sich nicht mehr mit ökonomischer Freiheit verbinden ließ, als Ehescheidungen den Frauen wirtschaftliche Unsicherheit brachten. Unsere natürliche Reaktion — den Konkurrenten zum Feind zu machen und alles an ihm abzulehnen, angefangen bei seiner Begabung bis hin zur Größe seines Penis — hat Frauen nur ein emotionales Dilemma eingetragen, das „Heirate-den-Feind"-Dilemma. Sie hat viele Männer in so ausweglose Lagen gebracht, daß selbst der Supermann keine Lösung wäre. Beide Geschlechter schieben sich gegenseitig die Schuld zu, aber nie sich selbst — sie sind eher im Kriegszustand als in einem Zustand der Liebe. Menschen, die sich über Psychologie und Kommunikation lustig machen, qualifizieren sie noch mehr ab, wenn sie die Kluft zwischen dem Ziel menschlicher Nähe und dem häufigsten Ergebnis spüren — Enttäuschung. Irgendwie spüren sie, daß wir alle lieber die Messer wetzen, statt uns liebesbereit zu machen.

9.
Gespräche über Sex, Erfolg und zartbesaitete Gemüter

F:*   Warum sind Männer so zartbesaitet?

A: Wenn ich einen Freund ein Manuskript zu lesen gebe — ich meine einem Freund, der meine Bitte um eine kritische Lektüre nicht ganz ernst nimmt —, neigt er dazu, meine Arbeit nur zu loben. Freunde zahlen einen Preis dafür, daß sie uns ablehnen. Arbeitgeber dagegen zahlen einen Preis dafür, daß sie uns akzeptieren. In meiner Branche etwa kann ein Blatt wie *Family Circle* nur ein paar Dutzend der 30 000 Manuskripte annehmen, die jedes Jahr an die Redaktion geschickt werden. Der freie Markt bringt immer wieder neue Ablehnungen. *In der Marktwirtschaft braucht das Ego Schutz vor dieser Ablehnung.* Frauen erhalten einen großen Teil ihres Feedbacks immer noch in persönlichen Beziehungen — von Menschen, die einen Preis dafür bezahlen, daß sie sie ablehnen.

F: Werden die Frauen heute den Männern ähnlicher, da auch sie die Härte der Arbeitswelt zu spüren bekommen?

A: Frauen, die sich einen Teil ihrer Selbstbestätigung in der Arbeitswelt suchen müssen, erleben allmählich einen Bruchteil dessen, wie sich das zerbrechliche männliche Ego auf diesem Feld fühlt. Frauen erleben die Härte der Arbeitswelt jedoch nicht so intensiv wie Männer, denn es gibt da einen wichtigen Unterschied: *Nur wenige Frauen haben Ehemänner, die davon abhängig sind, daß ihre Frauen in der Arbeitswelt akzeptiert oder abgelehnt werden.* Der Druck der Arbeitswelt auf das Ego des Ernährers wird verinnerlicht, und so entsteht ein zerbrechliches Ego. Und dieser Druck ist eine Quelle der Liebe. Das schafft bei Männern einen Zusammenhang von Druck und Liebe, dem sich nur wenige Frauen stellen müssen.

Es tut einem Mann weh, wenn er sehen muß, wie der von ihm geliebte Mensch sich Mühe gibt, die Enttäuschung zu verbergen, weil er abgelehnt worden ist. *Je mehr ein Mann eine Frau als zerbrechlich ansieht, um so*

---

* Manchmal lassen sich Informationen am besten durch ein Frage-Antwort-Spiel vermitteln. Eine allzu vereinfachte Darstellung wäre jedoch eine Beleidigung des Lesers — denn sie ermutigt ihn nicht, sich selbst um eine Antwort zu bemühen. Sie verleitet zu Passivität und dazu, eine Antwort als *die* Antwort zu akzeptieren. F steht für Fragestellerin und A für den Autor.

mehr wird er auch sein eigenes Ich für zerbrechlich halten. Je stärker er ihre Abhängigkeit, Zerbrechlichkeit und Enttäuschung spürt, um so stärker empfindet er die durch die Ablehnung ausgelösten Emotionen. Das ist auch der Grund, warum Emanzipation der Frau und Emanzipation des Mannes so eng miteinander verwoben sind.

F: Stimmt es denn nicht, daß viele Männer ihre Arbeit mehr lieben als ihre Familie?

A: Das ist eine schwierige Frage, denn bei Männern sind Erfolg im Beruf und das Gefühl, von einer Frau geliebt zu werden, *nicht voneinander zu trennen.* Und wenn Kinder da sind, muß sich der Mann noch mehr anstrengen, damit er seine Frau dafür bezahlen kann, daß sie sich zu Hause um die Kinder kümmert. Studien, in denen es heißt, „Männer lieben ihre Arbeit mehr als ihre Familie", behandeln die beiden Dinge, *als wären sie voneinander zu trennen.* Bei Familienvätern ist die Bindung an den Beruf nur selten von der an die Familie zu trennen. Nur in seltenen Ausnahmefällen gibt es Familien, in denen sich beide Eltern alle Pflichten teilen — angefangen bei den Hypothekenzinsen bis zum Universitätsstudium der Kinder. Dann allerdings sind beide mit gleichem Pflichtbewußtsein dabei, wie unangenehm die Berufsarbeit auch sein mag. In solchen Fällen wird eine Frau fast so empfindlich sein wie ein Mann.

F: Warum nur *fast*? Warum nicht gleich, da sie sich doch an allem beteiligt? Und wie steht es mit Frauen, die mehr verdienen als ihre Männer, und alleinerziehenden Müttern?

A: Diese drei Frauengruppen tun sämtlich mehr, als die Gesellschaft von ihnen erwartet. Wie ein Mann, der das Sorgerecht für die Kinder hat und zu Hause kocht und putzt. Was ein Mann auf diesem Gebiet auch leistet, geht irgendwie über die gesellschaftlichen Erwartungen hinaus. Man hält einen Mann nicht für unmännlich, wenn er das tiefgekühlte Fertiggericht anbrennen läßt. Wenn wir außerhalb unserer erwarteten Rolle etwas leisten, wird unser Ego nicht so durch Ablehnung verletzt, denn unser Versagen ist für unser Selbstbild als Mann oder Frau nicht so wichtig.

Das männliche Ego ist zum Teil deshalb so zerbrechlich, weil so viel von ihm abhängig ist, das nach *außen hin* zerbrechlich zu sein scheint (alles, was unabhängig ist, muß als zerbrechlich erscheinen, um auch weiterhin unterstützt zu werden).

F: Männer scheinen selbst im Augenblick des Triumphs um Unterstützung zu bitten. Wie kommt das?

A: Da gebe ich Ihnen recht. Mir wurde das klarer, als ich vor ein paar Jahren mit der Bahn von New York nach Philadelphia fuhr, um einen Freund zu überraschen, der eingeladen worden war, an der University of Pennsylvania zu sprechen. Ich hatte zwar schon gehört, daß er ein guter Redner ist, aber als ich sah, welche Macht er über die Zuhörer ausübte, wie eloquent er war, haute es mich um. Als ich mit ihm und seiner Frau im Wagen nach Hause fuhr, flehte er mich an, ihm zu sagen, was ich von seiner Rede hielt. Er wollte über fast jeden Satz etwas wissen, über seine Reaktionen auf fast jede Frage, über seine Körpersprache, seine Stimme, alles. Zunächst stieß mich diese Egozentrik ein wenig ab. „Immerhin", sagte ich mir, „hat er gerade drei Stunden lang die Bewunderung seiner Zuhörer gehabt — kriegt der Kerl denn nie genug?" Und dann versuchte ich, mich in seine Lage zu versetzen. Mir fiel plötzlich wieder ein, daß es auch mir schon so gegangen war. Auch ich hatte nach einem Vortrag von meinen Freunden detailliert erfahren wollen, wie ich gewesen war. Er hatte nur den Mut, das auch offen zuzugeben. Da war mir ein wenig klarer, um wieviel mehr man riskiert, wenn man sich ins Kampfgetümmel stürzt. Je stärker das Engagement, um so mehr Bestätigung durch Freunde ist nötig. Wer das Risiko der Ablehnung auf sich nimmt, bekommt eine empfindliche Seele.

F: Wie vermeidet es eine alleinerziehende Mutter, das weibliche Gegenstück der empfindlichen Seele des Mannes zu entwickeln, obwohl auch sie sich vielfältigem Druck ausgesetzt sieht?

A: Sie entwickelt oft ein Gegenstück in der Form von Zorn und in der Gestalt des neuen Sexismus. Sie wird zornig, wenn ihre Primär-Phantasie nicht erfüllt wird. Dies und ihre Eitelkeit — das sind ihre Gegenstücke des zerbrechlichen männlichen Egos. Das Kernproblem der alleinerziehenden Mutter ist die *Vielfalt* des Drucks, *der von so vielen Seiten aus* auf sie ausgeübt wird, und nicht die Erwartung, daß sie etwa für ihren ehemaligen Ehemann aufkommen, Unterhaltszahlungen für die Kinder leisten oder für die Restaurantbesuche mit Männern zahlen muß. Alles, was sie verlangt, kostet Geld. Und das macht „den Mann als Brieftasche" für sie genauso wichtig wie die Versorgung der Kinder, die Hausarbeit, die körperliche Anziehungskraft und Kompetenz in finanziellen Dingen. Im Kern läßt sich sagen, *daß ein Mann sämtliche Eier in einen Korb legt.* Was dazu führt, daß die Egos von Männern ebenfalls alle in einem Korb liegen. Jeder Mensch ist überall dort empfindlich, wo er gefühlsmäßig beteiligt ist.

F: Wenn Frauen wegen ihrer Schönheit besorgt sind und dann von einem „begehrten" Mann abgewiesen werden, wie verhalten sie sich dann? Benehmen sie sich dann wie Kinder?

A: Ja. Je mehr eine Frau dazu neigt, völlig auf ihre Schönheit und die Abhängigkeit vom Mann zu setzen, um so mehr wird sie zu einer Kindfrau werden. *Frauen, die nur ihre Schönheit im Kopf haben, sind in dieser Beziehung genauso empfindlich wie Männer in Fragen des Erfolgs.* Es sei denn, wir nennen das Eitelkeit. Ich habe mal eine ehemalige Miss USA erlebt, die das parallele Dilemma von Frauen illustriert. Man hatte mich gebeten, für die Mike Douglas Show einen „Schönheitswettbewerb für Männer" zu veranstalten. Die Kandidaten waren der Schauspieler Alan Alda und die Pop-Gruppe Fifth Dimension. Unter den Juroren saßen Miss Universum und Miss USA. Miss USA und ich kamen früh an. Sie bat mich um meine Meinung über Schönheitswettbewerbe. Ich erklärte ihr, daß sie bei Frauen das Gefühl verstärkten, nur ihr Körper besitze einen Wert. Sie schien mir aufmerksam zuzuhören. Während unserer Unterhaltung, die nur eine Viertelstunde dauerte, kamen sechs Männer ins Zimmer. Sie stellte *allen* sechs Männern eine Frage nach ihrem Aussehen: „Sitzt mein Kleid auch auf der Hüfte richtig?" — „Ist mein Eyeliner verschmiert?" — „Hat mein Kleid Falten?" — „Muß ich noch mehr Rouge auflegen?"

Hier saß eine Frau, die offiziell als eine der zwei Frauen Amerikas mit den schönsten Körpern galt. Gleichzeitig schien sie sich ihres Körpers so unsicher zu sein wie keine andere Frau, die ich je kennengelernt hatte. Sie war eine Kindfrau, die weibliche Ausgabe des Mannes, der nicht erwachsen werden kann. Warum? Sie hatte alles auf eine Karte gesetzt. Mit ihrem Ego hatte sie es genauso gemacht. *Dort, wo sie alles (Quelle ihrer Macht über das andere Geschlecht) investiert hatte, war sie am höchsten entwickelt (Frau) und zugleich höchst verletzlich (Kind).*

Frauen erleben diese Dichotomie auch auf anderen Gebieten. Der Wunsch, ausgeführt zu werden und den Mann zahlen zu lassen, ist eine kindliche Erwartung. Und so wie wir über den Krieg sagen, große Jungen spielen mit großen Kanonen, kann auch das Bemuttern manchmal so sein, daß große Mädchen mit großen Puppen spielen.

F: Bei vielen Frauen kann der Erfolg zu einer Art Manie werden, obwohl sie nicht mit einer „Ölkrise"* aufwachsen mußten — sie brauchten keine Angst zu haben, auf Sex verzichten zu müssen. Wie kommt das?

A: Wenn Erfolg bei Frauen zur Manie wird, haben sie oft das Gefühl, sich in einer Welt beweisen zu müssen, in der man ihnen jede Kompetenz abgesprochen hat. Das kann bei Frauen fast genauso große Zwänge auslösen wie bei Männern, aber aus anderen Gründen. Eine Frau muß die mehr oder weniger subtilen Barrieren der Geschlechtsdiskriminierung überwinden, *dazu noch* die normalen Barrieren jeder Hierarchie; sie muß entscheiden, wie

* Siehe Kapitel 4.

sehr sie sich den männlichen Wertvorstellungen und der männlichen Sozialisation anpassen soll und wann sie ihre eigenen Werte ins Spiel bringen will — all das kann zu zwanghaftem Handeln führen. Einer Frau ergeht es hier wie dem Flüchtling aus einem anderen Land, der sich in der neuen Heimat durchsetzen muß.

Auch die erfolgsorientierte Frau sieht sich zwischen zwei Wertsystemen gefangen: Das eine sagt ihr, daß Erfolg etwas Großartiges ist, und das andere, daß eine Beziehung wundervoll ist. Welchen Weg sie auch wählt, ihre Entscheidung wird immer das andere Wertsystem in Gefahr bringen. Das ist die negative Seite. *Die positive: Sie wird sich eher für ein ausgeglichenes Leben entscheiden.* Im Gegensatz dazu wird eine Frau einen männlichen Chirurgen nur selten fragen: „Sind Sie mit Ihrer Frau heute gut ausgekommen?" Und die Freunde des Arztes werden ihm kaum einen Vorwurf daraus machen, wenn er das Sportfest seiner Tochter versäumt, weil er im Operationssaal stehen muß. Für ihn ist Erfolg alles oder nichts, sein einziger Weg, für sein gesamtes Leben die Zustimmung aller zu gewinnen. Der Preis, den er dafür zu zahlen hat, ist die größere Wahrscheinlichkeit eines unausgeglichenen Lebens.

F: Stimmen Sie mit der Theorie überein, daß Frauen Angst vor Erfolg haben?

A: Ja und nein. Das Image einer erfolgreichen Frau trägt in den Augen der meisten Frauen oder Männer noch immer nicht dazu bei, ihre „Weiblichkeit" zu steigern. Frauen befürchten den Verlust ihrer Weiblichkeit und der damit verbundenen Macht. In Wahrheit ist das aber eine Angst vor Versagen. Frauen fürchten, ihr Erfolg könne ihnen die Möglichkeit verbauen, einen erfolgreichen Mann zu bekommen.

F: Und ist diese Furcht begründet?

A: *Manche* erfolgreichen Männer fühlen sich sehr zu erfolgreichen Frauen hingezogen, und der Erfolg einer Frau bringt sie in die Nähe solcher Männer. Erfolgreiche Männer werden von Frauen *schneller* akzeptiert, von ihnen aber *weniger schnell* wieder hergegeben.* Folglich werden die meisten ihrer erfolgreichen männlichen Kollegen sowohl verheiratet wie Ernährer von Frau und Kindern sein.

F: Sie sagen, Frauen wollten keine einfühlsamen Männer, es sei denn, sie seien auch erfolgreich. Sehen Sie mich an. Ich bin eine erfolgreiche Frau, halte die Augen offen und finde trotzdem nur wenige Männer, die mir gefallen. Was soll ich tun?

* Vergleiche die Kapitel 4 und 6.

A: Gehen Sie in irgendeinen Supermarkt und fragen Sie einen Mann, woran man einen reifen Avocado erkennt. Oder gehen Sie in einen Waschsalon und fragen einen Mann, welches Waschmittel er bevorzugt, oder —

F: Großartig! Aber warum bemühen sich die Männer nicht um mich? Ich halte manchmal Reden... und unter den Zuhörern sind viele Männer.

A: Sehen wir uns mal den „unsichtbaren Vorhang" zwischen einfühlsamen Männern und erfolgreichen Frauen an. Nehmen wir mal an, ein Mann namens Randy liest von dem Wunsch einer erfolgreichen Geschäftsfrau, einen intelligenten, liebevollen, einfühlsamen, gleichzeitig aber risikobereiten und draufgängerischen ledigen Mann kennenzulernen. Randy hat das Gefühl, daß die Beschreibung auf ihn paßt. In dem Artikel wird erwähnt, daß sie in Chicago wohnt. Er beschließt, sie zu Hause anzurufen. Er probiert es in sämtlichen Telefonbüchern Chicagos, kommt aber zu dem Schluß, daß ihr Privatanschluß nicht registriert ist. Er läßt sich nicht entmutigen; in dem Artikel stand auch, daß sie für AT&T arbeitet. Er sucht die Nummer der Zweigniederlassung in Chicago heraus. Nachdem er es in sechs Büros versucht hat, hat er endlich ihre Sekretärin an der Strippe. Sie fragt ihn: „Kennen Sie Miss Arbenz?" Das kann er kaum behaupten. „Falls Sie sie nicht kennen, was darf ich ihr ausrichten?" Wie soll er sagen: „Also, ich kenne Maria, äh... Miss Arbenz zwar nicht, aber richten Sie ihr bitte aus, daß ich neulich ihr Bild in der Zeitung gesehen habe, und... also sie ist genau die Art Frau, die mir gefällt, und ich denke, daß auch ich ihr gefallen würde... Das kann ich natürlich nicht genau wissen, aber ich würde sie gern kennenlernen... Würden Sie ihr das bitte ausrichten?"

Dann legt er auf. Mit einem Mal geht ihm auf, daß er sich gar nicht zu erkennen gegeben hat. Er könnte irgendein beliebiger Trottel von der Straße sein. Ihr ein Foto zu schicken, wäre wohl auch nicht das Richtige. Da er ein wirklicher Draufgänger ist, ruft er wieder an: „Hallo, hier ist Randy noch mal... Ich wollte Ihnen nur noch sagen, daß ich nicht einfach, äh... irgend jemand bin. Ich würde Ihre Chefin gern als... als ein Mann kennenlernen, der sie bei, äh... ihrer Arbeit gern unterstützen würde. Ja. Der vielleicht auch unsere Kinder großzieht. Also, würden Sie ihr *das* bitte ausrichten?"

Sollte Randy alle diese Barrieren überwinden, würde Maria trotzdem mißtrauisch sein: „Werde ich benutzt — will er nur mein Geld?" (Umgekehrt wird ein Schuh daraus.) Ambivalenz macht sich bemerkbar: „Ich will kein Hündchen, ich will einen *Mann*." Das Zusammenwirken all dieser Barrieren bildet das, was ich „den unsichtbaren Vorhang" nenne, der einfühlsame Männer nicht zu erfolgreichen Frauen vordringen läßt.

Der unsichtbare Vorhang wird außerhalb der Arbeitswelt noch verstärkt — durch die Neigung der erfolgreichen Frau, sich in einem gesellschaftlichen Umfeld zu bewegen, in dem man solche Männer nur selten findet. Karrierefrauen gehen nur selten in Waschsalons.

F: Nun ja, vielleicht ist es auch gar nicht so wichtig, einen einfühlsamen Mann zu haben. Ein karriereorientierter Mann kann mir auch helfen, indem er für meine Karrierewünsche Verständnis aufbringt.

A: Der Wunsch, einen einfühlsamen Mann auf sich aufmerksam zu machen, der selbst nicht allzu karriereorientiert ist, wird bei erfolgreichen Frauen immer stärker. Das zeigen jüngste Studien über Paare, bei denen beide Partner berufstätig sind.[1] In erfolgreichen Beziehungen gibt es fast immer einen Partner, der sich vorwiegend der Beziehung widmet. Zwei Menschen, die sich vor allem auf ihren Erfolg konzentrieren, wird es schwerfallen, mehr füreinander zu sein als „ökonomische Partner". Es *kann* funktionieren, wenn beide arbeiten. Wenn aber zwei Workaholics zusammenkommen, dürften sich beide nur in ihrer Arbeitswut bestätigen.

F: Nun zu Ihrer Feststellung, Männer seien nach genetischen Berühmtheiten süchtig: Wenn das wahr ist, wie kommt es dann, daß manche schöne Frauen sagen, sie säßen an einem Sonnabend oft allein zu Hause herum?

A: Das ist etwa so, als würde sich Burt Reynolds beschweren, er säße an Thanksgiving allein zu Haus. Das läßt ihn menschlich, verletzlich und erreichbar erscheinen — und gibt anderen Männern weniger Grund zur Eifersucht. Die Bemerkung löst eine Flut von Anrufen aus; tausend Frauen wollen ihn zum nächsten Thanksgiving zum Dinner einladen — aber keine schafft es, an seinen Sekretärinnen vorbeizukommen. Die „Sekretärinnen" einer Frau oder ihre „Filter" sind etwa ein schneller Wechsel des Gesprächsthemas, wenn sie das Gefühl hat, daß sich ein Durchschnittsmann an sie heranmachen will. So kommt es, daß sich viele Männer aus Angst selber aus dem Rennen werfen, und so bleibt manchmal auch eine schöne Frau am Wochenende allein zu Haus. Aber kein Mensch stellt je die Frage, ob denn Burt Reynolds den Versuch gemacht hat, eine Frau zu fragen, ob sie Thanksgiving mit ihm verbringen will. Niemand fragt auch „die schöne Frau, die am Wochenende allein zu Hause saß", ob *sie* einen Mann gebeten hat, mit ihr auszugehen. Aber es läßt sie menschlich erscheinen, wenn sie davon erzählt, wie ihre Schutzvorrichtungen zu gut funktioniert haben. Außerdem steigert das die Nachfrage nach ihr — und daher ihre Macht, obwohl sie sich machtlos fühlt, da sie die Fähigkeit nicht entwickelt hat, ein Wochenende auch allein zu überstehen.

F: Was ist mit einem gutaussehenden Mann — kann er das sexuelle Interesse einer Frau wecken, ohne die von Ihnen erwähnten 150 Initiativen auf sich nehmen zu müssen?

A: Er kann das sexuelle Interesse einer Frau *wecken,* aber gutaussehende Männer suchen sich meist schöne Frauen, die, wie diese Männer berichten, ihre Sexualität als eine Art Belohnung zurückhalten — vor allem dann, wenn eine Frau glaubt, den Mann so länger interessiert zu halten. Folglich können auch gutaussehende Männer die gleichen 150 Phasen einer möglichen Ablehnung durchlaufen wie weniger gut aussehende. Zwar nicht über die gesamte Strecke — aber auch ein Drittel dieser Zeit kann weh tun. Für die Durchschnittsfrau hört sich das nicht wahr an — vielleicht hat sie sogar von einem gutaussehenden Mann einen Korb bekommen. Aus der Sicht des gutaussehenden Mannes hört es sich jedoch wahr an, da er sich für die durchschnittlich aussehende Frau nicht interessiert hat — er hatte die Augen auf die schöne Frau gerichtet. Und nur dort geht er Risiken ein.

Der gutaussehende Mann hat noch ein weiteres Gefahrenmoment vor sich. Er sieht irgendeine Anzeige, die ihn an eine schöne Frau erinnert, die ihm einmal den Laufpaß gegeben hat. Das ist etwa so, als würde man täglich an einen Menschen erinnert, den man mal geliebt hat. Der Mann, der nach der Schönheit einer Frau süchtig ist, ist wie der ehemalige Drogenabhängige, dem man dauernd etwas von Kokain erzählt.

F: Und wie steht es bei einem gutaussehenden Gigolo?

A: Ein gutaussehender Gigolo darf sich *nicht* darauf verlassen, daß sein Aussehen ihm die Erfüllung seiner Primär-Phantasie, nämlich den Lebensunterhalt bringt. Ältere Frauen sind nicht seine Primär-Phantasie. Eine attraktive Frau jedoch *kann* ihr Aussehen einsetzen, um ihre Primär-Phantasie zu erlangen. Auf den ersten Blick kann es scheinen, als hätte ein Gigolo die gleiche Primär-Phantasie wie eine Frau — beide setzen Aussehen und Körper ein, um vom anderen Geschlecht Sicherheit zu bekommen. Aber das wäre etwa so, als würde man behaupten, die weibliche Primär-Phantasie bestehe darin, eine Prostituierte zu werden. Prostituierte beiderlei Geschlechts haben die weibliche Primär-Phantasie jedoch noch nie erreicht — langfristige Sicherheit von *einem* Partner. Folglich kann auch ein Gigolo nicht schaffen, was Millionen von Frauen erreichen. Wie jeder andere Mensch muß auch er seine Machtlosigkeit kompensieren.

F: Wenn Männer diesen finanziellen Druck spüren, wie kommt es dann, daß vermeintlich mächtige Männer sich sofort in kleine Jungen verwandeln, sobald eine Frau beim ersten gemeinsamen Restaurantbesuch die Rechnung übernehmen will? Wie kommt es, daß Männer im Kern solche Kinder sind?

A: Wenn ein Mann ein rational denkendes Wesen wäre, würde er das Angebot der Frau akzeptieren. Sie würde sich als Frau erweisen, die einem Mann *tatsächlich* einen Teil seiner finanziellen Bürde abnehmen will. Aber der Mann ist nun mal kein rational denkendes Wesen — er kämpft mit seiner Angst vor Ablehnung. Und je attraktiver die Frau, um so größer die Wahrscheinlichkeit, daß er bei ihr durchfallen wird. Um so unsicherer fühlt er sich folglich, und um so mehr kompensiert er, indem er für sie zahlt — um so besser müssen die Restaurants sein, um so besser der Wein —, und je mehr er sich anstrengt, um so mehr wird die Frau innerlich über diesen Kindmann lachen. Hat er denn die tolle Frau verdient, wenn er es nicht geschafft hat, in die erste Mannschaft zu kommen?

Ein selbstsicherer Mann würde ein solches Angebot einer Frau natürlich entzückt annehmen. Wenn eine Frau beim ersten gemeinsamen Ausgehen die Rechnung übernimmt, wird sie das mehr über andere Frauen herausheben als irgend etwas, was sie sagt. Das etabliert sie als besonderen Menschen. Wenn ihre Zahlungsbereitschaft ihn unsicher macht, würden ihn auch andere Zeichen der Unabhängigkeit an ihr unsicher werden lassen... folglich kann sie das schnell herausfinden, bevor sie sich in ihn verliebt.

F: Es scheint aber, daß viele Männer unbedingt zahlen wollen. Was kann eine Frau dann sagen, wenn sie den Abend nicht verderben will?

A: Sie könnte etwa sagen: „Könnte ich dir denn auf eine nettere Art sagen, daß du etwas Besonderes bist?", oder ihm etwa zuflüstern: „Hör mal zu, mein Guter — wenn du darauf bestehst zu zahlen, werde ich heute allein ins Bett gehen!" Wenn er ein selbstsicherer Mann ist, wird er sich sofort geschlagen geben, und wenn er der Typ Mann ist, den sie will, wird seine Achtung vor ihr ins Unermeßliche steigen... vor allem, wenn sie ohne Zögern zahlt. Er dürfte dann auch kaum noch denken, daß ein Nein dieser Frau ein Vielleicht bedeutet. Ich würde sogar noch weiter gehen: Wenn Frauen sich weigerten, mit Männern ins Bett zu gehen, die beim erstenmal unbedingt die Rechnung übernehmen wollen, weil sie fürchten, sie könnten sich in Männer verlieben, die ihre Unabhängigkeit nicht respektierten, würden die Frauen über Nacht unabhängig werden.

F: Unsichere Männer zahlen also nur, um sich vor Ablehnung zu schützen?

A: Ja, aber diese Abwehr, eine Art Quasi-Prostitution, lindert die Unsicherheit nur vorübergehend.

F: Warum nur vorübergehend, wenn der Mann keine sexuelle Not leidet und eine Frau hat, die ihn emotional stützt — ist damit nicht für seine Primär-Phantasie und seine Bedürfnisse nach Nähe gesorgt?

A: Die Linderung ist vorübergehend, weil er sich unbewußt immer unsicherer fühlt, weil er meint, einer Frau wie dieser nicht würdig zu sein, *es sei denn*, er zahlt. Die Frau legt es sich so zurecht: „Das ist keine Prostitution — er verdient mehr, es ist nur gerecht", oder sie sagt sich: „Er hat *mich* eingeladen — also soll er auch zahlen", oder: „Es ist einfach romantisch, so verwöhnt zu werden…"

F: Halt… was Sie den Frauen da in Sachen Prostitution unterstellen, sind doch keine Rationalisierungen, sondern vernünftige Gründe. Männer verdienen doch tatsächlich mehr…

A: Das ist richtig. Haben Sie aber je erlebt, daß zwei Frauen gemeinsam essen gehen und daß eine von ihnen sagt: „Wer verdient mehr?", wenn die Rechnung kommt? Wenn eine Frau der anderen diese Frage nicht stellt, warum sollte sie sie einem Mann stellen? Man könnte folgende Faustregel aufstellen: Mit Ausnahme des Falls, daß eine Frau die Frage der Restaurantrechnung bei einem Mann genauso behandelt wie bei einer Frau, müssen wir uns die Frage stellen: „Wofür genau zahlt der Mann eigentlich?"

Noch wichtiger: *Immer dann, wenn eine Frau davon ausgeht, daß ein Mann zahlen wird* (das heißt beim ersten gemeinsamen Ausgehen), *verstärkt sie beim Mann die Vorstellung von der Art Job, die er braucht, um auch weiterhin genug Geld zu verdienen, damit er Frauen ausführen kann.* Die Annahme, daß er zahlen wird, übt auf ihn Druck aus und befreit sie davon. *Sie trägt zu der Mentalität bei, die dazu führt, daß Frauen weniger verdienen als Männer,* und sie trägt auch dazu bei, daß Männer das Gefühl haben, um so mehr Frauen ausführen zu können, je mehr sie verdienen. Je mehr ein Mann verdient, um so „begehrenswerter" wird die Frau, die er ausführen (kaufen) kann. Das alles ist ein Bestandteil dessen, wie ich „männliche Macht" sehe: So müssen sich die Männer ihren Weg zur Gleichberechtigung mit den Frauen verdienen.

F: Ist es trotzdem nicht einfach recht und billig, daß er zahlt, wenn er mich eingeladen hat?

A: Solange eine Frau Männer nicht *genauso oft* (zum erstenmal) einlädt, wie sie selbst eingeladen wird, ist die Feststellung: „*Er hat mich* eingeladen und daher muß er zahlen" *eine doppelte Gefährdung der männlichen Rolle:* Er muß die Frau nicht nur einladen, sondern auch noch zahlen. Er muß zwei Bedingungen erfüllen, um in ihrer Gesellschaft gleichberechtigt zu sein. Das verstärkt in ihm das Gefühl, seine Machtlosigkeit kompensieren zu müssen.

Mehr noch: *Ein Mann, der eine Frau einlädt, zeigt Verletzlichkeit, entblößt sich, zeigt Interesse. Könnte sie nicht vielleicht auch ein wenig Interesse zeigen und nicht nur ihren Körper einsetzen?*

F: So habe ich es noch nicht gesehen... aber es fällt mir immer noch schwer, das Gefühl abzuschütteln, daß derjenige zahlen sollte, der den anderen einlädt.

A: Wenn eine Frau zu einer anderen Frau sagte: „Sie scheinen ein netter Mensch zu sein, wollen wir gelegentlich zusammen essen?", *gehen wir dann davon aus,* daß die Einladende zahlen muß?

Wenn die Frau, die eingeladen hat, auch noch die Mühe auf sich nähme, zu einem Restaurant in der Nähe der Wohnung der anderen Frau zu fahren, können wir dann nicht erwarten, daß die andere zahlt? Wenn ein Mann das jedoch tut, würde sie ihm dann anbieten zu zahlen (beim erstenmal)? Wenn nicht, wofür zahlt der Mann eigentlich?

F: Wo bleibt denn da die Romantik... Wer will denn schon beim ersten gemeinsamen Ausgehen die Rechnung teilen?

A: Beide Geschlechter lieben Romantik — beide wollen verwöhnt werden. Mit dem Begriff „Romantik" wird aber oft nur die harte Wirklichkeit vernebelt — *unter meinen mehr als 600 Selbsterfahrungsgruppen mit Männern und Frauen haben beide Geschlechter zugegeben, daß Frauen beim ersten Ausgehen mit einem Mann fast nie die Rechnung übernehmen.* Vielleicht teilen sie sich die Kosten, oder er lädt ein — sie jedoch so gut wie nie. Das trifft sogar bei armen Studenten zu — *falls sexuelles Interesse vorhanden ist.* Hier müssen wir uns also wieder die Frage vorlegen: Wofür zahlen die Männer eigentlich? „Romantik" — das ist oft nur ein Deckname für Prostitution...

F: Sie betonen immer „beim erstenmal" oder beim „ersten Ausgehen".

A: Beim erstenmal interessiert sich der Mann am meisten für Sex, während die Frau sich dann meist am unsichersten ist. Folglich wird auch er sehr unsicher. In diesem Stadium einer Bekanntschaft ist Sex höchst unwahrscheinlich. Das gibt uns einen Hinweis darauf, wofür gezahlt wird.

F: Warum sind manche Männer Don Juans? Und warum finde ich sie gegen meinen Willen anziehend?

A: Wie alle Frauen und Männer greifen auch Don Juans immer wieder auf bewährte Mittel zurück. Da sie von der Natur meist mit einem guten Aussehen ausgestattet worden sind, ist es ihnen möglich, „das System für sich arbeiten zu lassen". Sie brauchen ihre Instinkte, sich alles zu wünschen, nicht zu unterdrücken, da sie es oft genug bekommen, ohne dabei die Haltung zu verlieren. Es ist gerade diese Kombination, daß sie ihre Instinkte ausleben können, ohne dabei an Haltung zu verlieren, die den Don Juan für viele Frauen „auch gegen ihren Willen" so anziehend macht.

F: Warum fühle ich mich verletzt, warum habe ich das Gefühl, daß ich mich fast gegen meinen Willen in einen solchen Mann verliebt habe?

A: Die Frau, die den Don Juan mag, aber trotzdem sagt: „fast gegen meinen Willen", macht sich gewissermaßen einen fairen Handel zum Vorwurf: ihre Spontaneität, ihr Charme und ihre Sexualität gegen seine. Sie kann ihn sogar gewählt haben, weil sie das Gefühl hat, daß er noch besser aussieht oder noch spontaner ist als sie selbst. Folglich kann das Ganze mehr als nur ein fairer Handel sein. Sie hat aber gelernt, zu erwarten, daß sie Bindung oder das Potential einer Bindung als Gegenleistung erhält, wenn sie „ihren Körper verschenkt". Folglich wirft sie sich vor, daß „sie sich hat benutzen lassen", und ihm, daß er sie benutzt hat, statt sich über das zu freuen, was ihr Spaß gemacht hat, und über das, was sie aus der Spontaneität gelernt hat. Sie stellt sich selbst eine Falle, nämlich durch ihr Bedürfnis, ihre Phantasie jedem aufzuzwingen, statt ihn und sich selbst einfach zu genießen.

F: Wollen Sie damit sagen, daß Don Juans bei Frauen durchaus einfühlsam sein können?

A: Das sind sie sogar recht oft — und zwar nicht dem gegenüber, was Frauen zu wünschen behaupten, sondern *dem gegenüber, worauf Frauen ihrer Erfahrung nach reagieren.*

F: Warum finde ich einfach keinen Don Juan-Typ, der gleichzeitig ernst und nachdenklich ist?

A: Es gibt sie durchaus. Sie sind aber schwer zu finden, weil der Don Juan oft ein Anpasser ist. Ein Typ des Don Juan findet heraus, was Frauen wünschen, und paßt sich dem an — indem er viel Geld verdient oder seinen Charme spielen läßt. Weil es ihm soviel einbringt, sich dem System anzupassen, hält er es nicht für nötig, die gedankliche Arbeit zu leisten, die nötig ist, um die Wertvorstellungen der Gesellschaft in Frage zu stellen — und dabei reifer zu werden. Es gibt nur wenige Menschen, die Bewährtes in Frage stellen.

F: Aber er hat Möglichkeiten angedeutet, die er nicht einhielt — und das tut weh. Warum hat er denn Versprechungen gemacht?

A: Wollen Sie eine offene Antwort?

F: Natürlich.

A: Um die Frau ins Bett zu kriegen! So wie die Frau ein tiefausgeschnittenes

Kleid trägt, um ihm Appetit zu machen. Das enthält das Versprechen, er könne auch den Rest von ihr haben — wenn er nur richtig mitspielt. Seine verbalen Versprechungen sind ein Teil dessen, was er einsetzt, um sie in Fahrt zu bringen. Er läßt durchblicken, daß sie auch mehr haben könne — wenn sie nur richtig mitspielt. *Nur die Frau, die ihn zu einem Objekt der Primär-Phantasie macht (die sich von einem Mann hinreißen lassen will, den sie noch gar nicht richtig kennt), kann überhaupt wünschen, was er verspricht.* Wenn die Frau diese Einstellung hat, können Sie sicher sein, daß immer jemand auftaucht, der Versprechungen macht. Wenn Frauen Zusagen erhalten, die nicht eingehalten werden, haben wir Mitgefühl mit ihnen. Wenn man Männern Versprechungen macht, die nicht eingehalten werden, bestreiten wir, daß überhaupt etwas versprochen worden ist. Und haben oft auch noch das Gefühl, daß es den Männern recht geschieht.

F: Bei allen Problemen, die beide Geschlechter haben, scheint es aber doch so zu sein, daß im Alter von etwa 30 Jahren mehr Frauen ihre Ziele erreicht haben als Männer. Hat das, was Sie sagen, etwas damit zu tun?

A: Ja. Frauen, deren primäre Bedürfnisse von einem Mann versorgt werden, können sich stärker darauf konzentrieren, in diesem Lebensabschnitt die anderen vier Komponenten der Macht zu entwickeln. Viele der Frauen, an denen wir ihre Reife schätzen, sind geschieden. Kinder, Scheidung und die Notwendigkeit, auf eigenen Beinen zu stehen, haben diese Frauen auch ein wenig bescheidener gemacht. Die meisten Männer haben aber niemanden gehabt, der nach dem Verlassen des Elternhauses für ihre primären Bedürfnisse aufkam. Sie sind keine „genetische Berühmtheit", um eine Frau so dazu zu bringen, für sie zu sorgen. Wenn sie die Vierzig erreicht haben, wenn sie genug Macht entwickelt haben, um sie auch ausüben zu können, sagen wir trotzdem nicht, daß sie „alles erreicht haben", wenn sie ihre Macht gebrauchen. Und wenn sie diese Macht noch nicht erworben haben, haben sie zerbrochene Illusionen — auch nicht gerade ein Zeichen dafür, daß sie es geschafft haben. Ein Mann braucht nur eine Zeitschrift aufzuschlagen, dann wird er ständig an die Frau erinnert, derer er nicht würdig war. Wenn er sich aber mit 45 Jahren an eine Neunzehnjährige heranmacht, fühlt er sich wie ein unreifer Scheißkerl. Damit könnte er schon fertig werden, wenn es nicht für alle Welt so sichtbar wäre. Und wenn er sich nicht um diese Neunzehnjährige bemüht, sagt ihm die Werbung erst recht: „Was für ein Scheißkerl."

Bei diesem ganzen Vorgang sind Deprivation und daher auch Verzweiflung so groß, daß die Männer manchmal den Wald vor lauter Bäumen nicht sehen — sie erkennen nicht, inwieweit sich ihre Jobs oder ihr Image in der Umwelt aus Richtungen entwickelt haben, die in der Pubertät begonnen haben. In der Pubertät wurde in ihnen angelegt, wie sie sich Frauen am besten beweisen können. Und die Tatsache, daß viele Männer ihr Leben mit 45 Jahren praktisch für beendet halten, macht den Anblick des Waldes so deprimierend, daß sie am liebsten einen Umweg um ihn machen.

F: Was kann ein Mann also tun?

A: Er hat Optionen. Er könnte sich etwa sagen: „Was ich tue, gibt mir mehr innere Befriedigung als irgend etwas sonst, egal, was mich ursprünglich mal motiviert hat." Oder er könnte zu der Entscheidung kommen: „Diese ursprünglichen Motivationen mögen mich hier zwar reingebracht haben, aber ich wette, daß etwas anderes mir noch mehr Befriedigung verschafft, wenn ich mich nur genug bemühe." Andererseits kann er auch zu dem Schluß kommen, daß es ihm genügt, für Frauen attraktiv zu sein, so daß er wie bisher weitermacht, obwohl ihm das gar nicht so gut gefällt. Dann hat er wenigstens eine bewußte Wahl getroffen.

F: Sollten die Frauen den Männern dabei helfen, oder sollten die Männer es lieber aus eigener Kraft schaffen?

A: Eine Frau kann helfen, indem sie auch mal selbst die sexuelle Initiative ergreift, indem sie für ihren eigenen Lebensunterhalt aufkommt, und *auch*, indem sie einem Mann Mut macht.* Daß dies gleichermaßen im Interesse der Frauen liegt, liegt auf der Hand, da sich das Privatleben der Männer im Haus abspielt und ihre politischen Entscheidungen ihr Privatleben ruinieren könnten. Solange Frauen die finanziellen Lasten und die Pflicht zur Initiative nicht mit den Männern teilen, geraten sie in Versuchung, „Erfolgsobjekte" mehr zu lieben als reife, erwachsene Menschen.

* Vgl. Teil 5.

TEIL 5

EINE NEUE MÄNNLICHKEIT

Sollte ich meine eigenen Motivationen in Frage stellen, um ihn zu verändern?

Jeder — ob Mann oder Frau —, der einen anderen Menschen zu verändern wünscht, muß sich zunächst fragen, ob dieser Wunsch im Kern ein Wunsch ist, das Syndrom des „Er oder sie braucht Hilfe — *ich bin* der bessere Mensch" zu verstärken. Wenn Missionare Eingeborene erlösen wollen, bestätigen sie sich zunächst die Richtigkeit des eigenen Weltbildes. Sie gehen davon aus, daß sie selbst etwas Besonderes sind — die Eingeborenen werden zu Bekehrungs-Objekten. Der Missionar geht davon aus, daß er dem Eingeborenen überlegen ist. *Wenn die Missionare das Gefühl der Überlegenheit nicht wie eine Droge gebraucht hätten, hätten sie ihre Energien vielleicht nie darauf konzentriert, die Eingeborenen zu verändern.*

So kommt es, daß wir oft diese Überlegenheitsdroge brauchen und lieber andere kritisieren, wenn wir uns selbst mal nicht ganz grün sind. Später, wenn wir uns wieder besser fühlen, läßt die kritische Einstellung gegenüber den Mitmenschen nach.

Die Konzentration auf den Wunsch, einen Mann zu verändern, kann bei einer Frau so übermächtig werden, daß die Möglichkeit, die diesem Wunsch zugrunde liegende Mythologie könne unverändert geblieben sein, gar nicht erkennbar wird — sie spielt eine Rolle. Sie möchte von einem Mann gerettet werden, der alles besser kann oder eine Lage verbessert. Es kann sein, daß sie die traditionelle Annahme „Der Mann ist für alles verantwortlich" noch nicht hinter sich gelassen hat. Daher gibt sie ihm die Schuld. Denkbar ist auch, daß sie dem Mythos der eigenen Hilflosigkeit noch nicht entronnen ist, daß er der Erlöser sein muß, bei seinen Bemühungen aber alles vermasselt hat.

Welche Motivation kann überhaupt eine Veränderung bewirken? Denken Sie einmal über den Zeitpunkt in einer Beziehung nach, in der ein Mensch sich für Veränderungen am offensten fühlt. Das wird meist zu Beginn einer Beziehung der Fall sein, wenn ein Mensch sich am meisten geliebt fühlt und hofft, diese Liebe durch Veränderung für immer zu sichern, oder an deren Ende — wenn er oder sie fürchtet, die Liebe zu verlieren. In beiden Fällen muß ein Mensch die Möglichkeit der Liebe spüren, um zu einer Veränderung motiviert zu werden; sonst hat er nur wenig zu verlieren, wenn er gleich bleibt. Bevor wir also erwarten können, daß sich ein Mann verändert, müssen wir ihm mitteilen, was wir an ihm lieben.

Sehen wir uns also an, was an der männlichen Sozialisation dran ist und damit wahrscheinlich auch an dem liebenswerten Mann, den eine Frau liebt. Eine Frau, die an Männern liebenswerte Züge entdeckt, ohne sie gleich auch bei sich selbst zu suchen, kann sicher sein, daß sie einen Mann nicht deshalb verändern will, weil sie sich selbst überlegen fühlen muß.

10.
Was ich an Männern am meisten liebe

Jede Tugend wird zum Laster, wenn man sie ins Extreme treibt. In den letzten zwanzig Jahren habe ich die traditionelle Männlichkeit kritisiert, weil sie extrem geworden war. Und damit erzeugt sie Angst, es kommt zu Mord, Vergewaltigung, Krieg und Selbstmord; wenn sie sich im Rahmen hält, sollte man sie allerdings nicht wie das sprichwörtliche Kind mit dem Bade ausschütten.

Das Lob des Mannes ist im Aussterben begriffen. Das Gute am Mann ist jedoch noch nicht vom Aussterben bedroht. Und wenn etwas Gutes bedroht ist, braucht es besondere Fürsorge. Und hier nun, ein seltener Moment in der jüngsten Geschichte, ein Hinweis auf das, was an der männlichen Sozialisation gut ist. Ich beginne mit einem scherzhaften kleinen Gedicht, das ich für dieses Buch geschrieben habe. Versuchen Sie sich vorzustellen, daß eine Frau es spricht:

Ein Mann ist gut dazu...

Den Müll runterzubringen
    und das Fleisch zu schneiden;
Das Auto zu fahren, wenn er erschöpft ist,
    ich aber den Beifahrersitz einnehmen will;

Er ist gut dazu, eine Glühbirne auszuwechseln
    und, o ja, einen Reifen zu wechseln;
Ein Weckglas aufzumachen, das ich nicht aufkriege,
    und Holz für den Kamin zu hacken;

Er ist gut dazu, einen Wagen durch Nebel zu fahren
    und mit unserem Sohn fischen zu gehen;
Laub zu harken und
    sich schlechte Wortspiele auszudenken;

Den Kindern Geistergeschichten zu erzählen
    („Mach es gruselig... aber nicht *zu* sehr!"),
Den Kindern zu erzählen, eine Zauberfee
    hätte die Groschen auf der Straße liegenlassen;

Mir etwas aus dem Schrank zu holen,
    an das ich nicht herankomme,
Zum Beispiel ein verrostetes Waffeleisen
    hinter einem verstaubten Weckglas hervorzukramen;

Sich im Fernsehen Fußballspiele anzusehen
und so zu tun, als wäre er der Sieger,
Mich zum Essen auszuführen und
wie selbstverständlich für mich zu zahlen;

Daß er mir erlaubt, ihm einen Schneeball
in die Hose zu stecken;
Beim Spielen zu schummeln
(er ist im Grunde wirklich ein Kind!);

Achterbahn zu fahren und zu sagen,
er sei froh, daß es mich gebe...
Den Kindern Baseball beizubringen,
um anschließend den Rasen zu mähen;

Er ist gut dazu, das Haus zu streichen
und eine Wohnung zu tapezieren;
Mich warmzuhalten, wenn es friert,
obwohl er nicht so dick ist wie ich;

Am besten taugt er aber dazu,
mir Mäntel um die Schultern zu legen,
Mit unserer Tochter herumzuwirbeln,
immer für sie da zu sein;

Zu sagen „Ich liebe dich"
und mich kräftig, aber zärtlich zu umarmen,
Und, o ja, Männer taugen auch dazu...
Spinnen zu töten und Ungeziefer totzuschlagen!

Unsere erste Reaktion auf dieses Gedicht könnte die Feststellung sein, daß es sich um Klischeevorstellungen handelt. Ein genauerer Blick wird jedoch ergeben, daß die beschriebenen Eigenschaften überwiegend belegbare Beschreibungen der männlichen Realität im Gegensatz zur weiblichen sind, was uns erkennen lassen kann, was Klischeevorstellungen sind. Sie sind Widerspiegelungen des Bedürfnisses, sich durch ein bestimmtes Verhalten Zustimmung zu sichern. Wer Klischeevorstellungen entweder als unwahr abtut oder sagt: „Sie entsprechen nicht meinem Gerechtigkeitsgefühl, also kann ich sie ignorieren", zieht es vor, die Realität zu ignorieren. Wir sollten uns lieber ganz andere Fragen stellen. Erstens: *Ist* es wahr? Zweitens: Wenn es wahr ist und uns das Ergebnis nicht gefällt, wie können wir uns selbst verändern, um das Ergebnis verändern zu können?

In diesem Kapitel wird die Leserin erkennen, daß auch sie über viele dieser positiven Charakteristika der männlichen Sozialisation verfügt, etwa Großzügigkeit.

Sie mag diese Züge im Rahmen der weiblichen Sozialisation an den Tag legen (Großzügigkeit in der Familie) oder im Rahmen der männlichen Sozialisation (Großzügigkeit im Beruf). Nichts an der Sozialisation des Mannes ist stark genug, eine Frau daran zu hindern, sich irgendwelche der Besonderheiten anzueignen, zu denen Männer erzogen worden sind. Wer sich die besten ebenso wie die schlimmsten der männlichen Eigenschaften ansieht, begreift, welchem Druck Männer ausgesetzt sind. Sozialisation ist Druck. Männer sind weder besser noch schlechter als Frauen — beide Geschlechter reagieren nur auf den Druck, den man auf sie ausübt. In dieser Hinsicht sind wir alle gleich.

An uns Männern fasziniert mich immer wieder, wie wir uns Kriegen, körperlicher wie psychologischer Mißhandlung aussetzen und das Ganze dann „Macht" nennen. Die Fähigkeit, total außer Kontrolle zu geraten, und sich dennoch als mächtig anzusehen, kann für eine Frau bestimmte Vorteile haben. Wie in dem folgenden kleinen Gedicht:

Eroberung für eine Nacht
Er hat mir den ganzen Abend Drinks spendiert,
  und das auf einen Wink von mir hin,
Dann kam er meiner Bitte nach,
  meinen Küchenausguß zu reparieren,
Dann nahm ich ihn mit ins Bettchen,
  um ein bißchen Sex zu haben,
Und dann mußte ich aber doch lächeln,
  als *er* das eine Eroberung nannte!

Und hier nun „die 31 besten Eigenschaften von Männern" — oder, wie sich in einigen Fällen zeigt, die besten Seiten einiger schlechter Eigenschaften. Beim Schreiben dieses Kapitels lernte ich die Männer mehr schätzen, als ich erwartet hatte. Ich erzählte ein paar Freunden, ich schriebe gerade ein Kapitel über die „zehn besten Eigenschaften von Männern". Die häufigste Antwort war ein scherzhaftes: „Oh, eine würde mir schon genügen!"

Die besten Teile der männlichen Sozialisation lehren die Männer:

Großzügigkeit

Warum stellen wir uns eigentlich immer vor, daß Frauen sich selbst verschenken, während Männer nur mit Geschenken kommen? Weil die Sozialisation der Frau zu direktem Geben oder Schenken führt — die Frau kümmert sich um die Kinder, hört ihnen zu, kocht den Männern das Essen und kümmert sich mehr um seine Wäsche als er sich um ihre. Es kann zwar sein, daß er im Kohlenbergbau arbeitet und sich eine Staublunge zuzieht, damit sein Kind aufs College kann, was er nie geschafft hatte, aber sein Geben findet im Bergwerk statt — wo wir es nicht sehen. Das Ergebnis seiner Arbeit ist ein Scheck. Bei weiblicher Aufopferung schätzen wir eher den Vorgang als das Ergebnis: Wir sehen, wie sie die Mahlzeiten kocht, sie auf den Tisch bringt und hinterher abwäscht. Wir sehen nicht, wie der Mann in einem dunklen und feuchten Bergwerksstollen durchs Wasser watet oder nachts um zwei nach seiner vierten Tasse Kaffee am Steuer eines Lastwagens sitzt, seinen Zeitplan überzogen und keine Zeit hat, ein kurzes Nickerchen zu machen. Zu Hause sehen wir nur, wie er sich nach dem Kaffee aufs Sofa zurückzieht.

Es kann zwar sein, daß er einen großen Teil seines Lebens damit zubringt, ein Haus zu finanzieren, in das sich seine Frau verliebt hat, aber wir halten ihn nicht für annähernd so hingebungsvoll wie sie, wenn sie in der Küche steht und abwäscht, obwohl er das halbe Leben außer Haus verbringen muß.

Manchmal ist die Großzügigkeit eines Mannes reflexiv und rollenbedingt, etwa beim Zahlen in einem Restaurant. Wir vergessen aber, daß auch dies Hingabe ist: 50 Dollar fürs Essen und für die Getränke können durchaus der Gegenwert einer Tagesarbeit nach Abzug der Steuern sein. Theaterkarten, Benzin und Babysitter sind ein weiterer Tageslohn. Das alles reicht jedoch nicht annähernd an die Hingabe einer Frau heran, die zwei Tage damit zubringt, ihm eine ganz besondere Mahlzeit zu bereiten. Beide Formen des Gebens sind rollenbedingt; bei der Frau erkennen wir das Geben nur direkter.

Daß Männer Auto fahren, ist gleichfalls rollenbedingt, und daher übersehen wir leicht das Pflichtbewußtsein eines Mannes, der sich wie selbstverständlich ans Steuer setzt und die Frau auf dem Beifahrersitz Platz nehmen läßt, wenn beide erschöpft und etwas angeheitert von einer Party kommen. Wir vergessen, daß Männer eine Fettschicht weniger haben als Frauen, und das bringt es mit sich, daß sie geringere Reserven haben, auf die sie zurückgreifen können. Dennoch wird sich kein Mann damit herausreden, um nicht fahren zu müssen. Seine Großzügigkeit mag zwar rollenbedingt sein, aber das ist gerade der Punkt — sein Rollenverhalten bringt ihn zu dieser Art Großzügigkeit. Als Ted wegen Trunkenheit am Steuer festgenommen wurde, blickte seine Familie auf ihn herab. Niemand hielt ihn für großzügig, obwohl seine Frau *auch* zuviel getrunken hatte.

Jede Studie über Frauen in leitenden Stellungen hat die Großzügigkeit (obwohl sie nur selten so genannt wird) des „Mannes hinter der Frau" zutage gefördert — die Großzügigkeit des männlichen Mentors. Wie bei Eltern ist es auch bei Mentoren: Sie werden nicht nur geschätzt, man rebelliert auch gegen sie. Was durchaus verständlich ist. Frauen, die nach Jahren der Abhängigkeit ihrem Wunsch nach Unabhängigkeit freien Lauf lassen möchten, werden kaum die Aufmerksamkeit auf einen Mann lenken, der ihnen geholfen hat. Das würde sie in den Augen ihrer Mitmenschen wieder nur als Frau dastehen lassen, die von Männern abhängig ist. Die Bereitschaft des männlichen Mentors, großzügig zu sein, obwohl er dafür nicht anerkannt wird, ist wiederum sehr hingebungsvoll.

Männer neigen auch in Kleinigkeiten zur Großzügigkeit. Als ich noch in New

York wohnte und mir gelegentlich ein Taxi nahm, wurde ich von den Fahrern manchmal nach meinem Beruf gefragt. Als ich erklärte, ich beschäftige mich mit den Beziehungen von Mann und Frau, erzählten mir nicht wenige von ihren Beobachtungen über das unterschiedliche Verhalten von Männern und Frauen, wenn es ans Zahlen geht. Wenn zwei oder drei Männer im Wagen säßen, sei das etwas völlig anderes als bei zwei oder drei weiblichen Fahrgästen: „Bei Männern will jeder freiwillig den vollen Betrag zahlen; die Damen teilen sich den Fahrpreis bis auf den letzten Cent; und wenn ihnen dann noch das Trinkgeld einfällt, debattieren sie erst, was man normalerweise zahlt, und dann teilen sie auch diesen Betrag bis zum letzten Cent."

Fairneß

Das Beste am Sport, an Spielen, Arbeitsregeln, am Siegen und Verlieren ist die Fairneß. Nicht unbedingt Ehrlichkeit — Fairneß. Als kleiner Junge machte ich beim Baseballspiel mal einen kleinen Fehler. Der Schiedsrichter behauptete, ich hätte eine Regelwidrigkeit begangen. Ich protestierte, das hätte ich nicht. Worauf der Schiedsrichter verlegen seine Entscheidung änderte. Mein zorniger Trainer brüllte mich an und nahm mich vom Platz. Der Trainer der Gegenseite brüllte meinen Trainer an, weil er mich vom Platz geholt hatte. Sie waren sich nicht einig, ob ich ehrlich gewesen war. Keiner hätte aber die Fairneß des neutralen Schiedsrichters in Frage gestellt, der die Entscheidung traf.

Die männliche Sozialisation lehrt den Wert eines ausgeklügelten Systems von Regeln, die allen zum Vorteil gereichen und von denen sich manche umgehen lassen (mit möglichen Konsequenzen). Wenn man sie erst mal beherrscht, geben die Regeln jedem einzelnen gleiche Startmöglichkeiten, was ohne Regeln nicht möglich wäre. Für Männer bedeutet die Beherrschung dieser Regeln das Überleben — ihr eigenes und das ihrer Familien. Wenn sie diese Regeln ein Leben lang praktiziert haben, gewinnen viele Männer eine Art sechsten Sinn für die Fairneß. Gruppen von Männern und Frauen, die diese Regeln als „zu männlich" oder „reines Establishment" abtun wie etwa die „Students for a Democratic Society" in den sechziger und siebziger Jahren, entwickeln sich bald zu selbsternannten Eliten mit selbstzerstörerischen Neigungen, die anderen in den Rücken fallen.

Fürsorge

Carl verstand sich nicht gut darauf, seine Gefühle auszudrücken. Und er begriff nicht so ganz, daß Cindy manchmal nur jemanden brauchte, der ihr zuhörte. Seine Unterstützung sah so aus, daß er ihr anbot, bei dem Problem zu helfen, das ihr Kummer machte. Daß Carl Cindy ernst nahm, bedeutete für ihn, daß er ihr Problem ernst nahm, und das wiederum hieß, daß er sich um eine Lösung bemühte. Für ihn war das ein Liebesbeweis. Alles andere, wenn er etwa nur hilflos dagestanden und zugesehen hätte, wäre für ihn ein Akt der Grausamkeit gewesen. „Wenn Cindy blutet", so sagte er etwa, „muß ich eine Lösung finden. ... Ich kann nicht einfach nur dastehen und ihr aufmunternd zugrinsen, während die Frau, die ich liebe, verblutet!" *Lösungen sind männliche Fürsorge.*

Die beiden anderen Formen männlicher Fürsorge werden normalerweise nicht als solche erkannt. Die erste Form entspringt sogar dem, was Männer nur schlecht beherrschen: ihren Gefühlen Ausdruck zu geben. *Daß Männer ihren Gefühlen weniger gut Ausdruck geben können, hat auch sein Gutes: Die Frauen haben so mehr Zeit, ihren Gefühlen Luft zu machen.* Da wir alle das Gefühl haben, daß man sich um uns sorgt, wenn man uns Zeit gibt, unsere Gefühle auszudrücken, sollten wir auch schätzen lernen, wie fürsorglich es ist, wenn der andere so reagiert, daß wir diese Zeit gar nicht erst brauchen.*

Die zweite Form der Fürsorge, die nicht so genannt wird, wird von Frauen wie Fay am meisten geschätzt. Fay gehört zu den 45 Prozent der Frauen, die sich aus der Fürsorge des Elternhauses direkt unter die Fittiche eines Ehemannes flüchten.[1] Ihr Mann Gregory bot ihr wie ihre Eltern ein Sicherheitsnetz, in dessen Schutz sie sich unter einer Vielfalt von Möglichkeiten entscheiden konnte. Fay spürte, daß Greg sie so sehr liebte, daß er immer hinter ihr stehen würde, egal, welchen Weg sie wählte — ob sie nun ganztags oder halbtags arbeiten oder Kinder haben würde. Er würde immer so viel arbeiten, wie sie es brauchte, damit sie unter ihren Optionen wählen konnte, um dann entweder Erfolg zu haben oder zu versagen. Greg war wie ein fürsorglicher Vater, der ihr die Fürsorge bot, mit deren Hilfe Fay sich selbst entdecken konnte. Aber Fay zahlte einen Preis dafür — Greg war nicht so oft zu Hause, wie sie es gewünscht hätte. Folglich war sie der Meinung, daß ihre Freundinnen sich mehr um sie kümmerten als ihr Mann, denn sie wußte die indirekte Fürsorge nicht zu schätzen, die Greg ihr mit seinem „finanziellen Mutterleib" bot. Sie beklagte sich vielmehr, Greg kümmere sich überhaupt nicht mehr um sie. Heute sind die beiden geschieden; Fay muß heute selbst für ihren Unterhalt sorgen. In stillen Momenten wünscht sie sich manchmal, sie hätte ihren Mann früher besser verstanden.

Väterliche Anleitung

Wenn Väter sich um die Fußballmannschaften ihrer Söhne kümmern, halten wir das meist nicht für einen Teil der Kindererziehung, aber doch ist es so. Und ein solcher Vater wird seinem Kind auch immer in Erinnerung bleiben. Kinder fühlen sich beschützt, wenn der Vater der Trainer ist. Ein Vater, der sich auf den Fußballplatz seines Sohnes wagt, ist verletzlicher, als man gemeinhin meint: Jede Besonderheit, jede kleine Macke wird von den anderen Kindern sofort erkannt und bissig kommentiert — in Hörweite seines Kindes. Ein Vater erfährt nie, was sein Kind hinter seinem Rücken zu hören bekommen hat. Ein Vater, der ein Kind an ein Spiel heranführt, hat plötzlich Aha-Erlebnisse; er erkennt, wie das Spiel Fairneß lehrt, Verantwortungsgefühl, die Fähigkeit, Niederlagen hinzunehmen, er sieht, wie wichtig es ist, Haltung zu bewahren, und so weiter. Tut Papa dabei des Guten etwas zuviel und übersieht er, daß ein Spiel auch einfach nur Spaß machen kann? Wenn

---

* Wenn wir alle besser zuhören könnten, bräuchte natürlich jeder von uns weniger Zeit, um sich Luft zu machen.

er das Spiel aber nur als Spaß ansieht und seine Kinder verlieren, was werden sie dann sagen? Halten sie ihn dann für einen „guten Verlierer", verlieren dabei aber die Achtung vor dem Vater? Wie soll er seinem Kind dieses kleine bißchen Mehr vermitteln, das zu jedem Spiel dazugehört, ohne sein Kind dabei zu bevorzugen?

Führungsqualitäten

Klagen über die „Macht der Männer" sind in den letzten eineinhalb Jahrzehnten weit häufiger zu hören gewesen als eine Anerkennung für die Milliarden von Arbeitsstunden, die Männer der Ausbildung geopfert haben, die man braucht, um an diese Macht heranzukommen. Anerkennung von Führungsqualitäten ist gleichfalls selten. So wird man in Zeitungen und Zeitschriften beispielsweise nur selten erklärt finden, wie die männliche Sozialisation Millionen von Führungskräften dazu erzogen hat, Tausende von Wirtschaftsunternehmen zu leiten, die heute Millionen von Frauen die Möglichkeit bieten, selber an die Spitze zu kommen. Eine Möglichkeit, die es ohne männliche Führungsqualitäten vielleicht nicht gäbe.

Respektlosigkeit

Während Frauen dazu erzogen werden, die Männer dadurch auf sich aufmerksam zu machen, daß sie „gute Mädchen" sind oder das männliche Ego nicht beleidigen, sieht es bei Männern anders aus: Sie werden dazu erzogen, Frauen durch herausragende Leistungen auf sich aufmerksam zu machen. Eine Möglichkeit dazu ist Respektlosigkeit. Das Beste daran: Sie erlaubt es einem, Barrieren niederzureißen. Das gibt uns allen mehr Freiheit, mit unseren Möglichkeiten zu experimentieren. Die lange Haartracht der Beatles, die vor 25 Jahren als unmöglich galt, erlaubte es einer ganzen Generation, mit dem Haar zu experimentieren; Elvis Presley erlaubte es seiner Generation, mit ihrer Sexualität zu experimentieren; den Brüdern Wright wurde erklärt, es sei wissenschaftlich unmöglich zu fliegen — und selbstmörderisch, es zu versuchen; und Männer wie Salvador Dalí, Picasso und Kopernikus betrachteten die Welt ebenfalls auf jeweils höchst respektlose Weise; aus heutiger Sicht erkennen wir, daß sie uns die Freiheit gegeben haben, ein Leben zu führen, von dem wir ohne sie nie hätten träumen können.

Beherrschung von Gefühlen

In Beziehungen führt die Beherrschung von Gefühlen über Monate hinweg dazu, daß der Mann „zum Vulkan" wird. Die Kehrseite der Medaille: In Krisenzeiten sind wir auf diese männliche Besonderheit angewiesen. Dirk erinnert sich an einen Frontalzusammenstoß: „Fünf Wagen stießen zusammen. Überall Glas und Blut. Wir vier Männer rannten von Wagen zu Wagen, folgten den Schreien und legten Notverbände an. Wir hielten zwei Wagen an, deren Insassen wir baten, den Verkehr umzuleiten, riefen die Polizei an und holten eine Frau und ihren Sohn aus einem Wagen, der eine Minute später in Flammen aufging."

Die Zeitungen berichteten über den Unfall. Es gab aber keine Schlagzeile wie etwa: „Männer beherrschen ihre Gefühle, um das Leben von Frauen und Kindern zu retten." Die Blätter brachten auch ein Bild — jedoch nicht von vier Männern, die neben den von ihnen geretteten Frauen und Kindern standen, sondern ein Bild von fünf *Autos*, die zusammengestoßen waren.

Ich-Stärke

Wenn Frauen das, was in einer Beziehung schiefgelaufen ist, einer Neubewertung unterziehen, gehen wir davon aus, daß dies Ich-Stärke voraussetzt. Wenn Männer energisch darum kämpfen, die Nummer eins zu werden, halten wir das für ein Spiegelbild ihrer zerbrechlichen Egos (was es sein kann) und nennen es Strategiespiel, statt die Ich-Stärke anzuerkennen, die nach einer Niederlage nötig ist, um sich selbst einer Neubewertung zu unterziehen. Ein Mann muß fragen: „Was habe *ich* falsch gemacht?", und wenn er dann die Antwort gefunden hat, muß er sich sofort auf das Abstellen seiner Fehler konzentrieren, bevor das nächste Spiel losgeht, statt sich für seine Nabelbeschau zu loben.

Wenn er es als junger Mann nicht lernt, automatisch seine Fehler zu korrigieren, wird er später einen Preis dafür bezahlen müssen: Er wird nie seine Verkaufsvorgaben erfüllen und es nie bis zum Abteilungsleiter bringen. Weil der Zwang, sich von einer Niederlage schnell zu erholen, mit Macho-Begriffen belegt worden ist („Wenn es hart auf hart geht, kommen die Harten erst in Gang"), übersehen wir gern die Selbstbewertung, die zu dieser Erholung gehört. Das geht alles so schnell, daß wir uns eher auf das Spiel konzentrieren als auf die Selbsteinschätzung eines Mannes — so wie Menschen, die ihr Übergewicht in einer Woche verlieren, weniger Aufmerksamkeit erregen, als die, die ewig auf Diät sind. Handeln statt reden erfordert Ich-Stärke.

Wenn eine berufstätige Frau nicht befördert wird, kann sie sich bei einer Freundin oder ihrem Ehemann Trost holen. *Ein Familienvater (ein Mann, dessen Berufsarbeit die Familie ernährt) kann sich zwar auch an seine Frau wenden, aber seine Frau ist diejenige, die durch seine Niederlage am zweitstärksten niedergeworfen wird. Ihr Trost ist also fast immer mit neuem Druck verbunden.* Weil das Versagen einer berufstätigen Frau ihren Ehemann nur selten vernichten dürfte, braucht sie sich nicht an einen Ehemann zu wenden, den sie nicht mehr ernähren kann, und ihn in diesem Augenblick um Trost zu bitten. Es kann sein, daß ihr Ehemann weniger aufmerksam zuhört, was zum Teil daran liegt, daß ihre Niederlage für ihn relativ wenig bedeutet. Die positive Seite dieser geringeren Aufmerksamkeit: er übt weniger Druck auf sie aus.

All das hilft uns zu verstehen, daß auf Frauen nur selten so großer Druck ausgeübt wird wie auf Männer, sich rasch zu ändern oder etwas anderes zu unternehmen, obwohl die meisten Frauen inzwischen berufstätig sind. Der Druck, der auf den Männern lastet, erzeugt sowohl zerbrechliche Egos, deren wir uns bewußt sind, aber auch starke Egos, deren wir uns weniger bewußt sind.

Die Kunst, bei Auseinandersetzungen nicht persönlich zu werden

In der Grundschule wie im Gymnasium bedeutete Mittagszeit, daß wir schnell unser Essen hinunterschlangen und dann hinausrannten, um für das bevorstehende Spiel die Seiten zu wählen. Der zwanghafte Wettbewerb hatte auch sein Gutes: Der Gegner von heute war der Mannschaftskamerad von morgen. Wir waren für den Augenblick zwar emotional — lernten aber allmählich, daß der Steve Garvey oder der Reggie Jackson, die wir 1986 anfeuern, 1987 zum Ziel unserer Buhrufe werden können, sollten sie die Mannschaft wechseln. Wir lernten allmählich, daß es wenige von Grund auf gute oder schlechte Menschen gibt, sondern daß jeder Rollen übernimmt.

Meine Freundin Anne erzählte mir einmal von einer Gerichtsszene zwischen ihrem Anwalt und dem ihres Ex-Mannes: „Beide nannten die Darlegung des anderen lausig, und beide bezeichneten die Vorbereitung des anderen als ,inkompetent'. Und das in aller Öffentlichkeit. Dann brüllte mein Anwalt quer durch den Gerichtssaal: ,Hey, Bill, wollen wir am Sonnabend Tennis spielen?'"

Diese Gabe, bei einem Streit nicht persönlich zu werden, sehen wir selbst dann, wenn eine ganze Karriere auf dem Spiel steht. Im Juli 1980 attackierte George Bush Ronald Reagans Wirtschaftspolitik als „Voodoo-Ökonomie"; im August 1980 bot Reagan Bush die Kandidatur für das Amt des Vize-Präsidenten an. Das Beste an dem intensiven männlichen Wettbewerb ist die Einsicht in das Spiel des Lebens — eine philosophische Distanz, die es Männern erlaubt, die von ihnen gespielten Rollen von ihren Freundschaften zu trennen. Daß man weniger hart urteilt, wenn man an sich selbst erkennt, wie man lebt: „Wo ich stehe, hängt davon ab, wo ich sitze." Der Mann, der es nicht versteht, bei einem Streit zwischen der Person und der Sache zu unterscheiden, wird sich auf seinem Weg nach oben bald Feinde machen.

Die Fähigkeit, seinen Gefühlen Luft zu machen

„Gerade hatten wir uns noch angeschrien und beschimpft. Eine Minute später konzentrierten wir uns schon auf das nächste Spiel." Die männliche Neigung, den Sport ernst zu nehmen, verbunden mit der Bereitschaft, auch heftigsten Gefühlen Ausdruck zu geben, bringt viele erwachsene Männer dazu zu sagen: „Ich fahre zwar schnell aus der Haut, aber dann ist es auch vorbei." Die positive Seite des männlichen Zorns ist die rasche und intensive Freisetzung von Emotionen, worauf wieder Ruhe einkehrt. Wenn diese Intensität verstanden und nicht noch verschlimmert wird, wird bei den Kontrahenten nur selten Groll zurückbleiben. Die Intensität läßt sich nutzbar machen wie jede Energie — sie läßt sich auch zu kraftvoller Liebe nutzen.

Die Kunst, die Klagen über eine Beziehung in den eigenen vier Wänden zu halten

Auf meinen Reisen sitze ich oft allein in einem Restaurant oder Café — und bemühe mich dabei immer, neben einem Tisch zu sitzen, an dem zwei oder mehrere Angehörige des gleichen Geschlechts sitzen. Mich hat immer wieder die Beobachtung verblüfft, daß zwei Frauen rund zehnmal häufiger über die Probleme mit ihren Männern sprechen als zwei Männer über ihre Probleme mit Frauen. Diese Beobachtung hat sich in 17 Jahren nicht geändert.

Die geringere „Beziehungs-Fixierung" eines Mannes hat eine positive Seite: Er wird sich beim Essen nur selten über seine Freundin oder Ehefrau beklagen. Den größten Teil seiner Informationen über sie erhält er von ihr direkt.

Da ein Mann private Unterhaltungen nur selten aus ihrem Kontext herausreißt und sie einem Freund wiedergibt, der eine Frau durch den Filter seiner eigenen Probleme betrachtet, bekommt er auch weniger negativen Feedback über sie und entwickelt ihr gegenüber auch weniger Mißtrauen.

Ich erinnere mich an die Arbeit mit einem Paar, mit Tim und Iris. Iris beklagte sich oft: „Immer wenn ich mit Julie essen gehe, macht Tim irgendeine abfällige Bemerkung, etwa ‚Du bist doch gerade erst letzte Woche mit ihr zusammen gewesen', und das mit einem herabsetzenden Unterton. Das gibt mir das Gefühl: ‚Wenn er es nicht mal bewältigt, daß ich mit einer anderen Frau essen gehe, was bewältigt er dann überhaupt?'"

Tim hatte nicht gut genug formuliert, welches Gefühl zu seinen Bemerkungen geführt hatte. Schließlich brachte er heraus: „Wenn du in letzter Zeit von diesen Treffen mit Julie zurückkamst, hatte ich immer das Gefühl, daß du mir mißtraust." Das ließ uns erkennen, woher das Mißtrauen kam. Er spürte, daß Iris' Feedback über ihn, das von Julie stammte, ausschließlich auf dem Bild beruhte, das Iris von ihm gezeichnet hatte — aus ihrer Sicht.

Als Iris allmählich erkannte, daß sie Tim gelegentlich in einem schiefen Licht erscheinen ließ, um sich Julie näher zu fühlen (sie und Julie fühlten sich enger verbunden, wenn sie über ihre Probleme mit Männern lachen konnten und sich einig waren), begann sie, ihre Probleme offener mit Tim und weniger oft mit Julie zu besprechen. Dabei lernte sie es auch schätzen, daß Tim seine Klagen nicht hinter ihrem Rücken äußerte.

Die Fähigkeit, ihr Leben unter Einsatz seines eigenen zu retten

Ich habe in der Einführung beschrieben, wie mein jüngerer Bruder Wayne durch eine Lawine ums Leben kam. Er wollte einen gefährlichen Abschnitt lieber allein erkunden, statt seine Freundin mitgehen oder allein vorgehen zu lassen. In den Meldungen über seinen Tod hieß es an keiner Stelle, dies sei ein Beispiel für die Bereitschaft von Männern, ihr Leben für die von ihnen geliebten Frauen aufs Spiel zu setzen. Wir lesen von Frauen, die ein Kind aus einem brennenden Autowrack herausholen, aber bei einem Mann wird das nicht passieren. Wenn man Frauen auf diesen Unterschied aufmerksam macht, gehen sie in die Abwehrposition, selbst wenn sie sagen, die Leistungen von Männern künftig besser würdigen zu wollen.

Es braucht sich jedoch niemand angegriffen zu fühlen. Ich habe nicht gesagt, daß Männer die besseren Menschen sind. Angehörige beider Geschlechter tun das, wozu man sie erzogen hat; sie wollen das Gefühl haben, Teil eines Ganzen zu sein, und gleichzeitig ein wenig anders sein, um als Individuen hervorzutreten. Das macht beide Geschlechter gleich — wenn auch unterschiedlich programmiert. Wenn ein

Mann für die von ihm geliebte Frau stirbt, macht ihn das kein bißchen besser, sondern es ist einfach so, daß seine Erziehung ihn verletzlich macht. Mein Bruder war sehr verletzlich.

Die Fähigkeit, sein Leben für seine Überzeugungen zu opfern — oder eine Familie zu ernähren

Einige Männer opfern ihr Leben im Krieg, weil sie an ihr Land glauben; andere tun es, da sie nicht leben können, ohne Helden zu sein; andere opfern ihr Leben für den Unterhalt ihrer Familie. Andere riskieren ihr Leben im Krieg, um im Fall des Überlebens genug Geld und Status zu verdienen, um sich eine Ehefrau zu „verdienen". Männer aus allen Gesellschaftsschichten und aller Rassen und Völker tun das gleiche, ob beim CIA, beim FBI, beim State Department oder der Mafia: Ihre Überzeugungen oder ihre Bereitschaft, ihre Familien zu ernähren, sind genauso wichtig wie ihre gesamte Existenz.

Für diese Männer sind dies nicht einfach nur leere Worte. Es ist zum Teil zwar ein außergewöhnliches Zeichen von männlicher Unsicherheit und eine Kompensation von Machtlosigkeit, aber es gibt auch eine gute Seite: das bemerkenswerte Festhalten von Männern an ihren Überzeugungen und Familien. Es ist ein Zeichen dafür, wie die Männer im Rahmen ihres Wertsystems Dinge wie Werte, Verantwortung und Lebensqualität hochhalten: bei sich selbst und ihren Familien.

Die Entwicklung eigener Wertvorstellungen

In der siebten Klasse diskutierten mein Freund Myron Murdoch und ich über Werte. Gibt es einen Gott? Was war der Unterschied zwischen Myrons Judentum und meinem Christentum? Wir wußten damals nicht, daß wir uns über unsere Wertvorstellungen klarzuwerden versuchten, was wichtiger ist als das Ergebnis dieser Suche. Wir wußten nicht, daß wir unabhängig vom Ergebnis die Geldlieferanten für die sozialisierten Wertvorstellungen von Frauen werden würden — daß unsere Wertvorstellungen weitgehend zu einer Methode werden könnten, Geld für Hypothekenzinsen zu verdienen. Wir lernten jedenfalls, eigene Wertvorstellungen zu entwickeln, obwohl das bedeutete, daß wir uns aus denen welche aussuchten, die gerade in Mode waren. Beide Geschlechter lernten, so zu verfahren. Frauen lernten, sich die Wertvorstellungen der Männer zu merken, damit „der Richtige" später das Geld für die Wertvorstellungen der Frau verdienen konnte. Bei den Unterschieden der Wertvorstellungen von Mann und Frau ging es um mehr als nur die Substanz; es ging um den Vorgang des Suchens. Wir schätzten es sehr, über Werte zu debattieren. Am wertvollsten dabei war das Abwägen, ein erster Schritt zur Klarheit und der Beginn einer eigenen Lebensphilosophie.

Selbständigkeit

Wir nennen Männer nicht „Karrieremänner", weil das Wort *Karriere* in das Wort *Mann* praktisch schon eingebaut ist. Selbständigkeit ist in die Männlichkeit eingebaut. Als ich bei den Pfadfindern aufgenommen werden wollte, wurde ich am

Strand des eisigen Hudson River abgesetzt. Als es am Abend dunkel wurde, wurde mir befohlen, mir im Schnee selbst ein Essen zuzubereiten. Ich angelte mir einen Fisch. Ich mußte Äste und Zweige aus dem Schnee ausgraben und mir ohne Papier und mit nur zwei Streichhölzern ein Feuer machen. Jedesmal wenn ich zwei Streichhölzer verbraucht hatte, ohne ein Feuer zum Brennen zu bringen, befahl mir der Gruppenführer, die Zweige wieder im Schnee zu begraben und von vorn anzufangen. Ich schummelte ein bißchen (ich konnte nur schlecht Streichhölzer zählen), aber die Lektion in Sachen Selbständigkeit war mir klar.

Die meisten männlichen Botschaften in Richtung Selbständigkeit sind nicht so direkt; sie sind verborgen. Das Image des Supermanns und des Märchenprinzen auf dem Schimmel enthält die Selbständigkeit. Die männliche Sozialisation ist eine Überdosis in Sachen Selbständigkeit. Es gibt keine Märchen von einer Prinzessin auf einem Schimmel, die ein männliches Dornröschen findet und ihn in ihr Schloß bringt; kein Märchen, das einen unselbständigen Mann glorifiziert. Und wenn es hart auf hart geht, redet er sich nicht heraus, sondern handelt.

Wie lassen sich diese Märchen in die Wirklichkeit übersetzen? Man hat die Emanzipation der Frau so definiert, als hätte man den Frauen „das Recht der Wahl" *gegeben*: Das Wahlrecht, zu Hause zu bleiben oder einem Beruf nachzugehen. *Männer lernen nicht, daß sie das Recht hätten, zu Hause zu bleiben. Das würde bedeuten, daß ein anderer für ihn sorgen muß.* Ein Mann lernt nicht, daß er das erwarten kann. Er lernt vielmehr, „daß die Welt dir keinen Lebensunterhalt schuldet". Selbständigkeit bedeutet, daß man sich Rechte erst *verdienen* muß. Das Recht zu wählen, so lernt er, entspringt beispielsweise der Wahl eines Berufs, der viel einbringt, so daß er außerhalb des Berufs mehr Wahlmöglichkeiten hat. Es ist auch ein Ergebnis dieser männlichen Erziehung, daß Millionen von Frauen mehr Freiheit gewonnen haben, ihre eigenen Wertvorstellungen zu überdenken — und Männer zu kritisieren —, als ihnen zur Verfügung stünde, wenn sie umgekehrt die Männer ernähren müßten.

Initiative

Wenn ein Mann in einem Lokal sitzt, sich unsicher fühlt, sich aber für eine Frau interessiert, die sich gerade mit einem anderen Mann unterhält, lernt er schnell, daß nichts passieren wird, wenn er nicht die Initiative ergreift. Wenn er sich in seinem Beruf unterbezahlt oder in seiner Stellung unterbewertet fühlt, ist er nicht der Meinung, ein Recht auf bessere Bezahlung oder einen besseren Job zu haben, wenn er sich nicht bemerkbar macht. Das erfordert Initiative. Er muß die Initiative ergreifen, um die Veränderung zu bewirken, oder sich um einen besseren Job bemühen, der besser bezahlt wird, oder um überhaupt einen Job zu finden. Er erwartet nicht, daß er wie Aschenputtel entdeckt wird oder passiv auf ein Wunder warten kann wie Dornröschen. Er lernt, daß der Begriff Erobe*rer* ewige Initiative bedeutet. Er muß die Initiative ergreifen, um Geld zu bekommen, Frauen, Sex, Jobs und Beförderungen.

Risikobereitschaft

Die männliche Erziehung, auf dem Spielfeld Risiken auf sich zu nehmen, bereitet einen Mann darauf vor, bei der Investition in Aktien, Unternehmen und Konzerne Risiken einzugehen. Mit jahrelanger Ausbildung in seine Karriere zu investieren und auch eine jahrelange Zusatzausbildung auf sich zu nehmen. Ein Schönheitschirurg ist vom fünften bis zum fünfunddreißigsten Lebensjahr als Schüler und Student, als unterbezahlter und überforderter Assistenzarzt Risiken eingegangen, um in der zweiten Hälfte seines Lebens eine halbe Million Dollar im Jahr verdienen zu können.

Der Schriftsteller James Joyce erhielt 200 Ablehnungen, bevor sein erstes Manuskript von einem Verlag angenommen wurde. George Washington setzte sein Leben in zahlreichen Schlachten aufs Spiel, von denen er die meisten *verlor*. Dwight D. Eisenhower erging es nicht besser. Winston Churchill riskierte und verlor zahlreiche Wahlen. Thomas Edison gingen Dutzende von Erfindungen daneben, und Ty Cobb, einer der größten Baseballspieler aller Zeiten, mußte viele Fehlschläge einstecken. Babe Ruth war vom gleichen Kaliber: Auch er konnte einstecken.

Auf zahlreichen Ebenen lernen Männer, viel zu riskieren und auch Niederlagen auf sich zu nehmen — und all das in der Hoffnung, etwas zu gewinnen (umgekehrt gilt: Wenn ein Mann nichts riskiert, erwartet er auch keinen Lohn). Wenn er überlebt, wird er in der Lage sein, seiner Frau und seinen Kindern eine Sicherheit zu bieten, die er selbst nie gekannt hat.

Autoritäten herausfordern

Nachdem ich mit meinem Klassenkameraden Myron unsere Wertvorstellungen debattiert hatte, machte ich mich mit meinem Freund Walter O'Conner daran, mit unseren frischgewonnenen Erkenntnissen Eltern, Verwandte und selbst Sonntagsschullehrer herauszufordern. Diesen forderten wir mit unseren Fragen nach Gott heraus oder mit der Frage, ob man den Leuten erlauben sollte, in der Öffentlichkeit nackt zu baden. „Gott schuf den Menschen und nicht die Kleidung", sagten wir etwa. „Nein", widersprach der bekleidete Sonntagsschullehrer, „Gott schuf die Bescheidenheit, um Adam und Eva für ihren Ungehorsam zu bestrafen." Welche Antwort auch richtig sein mag, die Klasse akzeptierte, daß wir Jungen den Lehrer herausforderten. Wenn ein Mädchen bezweifelt hätte, daß Kleider eine Erfindung Gottes wären, hätten sich alle Jungen über sie gewundert, genauso wie die Mädchen — die allerdings aus anderen Gründen. Und so leisteten wir alle einen Beitrag zu dem Druck auf die Mädchen, die von der Autorität etablierten Lehrsätze nicht in Frage zu stellen. Walter und ich lernten dabei, die Autorität in Frage zu stellen, aber auch auf uns zu nehmen, daß uns die Autorität für unsere Herausforderung bestrafte.

Erfinden

Bei der Suche nach Wertvorstellungen und bei der Herausforderung der Autorität stolperten wir manchmal über Ideen, die wir für originell hielten. Sie waren es nur selten, wenn überhaupt, aber das machte keinen Unterschied — wir lernten, wie man erfindet.

Eine Identität entwickeln

Der Druck auf Männer, mehr als nur selbständig zu sein, der sie dazu zwang, Risiken auf sich zu nehmen und Initiativen zu ergreifen, schnell zu eigenen Wertvorstellungen zu kommen, zu lernen, wie und wann man Autoritäten herausfordern kann, sowie zu erfinden, hatte im besten Fall die Entwicklung einer Identität zur Folge. Eine Identität entsteht daraus, daß man erkennt, wie man ins System paßt und wie nicht — vor allem aber ist die Erkenntnis wichtig, wie man nicht hineinpaßt. Die Grundlagen der Gesellschaft sind schon vor unserer Geburt da und bleiben auch nach unserem Tod. Identität ist die Entdeckung unserer Einzigartigkeit in dieser Kontinuität. Wenn wir Risiken auf uns nehmen und das Existierende herausfordern, macht die Reibung zwischen uns und der Gesellschaft klarer, wo alle Grenzen liegen. So entwickeln wir unsere Identität, und das erklärt auch, warum die besten Teile der männlichen Sozialisation bei der Entwicklung einer Identität hilfreich sind. Natürlich verkaufen die meisten Männer einen guten Teil ihrer Identität an Institutionen, so wie die meisten Frauen es bei Männern tun. Der Teil eines Mannes, der seinen Werten treu geblieben ist, fordert noch immer heraus, nimmt noch immer Risiken auf sich und profitiert auch weiterhin davon, daß er eine Identität entwickelt hat.

Bescheidenheit

Die Erfolgsgeschichten anderer Männer, die ein Mann gelesen hat, haben ihm vielleicht die Botschaft vermittelt, es auch selber zu versuchen, immer wieder zu versuchen (oder Risiken einzugehen), aber er erfährt nicht, wie oft selbst die „Großen" Fehlschläge hinnehmen mußten. Er weiß aber, wann *er selbst* Niederlagen erleidet. So entwickelt sich eine Kluft zwischen dem Image des Erfolgs und der Realität seiner eigenen Verletzlichkeit — selbst wenn er erfolgreich ist. Und wenn er ein Teil der Massen am Fuß der Pyramide ist, hat er sich jeden Tag mit seinen Niederlagen auseinanderzusetzen. Mehr noch: Er kann sich in das Erfolgs-Image nicht einbringen; das wäre eine schlechte Strategie. *Diese stillschweigende innere Konfrontation mit seiner eigenen Verletzlichkeit und seinen Niederlagen, mit der Kluft zwischen Image und Realität, schafft die männliche Form der Bescheidenheit.* Die Parallele bei vielen Frauen besteht in dem Vergleich ihrer Pickel mit der makellosen Haut gestylter Fotomodelle. Realität im Gegensatz zum Ideal erzeugt Bescheidenheit. Auch Eitelkeit — oder das männliche Gegenstück zur Eitelkeit, das zerbrechliche Ego.

Wir gewinnen ein gutes Verständnis der männlichen Bescheidenheit, wenn wir die Einstellung eines Menschen, der nie ein Kind großgezogen hat, mit der Haltung eines Elternteils vergleichen. Ein kinderloser Mensch ist schnell mit Rezepten bei der Hand, wie man Kinder erzieht. Ein Elternteil ist oft demütiger. Ein Mensch, der noch nie so erfolgreich sein mußte, daß er sich selbst ernähren konnte, dazu noch einen Ehegatten, daß er Hypothekenzinsen aufbringen und für Kinder sorgen mußte, ist wie der Besserwisser ohne Kind — oder wie der frischexaminierte Universitätsabsolvent, der das Gefühl hat, die Welt erobern zu können. Die Zeit der Bescheidenheit rückt näher.

Was löst diese Bescheidenheit aus? Sowohl beim Erfolg wie in der Kindererziehung besteht das Leben aus Kompromissen. Ein Politiker, der in Sachen Lungenkrebs ehrlich ist, sieht sich bald aus dem Rennen geworfen, wenn er in einer Region antreten muß, in der die Wähler in der Tabakindustrie arbeiten. Sollte er in dieser Frage also nachgeben? Wenn der Politiker ein Mann ist, der eine Familie zu ernähren hat, muß er entweder einen Kompromiß schließen oder seine Kinder und seine Frau unter den Konsequenzen leiden lassen; wenn sich eine verheiratete Politikerin in der gleichen Ausgangsposition sieht und weiß, daß das Einkommen ihres Ehemannes notfalls auch für sie reichen wird, wenn ihre Ehrlichkeit zur Niederlage führt, braucht sie sich von ihren Idealen nicht zu trennen. Die männliche Erfolgsrolle erfordert auch mehr Kompromisse, da sie dazu ermutigt, mehr Menschen zu ernähren. *Die Bescheidenheit des Kompromisses wird dadurch noch intensiviert, daß ein Mann sein Leben vor der Berufswelt damit zubringt, Wertvorstellungen und Ideale zu entwickeln, um in seinem späteren Arbeitsleben mit diesen Idealen Kompromisse zu schließen.* Eltern beiderlei Geschlechts können dies verstehen, wenn sie sich mit ähnlichen Kompromissen konfrontiert sehen. Der Satz: „Ich möchte ein Kind mit Verantwortungsgefühl" führt zu der Aufforderung: „Räum dein Zimmer auf." Der Satz: „Ich möchte ein Kind, das die Folgen von Verantwortungslosigkeit kennt", führt dazu, daß man das Kind im eigenen Dreck leben läßt. Wer Erfolg haben muß, um zu überleben, wird ebenso wie ein Vater oder eine Mutter Tag für Tag Kompromisse schließen müssen, und das macht bescheiden.

Verantwortung

Die männliche Sozialisation ist eine Anleitung dazu, wie man Verantwortung übernimmt. Es beginnt damit, wie man mit vierzehn einen Ferienjob bekommt, um zum erstenmal für Fahrgeld und Restaurantbesuch der Freundin zu bezahlen, geht weiter damit, daß man sich richtig verhalten muß, um die Chancen, beim Mädchen seiner Wahl anzukommen, zu erhöhen, dann muß ein junger Mann das Mädchen zum erstenmal einladen, dafür sorgen, daß seine Eltern ihn hinfahren, später leiht er sich das Auto, dann fährt er ein eigenes, dann ergreift er Initiativen — all das ist Verantwortung.

Als mein Assistent Paul diesen Abschnitt las, lachte er. „Als ich meine Freundin Kathy zum Schulball einlud, fuhr ich nicht nur selbst, ich hatte mir schon *am Abend vorher* von meinem Vater den Wagen geliehen, um die gesamte Route *abzufahren*, von meinem Haus zu ihrem Haus zum Restaurant vor dem Ball, dann zum Ballsaal und zu den beiden Lokalen, die ich für geeignet hielt, den Abend abzurunden." Während er noch über sich selbst lachte, sagte die Frau, die in der University of California in San Diego in der Bibliothek neben uns saß: „Ich machte meinen Führerschein erst ein Jahr nach der Volljährigkeit." Warum, wollten wir wissen. Sie wurde rot. „Nun, ich wurde immer von irgendwelchen Jungs abgeholt — es war für mich also nicht so dringend."

Ich erinnere mich, daß ich als junger Mann von einem Meter fünfundachtzig mal eine Mahlzeit mit großem Appetit herunterschlang. Meine Mutter sagte: „Wenn du es hättest kochen müssen, würdest du es nicht so hinunterschlingen." Mein Vater hätte hinzufügen können: „Wenn du es hättest bezahlen müssen, hättest du es auch nicht so heruntergeschlungen." Ich weiß noch, daß ich mir kurz darauf überlegte, wie es wäre, wenn ich für alles bezahlen müßte. Nicht nur fürs Essen, sondern auch für Toilettenpapier, Seife, Papiertaschentücher, Schuhe und Mäntel aller Familienmitglieder, für Hosen und Kleider, den Teppichboden, das Sofa, den Wagen, Benzin, Öl und so weiter. Damals wußte ich noch nichts von Hypothekenzinsen. Es waren schockierende fünf Minuten. Meine Erkenntnis ließ mich über meine künftigen Jobs anders denken als meine Schwester.

Als ich dies meinem Assistenten Paul gegenüber erwähnte, fragte er mich nach meinen früheren Jobs. Ich war überrascht, wie viele mir wieder einfielen. In der High School und während meines ersten Jahrs am College war ich Golf-Caddy gewesen, hatte Milch ausgetragen sowie Zeitungen auf drei verschiedenen Routen, hatte bei der Post gearbeitet und an der Schülerzeitung unserer High School, hatte bei der Grand Union Fleisch eingewickelt, war mit vierzehn und fünfzehn Jahren Schiffsjunge auf der Seine gewesen, hatte einen eigenen Babysitterdienst gehabt, hatte fremden Leuten den Rasen gemäht, und in meinem ersten Jahr am College hatte ich ein kleines Antiquariat eröffnet.

Paul ratterte eine ähnliche Liste herunter. Dann fiel mir auf, wie die späteren Jobs — mit denen ich mich durchs College und die Universität brachte — mich gezwungen hatten, Risikobereitschaft mit Verantwortung zu vereinbaren (etwa beim Verkauf von Lexika an der Haustür). Das waren Jobs, bei denen ich erst dann Geld erhielt, wenn ich etwas geleistet hatte; wenn ich es aber geschafft hatte, verdiente ich eine Menge. Bei unserem Bemühen um ein Verständnis der wandelbaren Natur der weiblichen Verantwortung zwischen Haushalt, Kindern und Beruf haben wir dem männlichen Gegenstück weniger Aufmerksamkeit geschenkt. Wenn ein Mann seine Verantwortung für Haus und Kinder steigert, wird nebenbei immer noch von ihm erwartet, daß er arbeitet, und so muß er strampeln.

Die verschiedenen Sprachgewohnheiten von Männern und Frauen spiegeln die männliche Erziehung zur Verantwortung wider. Männer sagen seltener als Frauen: „Das und das ist mir passiert." Sie werden viel eher sagen: „Ich habe das oder das getan."

Effizienz

Beim Einüben von Risikobereitschaft entwickeln Männer ein besonders starkes Gefühl dafür, was effizient ist und was nicht — ein Gefühl für Effizienz. Beim Ausprobieren vieler verschiedener Jobs lernen wir, was wir können. Wir werden zu einer anderen Einstellung gegenüber verlorenen Investitionen erzogen als Frauen — wir sehen sie als Erfahrungen, die uns ein Gespür für die Fragen entwickeln lassen, die wir uns stellen müssen, um den nächsten Verlust zu vermeiden. Wir sehen den Verlust als eine Investition ins Investieren. Wer stundenlang unter einer Motorhaube herumbastelt, lernt durch Versuche und Irrtümer, wie man mit einem Auto umgeht (dies gilt allerdings nicht für mich!).

Auch hier wieder zeigt sich ein Unterschied im Sprachgebrauch von Männern und Frauen. Männer werden kaum sagen: „Vielleicht können wir Bill dazu bringen, das zu erledigen", sondern vielmehr: „Vielleicht sollte ich es versuchen..."

Handeln statt klagen

Um effizient arbeiten zu können, lernen Männer, zwischen zwei Arten von Klagen zu unterscheiden: Auf der einen Seite steht Hilflosigkeit, auf der anderen der Satz: „Das ist die Klage, und hier ist die Lösung."

Männer sind jammernden Männern gegenüber nicht sehr tolerant. Es gefällt uns nicht, wenn jemand sagt: „Ich bin hilflos." Das Beste an dieser Intoleranz ist aber der Druck auf einen Mann, das Problem zu lösen, das zu einer Klage geführt hat.

Die Erweiterung der eigenen Grenzen

Handeln mag zwar besser sein als Jammern, aber Handeln ist noch nicht genug. Der auf einem Mann lastende Druck, mit seinen Talenten möglichst viel Geld zu verdienen, bedeutet, daß er die Grenzen all seiner Talente immer weiter hinausschieben muß, um zu entdecken, welches Talent ihn am besten über die Runden bringt. Wenn man davon spricht, man müsse seine Grenzen erweitern, sehen die meisten Menschen die Talente als eine Art Rohstoff an; sie haben das Gefühl, daß Karriere im Beruf die Erweiterung von Talenten und eine Anwendung dieser Talente in einem angemessenen Job voraussetzt, bevor man häufige Beförderungen erwarten kann. Erfolgreiche Menschen lernen, daß die Erweiterung der eigenen Grenzen auch ein Ausbalancieren mit den Wünschen anderer einschließt, während man sich selbst über die Menge hinausheben muß; man muß die Fassade mit der persönlichen Integrität in Einklang bringen und sich immer wieder verkaufen, ohne sich den Anschein zu geben. Der Kampf um die Beherrschung der komplexen Politik des Weiterkommens ist die wahre Erweiterung der eigenen Talente.

Die Diskriminierungs-Diskussion der letzten Jahre hat uns erkennen lassen, daß die Erfolgsformel Qualifikation plus Fehlen von Diskriminierung lautet. Dieser doppelte Ansatz hat unsere Wertschätzung der außergewöhnlichen Subtilität und Vielfalt der Talente begrenzt, die zum Vorwärtskommen nötig sind.

Kreativität und Problemlösung

Bei meinen Untersuchungen der Verhaltensmuster von Männern und Frauen beim Zuhören habe ich herausgefunden, daß Frauen in gemischten Gruppen weit häufiger Fragen stellen als Männer und dabei Augenkontakt zu einem Mann herstellen. Ein Mann meint, bei einer Frau anzukommen, wenn er ihr gute Antworten liefert. Sein Gehirn arbeitet fieberhaft, um die Probleme zu lösen, die ihre Fragen enthalten, und das macht ihn zu einem Problemlöser; da er die Antwort nicht immer parat hat, wird er kreativ. Im besten Fall regt seine Kreativität ihn dazu an, die Informationen, über die er verfügt, auf neue Weise zusammenzufügen. Im schlimmsten Fall erlaubt sie ihm, eingebildete „Informationen" zusammenzufügen, die ihn dumm dastehen lassen — das ist die Kehrseite derselben Medaille.

Das praktische Ergebnis dieser Mühen bei zwischenmenschlichen Beziehungen ist die besondere männliche Form der Fürsorge: Problemlösungen. Im Wirtschaftsleben führt das zur Entwicklung von Waschmaschinen, Geschirrspülern, von Elektrizität und Mikrowellenherden, die die Rollen der Frauen flexibler gestaltet haben; die Entwicklung effektiverer Geburtenkontrolle und bahnbrechende medizinische Erfindungen, die dazu geführt haben, daß immer weniger Frauen bei der Geburt von Kindern sterben und daß wir alle länger leben; zur Entwicklung von Telefonen, die uns zu unseren Familien Verbindung halten lassen, zu Fluggesellschaften, mit deren Maschinen wir im Urlaub nach Hause fliegen. Wir haben uns daran gewöhnt, all das als männliche Macht zu sehen, haben dabei aber die Kreativität vergessen, die weibliches Zuhören in Männern auslöst.

Sinn für Humor

Ob wir nun Woody Allens Gabe sehen, über den Dummkopf in sich selbst zu lachen, oder George Carlins Fähigkeit, über die Männlichkeit an sich zu lachen, so hat die männliche Erziehung, das Leben als Spiel zu sehen, ein besonders erfreuliches Ergebnis: Die Fähigkeit, über unsere Rollen in diesem Spiel und über das Spiel selbst zu lachen. Wir machen uns sogar über die traditionellsten und ernstesten der männlichen Systeme lustig, etwa über das Militär. Es dürfte schwerfallen, etwa einen Film zu finden, der sich über die traditionelle Frauenrolle lustig macht — beispielsweise über die Mutterschaft.

Einfallsreichtum

Die Fähigkeit, ein Nein in ein Vielleicht und ein Vielleicht in ein Ja zu verwandeln, hat in der sexuellen Arena auch ihre Nachteile — ich nenne das Vergewaltigungstraining. In der Geschäftswelt nennt man diese Gabe Einfallsreichtum: Wenn etwa ein Vertreter es schafft, jedes „Nein" zu überwinden — angefangen bei der ersten Sekretärin bis zum Vertragsabschluß. Heutzutage üben Frauen auch in der Berufswelt diese Fähigkeit ein, aber zu ihrer sexuellen Sozialisation gehört sie noch nicht. Es kommt zwar vor, daß sie Initiativen ergreifen, aber das ist noch kein Einfallsreichtum.

Zu den großen Vorzügen des Fußballsports gehört, daß er zu Einfallsreichtum erzieht. Die Feldspieler müssen den Ball vors gegnerische Tor bringen und sehen sich dabei ständig wechselnden Situationen ausgesetzt, die es blitzschnell zu analysieren gilt. Beim Schachspiel ist es ähnlich. So werden Männer beim Sport, beim Schachspiel, aber auch beim Sex dazu erzogen, ihren Einfallsreichtum zu erweitern.

Die Freude an der Frau... und nicht am Potential

Daß Männer sich nicht gleich binden wollen, hat auch seine positive Seite, nämlich die Bereitschaft, das Hier und Jetzt voll zu genießen, statt die totale seelische und sexuelle Hingabe aufzuschieben, bis ein Mann überzeugt ist, „die Richtige" gefunden zu haben — und dann womöglich auch nur so lange, wie alles nach Wunsch verläuft. Die Freunde eines Mannes fragen auch nicht unschuldig, ob er sich benutzt fühlt. Sie bringen ihn auch nicht dazu, Frauen als „Benutzerinnen" zu sehen. Das erlaubt es ihm, sich an einer Frau zu erfreuen, ohne ihr das Gefühl zu geben, daß sie sich erst mal beweisen muß; da seine Sozialisation ihm beigebracht hat, sich an *ihr* zu erfreuen, wird sie sich von ihm auch nicht gedrängt fühlen, zwischen einer Bindungsentscheidung oder dem Verlust seiner Liebe zu wählen.

Mit Kindern zu deren Bedingungen spielen

Als Spielgefährten bieten Männer ihren Kindern eine Kombination aus körperlicher Risikobereitschaft und körperlichem Schutz — was ihren Söhnen oder Töchtern erlaubt, ihre physischen Grenzen zu erkunden, ohne ihr Leben zu riskieren. Als Paul mit seiner Tochter Amy in den Park ging, konnte Amy auf Bäume klettern, auf die sie sich allein nie hinaufgewagt hätte, da ihr Vater unter ihr stand, jederzeit bereit, sie aufzufangen, falls sie ausrutschen sollte.

Zu Hause spiele ich mit Megan oft „Pferd". Sie gibt mir zu erkennen, wie hart ich dabei „bocken" darf, damit sie das richtige Gleichgewicht zwischen körperlicher Herausforderung und körperlichem Schutz spürt. Ich lasse sie aber auch wissen, wann „das Pferdchen" nicht mehr kann.

Wenn man mit Kindern zu deren Bedingungen spielt, wird oft ein Punkt erreicht, an dem sich viele Mütter unbehaglich fühlen. Als Carl seinen Sohn und seine Tochter mit ihren Schlitten die vereiste Straße herunterrasen ließ, stießen sie am unteren Ende gegen einen Zaun. Einige der Mütter in der Nachbarschaft sahen ein bißchen hilflos aus, aber die Kinder liebten es, daß ihr Daddy sie einfach drauflosfahren ließ. Und daß ihr Vater sie nicht einfach nur gewinnen ließ — den Vater ihres Spielkameraden Joey mochten sie nicht, denn der ließ sie nie gewinnen. Vor allem gefiel es ihnen, daß ihr Vater, anders als die Kinder ihres Alters, ein waches Gespür dafür hatte, wann die Dinge zu weit gingen. Und folglich wollten sie immer weiterspielen. Es gefiel ihnen, daß ihr Daddy zu ihren Bedingungen mit ihnen spielte. So hat es also durchaus seine Vorteile, daß Männer im Herzen noch Kinder geblieben sind.

Veränderung ohne Schuldzuweisungen

Männer haben sich weniger verändert als Frauen. Da, wo die Männer sich tatsächlich verändert haben — etwa in ihrer Vaterrolle —, wird das jedoch nicht von Vorwürfen an die Adresse der Frauen begleitet. Noch vor fünfzehn bis zwanzig Jahren kümmerten sich nur wenige Männer um den Orgasmus der Frau oder um klitorale Stimulation. Nur wenige Väter begleiteten ihre Frauen in den Kreißsaal, um ihren Frauen bei der Geburt zur Seite zu stehen. In kürzester Zeit haben sich die Männer auf allen diesen Gebieten verändert.

Im Verlauf dieses Prozesses haben die Männer gleiches nicht mit gleichem vergolten. Sie haben die Frauen nicht beschuldigt, bei den Kindern ein „Machtmonopol" zu halten, und haben ihnen auch nicht vorgeworfen, ihr „verletzliches Mutter-Ego" werde durch ein stillschweigendes Matriarchat verewigt, das die Männer in den Krieg schicke und auf den Schlachtfeldern sterben lasse, während die Frauen sich zu Hause zusammengetan hätten, um warm und trocken schlafen zu können. Männer haben die Attacken der Frauenbewegung auch nicht mit dem Vorwurf beantwortet, das sei Psychoterror.

Wenn wir das Schlagwort vom „Kampf der Geschlechter" hören, wird stillschweigend davon ausgegangen, daß beide Geschlechter an diesem Kampf gleichermaßen beteiligt sind. Man könnte diesen Kampf jedoch leicht den Angriff der Frauen auf die Männer nennen, aber keinesfalls einen Kampf Männer gegen Frauen. Man muß auch Ursache und Wirkung auseinanderhalten. Die Männer haben sich zwar weniger verändert, sich dafür aber bei ihren Angriffen auf die Frauen größere Zurückhaltung auferlegt als umgekehrt.

Ich möchte diesen Abschnitt mit einem scherzhaften Gedicht über die männliche Sozialisation beschließen. Es zeigt, wozu Männer *nicht* erzogen werden. Der Leser wird dabei, so hoffe ich, ein paar positive Charakterzüge entdecken.

Unsere Wimperntusche zerfließt nicht

Wenn wir weinen (falls überhaupt),
   zerfließt keine Wimperntusche;
Wir stehen auch nicht vor dem Spiegel und fragen,
   „Wer ist der Schönste im ganzen Land?"

Ihr könnt uns auf die Lippen küssen, ohne
   anschließend die Bluse in die Reinigung schicken zu müssen;
Wir verschwinden auch nur selten,
   um uns präsentabel zu machen.

Ihr könnt uns in einer Wette schlagen,
   ohne daß wir es euch mit gleicher Münze heimzahlen;
Wir gehen mit euch ins Restaurant,
   ohne unser Bargeld zu Hause zu lassen.

Wenn die Erziehung des Mannes sich vor allem darin zeigt,
   was wir geschaffen haben,
Zeigt sich unser Wert vielleicht auch darin,
   was wir nicht sind!

11.
Wie kann ich einen Mann verändern (ohne ihn gleich der nächsten Frau in die Arme zu treiben)?

„Eine verliebte Frau wird für einen Mann fast alles tun, aber nie den Wunsch aufgeben, ihn zu verbessern.“

Nathaniel Branden,
Autor des Buches *The Psychology of Romantic Love,*
bei einem Gespräch mit dem Verfasser

„Heutzutage darf ein Mann nicht mal seine Neurosen in Ruhe pflegen.“
Vic, 49

Die Politik der Veränderung

Der Pygmalion der griechischen Mythologie ist ein begabter Bildhauer mit einer Abneigung gegen Frauen. Er versucht, eine perfekte Frau in Gestalt einer Statue zu schaffen. In jahrelanger Arbeit perfektioniert er jede Nuance, bis die fertige Statue als ein Abbild der perfektesten und schönsten Frau erscheint. Er hat sein Kunstwerk so schön gestaltet, daß es kein Kunstwerk mehr zu sein scheint. Seine Küsse und Zärtlichkeiten erweichen das steinerne Standbild jedoch nicht.

Nach jahrelangen vergeblichen Versuchen, die Statue zu einer Reaktion zu bewegen, ruft er hilfesuchend die Göttin Aphrodite an. Sie erhört seinen Wunsch. Die Kälte des steinernen Standbilds verwandelt sich in weiches menschliches Fleisch, in zärtliche Lippen, in leidenschaftliche Küsse und in ein pochendes Herz.

Womit bewiesen ist, daß man mit Hilfe eines Gottes jeden Menschen verändern kann!

Während sich in der griechischen Mythologie oft der Wunsch zeigt, Frauen zu verändern — was anschließend wegen der Unmöglichkeit dieser Aufgabe zu Frustrationen führt —, zeigt sich in der amerikanischen Wirklichkeit von heute der Wunsch, Männer zu verändern, und auch hier kommt es zu einer ähnlichen Frustration wegen der scheinbaren Unmöglichkeit der Aufgabe. Der folgende Cartoon der Zeitschrift *The New Yorker* illustriert dieses große amerikanische Vorhaben.

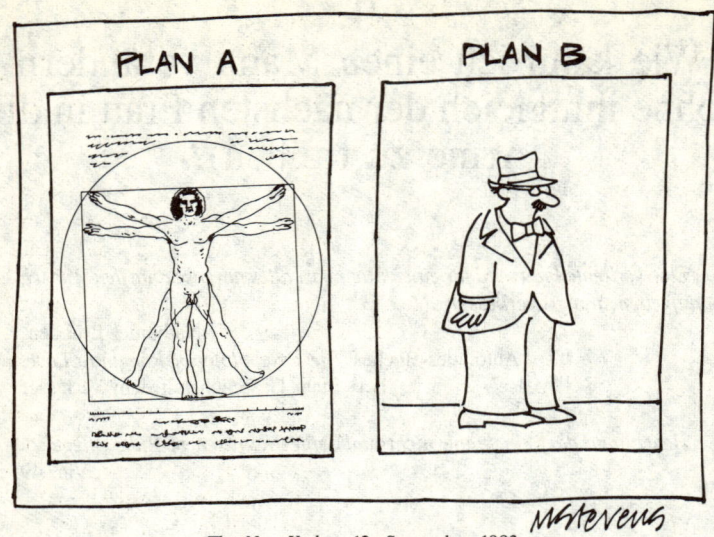

The New Yorker, 12. September 1983

Bis vor kurzem lautete die große Frage: „Warum kann eine Frau nicht so sein wie ein Mann?" Sie hätte lieber so formuliert werden sollen: „Warum können Mann und Frau nicht die besten Eigenschaften beider Geschlechter in sich vereinigen?". Statt dessen erlebten wir einen Pendelausschlag, der zu dem Schlachtruf der Feministinnen der sechziger Jahre führte, „Adam war nur ein erster Entwurf". Durchaus wahr. Mehr sind wir alle nicht. Heute kursiert an den Hochschulen des Landes der folgende Witz:

Frage: „Warum haben Männer weniger Hämorrhoiden als Frauen?"

Antwort: „Sie sind die perfekteren Arschlöcher."

Ich trug diesen Witz einmal einem Auditorium im Mittelwesten der USA vor. Stürmisches Gelächter. Was wäre gewesen, wenn ich die Frage andersherum gestellt hätte?

Gibt es überhaupt einen Weg zum Frieden, wenn dieser Witz den gegenwärtigen Stand des Krieges der Geschlechter korrekt wiedergibt? Ja. Aber ob es sich lohnt, sich mit einem beliebigen Mann zusammenzutun — oder mit Männern allgemein —, können wir erst dann entscheiden, wenn wir wissen, ob eine Veränderung möglich ist. Und falls sie möglich ist: Wollen Sie dann einen Mann ändern oder sich selbst? Ich würde mir wünschen, daß die Einführung zu diesem Teil des Buches der Leserin bei ihrer Entscheidung hilft. Falls Sie nicht nur einen Mann, sondern auch sich selbst verändern wollen, lautet die nächste Frage: Wollen Sie nur Ihren Mann oder die Männer allgemein verändern? Nächste Frage, falls Sie sich dafür entscheiden, nur *Ihren* Mann zu verändern: Will er sich überhaupt verändern? Und falls er dazu bereit ist: Wissen Sie überhaupt, worin Sie ihn verändern wollen? Es hat keinen Sinn, einen Weg zu beschreiten, der ins Nichts führt.

Ist Veränderung möglich?
Ich habe darauf hingewiesen, daß Männer sich in ihrem Leben ebensosehr an Frauen anpassen, wie es umgekehrt der Fall ist. Wir Männer tun es nur indirekt — wenn wir uns etwa an unsere Chefs anpassen, um für die von uns geliebte Frau den Lebensunterhalt zu verdienen. Wir haben gesehen, daß diese Leistung Männer für Frauen zwar attraktiv macht, daß die Beziehungen zu den so angezogenen Frauen aber erfolglos werden. So bleibt bei den Männern tiefe Unsicherheit zurück: Was wir getan haben, um Nähe zu *bekommen*, ist das genaue Gegenteil dessen, was nötig ist, um Nähe zu *haben*.

Sind Männer bereit, sich neuen Erwartungen anzupassen? Ja. Männer passen sich ständig an — nämlich an die unterschiedlichen Erwartungen verschiedener Chefs. Und wie bringen wir Männer dazu, sich den neuen Erwartungen von Frauen anzupassen? Indem wir den Männern verschiedene Hinweise geben — Hinweise, die es ihnen klarmachen, daß intimitätsförderndes Verhalten ihnen mehr Liebe einbringen wird als erfolgsorientiertes. Warum sind Männer fähig, auf liebevolle Hinweise zu reagieren? Weil sie gelernt haben, für ihre Primärbedürfnisse selbst aufzukommen, und weil sie in der Lage sind, sich auch an ihr primäres restliches Bedürfnis anzupassen — Liebe. Leistung schafft ein Intimitäts-Defizit; wenn Männer überzeugt sind, daß dieses Defizit ausgeglichen werden kann, stellen sie ihre Anpassungsfähigkeit unter Beweis.

Diese Anpassung an fremde Erwartungen ist jedoch nicht der beste Grund für eine Veränderung — es wäre besser, aus Überzeugung zu handeln —, aber die Veränderung aus Anpassung ist trotzdem häufiger. Und wenn die Veränderungen an sich gesund sind und die Beziehung dadurch besser wird, warum dagegen ankämpfen?

In einem gewissen Sinn können wir natürlich *nur uns selbst verändern*. Aber damit wird auch die *Beziehungs-Formel* verändert. Aus diesem Grund möchte ich auch ein paar Vorschläge dazu machen, was eine *Frau* anders machen kann, obwohl sie sich die Frage vorlegt, wie sie einen Mann verändern kann. Eine Frau könnte etwa sagen: „Warum sollte *ich* mich verändern — wie steht's mit ihm?" Wenn Angehörige beider Geschlechter den jeweiligen Partner zu ändern wünschen, läßt sich das nur bewirken, wenn man auch selbst etwas anders macht als bisher. Nur weil Frauen die meisten der Fragen gestellt haben, wie Männer zu verändern seien, zielen die meisten meiner Vorschläge darauf ab, wie Frauen diesen Prozeß in Gang bringen können, indem sie selbst etwas anders machen als bisher. Wenn sich Männer beklagen — nämlich über die Schwierigkeiten, Frauen zu verändern —, sind die entsprechenden Vorschläge für Männer gedacht.

Unglücklicherweise verändern sich Männer nach dem Ende einer Beziehung am meisten — oder nach einem Karrierefehlschlag. Und nur wenige Männer dürften sich leicht bereitfinden, *grundlegende* Persönlichkeitsmuster zu verändern. Frauen fällt dies übrigens genauso schwer. So dürfte sich etwa ein Phlegmatiker nur selten in ein Energiebündel verwandeln. Es ist jedoch möglich, die eigene Energie auf ein anderes Feld zu lenken. So wandelte etwa ein nachlässiger Vater in dem Film *Kramer gegen Kramer* seine „gebende" Energie, die er bislang vorwiegend seiner Arbeit gewidmet hatte, in etwas Neues um und stellte so ein Gleichgewicht zwischen Arbeit und Privatleben her. Wenn eine Frau nicht berufstätig oder nicht darauf aus ist, ein grundlegendes Persönlichkeitsmuster zu ändern, und auch nicht nur ihrem Überlegenheits-Dünkel Futter geben will, stellt sich die nächste Frage: Wollen Sie *Ihren Mann* oder die *Männer* verändern?

Wollen Sie Ihren Mann oder die Männer verändern?

Ich erinnere mich noch, daß ich vor Jahren einmal zu einem Schneider ging und so viele Änderungen bei einem Sportjackett wünschte, daß mir der Schneider sagte: „Sie wollen vielleicht eine ganz andere Jacke." Wenn wir dieses Beispiel auf einen Menschen übertragen, könnte er vielleicht gesagt haben: „Es wäre für die Jacke leichter gewesen, wenn du dir erst darüber klargeworden wärst, ob du wirklich *diese* Jacke willst oder eine ganz andere." Da bei der gewünschten Veränderung in einer Beziehung anders als bei Textilien die Furcht mitschwingt, Gefühle zu verletzen, daß man sich einen Fehlschlag eingestehen muß, und so weiter, verschweigen wir dem Partner oft unsere geheimen Wünsche und rechtfertigen dies etwa so: „Wir lassen ihn/sie doch nur ganz langsam und allmählich fallen." Tatsächlich verändern wir manchmal unsere Kleidung, um uns Optionen zu eröffnen — wir wollen sehen, wie die geänderte Jacke aussieht, während wir gleichzeitig nach anderen Möglichkeiten Ausschau halten.

Wenn ein Partner ständig den Einsatz erhöht, fühlt sich jemand meist mehr verletzt als unbedingt nötig. Vicki sagte einmal, sie wolle, daß Frank sich verändere. Er veränderte sich. Sie erhöhte ihre Ansprüche. Er veränderte sich noch mehr. Sie fühlte sich immer noch frustriert. Wie sich herausstellte, war sich Vicki nicht über ihre Gefühle im klaren. Sie wollte ausbrechen. Irgendwann und irgendwie war sie Franks überdrüssig geworden. Seine Veränderungen hinterließen in ihm ein Gefühl der Demütigung. Am Ende empfand er Vicki gegenüber nichts als Verbitterung, jedoch auch gegenüber den Frauen, mit denen er es später versuchte. Gerade zu dem Zeitpunkt, wo er die größte Geborgenheit gebraucht hätte, „um den Übergang auf den offenen Markt zu schaffen", fühlte er sich am unsichersten. Und somit vergrößerte Frank das Problem nur. Er veränderte sich für sie und nicht für sich selbst. Er veränderte sich nicht, sondern schuftete nur.

Lange Zeit begriff Vicki überhaupt nicht, daß sie ihre Forderungen ständig höherschraubte. Vielleicht hatten weder sie noch Frank die wesentlichste Grunddynamik der Veränderung verstanden, der ich den Namen „die Klobrillen-Analogie" gegeben habe.

Die Klobrillen-Analogie

„Du hast mir doch versprochen, die Klobrille runterzuklappen, und trotzdem läßt du sie immer noch hochgeklappt", beschwerte sich Vicki.

„Ich klappe sie doch fast immer runter", entgegnete Frank.

Tatsächlich konnte sich Vicki allein aus dem vergangenen Monat an ein halbes Dutzend Gelegenheiten erinnern, bei denen sie fast in die Toilette gefallen wäre. Und Frank konnte sich an mindestens zwei dutzendmal erinnern, bei denen er die Klobrille heruntergeklappt hatte. Bei Persönlichkeitsveränderungen ist es ähnlich. Derjenige, der sich verändert, erinnert sich an jede Gelegenheit, bei der er die Klobrille heruntergeklappt hat. Der Mensch, der mit ihm zusammenlebt, stellt nur fest, wann die Klobrille hochgeklappt ist. Derjenige, den das Aufstoßen seines oder ihres Partners stört, hört zwar das Aufstoßen, aber nicht die Anstrengungen, es zu unterdrücken; er notiert immer noch, wenn er unterbrochen wird, bemerkt aber nicht die Anstrengungen, dieser Unhöflichkeit ein Ende zu machen; er sieht immer noch die überall herumliegenden Kleider, würdigt aber nicht die Versuche, Ordnung zu halten.

Die beste Methode, einen Partner zu einer Persönlichkeitsveränderung zu bewegen? Erkennen Sie an, wenn er eine Mahlzeit beendet, ohne aufzustoßen, oder wenn sie einen Satz zu Ende bringen können, ohne daß Sie unterbrochen werden. *Gehen Sie davon aus*, daß Ihr Partner sich Mühe gegeben hat, und danken Sie ihm für seine Mühe.

Falls Sie Ihren Mann verändern wollen: Will er sich überhaupt ändern?

Die meisten Männer wollen sich nicht verändern. Jedenfalls nicht sehr. Warum? Aus dem gleichen Grund, aus dem sich auch die Frauen vor dem Zusammenbruch der Institution der Ehe nicht verändern wollten. Die Sozialisation beider Geschlechter definiert unsere „Bedürfnisse", und bis wir das Gefühl haben, daß man uns mehr dafür lobt, daß wir unsere Bedürfnisse verändern, bleiben wir die gleichen und wollen das normalerweise auch. Wenn sich aber erst einmal die Zustimmung signalisierenden Hinweise verändern, verändern beide Geschlechter auch das, was sie zu wünschen meinen. Eines Tages wollen wir breite Revers und Miniröcke und dann plötzlich schmale Revers und lange Röcke. Einige Menschen rebellieren, aber meist nur in einem anderen Gewand; sie suchen Zustimmung bei anderen Quellen. *Es hat den Anschein, als wäre unsere Biologie auf Zustimmung aus.* Unsere Sozialisation verrät uns, wie wir sie bekommen. Auch dies wiederum trifft auf beide Geschlechter zu. Männer haben sich also nur deshalb weniger verändert, weil sich die Hinweise, die ihnen Zustimmung signalisieren, weniger verändert haben. Wir Männer ernten noch immer mehr Zustimmung als Frauen, wenn wir Erfolg haben, und mehr Mißbilligung als Frauen, wenn wir den Wunsch äußern, Hausmänner zu werden. Auch bei Rebellen, Künstlern, Punks und Individualisten sind es die Führungsgestalten, die den Applaus einheimsen, und nicht die Hausmänner. Männer werden sich nur verändern, wenn ihnen mehr Zustimmung entgegengebracht wird.

Wir stellen uns vor, daß Männer viele Wahlmöglichkeiten haben: Sie können Präsident werden, Astronauten etc. Alle diese Optionen sind in Wahrheit jedoch nur Untergliederungen einer Option: Geld zu verdienen. Wir müssen für alle die Frauen Geld verdienen, mit denen wir uns eine Beziehung vorstellen können. Darüber sollten Sie einmal nachdenken. Es gibt keine Liebe, bevor wir dafür bezahlen. Wir verdienen also Geld, um das zu bekommen, was wir haben wollen, angefangen bei Beförderungen bis hin zur Befriedigung im Beruf, vom schieren Überleben bis zur Liebe. Wer Liebe und Geld haben will, muß sich anstrengen. Eine Wahlmöglichkeit.

Wenn Männer mehr Zustimmung wollen, müssen sie sich bei dem, was sie schon tun, noch mehr Mühe geben. Unsere „Veränderung" sieht so aus, daß wir mehr von dem tun, womit wir ohnehin schon beschäftigt sind.

Billigung und Zustimmung haben ihre Tücken. Sie haben unsere Großmütter an Heim und Herd gefesselt. Zustimmung und Billigung können einen Sklaven auf ewig in der Sklaverei halten. Vieles von dem, was Männer tun, ist selbstzerstörerisch. Wir können sogar sagen, daß Männer für selbstzerstörerisches Verhalten mehr Zustimmung ernten als Frauen. *Wenn Zustimmung den Sklaven in der Sklaverei hält, wissen wir auch, warum Helden oft Sklaven sind.*

In welche Richtung müssen sich die positiven Signale an Männer verändern? Wir müssen „Reife" eher als Prinzipientreue denn als Bindungsbereitschaft definieren — eine Dichotomie, die in Somerset Maughams Roman *Auf Messers Schneide* wunderbar herausgearbeitet worden ist. Erst wenn ein Mann sich die Zeit nimmt, sich über seine Wertvorstellungen klar zu werden (was man heutzutage eine Midlifecrisis nennt), sieht er einen Sinn darin, den Kern seiner Beziehung zu Frauen zu verändern. Warum? Nur wenige Arbeiter oder Angestellte können es sich leisten, ihr Leben nach ihren Wertvorstellungen auszurichten und trotzdem für Frau und Kinder aufzukommen. Wenn ein Mann aber glaubt, die von ihm geliebte Frau nicht dazu bringen zu können, die finanziellen Pflichten mit ihm zu *teilen*, nämlich einen Teil der Verantwortung für sich selbst, ihn, die Kinder und die Hypothekenzinsen zu übernehmen, wird er trotzdem eher bei der gewohnten Sozialisation bleiben, als ein Leben ohne Zustimmung zu riskieren. Die meisten Männer fühlen sich niemals würdig, die Frauen, zu denen sie sich tief hingezogen fühlen, um diese Mitarbeit zu bitten. Also erlauben wir es uns nicht einmal, das zu wünschen.

Männer werden sich erst dann verändern, wenn sie klar erkennen, wie machtlos sie die Macht macht. Und eine Frau kann einem Mann erst dann bei einer Persönlichkeitsveränderung helfen, wenn sie sich darüber klar ist, wie machtlos Macht die Männer macht. Männer werden sich so lange nicht verändern, wie wir Frauen dazu bringen wollen, „nach oben zu heiraten", und Männer, nach unten zu heiraten.

Wissen Sie überhaupt, wie er sich verändern soll?

Die Zeitschrift *Newsweek*. Titelbild. Hausmann. Komplett mit Küchenschürze. — *Time*. Titelbild. Clint Eastwood und Burt Reynolds. Beides ganze Männer mit stahlharten Augen. Diese beiden Zeitschriften-Ausgaben sind in derselben Woche erschienen.

Dieses Beispiel illustriert anschaulich, welche widersprüchlichen Botschaften Männer Tag für Tag erhalten können. Solche widersprüchlichen Botschaften sind jedoch weniger schädlich als das Gefühl, „daß ich alles falsch mache, was ich auch anstelle". So setzt sich bei Männern allmählich das Gefühl fest: „Die Frauen wollen uns zwar erfolgreich sehen, jedoch ohne die Eigenschaften, die für den Erfolg nötig sind." Dieses Dilemma hat Natasha Josefowitz in ihrem Gedicht „The New Etiquette"[1] hervorragend formuliert:

Die Neue Etikette

Er gibt ihr einen Job
Das ist umgekehrte Diskriminierung
Er tut es nicht
Dann läßt er seinen Worten keine Taten folgen.

Er befördert sie
Damit zeigt er, daß er Lieblinge hat
Er tut es nicht
Dann ist er sexistisch.

Er hält ihr die Tür auf
Sie braucht seine Hilfe aber nicht
Er hält ihr nicht die Tür auf
Dann ist er ein Flegel.

Er gibt ihr Feuer
Dann ist er altmodisch
Er tut es nicht
Dann ist er grob.

Er zahlt die Restaurantrechnung
Dann fühlt sie sich beleidigt
Er tut es nicht
Dann ist er knickerig.

Er begrüßt sie mit einem Kuß
Dann ist er linkisch
Er tut es nicht
Dann ist er kalt.

Er gibt ihr eine Gehaltserhöhung
Dann hat er höhere Motive
Er tut es nicht
Dann ist er ein Scheißkerl.

Diese „neue Etikette" — bei der Männer nur verlieren können — hat vor allem den Erfolg, daß die Männer nicht mehr ihre Gefühle artikulieren. Wenn sich eine Frau aber einigermaßen darüber klar ist, was sie will, oder sich zumindest eingestehen kann, in welches Dilemma ein Mann geraten kann, ist sie für den nächsten Schritt bereit: den „Einbahnstraßen-Bumerang".

Gibt es ein Patentrezept zur Persönlichkeitsveränderung?

Veränderung ist keine Einbahnstraße

Wenn eine Frau der Meinung ist, ihr Mann lasse sich verändern, stellt sich das große Problem: nämlich die Veränderung zu bewirken, ohne daß dabei die Liebe zum Teufel geht. *Wenn sich nur einer der Partner verändert, wird der andere zum Therapeuten. Und Therapeuten, die mit ihren Patienten schlafen, gehen schwere Risiken ein.* Wie in dem bereits erwähnten Film: Aus Kramer *und* Kramer wurde Kramer *gegen* Kramer.

Veränderung ist also keine Einbahnstraße. Bedeutet dies, daß Männer und Frauen sich gegenseitig bei jedem Problem helfen sollten? Nicht ganz. Auf manchen Gebieten brauchen Männer die Hilfe von Frauen, und auf anderen Frauen die Hilfe von Männern. Die Veränderung eines Partners auf einem bestimmten Gebiet ist zwar eine Einbahnstraße, aber so lange legitim, wie insgesamt ein Gleichgewicht herrscht, sagen wir für einen Zeitraum von einem oder zwei Jahren.

Ich habe es satt, die Erdenmutter zu spielen... Sollen sich die Männer doch selber verändern

„Ich habe es satt, die Erdenmutter zu spielen", rief Allison aus. „Als ich Paul heiratete, wollte ich einen Mann und keinen Jungen." Allisons Einstellung zu Paul steht stellvertretend für ein zunehmendes und verständliches Gefühl bei Frauen gegenüber Männern. Verständlich deshalb, weil es für Frauen, die sich seit zehn Jahren signifikant verändert haben und innerlich gewachsen sind, ein frustrierendes Gefühl ist, Männer „zu bemuttern". Dieses „Bemuttern" birgt jedoch mehr in sich, als bei oberflächlicher Betrachtung erkennbar ist.

Traditionelle Mann-Frau-Beziehungen ähneln in gewisser Weise dem Verhältnis eines Produzenten zu seinem Star. Der Produzent kümmert sich um den Star; der Star kümmert sich um den Produzenten; der Star ernährt den Produzenten; der Produzent ernährt den Star. Der „Mutterinstinkt" des Produzenten und seine Bereitschaft, Stabilität zu garantieren, bleiben nur dann erhalten, wenn die Risiken des Stars überschaubar bleiben; die Risikobereitschaft des Stars stellt also eine Art Bemutterung dar, die dem Produzenten den Luxus des Bemutterns erlaubt. Es ist nur fair, wenn auch der Produzent sagt: „Auch ich möchte ein Star sein"; es wäre unfair zu denken, daß nur der Star den Produzenten bemuttert hätte.

Beruflich erfolgreiche Frauen sind ebenfalls von Männern bemuttert worden. Da die Mentoren erfolgreicher Frauen Männer sind, wagt niemand zu behaupten, sie hätten ihre Schützlinge bemuttert oder auch nur für sie gesorgt. Man hält sie für Berater und Mentoren. Ich neige dazu, es wie folgt zu sehen: *So wie Frauen zum Erfolg im Wirtschaftsleben männliche Mentoren brauchen, brauen vielleicht auch Männer, die es in der Welt der Gefühle schaffen wollen, so etwas wie weibliche Mentoren.* Der Widerstand gegen das Bemuttern kann sehr komplex sein. Allison wünschte sich, daß Paul gefühlsmäßig verletzlicher sein sollte, aber als er es tatsächlich war, verlor sie ihre Achtung vor ihm. „Ich habe es satt, die Erdenmutter zu spielen" — das war ihre Form der Abwehr. Wenn man den Männern jedoch nur sagt, sie sollten sich gefälligst selbst helfen, ist das etwa so, als würde ein erfolgreicher männlicher Chauvinist sagen: „Wenn Frauen in der Wirtschaft vorankommen wollen, sollen sie sich selber helfen. Niemand hat *mir* geholfen, dort hinzukommen, wo ich heute stehe." Die Wahrheit sieht jedoch so aus, daß *jeder* ihm geholfen hat, nach oben zu kommen — jeder erfolgreiche Mann war ein Rollenvorbild. Diese Vorbilder haben diesem Mann nicht nur nach oben geholfen, sie haben ihm auch kaum eine Wahl gelassen: Vogel, friß oder stirb. Frauen hingegen werden in eine emotional eher hilfreiche Umwelt hineingeboren.

Der Widerstand gegen Hilfestellungen für Männer ist tief verwurzelt. Die Comic-Figur Lois Lane verliebt sich immerhin nur in Superman, aber nicht in dessen alltägliches *alter ego* Clark Kent. Clark Kent hingegen ist gefühlsmäßig verwundbar... Wenn Clark Kent und Superman die zwei Seiten des ganzen Mannes repräsentieren, hat sich Allison vielleicht nur in die eine Seite von Paul verliebt.

Allison und Paul waren wie die meisten Frauen und Männer in einer Übergangsperiode befangen. Wenn nicht beide Geschlechter etwas von ihrer Macht abgeben, wird jedes in einem Gefängnis sitzen, das durch diese Macht geschaffen worden ist. Der traditionell erzogene Mann, der sein „Erfolgsgeheimnis" nicht verraten will, wird eines Tages entdecken, daß ihm Frau und Kinder fremd geworden sind, obwohl angeblich er der Mächtige ist; die Frau, die sich davor fürchtet, Männern zu helfen, wird nur entdecken, daß die Männer gleich bleiben. Wir brauchen also alle Mentoren.

Ich bin berufstätig... Wie kann ich ihn dazu bringen, mir im Haushalt zu helfen?

Wie funktioniert dieses Gleichgewicht zwischen einseitiger und wechselseitiger Veränderung in der alltäglichen Praxis wie etwa der Hausarbeit? Jia und Kirk sind ein gutes Beispiel. Jia hatte das Gefühl, ein *Recht* auf eine Karriere zu haben. Und daher ein Recht darauf, daß ihr Mann bei der Hausarbeit half. Kirk hielt das für fair. Im Lauf der Zeit jedoch kam er zu der Ansicht, daß er Jias Karriere zwar förderte, im Haushalt allerdings zurückhaltender war. Jia empfand das Bedürfnis, an ihm herumzunörgeln und ihn wie ein kleines Kind zu behandeln. Sie hatte allmählich das Gefühl, daß es leichter war, die Hausarbeit selbst zu erledigen, statt ihn dauernd daran zu erinnern. Nach einiger Zeit erinnerte sie ihn überhaupt nicht mehr, machte ihre Hausarbeit selbst (und pflegte ihre Karriere), und das entstandene Vakuum füllte sie mit Groll auf Kirk.

Was war schiefgegangen? Kirk konnte lange Zeit nicht klar formulieren, daß die Pflicht zu gemeinsamen Anstrengungen für das Haushaltseinkommen seiner Meinung nach nicht gerecht geteilt wurde. Er hatte das Gefühl, sich mehr auf die Schultern zu laden, mehr an die Ausbildung der Kinder, die Hypotheken auf dem Haus und so weiter zu denken. Jia sprach nur davon, ob sie arbeiten solle oder nicht. Das tat er nicht. Da er das nicht klar artikulieren konnte, zog er sich einfach von bestimmten Hausarbeiten zurück, wartete darauf, daß Jia ihn dazu aufforderte, und verhielt sich so, als könne er ihr helfen, es aber auch lassen. So wie es Jia mit ihrer Berufsarbeit hielt.

Bei meiner Arbeit mit Paaren im ganzen Land entdecke ich immer wieder, daß guten Nachrichten aus einer Beziehung eine andere Formel zugrunde liegt als schlechten.

Hier nun die beiden wichtigsten Formeln. Erstens: Wenn die Frau ihre Unabhängigkeit weitgehend als ein *Recht* begreift und davon nicht abrückt, wird irgendwann einer der beiden aus der Beziehung ausbrechen; *oder* sie bleibt, aber hauptsächlich wegen seines Einkommens; *oder* er paßt sich an und bleibt. Von den drei Möglichkeiten scheint nur eine akzeptabel zu sein, nämlich daß er sich mit allem abfindet und bleibt. Dafür ist jedoch ein Preis zu zahlen. Wenn er sich mit ihren Forderungen abfindet, ohne seine eigenen Forderungen zu berücksichtigen, nehmen *ihr* Respekt und ihr sexuelles Interesse an ihm meist ab. Ironischerweise hat dies beim Mann oft die umgekehrte Wirkung.

Hört sich das wie eine gute Lösungsformel an? Zum Glück nicht. Die zweite Formel sieht jedoch freundlicher aus.

Wenn *beide* das Gefühl haben, daß die Lasten gleichmäßig verteilt sind, und wenn sich beide einer gleichzeitigen Neubewertung ihrer Rollen unterziehen und sich dabei über die Kluft von Theorie und Praxis klar werden, haben beide das *Potential* zu mehr Respekt zueinander, zu mehr Nähe und zu größerer sexueller Energie. Was aber auch davon abhängt, wie beide die Neubewertung vornehmen. Der gestiegene Respekt vor der Frau allein wird durch gegenseitigen Stolz auf die gemeinsame Leistung ersetzt. Wenn ein solches Paar sich trennt, werden beide vermutlich auch später noch Freunde bleiben.

Es kann sein, daß diese beiden Formeln ein zweitesmal durchgelesen werden müssen. Es stecken zehn Jahre Forschungsarbeit darin.

Jedoch zurück zu „Rechten" im Gegensatz zu „Pflichten". Ist es nicht so, daß die meisten Rechte auch Pflichten mit sich bringen und die meisten Pflichten auch Rechte? Durchaus. Wozu also diese Unterscheidung? *Weil Rechte ebenso wie Zorn ein großer Ansporn sein können.* Das zeigt sich etwa in dem Satz „Man muß um seine Rechte kämpfen". *Es wird aber derjenige angespornt, der sein Recht sucht.* Derjenige, der mit dem Rechtsucher zu tun hat, wird sich jedoch nur selten motiviert fühlen. Jedenfalls nicht lange.

Was passiert, wenn beide tatsächlich versuchen, sich die Verantwortung für Haushalt und Haushaltseinkommen *zu teilen*? Sie wursteln sich gemeinsam durch. Das ist schon etwas anderes, als wenn ein Mann von sich sagen muß: „Wenn ich's nicht tue, bin ich der Bösewicht, und wenn ich es ihr recht mache, bin ich der liebe Junge." Einer Frau fällt es oft schwer, die Verantwortung für einen gleichwertigen Beitrag zum Haushaltseinkommen zu übernehmen. Und einem Mann fällt es oft schwer, in Kindererziehung und Hausarbeit mitzuhalten. Beide entdecken, daß das System denjenigen diskriminiert, der von der Norm abweicht. Und beide entdecken, daß die Sozialisation ihrer Kindheit nicht einfach weggewischt werden kann. Es ist etwa so, als wollte man Sirup von einem Pfannkuchen trennen. Und manchmal würde sich die Mühe auch gar nicht lohnen. Dieser Ansatz hat trotzdem Vorteile. *Beide* lachen, beide weinen, und beide schließen Kompromisse mit ihren Idealen.

Gibt es besondere Methoden zur Veränderung von Männern?

Wir erkennen, daß schon diese Frage erkennen läßt, daß womöglich der Mann das Problem sei. Ein solcher Ansatz wird eher scheitern als eine gemeinsame Anstrengung. Wenn mit dieser Frage jedoch beabsichtigt wird, die Initiativen unter die Lupe zu nehmen, die eine Frau ergreifen kann (und dazu gehört auch, daß sie ihre Rolle in der Beziehung untersucht), sind wir bereit für Rick und Andrea.

Statt aus den Fehlern irgendeines einzelnen Menschen zu lernen, sollten wir uns diesmal ein Paar ansehen, das funktionierende Veränderungen zustande brachte. Rick gehörte einer männlichen Selbsterfahrungsgruppe an, die ich in Manhattan leitete. Er hatte sich der Gruppe erst dann angeschlossen, als Andrea gedroht hatte, ihn sonst zu verlassen. Er erzählte uns, sie habe schon früher gedroht, ihn zu verlassen, wenn er sich nicht ändere, aber diesmal habe er das Gefühl gehabt, daß sie es ernst meine. Spielen wir in dieser Gruppe einmal „Mäuschen".

Rick erklärte: „Im Beruf war sie plötzlich erfolgreicher als je zuvor. Das scheint einen Unterschied zu machen. Ich weiß nicht, ob es gestiegenes Selbstbewußtsein ist oder einfach nur die Möglichkeit, mich verlassen zu können — ich meine die finanzielle Möglichkeit."

Rick sagte, er habe ihr und sich selbst versprochen, sich zu ändern. Dennoch, so sagte er, scheine auch sie den gemeinsamen Lebensstil zu lieben: Sein Einkommen decke immer noch zwei Drittel der gemeinsamen Ausgaben ab. Bei den Versuchen, sich zu verändern, habe er es im täglichen Berufsleben als schwierig empfunden, auf die Zusatzarbeiten zu verzichten, die ihm ein höheres Einkommen garantierten. Und warum? Hinter dem Stolz auf seine Arbeit lauerte seine *Furcht, Andrea zu verlieren, wenn er nicht mehr in der Lage war, diesen höheren Lebensstandard zu garantieren.* Etwa einen Monat später stolperten Rick und Andrea in einer gemischten Selbsterfahrungsgruppe über das Dilemma: „Du willst zwar, daß ich weniger arbeite, aber du bewunderst all diese wunderschönen Häuser, die wir uns nicht leisten können, du sprichst von Ehepaaren, die tolle Reisen machen, und neulich hast du einen alten Freund erwähnt, der inzwischen ein großer Filmproduzent geworden ist. Du hättest mal die Bewunderung in deinen Augen sehen sollen… Ich hatte den Eindruck, es täte dir plötzlich leid, nicht bei ihm geblieben zu sein."

„Ich habe dir doch gesagt, Rick, daß das alles keinen Unterschied macht. Ich möchte lieber bei dir bleiben."

„Irgendwie hört sich das nicht allzu überzeugend an. Das ist etwa so, als würde ich dir erzählen, ich würde lieber mit dir zusammen sein als mit der schönen Frau, der ich neulich Augen machte, als wir beide spazierengingen…"

Andrea gab sich geschlagen. Der Vergleich hatte ins Schwarze getroffen. Andrea reagierte so: Sie versprach, künftig weniger von tollen Häusern zu sprechen, großartigen Ferienorten, von Luxusrestaurants, und so weiter. Und Rick versprach, sich künftig stärker um die Interessen und seelischen Bedürfnisse beider zu bemühen.

Kurze Zeit später beklagte sich Andrea jedoch, daß die alten Verhaltensmuster sich wieder einschlichen. Rick gab zurück, daß auch ihre Krittelei sich wieder bemerkbar mache. „Und das sind nicht immer nur Anspielungen. Wenn wir in einem etwas preiswerteren Restaurant sitzen und uns die Rechnung teilen, bist du hinterher zum Sex oft zu ‚müde'. Selbst dann, wenn wir uns wunderbar unterhalten haben. Wenn wir aber irgendwo einen wirklich ‚romantischen' Abend verbringen, was für mich bedeutet, daß wir in einem Luxusrestaurant sitzen und ich die Rechnung bezahle, reagierst du sexuell immer ganz toll auf mich."

Wie Abhilfe schaffen? Ein Gruppenmitglied schlug ein Experiment vor — wenn es um andere ging, hatten wir alle großartige Ideen! Da Andrea und Rick so wenig zu verlieren hatten, stimmten sie dem Experiment zu: Sie vereinbarten, für einen Zeitraum von sechs Monaten *für alle Ausgaben je zur Hälfte aufzukommen.* Und genau da lag der Hase im Pfeffer. Um das zu schaffen und trotzdem noch die Miete zahlen zu können, mußten sie ihre Ausgaben reduzieren, damit Andrea mit ihrem kleineren Gehalt mithalten konnte. Das Ergebnis? *Andreas Ansprüche gingen zurück, da sie zu Ansprüchen an sie selbst wurden.*

Rick berichtete, daß er bei der Arbeit allmählich wieder mehr er selbst wurde, da er nicht mehr für die vielen Extras aufkommen mußte. „Ich leiste natürlich immer noch was — fühle mich aber freier, das zu tun, was ich am besten kann, statt immer nur meinem Chef zu gefallen. *Ich habe immer gedacht, daß Frauen die ‚Anpasser' sind. Ich hatte mir nie klargemacht, daß auch ich mich mein Leben lang angepaßt hatte — an einen Chef.*"

Andrea erlebte andere Auswirkungen: „Ich habe das Gefühl, daß unser Sexleben jetzt weniger geplant und gekünstelt ist. Es entwickelt sich natürlicher aus unserem Zusammenleben, statt aus einer Erwartungshaltung zu kommen."

Ricks und Andreas Erfahrung enthielt ein paar Zutaten, die für die Veränderung von Männern entscheidend sind.

● Andrea wußte jetzt, was es heißt, sich die finanziellen Lasten zu teilen (statt wie bisher nur „mitzuhelfen"). Jetzt erlebte auch Rick etwas Neues: „Ich war gezwungen, sie auf andere Weise zu halten als bisher. *Ich mußte einfühlsam und aufmerksam werden und mich auch an der Hausarbeit beteiligen, da mir nichts anderes mehr zur Verfügung stand.*"

● Andrea vermied einen der destruktivsten Fehler von Frauen, die sich ändern wollen — sie *ersetzte* ihre bisherigen Gespräche mit ihren Freundinnen *nicht* durch ausschließliche Diskussionen mit Rick. So unterhielt sie sich auch weiterhin mit anderen Frauen über ihre Probleme. (Gesprächen mit anderen Männern aus dem Weg zu gehen, ist einer der größten Fehler von *Männern.*) Sie weigerte sich auch, Gespräche über Rick vertraulich zu halten — das bisherige „Das bleibt jetzt aber unter uns" hatte ein Ende. Sie erkannte, daß die in vertraulichen Gesprächen gewonnenen Perspektiven („Unter uns — Rick kann man wirklich nicht trauen") zu denen gehören, die einem am meisten zu schaffen machen können. Sie bildeten einen Filter, der alles, was mit Rick zu tun hatte, verzerrte. Folglich achtete sie darauf, daß alles, was ihre Einstellung zu Rick beeinflussen konnte, sofort geklärt wurde. Dieser Schritt birgt mehr, als auf den ersten Blick erkennbar ist. (Mehr dazu in dem folgenden Cartoon.)

Ich habe Joan gesagt, daß ihr Freund sie nur ausnutzt und daß sie sich von ihm trennen sollte.

Dann hat mir Joan gesagt, mein Freund nütze mich nur aus, und ich solle mich von ihm trennen.

Dann schrien wir uns an, wir verstünden gar nicht, wovon die Rede sei, und gingen beide zu unseren Freunden nach Hause.

Wir lernen allmählich, die Probleme des anderen zu erkennen.

Cathy Guisewite, *A Mouthful of Breathmints and No One to Kiss.*

● Andrea nutzte ihre neugewonnene finanzielle Unabhängigkeit (die es ihr leichter machte, ihn notfalls zu verlassen), um Rick dazu zu bringen, sich auch mit anderen Männern zu unterhalten. (Eine Frau, welche die Veränderung eines Mannes allein bewirken will, wird sich selbst und die Beziehung dabei meist nur erschöpfen. Und Erfolg wird ihr kaum beschieden sein. Meist treibt sie den Mann damit nur der nächsten Frau in die Arme.)

Die meisten Frauen legen einem Mann nahe, zu einem Psychotherapeuten zu gehen oder sich einer männlichen Selbsterfahrungsgruppe anzuschließen, aber wenn der Mann sich dann widersetzt, brechen sie entweder aus der Beziehung aus (und fühlen sich dann sehr tugendhaft) oder beschweren sich immer weiter, bis sie ihren Standpunkt klargemacht, die Beziehung aber ruiniert haben. Die Beziehung ruiniert? Ja. Es gilt folgende Faustregel: *Wenn in einer Beziehung viermal häufiger kritisiert als gestreichelt wird, dürfte sie in die Brüche gehen.* Wenn dieser Punkt erreicht ist, sollten Sie um Hilfe bitten oder die Beziehung beenden.

Wenn Sie das für eine „großartige Idee halten, die sich bei *meinem* Mann aber nicht durchführen läßt… (von Psychotherapie will er nichts wissen, und beim Gedanken an eine Selbsterfahrungsgruppe flippt er aus)", sollten Sie weiterlesen.

● Rick und Andrea vereinbarten ein praktisches und konkretes Experiment, das es ihnen erlaubte, „eine Meile in den Mokassins des anderen" zu laufen. Diese Erfahrung erlaubte ihnen einen direkten Einblick in ihre Probleme. Sie taten nicht, was die meisten Paare tun, wenn ein vorübergehender Rollentausch vorgeschlagen wird — nämlich hundert Gründe aus dem Hut zu zaubern, warum die Beziehung nicht funktionieren kann.

Verändern sich Männer und Frauen auf unterschiedliche Weise?

Ricks und Andreas Fall illustriert einen grundlegenden Unterschied in der Veränderung von Frauen und Männern. Anders als im Berufsleben verändern sich Männer in Beziehungen nur selten, es sei denn, sie müssen es. Aber wenn sie sich verändern, tun sie es oft sehr schnell. Wenn ein Mann erst mal glaubt, daß seine Frau ihn verlassen könnte, steht er einer Veränderung nicht so ablehnend gegenüber, wie sein Verhalten es vermuten lassen könnte.

Frauen wiederum genießen es oft, wenn sich eine Beziehung verändert. Gespräche und Diskussionen allein genügen jedoch nicht, und außerdem kann es leicht zu Trugschlüssen und Fehleinschätzungen kommen.

Ehrlichkeit

Sehen wir uns einmal Mary an: „Ich bin seit fünf Jahren mit Jeff verheiratet. In den ersten zwei oder drei Jahren war alles in Ordnung. Dann wurde Joshua geboren. Ich hörte auf zu arbeiten. Ich liebe dieses Kind. Aber je abhängiger ich von

Jeff wurde, um so mehr Angst bekam ich, ihm zu widersprechen. Ich stellte mir immer vor, daß er mich anbrüllen würde. Dann phantasierte ich davon, mit Joshua in einer kleinen Wohnung in einem Elendsviertel zu leben. Wenn ich anderer Meinung war als Jeff, schien es mir sinnlos, mit ihm zu diskutieren. Also schwieg ich meist. Ich unterhielt mich mit meiner Mutter und las Bücher und Zeitschriftenartikel. Je mehr ich auf diese Weise lernte, um so unbehaglicher wurde mir mein Schweigen. Ich sagte mir aber, daß Jeff meine Meinung nicht ertragen würde. *Ich hatte das Gefühl, er werde um so verletzlicher, je abhängiger ich von ihm wurde.*"

Für Mary bedeutete ihre „Beziehung" das Überleben. Nach Joshuas Geburt wurde Aufrichtigkeit in ihren Augen immer riskanter. Zwar nötiger, aber auch gefürchteter. Sie paßte sich immer mehr an Jeff an und fürchtete immer mehr, *ihn* um Anpassung zu bitten. Sie versuchte, ihm möglichst viele Hindernisse aus dem Weg zu räumen, um der Gefahr zu entgehen, daß er sie verließ. Irgendwann wird Mary genug gespart haben, um Jeff zu verlassen, oder ihre Ehe wird ihr so unerträglich vorkommen, daß sie ihn schon früher verlassen wird. Vielleicht explodiert sie auch irgendwann, wenn die Situation unerträglich geworden ist; dann wird er endlich erkennen, wie groß ihr Problem ist, und *wie durch ein Wunder zu einer Veränderung bereit sein.* Er möchte sie nämlich nicht verlieren. Sie hat ihn in Gedanken allerdings schon verlassen.

Bei meiner Arbeit mit beiden Geschlechtern habe ich immer herausgefunden, daß eine Frau Aufrichtigkeit gegenüber ihrem Mann um so mehr fürchtet, je weniger sie zum eigenen Lebensunterhalt beiträgt. Wie kommt das? Sie fürchtet, eines Tages ohne Geld dazustehen. Trotzdem ist sie oft überzeugt, daß nur sie an einer Veränderung der Beziehung interessiert ist, weil sie mehr darüber spricht. Meist unterhält sie sich jedoch nur mit ihren Freundinnen darüber. Wenn eine Frau erst einmal genau verstanden hat, warum Gespräche mit Freundinnen ein Ersatz für Nähe zum Mann sein können, wird sie einen der häufigsten Verhaltensfehler überwunden haben.

Wie man vier typische Fehler vermeidet

„Ich spreche lieber mit meinen Freundinnen als mit ihm"
Andrea vermied es, ihre Gespräche mit Rick durch Gespräche mit ihren Freundinnen zu ersetzen. Ein solches Verhalten könnte einer Beziehung schwer schaden. *Wenn sich eine Frau über ihre Probleme nur mit ihren Freundinnen unterhält, gewinnt sie allmählich die Überzeugung, daß sie mit dem Mann mehr kommuniziert hat, als es tatsächlich der Fall ist. Sie nimmt sich vor, ihre Beschwerden direkt vorzubringen, und „probt" sie Dutzende von Malen. Wenn sie sich dann endlich aufrafft, den Mund aufzumachen, hat sie das Gefühl, als hätte sie längst alles gesagt.* Sie hat das Gefühl, als würde sie einen Faden aus einem Pullover herausziehen, wenn sie einen Mann zum Sprechen bringen will. Sie fürchtet, daß sie die

ganze Beziehung „aufribbelt", obwohl sie ihn nur zu einer kleinen Verhaltensänderung bringen will. Folglich ist ihr erster Anlauf dann nur eine „vortastende Initiative" — sie läßt bei einem Gespräch, bei dem es um ganz andere Dinge geht, eine
kleine Nebenbemerkung fallen. Da Männer dazu neigen, bei versteckten Andeutungen weniger aufmerksam zuzuhören als Frauen, wird sie sich verletzt fühlen,
wenn er kaum oder gar nicht reagiert.

Sie fühlt sich frustriert und macht sich bei einer Freundin Luft. Wenn die Freundin
einfühlsam ist, wird sie das Bedürfnis nach Unterstützung und Mitgefühl spüren,
was sich oft in Wendungen wie etwa „*Das* hast *du* nicht verdient" äußert. (Im Klartext: „Was will eine so schöne Frau wie du eigentlich mit diesem Scheißkerl?")
Am Ende des Gesprächs ist die betroffene Frau wütend. Nicht nur auf den Mann,
sondern auch auf sich selbst, weil sie bei einem so „gefühllosen Kerl" bleibt.

Irving hat mich schon wieder ange-brüllt, Andrea. Ich kann es einfach nicht fassen!	Himmel! Ich könnte dich umbringen, Irving!	Jetzt knall ich dir eine! Und noch ei-ne! Und noch eine!!	Ich habe nicht die Kraft, mich auf gro-ße Diskussionen ein-zulassen.
		Cathy, warum schreist du nicht einfach Irving an, statt dein Wohnzim-mer zu demolieren?	

Cathy Guisewite, *A Mouthful of Breathmints and No One to Kiss.*

Der zu Hause sitzende Mann profitiert nicht von der Energie, die seine Freundin darauf verwendet, ihre Geschichte ihren Freundinnen zu erzählen. Vor allem
dann nicht, wenn eine dieser Freundinnen ihre abfälligen Bemerkungen als vertraulich ansieht. Der Mann erlebt nur die Stimmungsschwankungen seiner Freundin. Oder daß sie sich sexuell zurückzieht. Und das verwirrt ihn. Wenn sie dann
plötzlich verkündet, daß sie ihn verläßt, ist er verblüfft. Und sie ist verblüfft, daß
er verblüfft ist. Was sie in ihrer Überzeugung bestärkt, daß er nicht nur „in einer
anderen Welt lebt", sondern auch noch ein hoffnungsloser Fall ist. Sie fragt sich,
warum sie das nicht schon früher erkannt hat.

Das Ausweinen bei einer Freundin führt gelegentlich noch zu einer anderen Komplikation. Die Freundin kann beispielsweise ihr Mitleid auch dadurch äußern, daß sie ähnliche Probleme mit Männern anspricht. Das stärkt bei beiden Frauen ein Gefühl der Nähe. Eine Frau hat es mal so ausgedrückt:

„Ich hatte Marlo immer alles anvertraut — alles, was mir an Tony gefiel, aber auch alles, was ich an ihm haßte. Als es zwischen mir und Tony dann wieder besser lief, beklagte sich Marlo, sie habe das Gefühl, ich sei plötzlich verschlossener geworden — sie fühle sich mir nicht mehr so verbunden. Marlo übte Druck auf mich aus, Tonys und meine Probleme mit ihr zu besprechen — folglich bauschte ich einiges auf, nur um ihr wieder näherzukommen."

Leider tragen Gespräche dieser Art dazu bei, das Problem nur bei den Männern zu sehen und zu verkennen, daß auch Frauen zu den Problemen beitragen. Die beste Voraussetzung dafür, daß es auch beim nächsten Mann Probleme geben wird. Was letztlich zu einer Art „Haßliebe" auf Männer führt.

Das männliche Gegenstück zu diesem Dilemma ist das Dilemma eines erfolgreichen Mannes, der plötzlich einen Rückschlag erleidet und einem weniger erfolgreichen Mann davon erzählt: Dann sieht er an der Oberfläche ein Mitgefühl, *hinter dem sich ein schadenfrohes Grinsen verbirgt.* Leider führt die Sozialisation vieler Frauen, einen Mann überzubewerten (manchmal sogar *jeden* Mann), eine ungebundene Frau manchmal dazu, daß sie eine perverse Lust entwickelt, auch ihre Freundin in den Zustand der Ungebundenheit zurückzutreiben — so daß diese sich weniger isoliert und weniger einsam fühlt. In diesem Sinn kann die Freundin

Irving hat vom Flughafen angerufen. Er sagte, er liebt mich.

Ha! Das sagen die Männer nur, damit du Schuldgefühle kriegst, wenn du in seiner Abwesenheit mal mit einem anderen ausgehst!

Irving hat vom Flughafen angerufen. Er sagte, er liebt mich.

Ha! Das war nur eine vorweggenommene Entschuldigung für all die miesen Sachen, die er auf seiner Reise machen wird!

Irving hat vom Flughafen angerufen. Er sagte, er liebt mich.

Gute Freunde wissen, wann sie den Mund halten müssen.

Cathy Guisewite, *A Mouthful of Breathmints and No One to Kiss.*

unbewußt Freude daran finden, zum Zerbrechen einer Beziehung beigetragen zu haben. Eine Schadenfreude, die durch scheinbares Mitgefühl maskiert wird.

„Ich passe mich zu sehr an"

Andrea wußte, daß sie sich oft anpaßte. Zu sehr. Sie kämpfte jedoch dagegen an, indem sie sich in ihrem Beruf mehr ins Zeug legte, um sich so auch nicht mehr allzusehr an Rick anzupassen. Ihr war klar, daß Anpassung eine Methode zur Erlangung von Macht — oder finanzieller Sicherheit — ist, und daß sich Anpassung vermeiden läßt, wenn man versucht, sich aus der finanziellen Abhängigkeit von einem anderen Menschen zu lösen.

„Ich muß mich besser durchsetzen"

Andrea warf sich manchmal vor, sich nicht genug durchzusetzen. Bei manchen Frauen kann diese „Selbstkritik" zu einer Ausrede werden, so daß sie sich lieber auf sich selbst konzentrieren, statt dem Mann aufmerksam zuzuhören — was ironischerweise genau eins der größten Probleme von Männern ist. Andrea meinte sich durchzusetzen, indem sie Rick um mehr Aufmerksamkeit bat, indem sie ihre Probleme in einer Frauengruppe besprach, *indem sie die dort besprochenen Probleme direkt zu Rick zurückbrachte,* und indem sie sich beruflich eine Position erkämpfte, die ihr mehr Selbstachtung verlieh.

„Ich muß sein Ego beschützen"

Systematischer Ego-Schutz (im Gegensatz zu angemessenem Takt) geht meist nach hinten los. Warum? *Wer ein empfindliches Ego schützt, bewahrt es.* Und wer Verletzlichkeit bewahrt, gibt sie der Ausbeutung und der Lächerlichkeit preis. *So wie die „zerbrechliche, wehrlose Frau", die von Männern beschützt wird, von Männern auch vergewaltigt wird, so kann auch das „zerbrechliche männliche Ego", das von Frauen beschützt wird, von Frauen vergewaltigt werden.* Ich nenne dies ein Gesetz, weil es sowohl bei internationalen politischen Beziehungen gilt wie bei zwischenmenschlichen Beziehungen. So „beschützt" etwa die Sowjetunion die Staaten des Ostblocks und marschiert dann in die Tschechoslowakei und in Afghanistan ein. Die Monroe-Doktrin „beschützte" Lateinamerika. Trotzdem haben viele Südamerikaner das Gefühl, daß die USA sie eher ausbeuten als beschützen. Unglücklicherweise trifft beides oft zusammen. Bei zwischenmenschlichen Beziehungen ist es so, *daß jede Frau, die das zerbrechliche männliche Ego schützt, gleichzeitig dazu beiträgt, die Zerbrechlichkeit des männlichen Egos zu verstärken* — was sie ausbeuten kann. Die Zerbrechlichkeit, die wir zu schützen meinen, ist also auch die Verwundbarkeit, die wir vergewaltigen können, die Unterentwicklung, über die wir uns lustig machen können, das Ego, das wir ausbeuten können. Was wir schützen ist das, was wir bewahren.

Kann ich es mir leisten, ihn zu verlassen?
Vier Tests

Der Feminismus und Selbsthilfegruppen haben Millionen von Frauen zur Selbsterkenntnis verholfen. So sind die meisten Frauen inzwischen emotional in der Lage, aus einer Beziehung auszubrechen, die ihnen nichts mehr gibt. Es ist gerade die Fähigkeit der Frauen, ihren Gefühlen Ausdruck zu geben, die ihnen emotionale Unabhängigkeit verleiht, was von Männern jedoch als Abhängigkeit interpretiert wird. Wie wir jedoch gesehen haben, haben weder Selbsthilfegruppen noch Feminismus dazu beigetragen, den Wunsch nach finanzieller Sicherheit zu schwächen — selbst wenn Sicherheit nur bedeutet, daß eine Frau einen Beruf haben will, den sie wieder aufgeben kann, wenn sie ihn unbefriedigend findet. Wie kann eine Frau sich darüber Klarheit verschaffen, ob sie es nur im Austausch gegen ein finanzielles Sicherheitsnetz „bei einem Mann aushält"? Dazu die vier folgenden Tests.

Test Nummer eins
Sind Sie bereit, sich wie Rick und Andrea dem Experiment zu unterziehen, sämtliche Ausgaben zu teilen — auch wenn das eine Senkung des Lebensstandards bedeutet?

Test Nummer zwei
Haben Sie sich mal nach einer Wohnung umgesehen, die Sie von Ihrem Gehalt bezahlen können? Würden Sie in einer solchen Wohnung *ebenso* gern leben wie in der jetzigen mit einem Mann? Wenn die Antwort lautet: „Wenn ich es in der Beziehung nicht mehr aushalte, ja...", ist das ein sicherer Hinweis darauf, daß Sie sich um der finanziellen Vorteile willen mit vielem abfinden, was Ihnen nicht gefällt. Das sogar so sehr, daß Sie vor Aufrichtigkeit und Konflikten zurückschrecken, bis Sie kurz vor der Grenze Ihrer Belastbarkeit stehen. Sogar so sehr, daß man in Ihrer Beziehung fast schon von Prostitution sprechen kann — Toleranz gegen finanzielle Vorteile.

Die finanzielle Möglichkeit, einen Mann zu verlassen, bedeutet nicht bloß die Fähigkeit, für sich selbst zu sorgen. Es bedeutet vielmehr die Fähigkeit, sich selbst einen Lebensstandard zu sichern, der sich nicht allzu drastisch von dem unterscheidet, den Sie gegenwärtig mit einem Mann teilen — es sei denn, der Lebensstandard bedeutet Ihnen gar nichts. Aber das dürfte ebenso selten sein wie der Mann mit einer schönen Frau, dem es nichts ausmacht, wenn sie plötzlich fett wird.

Wenn Ihnen dieser Test zu sehr gegen den Strich geht, streichen Sie ihn. Gehen Sie einfach zum nächsten Abschnitt weiter. Wenn nicht — hier ist Test Nummer drei.

Test Nummer drei
Sie erinnern sich noch an die Rollenvorbilder Hausmann beziehungsweise Clint

Eastwood in *Newsweek* und *Time* (wobei auffällt, daß der Hausmann keinen Namen hat). Stellen Sie sich mal vor, Sie führen über Weichnachten zu Ihren Eltern. Sie haben einen Mann kennengelernt, der Ihnen etwas zärtlicher, warmherziger, einfühlsamer und verletzlicher vorkommt, als Sie es sich von Clint Eastwood vorstellen. Als Hausmann hat er viel Zeit für Sie. Wie wäre Ihnen zumute, wenn Sie Ihren Eltern erzählten: „Ich habe mich in einen Hausmann verliebt. Wir werden heiraten"? Hört sich das besser oder schlimmer an als: „Ich möchte euch mit Clint Eastwood bekanntmachen. Wir werden heiraten"? Falls Sie es vorziehen würden, einen weniger einfühlsamen Clint Eastwood vorzustellen, zeigt das, in welchem Ausmaß Sie Ruhm und Geld höher schätzen als Zärtlichkeit und Einfühlsamkeit.

Test Nummer vier
Überlegen Sie einmal, wie lange Sie sich bei einem Mann wohl fühlen würden, der sich seinen Traumberuf sucht, dafür aber nur halb soviel verdient wie bisher. Anne Goshen, eine Psychotherapeutin und Unternehmensberaterin aus San Diego mit einer breitgefächerten Klientel, unterscheidet zwischen zwei Arten berufstätiger Paare: den Paaren mit Doppelkarrieren und den Paaren, bei denen einer eine Karriere macht, während der andere nur einen Job hat. Das Paar mit der wirklichen Doppelkarriere schafft es, die Karriereziele beider Partner mit den finanziellen Lebenszielen beider in Einklang zu bringen und sich alle Pflichten zu teilen. Bei dem zweiten Typus schafft dies nur ein Partner, der andere aber nicht. Anne Goshen hat herausgefunden, daß die meisten berufstätigen Paare in die zweite Kategorie fallen: „Wenn ein Partner zurücksteckt und freiwillig eine Halbtagsarbeit übernimmt, zeigt meine Erfahrung, daß es *immer* die Frau ist. Ausnahmen gibt es so gut wie nie. Und nun der Test: Würden Sie sich genauso wohl fühlen, wenn Ihr Partner auch nur halbtags arbeitete wie Sie selbst?

Sechs kreative Techniken zur Veränderung

Hier nun sechs Übungen mit kreativen Alternativen, an denen Frauen und Männer arbeiten können, die etwas ändern wollen. Manchen mögen sie etwas gekünstelt erscheinen; jedoch ist alles gekünstelt, solange es uns noch nicht in Fleisch und Blut übergegangen ist. Wenn konstruktive Veränderungen leicht zu bewerkstelligen wären, hätten wir es schon alle geschafft. Ein Mann könnte es allerdings so ausdrücken: „Wenn es schiefgeht, ist man am Nullpunkt angelangt." Und wenn man es schafft, gewinnt man Nähe.

Bitten Sie Ihren Mann, die Rolle Ihrer Freundin zu spielen
Eine meiner Lieblingsmethoden, eine Partnerin besser kennenzulernen, besteht darin, daß ich sie bitte, mit mir zu sprechen, als wäre ich ihre beste Freundin. Ich übernehme das Rollenspiel ihrer Freundin. Ich stelle ihr Fragen der folgenden Art:

„Na, wie geht's mit dir und Warren?" — „Gibt es etwas, was du ihm sagen willst, was er nicht zur Kenntnis nehmen will?" — „Gibt es Dinge, die du ihm nur mühsam beibringen kannst?" Manchmal spiele ich eine Freundin, die Warren gegenüber kritisch eingestellt ist: „Es muß ziemlich hart sein, mit einem sogenannten Experten für Mann-Frau-Beziehungen zusammenzuleben. Ich wette, er hat auf alles eine Antwort." Dann schlüpfe ich in die Rolle einer neidischen Freundin: „Himmel, wie hast du denn das geschafft, dir so einen Burschen zu angeln?" Das leicht abfällige „angeln" provoziert meist eine unfreiwillige Bemerkung wie etwa: „Moment mal, so perfekt ist er nun auch wieder nicht…" Wie sehr ich mich bei diesen Rollenspielen hervorwage, hängt davon ab, wie selbstsicher ich mich an dem betreffenden Tag fühle.

Ich lerne bei diesen Sitzungen enorm viel über mich selbst. Manchmal dauern sie nur wenige Minuten. Es ist so, als könnte man bei einer höchst privaten Unterhaltung Mäuschen spielen, und es überrascht mich immer wieder, wie sehr ich mich von mir selbst löse, wenn ich die Rolle der Freundin meiner Freundin spiele — das ist schon besser, als immer nur sich selbst zu spielen!

Es ist ziemlich leicht, einen Mann zu einem solchen Experiment zu bringen, solange man ihm nicht etwa mit der Forderung kommt: *„Ich* habe da etwas, was *du* mal versuchen solltest." Versuchen Sie es lieber hiermit: „Ich möchte, daß wir uns gegenseitig besser verstehen. Ich habe neulich von einer Übung gelesen, die mich sicher besser verstehen läßt, was du mir neulich sagen wolltest." Jede der folgenden Übungen sollte so behutsam an den Partner herangetragen werden. Tatsächlich kann ein mißlungener Vorschlag eine passiv-aggressive Methode sein, den Partner zu einer Ablehnung zu bringen, während man selbst wieder mal groß herauskommt.

Nehmen Sie Ihre Unterhaltungen auf Tonband auf

Rose und Sal stritten sich häufig. „Wir haben Mittelmeer-Blut in den Adern — wir streiten uns leidenschaftlich und lieben uns leidenschaftlich." Ihre Streitlust beeinträchtigte jedoch allmählich ihre erotische Leidenschaft. „Also holten wir das Tonbandgerät — das ich Sal zum Geburtstag geschenkt hatte — und stellten es im Schlafzimmer auf, wo unsere gesamte Leidenschaft immer zu beginnen scheint. In dem Moment, in dem wir Spannungen spürten, schaltete einer von uns das Gerät ein — meist derjenige, der dem anderen lächerliches Verhalten vorwarf. Aber später, als wir uns die Bänder anhörten — nun, ich kann nur sagen, daß uns wirklich die Augen geöffnet wurden."

Wenn man dies noch weiter treiben will als Rose und Sal, sollte jeder Partner aufschreiben, was er seiner Meinung nach getan hat, um den Streit noch zu verschärfen, was man selbst hätte anders machen können und was der Partner vielleicht hätte anders machen können.

Rollentausch-Konflikte

Sal und Rose brachten mal ein Tonband eines Streits zu einem Gruppengespräch mit. Dann führten sie uns einen „Rollentausch-Konflikt" vor — jeder spielte die Rolle des anderen. Die Leidenschaft, die sie normalerweise darauf verwandten, *gegeneinander* zu argumentieren, setzten sie jetzt in der Rolle des Partners ein. Schon bald waren sie mitten in einer leidenschaftlichen Auseinandersetzung — aber jeder brachte die genau entgegengesetzten Argumente wie zu Hause vor, bis sie selbst und alle anderen Teilnehmer in Gelächter ausbrachen.

Wie schafften sie das? Sie versuchten beispielsweise nicht, sich übereinander lustig zu machen. Sie imitierten den jeweiligen Partner, zeichneten aber keine Karikatur des anderen, sondern versuchten nur, Körpersprache, Schweigen, Dominanz und passive Aggressivität des Partners deutlich zu machen. Und wie schafften sie es, die passive Aggressivität umzukehren? Ein Beispiel. Sal liebte es, Rose in einem bestimmten Rock zu sehen, und sagte ihr das auch. Rose erklärte sich einverstanden, ihn öfter zu tragen, „ich schaffte es aber irgendwie nicht, ihn länger zu machen". Beim Rollentausch spielte Sal den Passiv-Aggressiven, indem er vorgab, „keine Zeit" für den Friseur zu haben, obwohl Rose ihn lieber mit kürzeren Haaren sah.

Manchmal sagte Rose in der Rolle Sals Dinge wie: „Ich fühle mich verletzt, weil…" und brachte ein Argument vor, das sich Sal nie erschlossen hatte. Beide versuchten, sich in die Verletzungen des anderen hineinzudenken. Um das zu erreichen, mußten beide auf Macht verzichten. Im Verlauf des Rollentauschs jedoch gewannen beide an Macht.

Ausgehen mit vertauschten Rollen
Mein persönliches Lieblings-Experiment, das sich auch in Gruppengesprächen realisieren läßt, ist eine persönliche und private Version des Rollentauschs oder „Einsicht-Tauschs". Ich inszeniere dieses Spiel jedoch nur mit Frauen, die ich schon kenne. Wir übertreiben dabei im Rollentausch die *traditionellen* Rollen. Meine Freundin lädt mich ein, bestellt im Restaurant einen Tisch, kauft mir Blumen, fährt das Auto, holt mich ab und macht mir den ganzen Abend Avancen. In einer übertrieben weiblichen Rolle lege ich ein großes Interesse an ihrem Beruf an den Tag, höre aufmerksam zu, stelle ihr Fragen, locke sie aus der Reserve, ziehe mich besonders sorgfältig an, mache keinerlei Annäherungsversuche, reagiere auf sie — aber nicht allzusehr —, verlangsame behutsam das Tempo, wenn sie sich zu schnell oder zu bald an mich heranmacht, und kämpfe bei unserem ersten „gemeinsamen Ausgehen" ganz knallhart gegen alles, was nach offener sexueller Annäherung riecht. Das ist aufregend, manchmal ermüdend, erlaubt es aber beiden Partnern, aus dem eingefahrenen Trott auszubrechen, in die die Beziehung vielleicht schon geraten ist. Ich darf auch verraten, daß es mich immer wieder ungeheuer „anmacht".

Reinen Tisch machen (oder: „Wenn ich dich jetzt erst kennengelernt hätte, würde ich mich wieder in dich verlieben")
Vielen Paaren fällt es schwer, sich von der Geschichte ihrer Beziehung zu lösen. Jeder Partner hat das Gefühl, daß eine Veränderung wenig Sinn hätte, da der ande-

re doch in seinen Vorstellungen befangen sei. Wie können wir es erreichen, einen geliebten Menschen neu zu sehen? Wie „machen wir reinen Tisch"? Eine gute Methode besteht darin, einen lustigen Abend zu verbringen, bei dem man mit seinem Partner sozusagen wieder „von vorn anfängt". Paare in meinen Selbsterfahrungsgruppen bitte ich, wie folgt zu verfahren:

Jeder Partner wird gebeten, zum Gruppengespräch am Sonnabend mit dem eigenen Wagen zu kommen. Anschließend müssen beide im Abstand von fünf Minuten in einem bestimmten Restaurant erscheinen. Dort müssen sie einen „zufälligen" Weg finden, sich im Lokal kennenzulernen — sie stellen sich vor, stellen ein paar erste Fragen über die Vorstellungen des anderen, nach dem Beruf und nach dem, was der andere vom Leben erwartet. Dieses Vorgehen hilft einem Paar dabei, sich daran zu erinnern, aus welchen Gründen sie sich mal füreinander entschieden haben, und um sich darüber Klarheit zu verschaffen, wie schwer der Verlust des anderen sein würde. Wenn wir den Verlust am meisten fürchten, können wir uns auf Veränderungen besinnen, bevor es zu spät ist.

Denken Sie sich ein eigenes Experiment aus

Wenn es ein Paar erst mal versteht, einen Rollentausch vorzunehmen, kann es auch zu eigenen Experimenten übergehen. So kommt es beispielsweise in den meisten Beziehungen zu einem „Ungleichgewicht bei sexuellen Initiativen".[2] Etwa so, daß der eine zu schnell ins Bett will, ohne auf die Stimmung des anderen Rücksicht zu nehmen. Also vereinbaren beide für etwa einen Monat, daß derjenige Partner, der normalerweise am seltensten die Initiative ergreift, in dieser Zeit *alle* Avancen machen muß. Das verändert die Dynamik einer Beziehung, löst den Druck, und selbst wenn das sexuelle Problem dabei nicht gelöst wird, so vertieft es doch das Verständnis für den Partner und damit auch die Liebe.

Haben Sie immer noch das Gefühl, daß er diese Experimente als Spiele abtun wird? Vielleicht wird er das. Wenn eine Frau das aber von einem Mann annimmt, wird ihre Verachtung für ihn stärker, obwohl sie an der Oberfläche freundlich bleibt. Wenn ihm Ihre Vorschläge nicht gefallen, versuchen Sie es mal mit diesem Ansatz, der bei einer Freundin von mir funktioniert hat: „Ich sage ihm, ‚ich würde dich gern besser verstehen — kannst *du* mir vielleicht sagen, wie ich das schaffen kann?'"

Zusammenfassung

Kurz: Wie kann eine Frau einen Mann verändern? Ohne ihn gleich der nächsten Frau in die Arme zu treiben?

1. Wenn Sie einen Mann ändern wollen, der sich dagegen wehrt, müssen Sie sich vergewissern, daß Sie Ihren gewohnten Lebensstil auch unabhängig von ihm bei-

behalten könnten. Andernfalls wird er sich hin- und hergerissen fühlen. Soll er seine Energie in die Veränderung stecken oder in die materiellen Voraussetzungen für Ihren Lebensstandard? Die meisten Männer erfassen intuitiv, daß die finanzielle Abhängigkeit einer Frau von ihnen grundlegend ist. Ein Mann muß das Gefühl haben, daß seine Veränderung für die Frau wichtiger ist als seine Rolle als Ernährer; ihm muß klar sein, daß Sie aus der Beziehung ausbrechen werden, wenn er Ihnen nicht zuhören will.

2. Die Fähigkeit, ihn zu verlassen, ist zwar notwendig, reicht aber allein noch nicht aus. Die Drohung, einen Mann zu verlassen, ist für eine Beziehung, was Atomwaffen für die Welt sind. Nämlich die Trumpfkarte. Wenn man sie einmal eingesetzt hat, bleibt kaum noch etwas zu tun. Eine Frau, die sich die Frage stellt, wie sehr sie ihren Mann verändern könne, *sollte auch bereit sein, sich selbst die gleiche Frage zu stellen,* sonst setzt sie Atomwaffen ein, bevor sie über ihren eigenen Beitrag zum Kriegsbeginn nachgedacht hat.

3. Unterscheiden Sie zwischen Rechten und Pflichten. Wenn Sie ihm den Vorschlag machen, ihm etwas von seinen Pflichten abzunehmen, wird er Ihnen etwas schulden. Wenn Sie ihm mit der Forderung von Rechten kommen, wird er bald eigene Rechte fordern (beispielsweise das Recht, mit der Arbeit aufzuhören). Nur wenige Menschen werden sich zutiefst motiviert fühlen, wenn man sie nur bittet, etwas aufzugeben.

4. Wenn Sie bei sich selbst oder bei ihm feststellen, daß Kritik viermal häufiger ist als Liebkosungen, sollten Sie sofort die Vorschläge dieses Kapitels befolgen, irgendwo um Hilfe bitten oder die Beziehung beenden.

5. Praktizieren Sie einfache „Einsichts-Tausch"-Erfahrungen, indem Sie einen Rollentausch vornehmen. Ziehen Sie sich seine Schuhe an und bitten Sie ihn, Ihre anzuziehen. Machen Sie ihm das damit schmackhaft, daß Sie erklären, Sie wollten Ihre Sicht der Dinge mal aufgeben und sich stärker in ihn hineinversetzen. Geben Sie ihm zu verstehen, daß Sie die Beziehung damit zu vertiefen wünschen. Daß Sie sie so sehr vertiefen wollen, daß sich die Frage eines Auseinandergehens gar nicht stellen wird.

12.
Wie kann ich ihn dazu bringen, Gefühle zu zeigen?

Gefühls-Mythen

Bei einem Experiment baten die Condreys Beobachter, sich zu den Gefühlen eines neun Monate alten Babys zu äußern. Wenn man den Beobachtern sagte, es handle sich um einen kleinen Jungen, bezeichneten sie das Weinen als Ausdruck von „Zorn". Wenn man ihnen sagte, es handle sich um ein Mädchen, nannten sie das Weinen desselben Kindes „Angst".[1]

Wenn wir das exakt gleiche Verhalten eines Kindes als Zorn bezeichnen, wenn wir es für einen Jungen halten, und als Angst, wenn es sich unserer Meinung nach um ein Mädchen handelt, verstärken wir nicht nur die Klischeevorstellungen von zornigen Jungen und ängstlichen Mädchen. Da wir dazu neigen, Zorn mit mächtigen und dominierenden Menschen zu assoziieren und Angst mit Opfern oder potentiellen Opfern, verstärkt sich unsere Vorstellung vom „Mann als Unterdrücker" und „der Frau als Opfer" — selbst dann, wenn es sich um identisches Verhalten handelt. Sogar um identische Gefühle.

Auf ähnliche Weise ist der Mythos entstanden, daß Frauen sich darauf verstünden, Gefühle zu zeigen, Männer dagegen nicht. Frauen verstehen sich *tatsächlich* darauf, *manche* Gefühle besser auszudrücken — aber wir werden erkennen, warum *beide* Geschlechter große Mühe damit haben, Gefühlen der Verletzlichkeit Ausdruck zu geben. Wenn wir fragen: „Warum können sich Männer nicht öffnen?", geht es meist um dieses Gefühl.

Der männliche und der weibliche Vulkanausbruch

Inwiefern haben beide Geschlechter Probleme damit, ihre Verletzlichkeit erkennen zu lassen? Die unterdrückte Wut von Männern führt oft zu dem „Vulkan-Effekt" — zu einer Explosion, bei der sich eine Gehässigkeit zeigt, die durch den momentanen Anlaß nicht ausgelöst worden sein kann. Weil wir irgendwann großen Zorn zu sehen bekommen, neigen wir dazu, das für einen Beweis dafür zu halten, daß ein Mann wenigstens ein Gefühl — Zorn — ausdrücken kann, statt zu erkennen, daß der Vulkanausbruch darauf zurückzuführen ist, daß der Mann seinen Zorn unterdrückt hat. Weil der Vulkanausbruch so heftig ist, vergessen wir manchmal sowohl das Gefühl der Machtlosigkeit, das zu ihm geführt hat, als auch die Demütigung und die Machtlosigkeit in den nachfolgenden Entschuldigungen, er habe „die Kontrolle über sich" verloren. Manchmal entschuldigt sich ein Mann noch tagelang.

Er spricht nie über seine Gefühle.

Nächstes Jahr um 2.00 Uhr nachmittags werden Männer beginnen, über ihre Gefühle zu sprechen.

Und um 2.05 Uhr wird es den Frauen in ganz Amerika sehr leid tun.

Nicole Hollander, *Sylvia,* Rockport/Maine

Der unterdrückte Zorn von Frauen kann ebenfalls zu einem Vulkanausbruch führen: Entweder kommt es zum Effekt des „plötzlichen Verlassens" oder „zur feministischen Wut-Phase". Beide Eruptionen erfolgen nach langen Perioden, in denen die Partnerin die „gute Frau" gespielt hat. Er empfindet ihren plötzlichen Ausbruch aus der Beziehung als Vulkanausbruch, und zwar nicht nur, weil die Explosion auf Jahre relativen Schweigens folgt, sondern auch, weil sie ihren Zorn vielleicht vor ihm verborgen gehalten hat. So verstanden, hat ihr Vulkanausbruch eine Wirkung, die sein Zorn auf ihn kaum haben dürfte. Für ihn ist ein Ausbruch eher so etwas wie ein Ventil, und nach dem Sturm ist er wieder zum Frieden bereit und zu Entschuldigungen; bei ihr bereitet die Explosion sie auf nichts vor, was sie noch mit ihm verbinden könnte — ihr Vulkanausbruch ist ein Symbol dafür, daß sie sich endgültig darauf vorbereitet hat, ohne ihn zu leben.

Viele Frauen regen sich über den Zorn des Mannes so auf, weil sie unbewußt das Gefühl haben, daß er für ihn das gleiche bedeutet wie ihr eigener Zorn für sie. Das ist jedoch nur selten wahr. Ähnlich nehmen sich Männer den Zorn einer Frau nicht allzusehr zu Herzen, weil sie ihn so interpretieren wie ihren eigenen — als Ausbruch, als vorübergehende Phase.

Wenn wir es lernen, die „Vulkanausbrüche" beider Geschlechter richtig zu deuten, kann uns das dabei helfen, wieder richtig miteinander umzugehen, statt aneinander vorbeizureden.

Beide Gefühlsäußerungen sind jedoch ein Beleg dafür, daß *beide* Geschlechter dazu neigen, Gefühle zu unterdrücken.

Warum unterdrücken beide Geschlechter Gefühle? Und wie tun sie es?

Frauen, die sich vor dem Verlust der wirtschaftlichen Sicherheit fürchten, dürften kaum negative Gefühle ausdrücken, wenn sie das Gefühl haben, diese Gefühle würden zum Verlust der Sicherheit führen. Auf diesem Feld sind sie verletzlich. Dort, wo wir uns verwundbar fühlen, unterdrücken wir alle unsere Gefühle. Männer, die sich vor Liebes- und Sexualitätsentzug fürchten, dürften kaum den Gefühlen Ausdruck geben, die Liebe und Sexualität gefährden würden. Da das am meisten unerfüllte Primär-Bedürfnis einer Frau (finanzielle Sicherheit) auch ihre Phantasie ist und da Männer ihnen oft beides zur Verfügung stellen, erkennen wir, warum eine Frau sich versucht fühlt, ihre negativen Gefühle vor Männern zu verbergen — und sie statt dessen lieber bei anderen Frauen zu äußern.

Die Gebiete, auf denen beide Geschlechter ihre Gefühle unterdrücken, verraten uns viel über ihre unerfüllten Primär-Bedürfnisse — über die Gebiete, auf denen sie bewußt oder unbewußt das Gefühl haben, ihr Partner hätte sie „im Griff". Wie zeigt sich das in der Praxis?

Vor kurzem rief ich einmal einen der Veteranen der Männerbewegung an. „Dwight wohnt nicht mehr hier. Wir haben uns getrennt, Warren — ich habe ihn gebeten, das Haus zu verlassen."

„Oh." Ich war ziemlich erschüttert. Ich hatte Eleanor und Dwight gut gekannt und wußte, daß sie genau erfahren hatte, auf welchen Gebieten das Zusammenleben mit ihm schwierig werden würde. Sie hatte ihn zur Ehe gedrängt, und er hatte nachgegeben. Sie hatten eine wunderschöne Hochzeit gehabt.

„Ich habe zwar gewußt, daß Dwight mich nie so geliebt hat wie ich ihn, Warren, aber er hat es immer geleugnet. Im letzten Sommer hat er mir dann sein Herz ausgeschüttet und zugegeben, er liebe mich nicht so sehr, wie er es wünsche, sagte aber, er fühle eine wirkliche Veränderung. Da machte ich meiner Wut Luft, weil ich zweieinhalb Jahre lang meine Gefühle an ihn verschwendet hatte. Und jetzt will er plötzlich bleiben. Er sagt, das alles sei doch Vergangenheit — er könne es vergessen —, aber es ist meine Geschichte, und es tut zu weh, um es einfach zu vergessen."

Nach diesem Anruf fühlte ich mich tief niedergeschlagen. Ich wußte, daß sich beide einen Erfolg ihrer Ehe gewünscht hatten. Ich hatte gespürt, wie verletzt Eleanor war, weil ihre Gefühle nicht erwidert worden waren. Ich war auch traurig, daß diese wenigen Sätze, die ich soeben zu hören bekommen hatte, sehr viel über die Dilemmas von Mann und Frau in Gefühlsdingen aussagten. Zunächst war sie in der Lage gewesen, ihren Gefühlen Ausdruck zu geben, und er nicht. Später, als er es tat, verließ sie ihn — was uns einiges darüber verrät, warum er seine Gefühle überhaupt zurückhielt. Seine ambivalenten Gefühle gerieten mit einem zweiten Gefühlsspektrum in Konflikt: Mit der Angst, Eleanor zu verlieren. Dwight hielt die Gefühle zurück, die mit seiner ungenügenden Liebe zusammenhingen, während er gleichzeitig daran arbeitete, seine Liebe zu steigern.

Das Ganze geht jedoch noch tiefer. Eleanor wollte Dwights Gefühle nicht — sie wollte *andere* Gefühle als die, die er ihr entgegenbrachte. Sie wollte von ihm die Gefühle, die er ihrer Meinung nach hätte haben müssen. Oder, anders ausgedrückt: Wenn ein Mann eine Frau fragt, wie viele Liebhaber sie gehabt habe, und sie antwortet: „fünfzig oder so", wird er sich vielleicht aus dem Staub machen. Dann weiß sie, daß er diese Antwort nicht hören wollte. Er wollte vielmehr beruhigt werden. Beim nächstenmal dürfte sie wahrscheinlich antworten: „Nur so viele, daß ich weiß, was ich an dir habe." Beide Geschlechter halten die Gefühle zurück, von denen sie vermuten, daß sie ihnen den Verlust der Liebe des anderen Geschlechts einbringen werden. Ironischerweise war Dwights Verleugnung seiner Gefühle in Wahrheit ein Beweis für seine Bindungsbereitschaft.

Das Beispiel Dwight und Eleanor illustriert einen weiteren bekannten Mythos über Gefühle: daß alle Gefühle gleich seien. Ein Beispiel: Indem Eleanor Dwight sagt, sie habe das Gefühl, er liebe sie nicht genug, bringt sie ihn dazu, seine Liebe irgendwie zu demonstrieren. Eleanors Gefühle sind ihre Macht — sie bringen Dwight dazu, etwas zu unternehmen. Wenn Dwight aber zugibt, daß er sie nicht so liebt, wie er es sich wünscht, gibt er ein Stück Macht aus der Hand. Er riskiert, sie zu verlieren — psychologisch und körperlich. Ebenso gibt auch eine Frau ein Stück Macht aus der Hand, wenn sie sagt: „Ich fühle mich an diese Beziehung nicht gebunden."

Wenn wir unsere Partner um Gefühle bitten, die vielleicht deren Ambivalenz enthüllen werden, und sie diese Gefühle liebevoll darbieten, sind wir beide verletzlich. Solche Gefühle sind nur dann produktiv, wenn wir selbstsicher genug sind, sie uns anzuhören und unsere Energien darauf zu konzentrieren, die Probleme zu lösen, die zu diesen Gefühlen geführt haben. Sonst lernen wir die Lektion, die auch der Vierfach-Olympiasieger von 1936, Jesse Owens, einmal gelernt hatte. Er verachtete die von den Weißen geprägte Gesellschaft, gab aber vor, mit ihr zufrieden zu sein: „Es bringt einen nicht weiter, wenn man die Leute fühlen läßt, was man wirklich von ihnen hält."

Negative Gefühle sind die Emotion, der beide Geschlechter Ausdruck geben, wenn sie das Gefühl haben, daß deren Äußerung ihre Sicherheit nicht gefährden werde. In der „zivilisierten Welt" behandeln beide Geschlechter Gefühle als eine Art Luxus — der hinter ihren unerfüllten Primär-Bedürfnissen erst an zweiter Stelle kommt. *Das Aufspüren unserer unterdrückten Gefühle ist der Geigerzähler unserer Verletzlichkeit.* Wenn wir das erst einmal erkannt haben, läßt sich jedoch etwas tun. Sechs Monate, nachdem sich Dwight und Eleanor getrennt hatten, rief mich Dwight an. Heute leben er und Eleanor wieder zusammen.

Wie wir gesehen haben, kann es beiden Geschlechtern schwerfallen, ihren Gefühlen Ausdruck zu geben. Wie kommt es dann, daß wir Frauen darin größere Fähigkeiten zutrauen? Zum Teil deswegen, weil sie es *ein wenig* besser können. Und das bringt uns dazu, anderes Verhalten — Verhalten, das dem männlichen Verhalten im Berufsleben ähnlich ist — als „gefühlsbetontes" Verhalten zu bezeichnen (ähnlich wie bei dem Experiment des Ehepaars Condrey mit dem neun Monate alten Kind). Sehen wir uns einmal an, wie das im Alltag funktioniert.

Joyce und Sheila treffen sich in einem Café. Sheila fragt: „Wie geht es dir, Joyce?"

„Mir geht's wunderbar. Rundherum."

„Du siehst auch wunderbar aus. Na komm schon, sag's mir. Was ist los? Etwas mit dir und Frank?"

„Du wirst es kaum glauben. Frank ist letzte Woche von Chicago hergeflogen und hat mir gesagt, daß er mit mir im Juni in Urlaub fahren will!"

„Soll das etwa heißen, daß er sich am Ende doch noch scheiden läßt?"

„Ich glaube schon... Diesmal habe ich bei ihm ein anderes Gefühl gespürt."

„Das freut mich ja *so* für dich. Aber sei vorsichtig. Etwas Ähnliches ist mir vor einem Jahr passiert, als..."

Sechs Monate später:

„Wie geht es dir, Joyce?"

„Furchtbar. Du hattest recht — ich hätte es besser wissen müssen. Verheiratete Männer sind doch alle gleich. Frank sagte mir, er habe das Gefühl, bei seiner Frau bleiben zu müssen. Und ich habe es zugelassen, daß ich mich so an ihn gewöhnte. Wenn ich es mir recht überlege, scheint er mit mir wohl nicht fertig zu werden. Er will eine nette, gehorsame Frau. Er fühlt sich durch mich bedroht."

Bitte beachten Sie, daß die beiden Frauen über Gefühle sprechen, die mit Erfolg oder Mißerfolg bei der Erlangung ihrer Primär-Phantasie zu tun haben — einer Bindung.

Und jetzt zwei Männer:

„Was hast du in letzter Zeit so getrieben, Jack?"

„Eine Menge. Harvey kam letzte Woche aus Chicago angeflogen und sagte, er wolle mich in die Firmenzentrale holen. Er will, daß ich im Juni mit der Familie hinziehe."

„Soll das etwa heißen, daß sie Sam rausschmeißen und dich befördern wollen?"

„Sieht so aus."

„Fabelhaft, mein Guter! Nimm dich aber in acht, Jack. Die Bank of America hat letztes Jahr mit mir was Ähnliches gemacht, und dann..."

Sechs Monate später:

„Wie geht's in dem neuen Job, Jack?"

„Furchtbar. Du hattest recht — Harvey hat Angst davor, Sam rauszuschmeißen. Ich ziehe mit der ganzen Familie da rüber, und das wegen einer Beförderung, die ich sechs Monate später auch hier bekommen hätte. Wenn es zum Schwur kommt, will Harvey wohl doch lieber einen netten kleinen Fußabtreter und Jasager. Er fühlt sich durch mich bedroht."

Obwohl Joyce über Gefühle zu sprechen schien und Jack übers Geschäft, sprachen beide in Wahrheit von ein und derselben Sache: von Erfolg oder Mißerfolg bei der Erlangung von Sicherheit. In keiner dieser beiden Unterhaltungen wurde von Gefühlen gegenüber dem Gesprächspartner gesprochen. Sheila hat Joyce auch nicht gesagt: „Deine Egozentrik ödet mich an"; und Jack hat nicht gesagt: „Es hat mich verletzt, daß du mich nach meinem Wegzug nicht vermissen würdest." Beide sprachen von der Anerkennung durch einen Menschen, der ihnen mehr Sicherheit geben konnte; und beide versuchten zu erklären, ein anderer habe die Schuld, als die erwartete Sicherheit sich in Luft auflöste. Keiner der beiden nutzte die Gelegenheit dieses Mißerfolgs, um seine oder ihre tiefen Selbstzweifel zu äußern. Aber da wir Beziehungen mit Nähe assoziieren, gehen wir davon aus, daß Frauen zu größerer menschlicher Nähe fähig und verletzlicher seien als Männer.

Während beide Geschlechter versuchen, bestimmten Gefühlen Ausdruck zu geben, tun es die Männer, indem sie sich auf eine oder mehrere der „fünf männlichen Krücken" stützen:

- Beruf
- Frauen (in einem sexuellen Sinn)
- Anliegen öffentlichen Interesses
- Sport
- Technisches Spielzeug (Autos, Stereoanlagen, Waffen etc.)

Und wie sehen die weiblichen Gegenstücke zu diesen fünf männlichen Krücken aus?

- Gespräche über die Primär-Phantasie (Bindung, Kinder, Haus und Wohnung, Männer)
- Gespräche über die Methoden zur Erlangung der Primär-Phantasie (Diät, Kosmetik, Kleidung, Männer)

Wenn ein Mann sich über einen geschäftlichen Erfolg freut oder eine Frau über ihr Hochzeitsdatum glücklich ist, sind das beides Gefühle — aber nicht die Gefühle, die dadurch menschliche Nähe und Vertrauen bringen, daß man Verletzlichkeit riskiert. *Beide* Geschlechter vermeiden die Gefühle, von denen sie das Gefühl haben, daß sie sie auf dem Gebiet ihrer Primär-Bedürfnisse und Primär-Phantasien verletzlich machen werden.

Wer ist eher bereit, negativen Gefühlen Ausdruck zu geben — Männer oder Frauen?

Wendy und Todd gehen an einem Abend, für den sie mehrere Einladungen haben, zu einer Party. Nach ein paar Minuten kommen beide zu dem Schluß: „Hier scheint niemand besonders interessant zu sein, oder?" Innerhalb von Minuten haben beide negative Urteile über zwanzig Menschen gefällt. Sie haben sich beide der Möglichkeit beraubt, mit zwanzig Menschen Kontakt aufzunehmen. Millionen von Entscheidungen beruhen auf ähnlichen Spontan-Urteilen, die wiederum auf tieferliegenden Gefühlen basieren (etwa Unbehagen oder Angst vor Ablehnung), die zu diesen Urteilen geführt haben.

Sind nun Frauen oder Männer eher bereit, solchen Gefühlen oder Urteilen Ausdruck zu geben? Und zwar gegenüber dem Betroffenen, damit Mißstimmigkeiten sofort geklärt werden können? Ich habe dazu wesentliche Einsichten gewonnen, als ich Teilnehmer an Gruppengesprächen einmal bat, zufällige Paare zu bilden, deren Partner sich die ersten positiven und negativen Gefühle gestehen sollten, die sie zueinander hatten — um sich so über die Gefühle klar zu werden, die dazu führen, daß man sich zu einem anderen hingezogen oder aber von ihm abgestoßen fühlt, bevor man sich über die wahren Gründe dafür klar geworden ist. Bevor sie einander ihre negativen Gefühle eingestanden, mußten sich die Partner verpflichten, sich auch die negativen Gefühle des anderen anzuhören. Ich baute dann noch zusätzliche Sicherheitsvorkehrungen ein, um unerwünschte Kritik zu vermeiden. (Unerwünschte Kritik im Namen der Aufrichtigkeit kann wie ein Schlag in die Magengrube sein, auf den wir nicht vorbereitet sind.) In diesem Zusammenhang — am Beginn einer Beziehung — zögerten die Frauen mehr, ihre negativen Gefühle *direkt* mitzuteilen (nämlich der Person gegenüber, denen gegenüber sie diese Gefühle hatten). Die Zurückhaltung von Frauen, ihr Gegenüber mit ihren wahren Gefühlen zu konfrontieren, können wir das „Syndrom des lieben Mädchens" nennen. *Wir halten diese Zurückhaltung aber nur selten für einen Teil der Schwierigkeiten, die Frauen damit haben, über ihre Gefühle zu sprechen.* Wenn wir hören, wie sich zwei Frauen in einem Restaurant negativ über einen Mann äußern, sagen wir nicht etwa: „Schon wieder eine Frau, der es schwerfällt, ihre wahren Gefühle dem Mann einzugestehen." Statt dessen sehen wir, wie schön es ist, daß sich zwei Frauen gut verstehen. Falls es einer Frau nicht gelingt, ihre Gefühle einem Mann einzugestehen, sprechen wir von ihrer Anpassungsfähigkeit und davon, daß sie dazu erzogen worden ist, Männern zu gefallen. Damit bestätigen wir unser Vorurteil, Frauen seien angepaßte Opfer. Aber was passiert, wenn ein Mann seine negativen Gefühle der betroffenen Frau offenbart? Wenn er ihr etwa eröffnet, er wolle die Beziehung beenden, zollen wir ihm dann Anerkennung dafür, daß er den Mut aufbringt, diese Gefühle zu äußern — oder unterstellen wir ihm Furcht vor menschlicher Nähe? Viele Bücher und Zeitungsartikel streuen noch Salz in die Wunde: Sie verurteilen den Mann, der mit einer Frau in ein exklusives Restaurant geht, um ihr dort das Ende der Beziehung zu verkünden. Man bezeichnet dieses Verhalten als hinterhältig,[2] statt es als großzügig zu sehen. Immerhin hat der Mann noch den Mut aufgebracht, sich über seine Enttäuschung zu äußern, klar zu sagen, daß die Beziehung nicht funktioniert hat, und ist zudem noch bereit, das Ende der Beziehung noch ein wenig abzumildern, statt mit dem Geld für diesen Restaurantbesuch eine andere Frau auszuführen. Wenn Männer ihren Gefühlen Ausdruck geben wie bei dem Experiment des Ehepaars Condrey, neigen wir dazu, unser Vorurteil gegenüber Männern als gefühllosen und rücksichtslosen Scheißkerlen zu bestätigen. Einfach ausgedrückt ist das nichts als Sexismus. Der neue Sexismus.

Wie kann ich ihn dazu bringen, Gefühle zu zeigen?

Die beste Methode, einen Mann dazu zu bringen, seinen Gefühlen Ausdruck zu geben, besteht immer noch darin, sich einen Mann zu suchen, der sie freiwillig äußert, und Männern aus dem Weg zu gehen, die dies nicht tun — das bedeutet, daß man eine aktive Wahl trifft, statt sich passiv wählen zu lassen. Es bedeutet auch, daß eine Frau ihre Wertvorstellungen einer Neubewertung unterziehen muß. *Unsere Partnerwahl sagt viel über unsere Wertvorstellungen aus.* Wenn eine Frau Gefühle zwar schätzt, Sicherheit aber höher schätzt, wird sich das auch bei dem Mann zeigen, den sie sich sucht.

Nehmen wir aber mal an, daß eine Frau ihre Wahl schon getroffen hat. Wie kann sie sich vergewissern, daß sie alles in ihrer Macht Stehende tut, um ihm Gefühlsäußerungen zu erleichtern? Warum sollte sie überhaupt irgendwelche Pflichten übernehmen? Wie ich schon gesagt habe, brauchen Männer emotionale Mentoren ebensosehr, wie Frauen im Berufsleben Mentoren brauchen. So wie viele Frauen nicht wissen, wie sie sich an der Börse zurechtfinden sollen, wissen auch viele Männer nicht genau, was gemeint ist, wenn man ihnen sagt, sie sollten sich über ihre Gefühle klar werden. Auf einer körperlichen Ebene kann sie ihn etwa ermutigen, sich seine Gefühls-Barometer anzusehen: Muskelspannung, Atmung, Schweißausbruch, seinen Penis und seine Träume. Sein Penis und seine Träume sind wie Computerausdrucke seines Unbewußten, und seine Muskelspannung und sein Schweißausbruch sind ein Bindeglied zwischen seinem Bewußtsein und seinem Unbewußten. Er muß mit ihnen herumexperimentieren, wenn er sich über sie klar werden oder seinen Gefühlen lauschen will. Etwa so, wie er es mit einem Radio tun würde, das er reparieren will: Er muß immer wieder herumexperimentieren, bis er erkennt, was womit zusammenhängt.

Wenn er anfängt, sich über seine Gefühle Klarheit zu verschaffen, wird er auch in der Lage sein, sie um das zu bitten, was er wirklich von ihr braucht — was eine ganz andere Art Treue sein kann.

Die schlimmste Untreue

„Immer wenn wir uns gestritten haben, hängt sie sich ans Telefon, um sich bei ihrer Freundin oder ihrer Mutter über mich zu beklagen. Aber wenn

wir einen tollen Tag gehabt haben, entschuldigt sie sich nicht, um die bei-
den anzurufen und ihnen zu sagen, wie wunderbar sie mich findet."

Mel, 22

Ein Grund dafür, daß Männer sich davor fürchten, ihre Gefühle auszudrücken, liegt darin, daß sie die verzerrte Wiedergabe dieser Gefühle an alle Menschen fürchten, denen die von ihnen geliebte Frau nahesteht. Sobald sich Männer über diese Unterhaltungen klar geworden sind (viele erfahren nie davon), fühlen sie sich zutiefst betrogen. Ich halte diese Vertrauensbrüche für einen solchen Betrug, daß ich ihn die „schlimmste Untreue" nennen möchte — ich halte sie für schlimmer als Sex mit einem anderen Menschen.

Je erfolgreicher ein Mann ist, um so mehr haben andere Menschen davon, daß sie seine wahren Verletzlichkeiten herausfinden und hinter seinem Rücken darüber sprechen. Eine solche Entdeckung kann dazu führen, daß er eine Beförderung an einen Konkurrenten verliert — und damit, das weiß jeder erfolgreiche Mann, ist eine vielversprechende Karriere buchstäblich zu Ende. Je erfolgreicher ein Mann also ist, um so mehr hat er gelernt, seine wahren Verletzlichkeiten verborgen zu halten — und ein paar gewinnende Eigenschaften vorzutäuschen.

Menschliche Nähe jedoch verlangt *echte* Verletzlichkeit. Und je mehr ein Mann sich im Beruf mit Schutzmasken umgibt, um so mehr braucht er zu Hause jemanden, dem er sich total öffnen kann. Was menschliche Nähe und Verletzlichkeit betrifft, setzt er alles auf eine Karte.

Wenn eine Frau einer Freundin die schwachen Seiten eines Mannes enthüllt, kann ein Mann das als Untreue erleben: Er hat sich ihr auf einem Gebiet geöffnet, das er vor allen anderen Menschen verborgen hält — etwa so, wie eine Frau gelernt hat, ihre Sexualität neugierigen Blicken zu entziehen. Wenn er das Gefühl hat, daß sie seine Schwachstellen dazu benutzt, eine Beziehung zu einer Freundin aufzubauen, ist ihm wie einer Oberschülerin zumute, die sich sexuell schließlich geöffnet hat und herausfindet, daß ihr Freund sich mit seinen „Kumpels" offen über sie unterhält.

So wie eine verheiratete Frau die sexuelle Exklusivität ihrer Ehe schätzt, schätzen viele Männer die vertrauliche Behandlung ihrer Empfindlichkeiten. Sie sind ausschließlich für seine *Einzige* gedacht. Das ist es, was der Mann erreichen will, wenn er sich bindet und Nähe zu einem einzigen Menschen sucht. Für einen Mann, der Mühe hat, sich zu öffnen — und der die Preisgabe seiner selbst mit einem „schlechten Ruf" gleichsetzt, der Mißerfolg nach sich zieht —, begeht eine Frau, die anderen enthüllt, was er ihr unter dem Siegel der Verschwiegenheit anvertraut hat, die schlimmste Untreue.

Manchmal wird die schlimmste Untreue noch mehr verschlimmert, wenn eine Frau sich bereit erklärt, sich vertraulich mit einer Freundin über ihren Mann zu unterhalten — nämlich dann, wenn es um dessen negative Charakterzüge geht. Dann sieht sie ihn wie durch einen Filter, *den sie nie wieder* beseitigen kann, da die Vertraulichkeit von ihr verlangt, daß sie mit ihrem Mann nicht darüber spricht.

Dieses Verhalten wird daher zur schlimmsten Kategorie der schlimmsten Untreue — denn die Intimität dieser Frau mit ihrer Freundin ersetzt ihre Intimität mit ihrem Mann.

Es gibt jedoch einen Weg, negative Gefühle zu einem Mann mit einer Freundin zu besprechen und trotzdem keinen Vertrauensbruch zu begehen. Man muß zwei Dinge tun: Erstens muß man vorher mit ihm klären, welche Dinge Sie gar nicht mit ihrer Freundin besprechen würden, wenn er dabei wäre. Fragen Sie ihn, ob er etwas dagegen hat, daß auch solche Dinge zur Sprache kommen. Wenn er nichts dagegen hat, können Sie ruhig offen sprechen. Zweitens: Machen Sie Ihrer Freundin klar, daß nichts an diesem Gespräch vertraulich bleiben wird, wenn es um Sie selbst oder Ihre Beziehung geht — keine Gefühle, keine Meinungen, keine „Vertraulichkeiten", es darf kein „Das bleibt aber unter uns" geben. Es ist durchaus in Ordnung, alles vertraulich zu behandeln, was die Freundin oder irgend jemanden sonst betrifft — aber was Sie selbst und Ihren Partner angeht, müssen Sie auch diesem anvertrauen können. Sonst wäre es Salz in die Wunde der schlimmsten Untreue. Damit entstünde so etwas wie eine sich selbst erfüllende Prophezeiung — so würden Sie jeden Mann daran hindern, seine Schwachstellen zu offenbaren und sich zu öffnen.

Schaffen Sie eine Atmosphäre für Gefühle

Wenn eine Frau ihre Gefühle zu einem Partner mit ihrer Freundin bespricht, ist sie nicht verletzlich; wenn sie das direkt mit dem Partner bespricht, ist sie es. Die direkte und offene Preisgabe von Gefühlen — von Gefühlen, von denen sie fürchtet, sie könnten ihn ihr entfremden —, bevor eine Frau psychologisch bereit ist, den Mann zu verlassen, erzeugt eine Atmosphäre der Verwundbarkeit, die eine Frau schaffen kann, wenn sie den ernsthaften Wunsch hat, daß er sich offen über seine wundesten Punkte äußert. Das kann sie tun, wenn sie den Wunsch hat, den Mann zu behalten und Vulkanausbrüche zu vermeiden. Wenn sie sich erst einmal über ihre eigenen Verletzlichkeiten klar geworden ist, besteht die nächste Aufgabe darin, seine Verletzlichkeiten zu akzeptieren.

Ich möchte ihn ja akzeptieren, aber irgendwie scheine ich es nicht zu schaffen…

Kein Mann dürfte es für sinnvoll halten, verschlossen zu bleiben, wenn er sich mit seiner Offenheit verstanden fühlt. Woran soll eine Frau aber erkennen, worin er sich vielleicht nicht verstanden fühlt? Sie kann zunächst überall in diesem Buch nachlesen, wann sich eine Frau in Abwehrhaltung befindet. Das liefert einen guten Hinweis darauf, wann *er* in Abwehrhaltung gerät, wenn er seine wahren Gefühle preisgibt. Vergessen Sie nicht: *Männer sind sehr anpassungsfähig.* Der Grund dafür, daß uns diese Eigenschaft von Männern oft verborgen bleibt: Sie haben sich so gut angepaßt, daß sie sich nicht mal selbst über die Gefühle klar sind, an die sie sich anpassen.

Beispielsweise machen sich nur wenige Männer ihre sexuelle Machtlosigkeit klar. Eine Frau, die auf das Kapitel über Sex und Erfolg mit der Bemerkung reagiert:

„Ich bin doch diejenige ohne Macht", wird nie einen Mann finden, der sich über seine Gefühle der Machtlosigkeit im klaren ist. Und umgekehrt gilt: Die Frau, die sich seine Gefühle anhört, ohne gleich in Abwehrstellung zu gehen, wird kaum je einen Mann finden, der ein seelisches Doppelleben führt. Ein solches Doppelleben ist nur eine bessere Alternative als Ablehnung. Die männliche Sozialisation hat ebenso wie die weibliche auch eine häßliche Seite. Und wie bei der weiblichen Sozialisation hängen diese beiden Seiten miteinander zusammen. Ein Mann, der sich darin verstanden fühlt, daß der Teil seiner selbst, der am meisten bewundert wird, auch den Teil schafft, der am wenigsten bewundert wird, kann seine defensive Energie sinnvoller einsetzen. Das ist die Veränderung, die wir alle wahrnehmen — die Veränderung, welche die Energien eines Mannes dafür freisetzt, sich selbst und eine Frau zu lieben.

Zweitens: Eine Frau kann an sich selbst erkennen, was an ihr einen Mann davon abhält, Gefühle zu zeigen, und was ihn dazu ermuntert. Manches ist besonders gut geeignet, ihn aus der Reserve zu locken, anderes wiederum führt geradewegs dazu, daß er sich verschließt wie eine Auster.

Wie kann ich beim Mann Vulkanausbrüche verhindern?
Wenn ein Mann wütend wird, befindet sich eine Frau oft in einem Dilemma. Sie möchte nicht zwischen seinem Zorn und seinen herablassenden Freundlichkeiten wählen. Sie möchte, daß er sich öffnet, ohne gleich zu explodieren. Und wie vermeidet sie, daß sich etwas in ihm aufstaut?

Schon viele Frauen haben mir gesagt: „Mein Mann sagt immer, ich drängte ihn in eine Ecke. Aber ich weiß gar nicht genau, womit ich das tue." Hier nun ein paar Hinweise für beide Geschlechter, mit deren Hilfe sie feststellen können, ob sie den geliebten Menschen verprellen, mit denen sie erkennen können, ob sie beim Partner einen Vulkanausbruch provozieren.*

Was tun Sie, wenn Ihr Partner wütend wird:
  (a) Kritisieren sie die Form („Du übertreibst"; „Du beschimpfst mich") *oder*
  (b) Sehen Sie hinter die äußere Form und erkennen Sie den Schmerz?
  (a) Weisen Sie ihn auf Fehler hin (vor allem dann, wenn er Ihre Fehler kritisiert hat) *oder*
  (b) Versetzen Sie sich in ihn hinein?
  (a) Achten Sie nur auf seine Fehler *oder*
  (b) Erkennen Sie die Tatsachen?
  (a) Lenken Sie von der Sache ab und gehen zum Gegenangriff über *oder*
  (b) Bitten Sie ihn, den Grund seines Zorns zu nennen?
  (a) Sagen Sie: „Es ist hoffnungslos" und weinen *oder*
  (b) Erkennen Sie, daß Hoffnung besteht, da sich Gefühle zeigen?

* Benutzen Sie diesen Fragebogen in Verbindung mit dem Leitfaden für richtiges Zuhören in Kapitel 5.

(a) Warten Sie auf eine Entschuldigung *oder*
(b) Entschuldigen Sie sich dafür, daß auch Sie zum Streit beigetragen haben?
(a) Geben Sie ihm jetzt mehr Zuwendung *oder*
(b) Ziehen Sie sich emotional zurück?
(a) Werden Sie jetzt zärtlicher *oder*
(b) Bestrafen Sie ihn mit Sex-Entzug?

Den Passus „bestrafen Sie ihn mit Sex-Entzug" hätte ich beinahe gestrichen, da es durchaus gerechtfertigt ist, wenn einer Frau nach einem Streit nicht nach Sex zumute ist. Dafür muß jedoch ein Preis gezahlt werden — man muß seine Wut unterdrücken. Man sollte sich über diesen Preis klar werden, auch wenn das Gefühl berechtigt ist. Dabei sollte man nicht die Möglichkeit außer acht lassen, daß Sex-Entzug auch dazu genutzt werden kann, genau an dem Punkt, an dem sich jemand kritisiert und daher machtlos fühlt, wieder Macht über ihn zu gewinnen. Viele Frauen wollen nach einem Streit nichts von Sex wissen, während Männer nach einem Streit oft gleich ins Bett wollen — um wieder akzeptiert zu werden, um verlorene Macht wettzumachen.

Es gibt jedoch einen Weg, sich sexuell zurückzunehmen, ohne den Partner dazu zu ermutigen, sich wütend zurückzuziehen. Sie können sich besondere Mühe geben, in sexueller Hinsicht die Initiative zu ergreifen, wenn Ihnen wieder danach zumute ist. Und Sie können sich auch selbst dazu bringen, sich sexy zu fühlen, indem Sie Ihrem Partner recht geben. Das können Sie zum Teil mit Hilfe der beiden Ratschläge zu richtigem Zuhören erreichen; eine Frau kann das erreichen, wenn sie die männliche Form des Zorns versteht und auch begreift, was Zorn für einen Mann bedeutet. Bevor wir uns jedoch die männliche Form des Zorns ansehen, möchte ich ein empfindliches Thema ansprechen: Liebe „nach dem Krieg".

Viele Paare haben ein komisches Gefühl dabei, wenn sie nach einem heftigen Streit ins Bett gehen. Selbst dann, wenn die Leidenschaft kein Ersatz für Kommunikation ist. Mein Rat? Da Sie die negativen Gefühle nicht unterdrückt haben, sollten Sie auch die positiven herauslassen. Sie kommen alle aus derselben tiefen Quelle. Sie sollten sogar noch einen Schritt weitergehen. Nach einem Streit sollten Sie offen auf Ihren Partner zugehen. Paare, die schlechte Kommunikation mit Mangel an Leidenschaft bestrafen, haben sich in eine Situation hineinmanövriert, in der beide zu Verlierern werden. Sie finden sich bald im Schlamm des „ehelichen Inzest-Tabus" wieder. Kurz: Wenn Waffenstillstand herrscht, sollten Sie sich lieben. Und zwar mit Lust und Liebe.

Sag nie wieder Miststück zu mir!

So wie Vulkanausbrüche von Männern und Frauen verschiedene Bedeutungen haben, so treten sie auch in verschiedener Gestalt auf. Was bedeuten einem Mann Flüche und Beschimpfungen? Sie gehören zu seiner Sozialisation: Er flucht, schimpft, ficht es aus und vergißt es dann wieder.

Wenn ein Mann seinen Zorn nicht zurückhält, bedeutet das, daß er eine Frau genauso behandelt, wie er einen Mann unter vergleichbaren Umständen behandeln würde; er nimmt nicht mehr mit verbalen Nettigkeiten auf sie Rücksicht; unbewußt behandelt er sie als gleichberechtigt. Es kann zwar sein, daß er seinesgleichen nicht sehr liebenswürdig behandelt, aber das ist nun mal ein Bestandteil der Gleichberechtigung unter Männern.

Wenn Frauen dies nicht verstehen, machen sie aus diesen Wutausbrüchen oft eine große Szene („Sag *nie wieder* Miststück zu mir...“). Die Frau zieht sich zurück, weil sie sich das zu Herzen nimmt. Sie verlangt eine Entschuldigung, weil ihr Partner sie beschimpft hat. Er versteht ihren Standpunkt, entschuldigt sich, aber zugleich baut sich echte Frustration in ihm auf, weil sie seine Beschimpfung zu einem Ausweichmanöver benutzt hat, um von dem Grund seines Zorns abzulenken. Folglich hat er das Gefühl, nie richtig verstanden zu werden. Die Botschaft: Wenn ich meine Gefühle herauslasse, werde *ich* angegriffen.

Nur wenige Männer haben sich selbst dazu erzogen, den Finger auf offene Wunden zu legen, und folglich fühlen sich die meisten hilflos. Sie haben das Gefühl, nicht mehr Herr der Lage zu sein. Was die Intensität einer Explosion nur noch steigert und die Frau davon überzeugt, daß er allmächtig ist — und nicht etwa zu der Erkenntnis bringt, daß er sich genauso hilflos fühlt wie sie. Aus seiner Sicht stellt sich das Ganze so dar: In dem Moment, in dem er hilflos aufschreit, muß er sich schnell wieder zurückziehen, wieder stark werden und auf ihre Gefühle Rücksicht nehmen. Jetzt hat sie das Gefühl, daß sein Zorn geradezu bodenlos ist, ohne zu begreifen, wie oder warum er so geworden ist.

Die Lösung? Erstens: Sie dürfen nicht vergessen, daß wir ihn bitten, sich an die weibliche Form des Zornausbruchs anzupassen — keine Flüche und keine Beschimpfungen mehr. Ich gebe dieser männlichen Anpassung den Vorzug; Flüche und Beschimpfungen sind unwürdig, demütigend, machen die Frau zum Objekt und führen daher unweigerlich dazu, daß der Grund für den Streit in Vergessenheit gerät. Wenn eine Frau einen Mann dazu bringen will, sich auf weibliche Art zu streiten, muß sie ihre Aufmerksamkeit zunächst auf das lenken, was ihn stört. Im Alltag könnte das etwa so aussehen:

Er: Verdammt noch mal, du hörst mir ja gar nicht zu!
Sie: Entschuldige bitte. Jetzt höre ich zu.

Mit wenigen Worten hat sie es geschafft, daß sein Zorn verraucht. Sie folgt zu Anfang dem „Leitfaden für richtiges Zuhören“*, und dann ist sie an der Reihe. Etwa so:

Sie: John, wenn du „verdammt noch mal“ sagst und so brüllst, habe ich das Gefühl, daß du mich gar nicht mehr magst. Ich habe dir gesagt, ich würde

---

* Vgl. Kapitel 5: „Warum Männer nicht zuhören können“.

zuhören, und habe auch zugehört; du mußt mir die Chance geben, mir anzuhören, was dich stört, ohne daß du gleich brüllst und fluchst.

Damit hat sie drei Dinge getan: (1) Sie hat John gesagt, wie ihr zumute ist, (2)
ihn daran erinnert, in welcher Form er seine Beschwerde vorgebracht hat, und (3)
ihm genau gesagt, was er tun und was er lieber lassen sollte. Das ist ein fairer Wort-
wechsel, die an seine Erziehung zur Fairneß appelliert. Damit ist auch eine Lösung des Problems in Reichweite, was wiederum an seine Erziehung appelliert,
irgend etwas zu unternehmen. Er hat sich Gehör verschafft, und folglich ist er jetzt
ansprechbarer, als wenn er dieses Gefühl nicht hätte.

Der größte Stolperstein einer Frau, die keine Flüche mehr hören und sich nicht
mehr beschimpfen lassen will, besteht darin, die besondere männliche Art des
Schimpfens erst mal eine Minute oder so anzuhören — bis ihr klar geworden ist,
worum es dem Mann geht. Hierbei ist es hilfreich, sich immer wieder zu verge-
genwärtigen, warum das so ist. Eine Frau sollte sich immer wieder daran erinnern, daß ein Mann ein Mitglied der gegnerischen Mannschaft zwar wüst beharken
kann, sich aber schon kurz danach mit ihm auf das nächste Spiel konzentriert.

Wie man ihm Gefühle entlockt: „Ehrfurchtstraining"

Die weibliche Sozialisation hat die Frauen gelehrt, wie man Männer dazu bringt,
das zu sagen, was Frauen gern hören wollen. Man könnte das „Ehrfurchtstraining"
nennen. Ich habe schon erwähnt, daß Frauen in gemischten Gesprächsgruppen öfter eine Frage stellen, oft mit Augenkontakt zu einem Mann, für den sie sich interessieren. Damit ziehen sie ihn in den Mittelpunkt ihrer Aufmerksamkeit. Er bemerkt
die Frau, was ein mögliches Interesse, daß er schon an ihr haben könnte, noch
steigert. Das gibt ihm auch Selbstsicherheit, um sein Interesse weiterzuverfolgen,
weil so weniger wahrscheinlich ist, daß er sich einen Korb holt. Wenn sie von seinen Worten beeindruckt ist, kommt noch etwas mehr Bewunderung in ihre Augen,
und wenn sie das Gewäsch unberührt läßt, signalisiert sie Desinteresse. Wenn der
Mann an ihr interessiert ist, reagiert er wie ein Pawlowscher Hund: „Es gefällt
ihr offenbar, wenn ich über meine Gefühle spreche", oder „Es gefällt ihr, wenn
ich über Computer spreche".

Wenn eine Frau die Gabe besitzt, aus einem Mann viel von dem herauszuholen,
was sie will, warum dringt sie dann nicht auch zu seiner Verletzlichkeit vor? Wie
kommt es, daß sich ein Mann zu Beginn einer Beziehung mehr zu öffnen scheint
als später?

Sehen wir uns mal an, wie er sich zu Beginn öffnet. Wenn er sich für sie interessiert, reagiert er auf ihre Signale — ein Ergebnis ihres „Ehrfurchtstrainings". Wenn
sie gut auf Gefühle reagiert, bekommt sie auch welche. Wenn er glaubt, sie wolle
Verletzlichkeit, gibt er ihr Gefühle „sicherer Verletzlichkeit". Ein Widerspruch in
sich? Genau. Warum? Weil er das Gefühl hat, daß sie auf echte Verletzlichkeit nicht
reagieren würde. Schon qua definitionem würde echte Verletzlichkeit sie ihm entfremden („Ich wäre zwar lieber mit Michelle ausgegangen, aber ich hatte Angst,

daß sie mir einen Korb gibt, und so bin ich mit dir ausgegangen"). Er spürt, daß sie ihn gar nicht wirklich verletzlich wünscht, und folglich kommt er ihr mit gefühlvollen Erklärungen des Schlages: „Und dann starb mein Vater, als ich vier war..." oder kommt auf vergangene Fehler zu sprechen: „Ich hatte mich so in meine Arbeit vertieft, daß ich meine frühere Frau total vernachlässigte... als sie mich verließ, lernte ich die wichtigste Lektion meines Lebens."

Da er diese Lektion gelernt hat, scheint er auch lernwillig zu sein. Weil er seine Fehler zugibt, scheint er verletzlich zu sein. Weil er offen über Verletzungen, eine Beziehung und Gefühle spricht, scheint er einfühlsam zu sein. Und gleichzeitig hat er den Eindruck vermittelt, ein strebsamer Mann zu sein („Ich hatte mich so in meine Arbeit vertieft"), der zweifellos in der Lage sein wird, einer Beziehung ein festes Fundament zu geben. Kurz: Er wird innerhalb kürzester Zeit zu erstklassigem Material für eine Primär-Phantasie. Keins seiner Gefühle „sicherer Verletzlichkeit" verletzt ihre Sicherheit; alle seine Gefühle bieten ihr Hoffnung. Folglich hat sie kein Problem damit, ihm immer mehr Gefühle zu entlocken.

Während Ehrfurchtstraining so etwas wie eine „Biofeedback-Maschine" ist, die aktiv zu ausgewählten Gefühlen *ermuntert*, sind die meisten Frauen auch dazu erzogen, einem Mann subtil zu verstehen zu geben, daß er andere Gefühle nicht ausdrücken soll. Wenn ich in Diskussionsgruppen eine Frau beobachte, die befürchtet, ihr Mann werde etwas sagen, was ihre Sicherheit bedrohen könnte, gibt sie ihm oft durch Signale zu verstehen, daß er nicht weitersprechen soll; entweder durch eine mißbilligende Körpersprache, durch mißbilligende Distanz im Blick oder durch Tränen. Der Gegensatz von Ehrfurchtstraining. Wenn er sich davon nicht beeindrucken läßt, kommt es oft zu Ausweichmanövern, wobei die Frau gleichzeitig zu überhören scheint, was der Mann gesagt hat, oder zu einer Kombination aus Ausweichmanövern und Gegenangriffen. Wenn das Ausweichmanöver dem Mann das Gefühl gibt, er verschaffe sich kein Gehör, wird ihn der Gegenangriff zudem noch tief entmutigen. Der Mann reagiert auf Signale, die ihm zu verstehen geben, daß er seine Gefühle unterdrücken soll, die sie unsicherer machen würden, genauso wie er auf das Ehrfurchtstraining reagiert, das ihm Gefühle entlockt, die ihr stärkere Sicherheit geben. Dieselbe Frau, die die Beziehung mit einem fein abgestimmten Ehrfurchtstraining begonnen hat, als sie ihre Sicherheit noch nicht als bedroht ansah, setzt ihre in der Beziehung erworbenen Fähigkeiten jetzt dazu ein, andere Gefühle abzuschneiden, von denen sie das Gefühl hat, sie könnten für sie bedrohlich werden.

Da die Dynamik einer Beziehung fast immer symbiotisch ist, muß ein Mann für das Ehrfurchtstraining Verantwortung übernehmen, auf das er reagiert, indem er positiv auf zustimmende Äußerungen einer Frau reagiert. Wenn sie ein Ausweichmanöver macht und ihn gleichzeitig ignoriert, muß er darauf achten, daß er dem Ausweichmanöver nicht folgt (wie er es bei einem Mann tun würde), nämlich aus Angst, man könnte ihn für einen reinen Verstandesmenschen halten und ihm vorwerfen, er sei sich über seine Gefühle nicht im klaren.

Seine Anpassung an ihre Zustimmung und Unterstützung macht ihn für den

Druck blind, den er spürt, wenn sie ihm etwa sagt: „Ich *weiß* einfach, daß du Stu schlagen kannst — du bist hundertmal besser als er." Hier hat der Mann das Gefühl, daß die Frau zu ihm steht, weil er sich nicht bewußt macht, wie sehr ihn eine solche Äußerung entmutigt, seine Angst vor einem Versagen zu äußern, ein Gefühl wie etwa: „Ich bin der Meinung, daß Stu besser qualifiziert ist." Die Kehrseite einer solchen Unterstützung ist Leistungsdruck. Er ist inzwischen jedoch nach ihrer Unterstützung süchtig geworden und hat sich dem vielleicht durch eine unrealistische Unterschätzung seiner Konkurrenten angepaßt. Die Folge: Er wird bald überarbeitet sein und wird sich noch schlimmer fühlen, wenn er gegen einen unwürdigen Konkurrenten verliert. Irgendwann greift er vielleicht zur Flasche, macht Seitensprünge, wird religiös oder sucht bei Statussymbolen Zuflucht, um den Schmerz zu lindern. Dies alles sind für einen Mann Möglichkeiten, seine Angst vor Versagen zu unterdrücken — da er nicht versteht, daß die Kehrseite einer Hilfestellung Erfolgsdruck ist.

Wie kann eine Frau seine Gefühle aktiv aus der Reserve locken? Indem sie Ehrfurchtstraining und Körpersprache dazu einsetzt, ihm seine Angst vor Versagen zu entlocken sowie diejenigen Teile seiner Gefühle, die nicht ihrem Selbstgefühl dienen oder ihrer unmittelbaren Sicherheit. Der Anreiz für sie? Nähe und Intimität — und ein Mann, der bei ihr bleiben wird, weil diejenigen seiner Primär-Bedürfnisse, die er nicht selbst befriedigen kann, durch sie befriedigt werden. Die weibliche Sozialisation hat ihr beigebracht, wie man ihn dazu bringt, Gefühle zu zeigen; auf einer tiefer liegenden Ebene muß sie aber noch entscheiden, ob sie seine wahre Verletzlichkeit überhaupt wünscht.

Große Jungs fürchten sich nicht vor Tränen

Das Weinen ist ein Ausscheidungsvorgang wie das Urinieren, das Schwitzen und das Ausatmen, mit denen Unreinheiten aus unserem Körper ausgeschwemmt werden. Wohin es führt, wenn ein Mensch nicht weint, ist inzwischen wohldokumentiert. Dr. Margaret Crepeau, eine Verhaltensforscherin der Marquette University, hat einmal 150 Personen untersucht, von denen die Hälfte gesund waren, während die anderen an Kolitis oder Magengeschwüren litten. Sämtliche 150 Probanden waren im gleichen Alter und hatten einen ähnlichen familiären wie beruflichen Hintergrund. Dr. Crepeau fand heraus, daß die gesunde Gruppe weit häufiger weinte als die an Kolitis oder Magengeschwüren erkrankten Personen.

Kinder, die mit einer genetischen Störung zur Welt kommen, die sie am Weinen hindert, reagieren selbst bei leichten Ängsten mit einem Anstieg des Blutdrucks, mit hektischen roten Flecken, durch heftigen Schweißausbruch und übermäßige Speichelabsonderung, wie Dr. William Frey herausgefunden hat, ein Biochemiker am Saint-Paul-Ramsey Medical Center.

Wenn Männer mehr weinen würden, bräuchten sie sich weniger durch zwanghaften Sex Erleichterung zu verschaffen. Daß wir Männer so gut wie alle der 150 sexuellen Initiativen auf uns nehmen müssen, welche die Anatomie einer sexuellen Erfahrung umfassen, erzeugt eine außerordentliche Spannung; die Angst vor

Tränen versiegelt diese Spannung. Je mehr wir dagegen weinen, um so weniger werden wir Frauen als Ventil brauchen, als Möglichkeit, „Dampf abzulassen", um so weniger Druck werden wir auf Frauen ausüben. Beide Geschlechter würden weniger unter Spannung stehen, und der Mann würde weniger zu einem Schwanz werden, der mit dem Hund wedelt.

Wie kann sich ein Mann dazu bringen, öfter zu weinen? Ich habe das vor allem durch eine Verhaltensänderung geschafft. In der Übergangsphase sagte ich mir immer wieder, wenn ich mich traurig oder verletzt fühlte, daß das Weinen meine „Wunde" reinigen werde. Ich stelle mir so vor, daß mir so Magengeschwüre erspart geblieben sind. Diese Vorstellung erleichtert es einem zu weinen. Da das Weinen ein Ausscheidungsvorgang ist wie das Urinieren, kann man die Tränen entweder bewußt zurückhalten oder ihnen freien Lauf lassen, indem man seine Einstellung zu ihnen verändert. Wenn man einem Mann sagt, „Große Jungs weinen nicht", ist das etwa so, als würde man ihm sagen: „Große Jungs urinieren nicht."

Gefühle des New Age

Wer kann zur Abtreibung die „politisch richtige" Einstellung haben und gleichzeitig über *sämtliche* Gefühle aller Männer oder Frauen Klarheit haben? Klarheit über Gefühle erfordert, daß man sich über das klar ist, was entweder nicht zum Althergebrachten oder zum Neuen paßt. Gefühle haben keine Wähler. Wer „politisch richtig" handelt, paßt sich der Mehrheit an. Wer politisch richtig liegt, leidet gewissermaßen an emotionaler Verstopfung. Das erfordert die Unterdrückung und nicht das Zeigen von Gefühlen.

Der Ausdruck von Gefühlen kann dazu mißbraucht werden, daß man sich an die Erwartungen des New Age anpaßt. Ich erinnere mich noch an einen Mann in einer Männergruppe in Manhattan, der einmal ausrief: „Ich weine mehr als jeder sonst in dieser Gruppe." Indem er seine Tränen sozusagen zum Gegenstand eines Wettbewerbs machte, hatte er sie gegen sich selbst gerichtet.

Wenn Männer sich über ihre Gefühle klarwerden...

Sollten sich die Männer auf breiter Front überhaupt jemals ihrer Gefühle klarwerden, werden sie Zorn und Verletzung abreagieren. Sie werden ihre Sozialisation verfluchen und ihrem Ärger bei Frauen Luft machen, die nach Helden Ausschau halten, während sie gleichzeitig behaupten, sie wollten Verletzlichkeit. Die Männer werden die Frage stellen: „Warum fühlen sich Frauen durch erfolg*lose* Männer bedroht?" Frauen, die Männer als Schlappschwänze bezeichnen, dürfen sich nicht wundern, wenn Männer Frauen Lesben oder Emanzen nennen.

Wenn sich ein Mann erinnert, wie seine ersten sexuellen Gefühle auf ein ewiges Nein, Nein, Nein... stießen, wird er sich fragen, wie es ihm gelingt, überhaupt irgendwelche Gefühle zu zeigen. Wenn er eine Frau sagen hört, sie fühle sich benutzt, wird er sich fragen, was das zu bedeuten hat. Hat sie noch mehr als Sex erwartet? Auch er könnte sich benutzt fühlen, wenn man von ihm erwartet, für alles zu zahlen und hinterher noch anzurufen.

Wenn sich ein Mann sein Gefühl der Machtlosigkeit klar macht, indem er erkennt, in welchem Ausmaß er Rollen gespielt hat — die alle mit dem Etikett „Macht" versehen worden sind —, Rollen, die in Wahrheit Bestechungsgelder waren, die ihn davon abhielten, seine fünf Machtkomponenten auszubalancieren, wird er eine Midlife-crisis haben. Und *er wird sie sogar begrüßen, da er jetzt die Richtung bestimmt, statt sich in eine bestimmte Richtung schieben zu lassen.* Wenn er sich schon früh über all das klar wird, wird seine Midlife-crisis schon früh eintreten — und damit wird er Zeit haben, umzudenken und seinem Leben eine andere Richtung zu geben. Nach eigenen Wertvorstellungen.

Wenn sich ein Mann ansieht, wen er aufgrund seiner Erziehung berühren darf und wen nicht, wird ihn die Botschaft erbosen, Männer weder berühren noch küssen zu dürfen, während es Frauen erlaubt ist, andere Frauen zu berühren und zu küssen. Wenn er mal die falsche Person auf die falsche Weise berührt, kann das bedeuten, daß sein Lebenswerk — Karriere, Einkommen — zerstört ist. Und daß er seine Familie, seinen Sohn oder seine Tochter, für immer verliert. Statt äußere Anerkennung als Macht zu empfinden, wird er sich machtlos fühlen, weil er eine vorprogrammierte Definition akzeptieren muß. Er wird versuchen, eine neue zu schaffen. Statt sich mit Schuldgefühlen zu quälen, weil er das Privileg hat, die Intitiative zu ergreifen, wird er mit aller Wucht spüren, was es heißt, ein miserabler Mensch zu sein, ein Bürger zweiter Klasse — er wird zum Unberührbaren.

Gespräch über Gefühle

F: Manche Männer, die ich kenne, scheinen mit ihren Gefühlen keinerlei Probleme zu haben — etwa mein Psychotherapeut und ein Priester, den ich kenne. Wie haben sie das geschafft?

A: Kleriker und Psychotherapeuten sind Experten darin, den Gefühlen anderer zuzuhören, verstehen es selbst aber kaum, eigene Verletzlichkeiten zu zeigen. Sie empfinden „berufsmäßig". Die Menschen kommen zu ihnen, weil sie ein Image der Ehrbarkeit aufrechterhalten. Bei normalen Männern sieht das anders aus. Eine Frau verstärkt noch das Gefühl eines Mannes, ein „fühlender Held" zu sein, wenn sie ihm die Anerkennung dafür verweigert, daß er gerade die Gefühle zeigt, die sie dazu bringen, ihn weniger zu bewundern.

F: Wie kann ich respektieren, was ich weniger bewundere?

A: Indem Sie seinen Mut respektieren, etwas nicht Bewunderungswürdiges zu enthüllen.

F: Zum Beispiel?

A: Nehmen wir mal an, eine Katholikin geht zur Beichte und erzählt ihrem Priester, sie und ihr Mann hätten eheliche Probleme. Sie bittet den Priester um Rat. Stellen Sie sich mal vor, er würde ihr antworten: „Ich kann Ihnen leider nicht helfen. Die einzige menschliche Beziehung, die ich je gehabt habe, ist die zu meinen Eltern. Um ganz ehrlich zu sein, gab's da auch mal eine kurze Affäre in einem Kloster — mit einem Mann."

F: Das ist doch lächerlich. Warum sollte er so etwas sagen? Sie hat doch gar nicht um so ein Geständnis gebeten.

A: Das ist ja gerade der Punkt — seine Rolle macht die Offenbarung wahrer Verletzlichkeit lächerlich und unangemessen. Sie ist nicht wegen seiner Rolle als Mensch, der Gefühle zeigen kann, zu ihm gegangen. Wenn diese Männer also als Beispiele dafür angeführt werden, wie Männer sich über ihre Gefühle Klarheit verschaffen können, müssen wir die Frage stellen, was die Frau eigentlich mit männlichen Gefühlen will. Der Priester hat doch höchstens gezeigt, daß er *ihre* Gefühle erkennen kann. Wenn eine Frau bei einem Mann meint, er sei mit seinen Gefühlen im reinen, weil er ihr aufmerksam zuhört, wird sie sich wahrscheinlich einen Mann suchen, der zwar den Ratgeber spielt, aber alles für sich behält, von dem er meint, es werde nicht ihre Billigung finden. Männer, die berufsmäßig Gefühle zeigen, erfüllen sowohl ihre professionelle wie ihre männliche Rolle. Es dürfte nur wenige „empfindsame Helden" geben, die wahrhaft verletzlich sind und Gefühle haben, von denen sie annehmen, daß sie gerade von den Menschen mißbilligt werden, die sie zu ihrer emotionalen Sicherheit brauchen. Selbst feministische Männer begrenzen die meisten ihrer Gefühle auf diejenigen, von denen sie annehmen, daß sie die Zustimmung feministischer Frauen finden werden.

13.
Schlußfolgerung: Der Liebe eine Gasse

Eines Morgens läutete das Telefon.

„Hallo, Warren, hier ist Rosemary... Erinnerst du dich noch, als du vor ein paar Monaten in der Frauengruppe von Lynette Trier gesprochen und uns ermuntert hast, Männer mit anderen Augen zu sehen? Ich entschloß mich, genau das zu tun, und am Wochenende darauf fuhr ich nach San Francisco... sah dann diesen Mann in einer Disco und dachte, ‚ich wünschte, mir würde mal ein Mann wie *der* über den Weg laufen‘. Ich mußte immer daran denken, was du gesagt hattest: ‚Einige der glücklichsten Beziehungen, die ich kenne, sind dadurch zustande gekommen, daß die Frau auf den Mann zuging...‘ Und so bin ich einfach zu ihm gegangen...“

„Großartig! Und was passierte?“

„Nun, wir hatten einen phantastischen Abend, aber am nächsten Tag rief er nicht an. Normalerweise hätte ich mir gesagt: ‚*Natürlich* hat er nicht angerufen.‘ Am liebsten hätte ich wie immer Lynette angerufen und die Männer madig gemacht, aber ich überlegte es mir anders und rief statt dessen *ihn* an.“

„Und...?“

„Na ja, um es kurz zu machen: Daraus ist eine der besten Beziehungen geworden, die ich je gehabt habe. Weil ich in jeder Phase meinen Ansatz und meine Einstellung geändert habe.“

„Phantastisch!... Und warum rufst du mich jetzt an?“

„Gestern abend haben wir uns gestanden, was wir aneinander lieben, und er sagte unter anderem: ‚Ich fühle mich von dir so verstanden — das liegt vielleicht daran, daß du bereit bist, die gleichen Risiken auf dich zu nehmen wie ich.‘ Als er das gesagt hatte, wußte ich, daß ich dich anrufen muß!“

„Das ist ein wunderschönes Geschenk, Rosemary“, sagte ich.

Ein paar Stunden später ging mir auf, daß Rosemary mir noch ein Geschenk gemacht hatte — nämlich einen Anfang für dieses Schlußkapitel. Denn nur wenige Beispiele dürften besser erhellen, daß eine Frau einen Mann erst dann wirklich verstehen kann, wenn sie mit ihm alle Risiken teilt; daß Mitgefühl ohne gleiche Pflichten Intellekt ohne Mut ist; daß Risikoteilung dazu gehört, wenn man von Männern und *mit* Männern unabhängig werden will, statt nur unabhängig und *ohne* Männer zu sein; und daß die Frau, die Risiken des Mannes auf sich nimmt, auch damit aufhört, Männer in Kategorien einzustufen. Sie sieht sie nicht mehr als „Helden“ oder „Scheißkerle“, weil sie jetzt die gleiche Verantwortung übernimmt — manchmal ist sie selbst eine Heldin, manchmal selbst ein Miststück.

Der Liebe eine Gasse

Sun Up, San Diego. Weihnachten 1984. Jerry G. Bishop, der Gastgeber, bittet alle Frauen unter den Zuhörern, „im Geiste von Weihnachten" die Dinge zu nennen, die ihnen an Männern am meisten gefallen — oder auch nur zu sagen, was an Männern gut sei. Keine Frau steht auf, keine sagt etwas.

Wenn man uns Männer auffordern würde, alles aufzuzählen, was an Frauen gut sei, können wir instinktiv an „Wärme" denken, an „Hilfsbereitschaft", „Fürsorglichkeit", „Sanftheit", „Bindungsbereitschaft", „Liebe" sowie „Streben nach Unabhängigkeit". Das heißt natürlich nicht, daß wir nicht auch negative Charakteristika nennen könnten, oder daß Frauen alle Zeit so sind oder daß diese Eigenschaften nicht auch ihre Kehrseiten hätten — es bedeutet nur, daß wir Frauen gefühlsmäßig so sehen, daß diese Sicht einen Filter darstellt, durch den wir auch die weniger gewinnenden Eigenschaften von Frauen bewerten.

Vor nur zwanzig Jahren halfen uns Feministinnen bei der Erkenntnis, daß wir instinktiv an Begriffe wie „unfähig", „irrational", „unterlegen" usw. dachten, wenn wir das Wort *Weiblichkeit* hörten. Heute schließt das Wort „Frau" mehr als nur Weiblichkeit ein; es umfaßt einerseits den Kampf um Unabhängigkeit, andererseits die Opferrolle durch Scheidung, Mißhandlung, Vergewaltigung, Pornographie, sexuelle Belästigung und Inzest. Während die Betonung der Unabhängigkeit den Frauen einen guten Ruf eingebracht hat — der über die reine Weiblichkeit hinausgeht —, hat die Betonung von Mißhandlung, Vergewaltigung und Pornographie unseren Blick dafür geschärft, daß Männer Unterdrücker sind.

Wir haben uns die Frauenzeitschriften angesehen, die sich mit unerfüllten Phantasien beschäftigen. Je mehr solche Zeitschriften sich auf Unabhängigkeit und Gleichberechtigung konzentrieren, um so größer der Zorn auf Männer; die neue Betrachtungsweise bei uralten Themen wie Frauenmißhandlung, Vergewaltigung und Pornographie ist zumindest teilweise auf das zugrunde liegende Gefühl zurückzuführen, daß Frauen die Opfer von Männern sind, daß sich Männer nicht mehr um Frauen kümmern. Das kann man jedoch nicht offen zugeben. Folglich mußte man die Frauen als unabhängig und die Männer als noch größere Unterdrücker darstellen, *bevor* es möglich war, von Männern zu behaupten, sie seien zu unreif, um sich zu binden. Daher die Popularität von Büchern, die sich in den Jahren 1983 bis 1986 von dem Thema ernährten, daß Männer sich nicht binden wollen: *Das Peter Pan-Syndrom; Smart Women, Foolish Choices* und *Wenn Frauen zu sehr lieben*. Alle diese Bücher waren lange Zeit auf den Bestsellerlisten. Wie wir gesehen haben, wären diese Bücher in der Versenkung verschwunden, wenn Frauen die Zielscheibe gewesen wären. Damit traten wir in das Zeitalter des „Heirate-den-Feind" ein.

Was steckt eigentlich dahinter? Wie sind wir dazu gekommen, von „Papi weiß alles" zu „Papi ist ein Lustmolch" oder „Heirate den Feind" zu kommen?

In den vergangenen zwei Jahrzehnten haben sich Frauen oft hin und hergerissen gefühlt. Einmal war da die traditionelle Methode, ihre Besonderheit durch den

Heldentyp entdecken und damit bestätigen zu lassen. Auf der anderen Seite stand das Gefühl, Frauen hätten es durch eigene Leistungen geschafft, die besseren Menschen zu werden. Als die Frauen als Gruppe immer mehr danach strebten, ihren Status als Nummer eins durch eigene Leistungen bestätigt zu sehen, wurde es unerläßlich, den wichtigsten Mitwettbewerber — weiße Männer — zum Feind zu machen. So definieren auch die USA und die UdSSR ihren Hauptkonkurrenten als Feind. Je mehr Männer zum Feind wurden, um so besonderer wurden Frauen. Je mehr Männer der Feind waren, um so mehr gelang es Frauen, sich mit anderen Frauen solidarisch und „schwesterlich" zu fühlen. Je mehr Männer die Quelle allen Übels waren, um so mehr wurden in Frauen Energien freigesetzt, mit denen sie ihre Besonderheit erkennen konnten, nämlich definiert durch die Ablehnung dieser Quelle des Bösen. Dies nun sind einige der Gründe, die einer Veränderung entgegenwirken. Und sie sind ein Bestandteil der menschlichen Natur.

Der Teil vieler Frauen jedoch, der sich noch immer einen Helden als Mann wünscht, der ihre Besonderheit bestätigen soll, erlebt einen Konflikt mit dem Ansatz, der den Mann als Feind sieht. Bei vielen Frauen erzeugt das eine ständige Held/Arschloch-Dichotomie in ihrer Einstellung zu Männern. Und das kann in ihrem Privatleben zu Katastrophen führen.

Manche Frauen jedoch wie etwa die feministischen Schriftstellerinnen Robin Morgan und Sonja Johnson versuchen, diesen Konflikt zu lösen. Die Lösung Robin Morgans: „Mit Ausnahme weniger besonderer Männer sind Männer der Feind; einer dieser wenigen hat natürlich mich gewählt." Oder der Ansatz Sonja Johnsons, Autorin des Buches *From Housewife to Heretic*, wie er vor der profeministischen National Organization for Changing Men 1984 geäußert wurde: „Ich mache euch zu *Frauen* ‚ehrenhalber'." Wenn er den Status eines Feindes loswerden will, muß ein Mann also nur leugnen, ein Mann zu sein. Und dann stellen wir uns die Frage: „Warum wehren sich die Männer so sehr dagegen, sich zu ändern?"

Wie können wir Männer lieben, ohne sie gleich zu „Frauen ehrenhalber" zu machen? Es könnte mit der Bereitschaft beginnen, den Begriff *Mann* instinktiv mit ein paar positiven Eigenschaften zu verbinden. Mit Begriffen wie „Mentor" — was uns dazu bringen könnte, die Männer mit etwas Wärme zu sehen, weil sie bereit sind, Mentoren zu sein, selbst dann, wenn sie Frauen damit zu Konkurrentinnen machen, mit Begriffen wie „Macher" (im Gegensatz zum „Jammerlappen") oder „Einzelkämpfer". Wir können die Männer für ihre Weigerung loben, Worte wie „Liebe" zu gebrauchen, wenn sie in Wahrheit „Sicherheit" meinen, wir können sie dafür loben, daß sie „mit Kindern zu deren Bedingungen spielen", für ihre Bereitschaft zur Selbstironie, dafür, daß sie Klagen über eine Beziehung in der Beziehung halten, dafür, daß sie die Sache von der Person trennen, dafür, daß sie genügend Ich-Stärke besitzen, um sich der Grausamkeit des Arbeitsmarktes auszusetzen (selbst wenn sie dabei so verängstigt sind wie ein Kind am ersten Schultag), dafür, daß ein Mann bereit ist, sein Leben für eine geliebte Frau hinzugeben, dafür, daß er Verantwortung auf sich nimmt, daß er sich die Unreife seiner männlichen Sozialisation so verdeutlicht, daß er seine Primär-Phantasie von vielen Frauen für eine Frau aufgibt, die er wirklich liebt.

Gibt es irgendeinen grundlegenden Bewußtseinswandel, der unserer Bereitschaft, *Männer* mit positiven Assoziationen zu sehen, vorausgehen muß? Ja. Es erfordert, daß man in sich hineinhorcht — und erkennt, daß Männer und Frauen letztlich so verschieden sind, weil sie sich weitgehend gleichen. Wir treten alle mit der Hoffnung ins Leben, die Zustimmung aller Menschen zu finden; wir passen uns alle an, um diese Zustimmung zu bekommen, aber jedes Geschlecht paßt sich immer noch an grundlegend verschiedene Botschaften an, um das identische Bedürfnis nach Zustimmung zu befriedigen. Wie wir gesehen haben, erhält jedes Geschlecht viele der Signale, wie es sich anpassen solle, durch Signale des anderen Geschlechts.

Die Abhängigkeit beider Geschlechter von der Zustimmung anderer Menschen wird durch unsere Freude an dem Mut verdeckt, mit dem wir unsere kleinen Abweichungen pflegen. Wir nennen das unsere Individualität. Wenn wir uns die jedoch genauer ansehen, sind diese Abweichungen oft auf die Einschätzung zurückzuführen, ob unsere Schwächen und Stärken es uns erlauben können, es in diesem System der Zustimmung „zu schaffen" — nach den Wertvorstellungen unserer Eltern, unserer Freunde und unseres gesellschaftlichen Hintergrunds. In diesem tieferliegenden Sinn sind fast alle Menschen bemerkenswert gleich.

Wenn wir diese Erkenntnis auf Männer anwenden, trifft sie auf die Pragmatik der Veränderung: „Je mehr wir Männer zum Feind machen, um so mehr sind sie gezwungen, sich wie Feinde zu verhalten."

Als Mann weiß ich, daß wir die fast zwei Jahrzehnte dauernden Angriffe auf uns nehmen müssen, ohne unsere Gefühle dazu zu zeigen. Ich habe auch erwähnt, daß ich selbst jahrelang nur darauf aus war, die Zustimmung von Frauen zu finden, so daß ich die Mitverantwortung für diese Angriffe in dieser Zeit leugnete. Genauso wie meine Neigung, lieber etwas zu tun, statt Gefühle zu zeigen, die es mir schwermachten zu handeln. So erinnere ich mich beispielsweise daran, daß Megan einmal beim Essen einen deprimierten Eindruck machte. Nach einigem Drängen erklärte sie, daß ihre „alte Freundin", die immer ihre „beste Freundin" gewesen sei, sie jetzt verprügele, weil sie eine neue „beste Freundin" habe. Es schien, als hätte Megan es schon mit ein paar selbstgestrickten Lösungen versucht, indem sie sie mal ignorierte und mal mit ihr spielte. Sie hatte Angst, es ihrem Lehrer oder Schulleiter zu erzählen, da sie fürchtete, auf dem Heimweg verprügelt zu werden.

Einige Zeit später diskutierten wir die Möglichkeit, daß ich ihre Freundin anrief. Megan hatte das Gefühl, daß das Mädchen auf mich hören würde. Ich erklärte meine Bereitschaft, erklärte aber, Megan müsse einverstanden sein, daß ich mit ihrer Freundin nur sprach, sie aber nicht belehrte. Mehr wollte Megan gar nicht — uns war klar, daß alles andere nur dazu führen würde, daß ihre Freundin sie einen „Feigling" nennen würde, da sie mich die Dreckarbeit machen ließ.

Offen gestanden hatte ich noch nie einen solchen Anruf gemacht. Es kam mir seltsam vor, ein zwölfjähriges Mädchen aus heiterem Himmel anzurufen. Ich war aber tief gerührt, daß Megan mich mit diesem Anruf betraute.

Nach dem Anruf kam Anne zu mir hoch und nahm meine Hand. „Liebling, deine Hand ist ja ganz feucht."

„Hm... Ich muß vor diesem Anruf wohl etwas nervös gewesen sein."

„Wirklich...? Wie kommt das?"

„Ich weiß nicht... Wahrscheinlich wußte ich nicht genau, was ich sagen oder wo ich anfangen sollte."

Es dauerte einige Zeit, bis ich mir eingestehen wollte, daß mich gerade Megans Vertrauen so gerührt hatte, daß ich nichts „vermasseln" wollte.

Am nächsten Morgen sagte Anne beiläufig: „Ich habe Megan von deiner Nervosität vor diesem Anruf erzählt. Sie war wirklich überrascht. Ich glaube, es ist gut für sie, das zu wissen."

Ja. Es war gut für sie, das zu wissen. Aber ich hatte es ihr nicht erzählt. Ich erzählte ihr auch erst sehr viel später, daß ihre Bitte mich sehr gerührt hatte. Für mich bedeutete Liebe also immer noch, daß ich etwas unternehmen mußte. Und dann fragte ich mich, warum Megan so lange gebraucht hatte, mich zu lieben.

Beide Geschlechter suchen beim anderen Geschlecht Selbstbestätigung. Einmal durch das Gefühl, gebraucht zu werden. In dem Abschnitt über die fünf Bestandteile der Macht haben wir gesehen, daß sich jedes Geschlecht auf verschiedenen Gebieten minderwertig fühlt (Frauen in wirtschaftlichen Dingen, Männer in Sachen Sex und menschlicher Nähe). Beide Geschlechter neigen dazu, sich gerade dort gebraucht oder besonders zu fühlen, wo ihr Partner sich am minderwertigsten fühlt. Was bei jedem Geschlecht für kurze Zeit zu einer gewissen Erfüllung führt, wenn es den Partner ein wenig seiner Macht beraubt.

Sowohl Frauen wie Männer brauchen Nähe. Wenn man sie aber bittet, die Menschen zu nennen, denen sie sich nahe fühlen, nennen Frauen oft ihre Kinder oder andere Frauen, während Männer oft Frauen nennen. Wie kommt das? Wir haben gelernt, uns selbst als den Menschen nahe zu sehen, die uns brauchen. Männer haben es gelernt, sich mit der „Intimität" zufrieden zu geben, daß sie sich von einer Frau gebraucht fühlen, die finanziell benachteiligt ist; im Gegensatz dazu haben Frauen in ihrer Haltung zu Männern eine entgegengesetzte Botschaft empfangen; *sie wünschen zwar, daß Männer sie brauchen, haben aber gleichzeitig das Gefühl, daß Bedürftigkeit unmännlich ist.* Sie wenden sich innerlich von einem Mann ab, den sie „bemuttern" müssen — so daß für ihn nur ein schmaler Grat bleibt, um zwischen Bedürftigkeit und allzugroßer Bedürftigkeit zu lavieren. Das führt auch bei Männern zu einem Dilemma: Er hat schlechte Karten, wenn er es zuläßt, bedürftig zu erscheinen, aber seine Karten werden nicht besser, wenn er den Eindruck erweckt, er brauche die Frau überhaupt nicht.

Wie befriedigen viele Frauen dieses grundlegende menschliche Bedürfnis, sich gebraucht zu fühlen und damit etwas Besonderes zu sein? Durch Kinder — Kinder brauchen sie. Der Antrieb für Frauen, Kinder zu haben, besteht zum Teil also darin, einen Teil ihrer „Macht" des Gebrauchtseins durch das „ehrbare" Ventil der Mutterschaft zu erhalten, statt auf dem unangemessenen Weg über einen Mann, der sie braucht.

Ein seelisch bedürftiger Mann erzeugt bei einer Frau eine tiefe Leere: Er bestätigt ihr nicht bei ihresgleichen, daß sie etwas Besonderes ist, auch nicht ihren Eltern oder ihr selbst; er bestätigt ihr nicht, daß sie für einen Helden attraktiv ist. Einerseits will sie, daß ein Mann sie braucht, so wie Lois Lane wünscht, daß Superman sie braucht. Sie will aber eine schablonenhafte Bedürftigkeit: Wenn sie oder seine kritische Selbstprüfung sich bis zu dem Punkt weiterentwickelt, an dem er ihr keine finanzielle Sicherheit mehr bieten kann, falls sie im Leben versagt, hat sie oft das Gefühl, daß die Bedürftigkeit zu weit geht.

Eine Frau, die einen Mann braucht, löst bei einem Mann des westlichen Kulturkreises keine solchen Konflikte aus. Wenn aber seine Gefühle von „Nähe" ihrer Bedürftigkeit *entspringen*, hat er ein Interesse daran, sie weiter bedürftig zu halten. Das hindert eine Frau daran, genügend Unabhängigkeit zu entwickeln, und einem Mann wird so verwehrt, genügend Abhängigkeit zu entwickeln. Wieviel Abhängigkeit ist ausreichend? Gerade so viel, daß es zum Versagen reicht. Die Freiheit zu versagen ist eine Voraussetzung für innere Freiheit. Eine Vorbedingung für persönliche Macht. Wenn der männliche Wunsch nach Nähe davon abhängig ist, daß der Mann sich gebraucht fühlt, hält das Frauen in der traditionellen Rolle gefangen, und so lange werden Frauen Kinder auch mehr lieben als Männer.

Dieser Unterschied läßt uns verstehen, warum man immer wieder hört, daß Mütter nach einem Unfall Kinder aus Autowracks ziehen, aber niemals einen Ehemann, um diesen zu retten. Die Frau erlaubt sich die Macht, die dem Bedürfnis des Kindes nach mütterlichem Schutz entspringt, aber nicht die entsprechende Macht, wenn ein Mann sie braucht. Besonders dann nicht, wenn es um Körperkraft oder finanzielle Pflichten geht.

Die Alternative? Wir müssen unseren Partnern dabei helfen, auf jedem Feld der fünf Bestandteile der Macht ein ausgewogenes Machtgefühl zu entwickeln, den Begriff „Nähe" neu definieren, damit auch unser Partner seine oder ihre Macht auf jedem Feld *steigern* kann. Wenn wir dies tun, werden wir spüren, daß wir gebraucht werden, und fördern so eher Wachstum als Mangel. Und wir werden es Frauen erlauben, sich nicht nur Kindern, sondern auch Männern nahe zu fühlen.

Die männliche Erfahrung der Machtlosigkeit

„Zeigt mir einen Helden, und ich schreibe euch eine Tragödie."
F. Scott Fitzgerald

Unsere Liebe zu Kindern ist unmittelbar, zum Teil deshalb, weil wir ihre Machtlosigkeit unmittelbar spüren; umgekehrt leugnen wir unsere Liebe zu Männern, weil wir ihre Machtlosigkeit leugnen. Wir haben die Liebe zu Männern allzuoft mit der Achtung vor ihnen verwechselt, vor allem wegen ihrer Fähigkeit, für uns zu sorgen — was in Wahrheit nichts als Liebe zu uns selbst ist. Wir sollten uns um eine neue Sicht der Dinge bemühen, um Männer auf neue Art lieben zu können.

Ein dreizehnjähriges Mädchen sieht die männliche Macht und hält sie für das Geburts*recht* ihres Freundes. Ihr Freund sieht die männliche Macht auch, hält sie aber für seine Geburts*pflicht*. Tatsächlich ist sie *nicht* sein Recht, sie *ist* eine Verpflichtung, die ihm von der Geburt an auferlegt ist. Bis er sie in Händen hat, so sagt man ihm immer wieder, ist er nichts. Der Satz „Männer haben die Macht" hört sich für den heranwachsenden Jungen also so an: „Du, mein Junge, mußt versuchen, *den Männern* die Macht zu entwinden." Es sind *andere* Männer, die die Macht haben, nicht er. Er muß sich der Konkurrenz stellen, um an die Macht zu kommen. Eine Frau kann dann einen Überlebenden heiraten. *Oder* selbst an die Macht kommen.

Der Satz „Männer machen die Regeln, damit sie den Männern nützen", bedeutet für den achtzehnjährigen Jungen, der zur Armee eingezogen wird, gar nichts, wenn er sieht, daß seine Schwester zu Hause bleiben darf. (Wenn es ein Vorzug ist, Todeskandidat zu sein, möchte der Junge gern mal die Strafe sehen.) Der Satz sagt auch Phil nichts, dem fünfunddreißigjährigen Vietnam-Veteranen, der nur einer von den geschätzten 1 bis 1,5 Millionen Vietnam-Veteranen ist, die an posttraumatischem Streß leiden.[1] Auch Tony bedeutet er wenig, wenn er jeden Morgen seinen siebenjährigen Sohn ansieht, der mißgebildet und ohne rechte Hand zur Welt gekommen ist. Wenn Tony sieht, wie der kleine Junge am Frühstückstisch eine Gabel aufzuheben versucht, fühlt er sich schuldig, weil „der Giftkampfstoff Agent Orange ihm *das* eingebracht hat". Für Tony fehlt an dem Satz „Männer machen die Regeln, damit sie den Männern nützen", ein wesentliches Element. Tony hat in seinem ganzen Leben nie mehr Regeln aufgestellt als seine neunjährige Tochter. Der Satz scheint Tony also zu sagen: „Es ist deine Schuld, daß du mit Agent Orange vergiftet worden bist. Es ist deine Schuld, daß dein Sohn mißgebildet zur Welt gekommen ist." Das Opfer ist also schuld.

Indem wir den Tod von Männern glorifizieren und ihn „Macht" nennen, ist es uns gelungen, zwei Fliegen mit einer Klappe zu schlagen: Wir rechtfertigen es damit, daß Männer sich opfern, um andere zu retten, und dann geben wir ihnen noch die Schuld am Ausbruch des Krieges.

Unsere Reaktion lautet: „Nun, es sind doch Männer, die Kriege anzetteln...", als wäre das *ein Teil* ihrer Macht. Wir verkennen dabei, daß Kriege in Wahrheit ein Teil der Macht von Frauen sind, in einer warmen Wohnung sitzenzubleiben, während Männer in den Tod geschickt werden. Sind es aber nicht Männer — einige Männer —, die Kriege auslösen? Und verhalten sich nicht auch die meisten Männer kriegerisch? Wie kann ein Geschlecht liebenswert sein, das uns alle in Gefahr bringt?

Um der Liebe zu Männern eine Bahn brechen zu können, müssen wir unsere bislang unbestrittene Annahme überprüfen, daß „Männer Kriege anfangen — und daher…" Wenn unser Gesamtbild von den Männern verzerrt ist, wird das auch unser Bild von einzelnen Männern verzerren. Und unsere Art, sie zu lieben.

Aber Männer fangen doch Kriege an…?

Wenn Männer in Kriegen kämpfen, tun sie nicht mehr zum Ausbruch dieser Kriege als die Frauen, die die in den Kriegen kämpfenden Jungen großziehen. Beide Geschlechter erfüllen die Verpflichtungen, die ihnen ihre Geschlechterrollen auferlegen. Und was wir beiden Geschlechtern auferlegen, fällt auch in die Verantwortung beider Geschlechter.

Krieg ist Kampf um Land, Geld und Ressourcen — der Kampf um äußere Macht und Anerkennung von außen. Die meisten Kulturen haben den Männern die Aufgabe zugewiesen, sich um diese Macht zu bemühen. Männer haben die Pflichten. Gewinner — oder Verlierer — sind aber beide Geschlechter.

Die Psychologie des Krieges entspringt der Gier nach Zustimmung, Anerkennung und Respekt, die zu einem Nebenprodukt äußerer Macht geworden sind. So ist etwa Ferdinand Marcos habgierig, seine Frau Imelda Marcos ist es aber auch.

Beide Geschlechter bedürfen dieser Zustimmung, dieser Anerkennung und diesem Respekt, und begehren sie auch. Beide Geschlechter geben Zustimmung, Anerkennung und Respekt, nämlich denen, die mehr äußere Macht besitzen als andere. Männern wird bei diesem Kampf aber zugemutet, auch den Tod auf sich zu nehmen.

Sind denn aber nicht Männer die wichtigsten Entscheidungsträger? *Sowohl Frauen wie Männer erziehen unsere Söhne dazu, Entscheidungsträger zu werden, und unsere Töchter dazu, diese zu heiraten.* Und Lehrerinnen und Lehrer verstärken noch diese Sozialisation. Sowohl Männer wie Frauen entscheiden sich dafür, Zustimmung, Anerkennung und Respekt entweder dadurch zu gewinnen, daß sie Entscheidungen treffen, oder dadurch, daß sie anderen Entscheidungen vorwerfen, um die sie sich selbst nicht einmal bemüht haben. Und sowohl Frauen als auch Männer gehen zu den Wahlurnen, um die Entscheidungsträger zu wählen.

Margaret Thatcher, Golda Meir und Indira Gandhi werden oft als Beweis dafür angeführt, daß Frauen in führenden Positionen Entscheidungen treffen können, die ihre Nationen in den Krieg führen. Das stimmt. Hier aber den weiblichen Entscheidungsträgern die Schuld zu geben, ist genauso verfehlt wie der entsprechende Vorwurf an männliche Staatsführer. Wenn man so verfährt, verkennt man, daß beide Geschlechter dafür verantwortlich sind, daß diese Männer und Frauen gewählt worden sind. Beide Geschlechter verkennen auch ihre Verantwortung für die Habgier, die ihre Staatsführer — beiderlei Geschlechts — beim Gebrauch von Gewalt unterstützt. Wenn wie in den USA nur 50 Prozent aller Wahlberechtigten bei Bundeswahlen zur Wahlurne gehen, bei Kommunalwahlen meist sogar nur 25 Prozent, bedarf es schon bei beiden Geschlechtern erheblich größerer Anstrengungen, um bei Entscheidungen über Krieg und Frieden zu anderen Ergebnissen zu kommen. Daß wir den Männern die Schuld geben, weil sie nichts weiter tun, als die Pflicht zu erfüllen, die wir ihnen zuweisen, ist ein Teil des Problems. Es ist das gleiche Problem, das sich darin zeigt, daß wir den Männern auferlegen, in der Sexualität die Initiative zu ergreifen.

Gleichberechtigung — das bedeutet gleiche Verantwortung für das, was geschieht, und für das, was nicht geschieht. Unsere beiderseitige Verantwortung für den Krieg zeigt sich auch im Alltag. Beide Geschlechter ermuntern unsere Söhne dazu, beim Fußballspielen ihre Knochen zu riskieren, bevor sie volljährig sind. Und am Sonntag marschieren wir mit der Familie auf den Fußballplatz, um uns das anzusehen. Und um zu sehen, wie die attraktivsten Mädchen sich den Jungen zuwenden, die am Ende als Sieger dastehen.

Beide Geschlechter verstärken diese Assoziation von Ruhm und Macht mit dem Tod von Männern. Das geschieht jeden Tag. Wir selbst entscheiden durch unsere Sehgewohnheiten darüber, wie das Fernsehprogramm gestaltet wird, oder darüber, welche Filme gedreht werden. So darf es nicht verwundern, daß im Film und im Fernsehen auf 200 Männer nur eine Frau kommt, die durch Gewalt endet.[2] Zu unserer Unterhaltung. Wir nennen den Tod von Männern Heldentum. Oder Niedertracht. In einer Minute ermuntern wir dazu, im nächsten verdammen wir es. Und dennoch hat diese Art Unterhaltung nichts mit der Wirklichkeit zu tun: Im Vietnamkrieg kamen auf jede gefallene Frau fast 7000 Männer. Und immer noch protestieren wir öfter gegen Gewalt gegen „unschuldige" Frauen als gegen die an „schuldigen" Männern verübten Gewalttaten. Sogar der Tod von Walen interessiert uns mehr als der Tod von Männern. Weil stillschweigend davon ausgegangen wird, daß Männer Kriege machen und nicht Wale. Und: „Männer machen Kriege — Frauen nicht." Hier zeigt sich wieder die Klischeevorstellung von Geschlechterrollen, die den Männern Verantwortung zuweist und den Frauen nicht.

Wie können wir Männer es schaffen, uns nicht mehr so oft in Kriege hineinziehen zu lassen? Indem wir aufhören, kriegerische Taten zu bewundern. Dann wird es weniger Helden geben. Und weniger Kriege. Wenn der amerikanische oder der Nazi-Offizier in Liebesromanen nicht mehr zum Helden gemacht wird, wird es ebenfalls weniger Kriegshelden und weniger Kriege geben. Und wenn Männer damit aufhören, sich für schöne Frauen ins Getümmel zu stürzen, wenn sie sich die Mechanismen klarmachen, die sie nach schönen Frauen süchtig machen — von *Playboy* bis *Penthouse* —, werden sie es auch nicht mehr so nötig haben, den Helden zu spielen, um die Aufmerksamkeit der genetischen Berühmtheit auf sich zu ziehen. Kämpfertypen werden sich immer wieder in die Haare geraten, und je heiliger ihre Sache ist, um so größer werden die Kriege sein (die Heiligen Kriege waren christliche Kriege, und die Verbrechen Hitler-Deutschlands wurden von einer christlichen Nation begangen, die wie die USA davon ausging, daß Gott auf ihrer Seite sei). Über Krieg und Frieden wird von Männern *und* Frauen entschieden.

Wenn wir diese beiderseitige Verantwortung erkennen, können wir viel zum Ende des Geschlechterrollen-Trainings beitragen (zum Ende der Annahme, daß Männer für alles verantwortlich seien), wir können dem Scheidungstraining ein Ende machen, die Kriegsgefahr verringern und etwas dafür tun, daß Frauen zunehmend gleichberechtigt werden. Wenn beide Geschlechter sich eingestehen, welche Rollen wir alle bei der Verstärkung der Symbiose des Geschlechterrollentanzes spielen, werden wir die Männer endlich als einen Teil von *uns* begreifen — statt sie immer als „die" zu sehen.

Wir müssen die Männer wieder zu Freunden machen

Es wird leichter, die Männer wieder zu Freunden zu machen, wenn wir uns erinnern, daß unsere Partnerwahl eine der klarsten Aussagen darüber vermittelt, welche Wertvorstellungen wir wählen. Beide Geschlechter sind dazu erzogen worden, einige dieser Wertvorstellungen bei anderen zu suchen (etwa finanzielle Sicherheit oder Zärtlichkeit oder Unschuld). Es kann also sein, daß wir einen Partner gewählt haben, der unsere Mängel ausgleichen soll. Folglich kann unsere Partnerwahl *sowohl* unsere Wertvorstellungen verraten *als auch* erkennen lassen, wo wir uns unreif, abhängig oder unzulänglich fühlen. Das erklärt auch, daß wir uns vor einer kritischen Selbstprüfung drücken, wenn wir die Angehörigen des jeweils anderen Geschlechts zum Feind stempeln.

Es wird uns leichter fallen, die Männer wieder zu Freunden zu machen, wenn wir uns daran erinnern, daß beide Geschlechter zwar oft die Ergebnisse wünschen, von dem Vorgang, der zum Ergebnis führt, aber nichts wissen wollen. Männer wollen zwar schöne Frauen, haben aber kein Verständnis für die im Badezimmer verbrachte Zeit; Frauen hassen Umkleideräume, fußballverrückte Männer, die „Knallt-sie-ab-Mentalität" der Westernfilme und die Korruption à la Mafia. Trotzdem heiraten sie die leistungsorientierten Männer, an denen sich diese Charakteristika zeigen.

Es wird uns eher gelingen, die Männer nicht mehr als „die da" zu sehen, wenn wir uns klarmachen, daß beide Geschlechter ihre primären Fähigkeiten auf ehrgeizige und aggressive Weise einsetzen, um ihre Primär-Phantasien zu erfüllen. Beim Kampf um die weibliche Primär-Phantasie haben die Frauen ihren eigenen Wanderpokal (die Wahl der Miss America), der Umkleideraum auf dem Sportplatz wird durch den Kosmetiksalon ersetzt und Krimis und Western durch Seifenopern.

Abschätzige Werturteile können uns auch von Männern entfremden. Etwa wenn sich die „Kluft zwischen den Geschlechtern" darin zeigt, daß „Frauen für den Frieden und soziale Fragen eintreten, Männer dagegen für Atomraketen und den Krieg". Man kann es auch anders sehen. Etwa die Kluft zwischen den 99 Prozent weiblichen Lesern von Liebesromanen gegenüber einem Prozent männlicher Leser. Zu dieser statistischen „Kluft" gehören auch absolute Zahlen. Wie wir gesehen haben, kaufen mehr als 25 Millionen Frauen Liebesromane. Das sind *4500* Prozent mehr als die weniger als 500 000 Abonnentinnen der Zeitschrift *Ms.* Und diese Frauen kaufen sich durchschnittlich zehn Liebesromane pro Monat, während die *Ms.*-Leserin sich nur eine Ausgabe im Monat kauft. Wenn wir uns also um etwas mehr Fairneß bemühen, können wir die Männer auch mit etwas freundlicheren Augen sehen.

Sehen wir uns den „Tanz der Geschlechter" noch einmal aus einer anderen Perspektive an: Immer dann, wenn eine Frau davon ausgeht, daß ein Mann zahlen wird, verstärkt sie beim Mann die Überlegungen, welchen Job er sich suchen muß, um das nötige Kleingeld zu verdienen, mit dem er Frauen ausführen kann. Die Annahme, daß er wohl zahlen werde, übt Druck auf ihn aus, der dabei von ihren Schultern genommen wird. Und das trägt wiederum zu der Mentalität bei, die dazu führt, daß Frauen weniger verdienen als Männer. Ähnlich bei der Hausarbeit: Je mehr eine Frau zu der Überzeugung kommt, daß ihr Mann sich nicht an der häuslichen Arbeit beteiligt, um so mehr neigt sie dazu, sie als ihre Pflicht anzusehen. Um so größer wird aber auch die Wahrscheinlichkeit, daß Hausarbeit bei ihr zur Zwangsvorstellung wird. Ähnlich wiederum beim Mann. Je mehr ein Mann den Eindruck hat, daß die Frau weder den ersten Kuß noch die erste genitale Berührung initiieren wird, um so mehr neigt er dazu, seine Sexualität zu aktivieren, bis wir ihm vorwerfen, er habe nichts als Sex im Kopf. Insgesamt können wir also sagen: *Das Gebiet, auf dem wir dem anderen Geschlecht die meisten Vorwürfe machen, ist ein Spiegelbild des Gebiets, auf dem wir unsere Pflichten einer kritischen Prüfung unterziehen müßten.*

Was hat uns dazu gebracht, diesen „Tanz der Geschlechter" zu vergessen und statt dessen zu sagen: „Männer haben die Macht"? Zum Teil liegt es daran, daß die westliche Welt den einen Bestandteil der Macht überbewertet hat, den die Männer auf sich nehmen müssen — äußere Anerkennung und äußere Macht.

Wir haben auch die Anpassung von Männern an ihre Arbeit ganz buchstäblich verstanden — als paßten sich Männer nur ihrem Beruf an. Das haben sie natürlich getan — und sich auch ihren Bossen angepaßt. Wir neigen aber dazu, zu vergessen, daß die männliche Anpassung an den Beruf *auch* die männliche Anpassung an die Frauen einschließt (was sich etwa darin zeigt, daß sie es auf sich nehmen, 76 Prozent des durchschnittlichen Familieneinkommens zu verdienen). Wir haben uns daher angewöhnt, Bücher über „Beziehungen" und „Liebe" wörtlich zu nehmen — als wären ausschließlich Frauen das Geschlecht, das sich um die Liebe Gedanken macht. Wir haben dabei vergessen, daß Bücher über Liebe für die verheiratete Frau, die nur 24 Prozent des Familieneinkommens nach Hause bringt, auch einem zweiten Zweck dienten — sie waren für sie das Gegenstück dessen, was für einen Mann Hochschule und Universität sind.

In dieser Atmosphäre der Vergeßlichkeit, in der Männer immer mehr zu unseren Feinden wurden, wurde übersehen, daß die männliche Anpassung an Frauen ebenfalls recht direkt ist. Ein unterdrückter Kuß ist männliche Anpassung; ebenso der Satz: „Ich würde gern Liebe machen", statt direkt zu sagen: „Ich möchte mit dir ins Bett." Oder wenn ein Mann sagt: „Möchtest du eine Fußmassage?", statt offen zuzugeben: „Ich möchte mit dir ins Bett." Wir haben auch die Bereitschaft des Mannes übersehen, auf die lebenslange Anregung durch schöne Frauen zu verzichten, die er in jeder Anzeige sieht, um nur noch mit einer einzigen Frau ins Bett zu gehen — und das weit seltener, als er es sich wünscht. Das ist vielleicht die am wenigsten gewürdigte Anpassung in der Geschichte allen menschlichen Verhaltens. Fast genausowenig wird gewürdigt, was diese Anpassungsbereitschaft über die Wünsche von Männern nach Nähe und Liebe aussagt.

Wie können wir das System ändern, das zu all dem geführt hat?
Todds Eltern — Jeanne und Tom — waren der Meinung, ihr Sohn solle so lange mit seinem Teddybären schmusen, wie er es wünschte. Als Todds Klassenkameraden der siebten Klasse aber eines Tages zu ihm nach Hause kamen und auf seinem Kopfkissen einen Teddybären und ein anderes Stofftier sahen, hänselten sie ihn von da an gnadenlos und nannten ihn „Toddy Bear".

Als es Todd zuviel wurde und er seinen Teddybären und das andere Stofftier in den Mülleimer warf, zählten Todds Eltern endlich zwei und zwei zusammen. Sie gaben sich selbst die Schuld. Hatten sie es ihren Überzeugungen erlaubt, Todd zu einem „sozialen Versuchskaninchen" zu machen? Hatten sie in ihrem Versuch, ihren Sohn zu Sanftheit zu erziehen, statt dessen den Selbsthaß des Jungen gefördert? Die Eltern sahen sich plötzlich in einem schweren Dilemma — sie wollten ihrem Sohn Wahlmöglichkeiten bieten, die sie selbst als Kinder nicht gehabt hatten. Dazu gehörte auch die Möglichkeit der Sanftheit, aber das Schulsystem konnten sie nicht ändern. Oder doch? Tom und Jeanne luden zwei Ehepaare zum Essen ein, die in Fragen der Kindererziehung ähnlich dachten wie sie selbst. Sie kamen zu dem Schluß, vier von ihnen sollten für einen Zeitraum von zwei Jahren für den Elternbeirat kandidieren. Drei der vier wurden gewählt. Ein Jahr später beeinflußten sie die Ernennung eines neuen Schulrats, arrangierten zusätzliche Kurse für die Lehrer und erlebten schon bald, daß sich ihre Bemühungen ausgezahlt hatten — sie merkten es an ihren Kindern. Jeanne und Tom wählten einen Weg, der sich erheblich von dem der meisten Eltern unterscheidet — die meist Opfer des „Systems" spielen, statt sich klarzumachen, daß untätige Eltern ebenfalls zum System gehören. Das „Bildungssystem" in den USA läßt sich relativ leicht beeinflussen, da die Schulen regional verwaltet werden; das Kind wohnt zu Hause; und die Schulkameraden wohnen alle in der Nachbarschaft. Hinzu kommt, daß der Fernseher meist im Schlafzimmer steht. Die Behauptung, wir könnten nichts ändern, weil wir nicht „das gesamte Bildungssystem" ändern könnten, ist meist nur eine Ausrede, um das widerstandsfähigste System nicht ändern zu müssen: nämlich uns selbst.

Kreative Systemveränderung
Wir können nicht erwarten, daß sich das System ändert, wenn wir nichts dafür tun — etwa sogar unseren Lebensunterhalt damit verdienen. Und wie läßt sich das erreichen? Dazu zunächst eine Faustregel: Jeder gesellschaftlichen Funktionsstörung steht auf der anderen Seite ein entsprechendes Gewinnpotential gegenüber. Das heißt: Wenn wir uns über etwas beschweren, was „an der Gesellschaft nicht stimmt", und andere zustimmend mit dem Kopf nicken, ist das ein Anzeichen für einen potentiellen Markt. Die Beschwerde signalisiert also oft ein Bedürfnis, das auf Befriedigung wartet. Als beispielsweise nach dem Ersten Weltkrieg immer mehr Frauen einer Berufsarbeit nachgingen, beklagten sich viele von ihnen, sie hätten nicht mehr genug Zeit zum Kochen. Menschen mit einem wachen Geschäftssinn — die es verstehen, wie man die Klagen anderer gewinnbringend nutzt, statt sich der großen Schar der Klagenden anzuschließen — paßten sich dieser Veränderung

an, indem sie Schnellrestaurants eröffneten, die immer mehr Gewinne abwarfen, durch Vermarktung von Tiefkühlkost und die Eröffnung von Luxusrestaurants. All das brachte den Machern Gewinn und stopfte die Mäuler derer, die sich immer nur beschwerten.

Wir haben uns jahrelang über übermäßigen Wettbewerb beklagt, der nur zu Streß und Alkoholismus führe. Die Funktionsstörung — Streß — schuf schon bald einen Bedarf an Seminaren über Streß-Management; Drogen- und Alkoholsucht führten in Großunternehmen zu Rehabilitationsprogrammen; die männliche Sozialisation, bei anderen „den Fehler zu finden", hat schon den *Ein-Minuten-Manager* auf den Plan gebracht („Erwische ihn oder sie dabei, daß er was *Richtiges* tut").

Wie sieht die Zukunft aus? Die Probleme der Selbsterkenntnis haben dazu geführt, daß es inzwischen Berater für richtiges Zuhören gibt; Techniken des Rollentauschs machen sich inzwischen im Wirtschaftsleben, in der Verwaltung, an Universitäten und Hochschulen und in der internationalen Politik bemerkbar; die Erkenntnis, wie wichtig auch der Vater für die Kindererziehung ist, hat dazu geführt, daß es Berater für „Vaterschaftsurlaub" gibt — diese Einrichtung gehört inzwischen zu den Sozialleistungen vieler Großunternehmen; die Sozialisation der Frau, sich Berufe zu suchen, die weniger einbringen, kann „Schulberatern" Berufsmöglichkeiten bieten, die Mädchen dabei helfen können, eine Berufswahl zu treffen, die finanzielle Unabhängigkeit sichert; diese Berater können auch Jungen dabei helfen, die menschlichen Verluste zu bedenken, die es mit sich bringt, wenn ein Mann sich einen Beruf wählt, der es ihm allein auferlegt, den Unterhalt für sich selbst, eine Frau und Kinder zu verdienen.

Die Tatsache, daß immer mehr Ehepaare arbeiten, bringt für beide Elternteile größere Pflichten mit sich. Damit ist ein neues Bedürfnis nach Unternehmensberatern für flexible Arbeitszeit entstanden. Immer mehr Unternehmen finden heraus, daß gerade kreative und selbstsichere Angestellte selbstsicher und kreativ genug sind, für fünf oder sechs Jahre auf einen Halbtagsjob zu gehen, um sich stärker der Kindererziehung widmen zu können. Das immer häufiger praktizierte gemeinsame Sorgerecht nach Ehescheidungen hat dazu geführt, daß viele Anwälte heute eher Mittler als Streithähne sind, was sich in den neunziger Jahren mit zusätzlicher Arbeit auf diesem Feld auswirken wird.

Das Ungleichgewicht in der Geschlechterrollen-Analyse hat schon jetzt zur Gründung von mehr als 100 Kursen für Männerstudien geführt; immer mehr Fakultäten an den Universitäten haben die Institute für Frauenfragen erweitert und sich auch den Geschlechterrollen zugewandt. In mindestens fünf Bundesstaaten der USA[3] wird inzwischen geplant, Kommissionen über den Status von Männern einzurichten. Damit wird es schon bald weitere Beraterberufe geben: über die Rechte des Mannes bei Abtreibungen, neue Fachleute über die vielfältigen Auswirkungen der Pornographie, Experten über die zwei Seiten der beruflichen Diskriminierung bis hin zu den komplexen Zusammenhängen sexueller Belästigung. Die Medien werden sich stärker Männerfragen zuwenden, es wird mehr Fernseh- und Rundfunkprogramme über Männer geben sowie Video- und Audiokassetten zu Themenkreisen, die von der Lebenserwartung bei Männern bis zu sexuellen Initiativen von Frauen und neuen Wehrdienstbestimmungen reichen.

Der profitabelste und nützlichste Weg, unser Geschlechterrollentraining, das nur zu Scheidungen führt, in einen Beruf umzumünzen, besteht vielleicht darin, eine kleine Werbefirma zu gründen, die sich auf Anzeigen spezialisiert, in denen weder vom alten noch vom neuen Sexismus etwas zu finden ist. Ich denke dabei an die einfallsreichen und nicht-sexistischen alten Volkswagen-Anzeigen, die Lichtjahre vom „Brillanten-Transfer" entfernt waren.

Können Frauen- und Männerbewegung zusammenarbeiten?

Ist Liebe zu Männern ein Widerspruch zum Feminismus? Wohl kaum. Nach meiner Überzeugung kann jede wahre Feministin nur gewinnen und reifer werden, wenn sie auch eine Maskulinistin ist — ein Mensch, der die männliche Suche nach Gleichberechtigung und Zustimmung, *wie der Mann sie erlebt*, wirklich begreift. Ebenso wird auch jeder Maskulinist gewinnen, wenn er gleichzeitig Feminist ist — ein Mensch, der die weibliche Suche nach Gleichberechtigung und Anerkennung so begreift, *wie die Frau sie erlebt*.

Damit ist der Sinn dieses Buches umrissen — was am meisten der Veränderung bedarf, ist das neurotische Bedürfnis, uns selbst immer „recht" zu geben und anderen „Irrtümer" und „Fehler" vorzuwerfen. Dieser Wandel ist der tiefste „Paradigma-Wandel", die tiefste Veränderung unserer Weltsicht. Das Verständnis der männlichen Erfahrung der Machtlosigkeit ist nur dahingehend ein Paradigma-Wandel, daß es das Verständnis für Männer nicht fördert, wenn man immer nur den Frauen die Schuld gibt. Das heißt jedoch nicht, daß es *verboten* sei, dort Schuldzuweisungen auszusprechen, wo sie berechtigt sind — damit wäre nur eine neue künstliche Rolle der Emanzipation geschaffen. Es bedeutet nur, daß der Abwehrmechanismus von Schuldzuweisungen — im Gegensatz zu kritischer Selbstprüfung — ein Teil des Problems ist.

Der Abbau von Schuldzuweisungen und von Feindbildern ist eine so entscheidende Voraussetzung zur Verhinderung des Atomkriegs, daß wir diesen Wandel als den nächsten Evolutionsschritt der Menschheit ansehen müssen. Wenn unser Verhalten weiterhin auf Gewinnen oder Verlieren angelegt ist und unsere Technologie auf Sieg durch Zerstörung, wird die Menschheit untergehen.

Und genau wie sollen wir all das bewerkstelligen? Es lohnt sich, drei Methoden zur Gleichberechtigung ohne Schuld zu prüfen:

- Bündnisbildung
- Das Wahrnehmungsmuster
- Rollentausch

Diese drei können uns sowohl auf zwischenstaatlicher wie zwischenmenschlicher Ebene helfen.

Zunächst die Bündnisbildung. Bei einer echten Bündnisbildung hätte es nie zur Verabschiedung des Verfassungszusatzes über die Gleichberechtigung kommen können. Es hätte besser Gleichberechtigung und *Gleich-Verpflichtung* heißen müssen. Dann wäre plötzlich klar geworden, daß die Beziehung von Mann und Frau ein sowohl geschriebener wie ungeschriebener Vertrag ist, der Rechte *und* Pflichten regelt. Das ist anders als bei den *Bürgerrechten*. Diese neue Einstellung, die sich auch in einer neuen Sprache zeigt, schafft neue Verbündete.

Und wie wirbt man bei den stärksten Gegnern der Gleichberechtigung im Verein mit gleichen Pflichten für Bündnisbildung, etwa bei Frauen, die Nur-Hausfrauen sein wollen? Statistisch ist es viel wahrscheinlicher, daß diese Frauen ihre finanzielle Unterstützung und ihre emotionale Akzeptanz durch Männer und Ehe gewinnen als Anhängerinnen der Gleichberechtigung.[4] Es hilft solchen Frauen also nicht viel weiter, wenn man Männer als Unterdrücker portraitiert. Selbst wenn eine solche Frau die dominanten Eigenschaften des Mannes erkennt, bleibt er doch ihre Einkommensquelle und die Quelle ihrer emotionalen Akzeptanz. Sie fürchtet sich vor einer Scheidung. *Die pro-familiäre Einstellung dient den eigenen Interessen.* Was also könnte *sie* zu einer Verbündeten machen? Der Hinweis auf das Geschlechterrollentraining als Scheidungstraining. *Damit* läßt sie sich gewinnen.

Zur Bündnisbildung kann es fast überall in unserem Leben kommen — etwa bei den überflüssigen Gegensatzpaaren Gut und Böse, „wir" gegen „die", bei Natur gegen Fürsorge, ganzheitlicher im Gegensatz zu traditioneller Medizin, bei Demokratie kontra Kommunismus, Verstand kontra Gefühl und bei Frauen kontra Männer. Und Klatsch und Tratsch dienen letztlich auch nur der Polarisierung („Die sind schlecht; wir sind gut").

Aber wie können wir aufmerksam genug zuhören, um ein Bündnis mit „dem Feind" zu wollen? Der erste Schritt dazu ist die Erkenntnis des Wahrnehmungsmusters, die auch eine wesentliche Voraussetzung für die Liebe ist.

Es geht um die Liebe

Die Frauenbewegung hat uns Einsicht in einen Teil eines vierteiligen Wahrnehmungsmusters gewährt: die weibliche Erfahrung der Machtlosigkeit. Und ihre logische Folge — die weibliche Erfahrung männlicher Macht. Wir haben gesehen, daß man zu falschen Annahmen kommt, wenn man nur einen Teil sieht. Etwa: „Männer haben die Macht, die Frauen nicht haben." Das verstärkt den kontroversen Ansatz, demzufolge es nur Gewinner und Verlierer geben kann.

Die ausschließliche Wahrnehmung der weiblichen Erfahrung der Machtlosigkeit hat zu dem neuen Sexismus geführt. In meinem Buch *The Liberated Man* (Der emanzipierte Mann) habe ich mich bemüht, diesen ersten Teil des Wahrnehmungsmusters zu ergänzen, indem ich nämlich Männern etwas von der weiblichen Erfahrung der Machtlosigkeit interpretierte, wie ich sie in meiner Arbeit für die National Organization for Women in New York und aus meiner Arbeit mit Selbsterfahrungsgruppen kennengelernt hatte. Ich hoffe, mit diesem Buch die in der Einführung schon vorgestellte Wahrnehmungs-Matrix durch die drei Dimensionen ergänzt zu haben, die erst insgesamt ein vollständiges Bild ergeben:

Weibliche Erfahrung der Machtlosigkeit	Männliche Erfahrung der Machtlosigkeit
Weibliche Erfahrung der Macht	Männliche Erfahrung der Macht

Dieses Wahrnehmungsmuster läßt sich beliebig erweitern. In dem Moment, in dem wir zu argumentieren beginnen: „Meine Machtlosigkeit ist größer als deine", oder: „Ich bin in dieser Selbsthilfegruppe das größte Opfer", tragen wir noch dazu bei, daß wir anderen hilflos erscheinen. In diesem Moment hören wir auf, die Erfahrungen des anderen Geschlechts wahrzunehmen. Und müssen auch nicht bestreiten, daß eine Gruppe mehr oder weniger Macht hat. Wenn wir dieses Wahrnehmungsmuster also auf Mann-Frau-Beziehungen anwenden, erhalten wir ein ganz anderes Ergebnis als bei Beziehungen zwischen Klassen oder ethnischen oder rassischen Gruppen. Die irischen und italienischen Einwanderer sowie die Schwarzen hatten nicht solche Wohnverhältnisse, ein solches Einkommen oder solche Kinder wie die Menschen auf der anderen Seite der Trennungslinie. Frauen und Männer hingegen haben traditionell Wohnung, Einkommen und Kinder geteilt — unsere Zukunft ist auf eine Weise verwoben gewesen, wie es die Zukunft von Angehörigen verschiedener Klassen, von ethnischen und rassischen Gruppen nie gewesen ist und auch nie sein wird.

Indem wir uns die Erfahrungen jedes Menschen in jedem dieser vier Quadranten ansehen, sind wir in der Lage, die Liebe im Gleichgewicht zu halten.

Dann können wir Schwarze lieben, Weiße, Juden, Araber, Russen, Amerikaner, Männer, Frauen, Schwule, „Normale", die ganzheitliche Medizin ebenso wie die traditionelle, Natur und Fürsorge und letztlich, wenn wir die Notwendigkeit verringern, uns gegenseitig zu besiegen, können wir uns auch entspannen und uns selbst lieben. Erst dann wäre die Liebe im Gleichgewicht.

Ich habe schon erwähnt, daß der gedankliche Ansatz, den Männern die Rolle des Tötens zuzuweisen, damit sich die Sieger mit den attraktivsten Frauen einer Kultur zusammentun können, genau das war, was Charles Darwin die „sexuelle Selektion" nannte, die Voraussetzung für das Überleben der Tüchtigsten. Und daß dieser Ansatz mit dem Aufkommen der Kerntechnologie plötzlich niemandem mehr das Überleben garantiert. Was einst sinnvoll war, ist zu einer Funktionsstörung geworden.*

* Siehe dazu auch Kapitel 3.

Das zwingt uns, die Anpassungsfähigkeit unserer menschlichen Natur zur Anpassung an die Technologie einzusetzen, die unser bisheriges System von Gewinnern und Verlierern zu einem System gemacht hat, bei dem alle vernichtet werden können und nicht nur die „Schwächsten". Mit einem Mal werden problemlösende Methoden wie etwa Rollentausch, Bündnisbildung sowie die Wahrnehmung der vier Seiten eines Problems zu mehr als bloßen Studienthemen — sie werden zum Überlebenstraining.

Wir sehen uns selbst als eine Generation im Umbruch. Wir haben aber auch gesehen, daß sich unsere Situation eher im Umbruch befindet als unsere Wahrnehmung voneinander; daß sich unsere Technologie im Umbruch befindet und unsere Psychologie damit herausfordert, Schritt zu halten; daß unsere Überlebens-Bedürfnisse sich ebenfalls im Umbruch befinden und unsere Methoden zur Problemlösung an eine Anpassung zwingen.

Zum ersten Mal in der menschlichen Geschichte ist die Psychologie als Vorbedingung für menschliche Nähe zu der Psychologie geworden, die für das Überleben der Menschheit unerläßlich ist. Unser Bedürfnis, in unseren zwischenmenschlichen Beziehungen den Mann zum Feind zu machen, ist ein Teil unseres Bedürfnisses, in unseren zwischenstaatlichen Beziehungen einen Feind zu finden. Unser Bedürfnis, nur die subjektive Machtlosigkeit eines Geschlechts wahrzunehmen, ist nur einer von vier Quadranten bei der Suche nach Möglichkeiten zum Überleben der Menschheit. Wenn wir nur einen Quadranten entwickeln, bestätigt das die alte Methode — welche die moderne Technik zur Vernichtungsmethode gemacht hat.

Der Teil unserer menschlichen Natur also, der jemanden zum Feind machen möchte, befindet sich mit einem anderen Teil unserer menschlichen Natur in einem Spannungszustand — nämlich der Fähigkeit, sich um des Überlebens willen an veränderte Gegebenheiten anzupassen. Aus diesem Grund steht die Liebe auf dem Spiel; und die Liebe ist das, was alles im Gleichgewicht halten kann.

Gibt es Beispiele dafür, daß Menschen schon einmal versucht haben, einen radikal neuen Ansatz zu wählen, um das Überleben aller zu sichern? Charles Darwin und Galileo Galilei haben einmal die Welt dazu gebracht, sich aus einer völlig neuen Perspektive zu sehen. Und wir sollten nicht vergessen, daß Darwin ursprünglich Priester war und daß Galileo einmal ein Lehrer der ptolemäischen Weltsicht war, welche die Erde für den Mittelpunkt des Universums hielt.

Solange Galileo eine ptolemäische Weltsicht beibehielt und darauf verzichtete, sein Fernrohr in den Himmel zu richten, wurde er vom venezianischen Senat mit einer lebenslangen Professur belohnt. Als er das Fernrohr gen Himmel richtete und beschrieb, was er sah, kamen die besonderen Interessen, die sich herausgefordert fühlten, zu dem Schluß, daß sich diese mit seinen Erkenntnissen nicht vereinbaren ließen: „Die Kirche lehrt, daß *wir* der Mittelpunkt des Weltalls sind. Es ist Blasphemie, das in Frage zu stellen..."

Es ist nicht wichtig, daß Galileo am Ende recht behielt. Da das Fernrohr der menschlichen Beziehungen vielfältige menschliche Erfahrungen widerspiegelt, sieht jeder Mensch objektive Phänomene mit anderen Augen. Wir sehen die Welt durch den Filter unserer besonderen Interessen. Die Furcht, unsere besonderen Interessen könnten Schaden nehmen, sollte uns aber nicht davon abhalten, die Welt auch mit den Augen anderer Menschen zu sehen. Die Kirche und die heliozentrische Weltsicht haben inzwischen zu einer Art friedlicher Koexistenz gefunden. Falls es uns gelingt, morgen in Frieden miteinander zu leben, wird das nicht irgendwelchen neuen Galileos zu verdanken sein; wir werden es der Bereitschaft zu verdanken haben, die Welt mit den Augen unserer Mitmenschen zu sehen.

Anmerkungen

Kapitel 1

Männer haben die Macht — warum sollten sie sich ändern wollen?

1. U.S. Bureau of the Census, *Current Population Reports,* „Marital Status", Tabelle P2.
2. U.S. Bureau of the Census, *Statistical Abstracts of the United States,* 1984, S. 79.
3. U.S. National Center for Health Statistics, *Vital Statistics for the United States,* zitiert in: *Statistical Abstracts of the United States,* 1973, S. 57–59.
4. Ingrid Waldron und Susan Johnson, „Why Do Women Live Longer than Men? Accidents, Alcohol and Cirrhosis", *Journal of Human Stress,* Bd. 2, Juni 1976, S. 19–30.
5. U.S. National Center for Health Statistics, *Health Statistics from the U.S. National Health Survey: Vital Health Statistics,* Reihe 10, Nr. 72, sowie unveröffentlichte Angaben, zitiert in: *Statistical Abstracts of the United States,* 1973, S. 81.

Einführung in Teil 2

Die Frauen haben sich verändert — Warum nicht auch die Männer?

1. „Circulation of Leading U.S. Magazines", *The World Almanac 1985,* Newspaper Enterprise Association, New York 1984, S. 426. Die *Almanac*-Quelle ist der durch das Audit Bureau of Circulations veröffentlichte FAS-FAX Report.
2. *Forbes,* 19. November 1984.
3. *Good Housekeeping,* Juli 1984.

Kapitel 2

Was Frauen wollen: Die Botschaft, die der Mann hört

1. *Ms.,* April 1982.
2. *Ms.,* März 1984.
3. *Harper's Bazaar,* August 1982.
4. *Seventeen,* Januar 1985.
5. Joanna Steichen, *Marrying Up* (Rawson Associates, New York, 1984).
6. A.C. Nielsen, 1984
7. Die Dezemberausgaben 1984 von *Seventeen, Teen* und *Young Miss* sowie die Januarausgaben 1985 von *Seventeen* und *Young Miss.*
8. Fernseh-Werbung für Weisfield Jewelry, Weihnachten 1982.
9. *Cosmopolitan,* Oktober 1984, S. 51.
10. *Ms.,* September 1985.
11. *Woman,* Oktober 1984.
12. *Self,* August 1984.
13. *The Ladies' Home Journal,* September 1984.
14. *Working Woman,* November 1984, S. 194.
15. *Good Housekeeping,* Juli 1984.
16. *Woman,* Dezember 1983.
17. *New Woman,* Oktober 1984.

18.   *Romantic Times,* Schätzung des New Yorker Büros vom 12. Februar 1985. Diese Schätzung wird von New Yorker Verlagen geteilt.
        In der BRD erscheinen Liebesromane, anders als in den USA, meist, nicht als Taschenbücher, sondern als „Taschenromane" oder „Heftchen". Der jährliche Gesamtumsatz beträgt über 60 Mio.

19.   *Los Angeles Times,* 26. September 1984.

20.   John Markert, „Romancing the Reader: A Demographic Profile", *Romantic Times,* Nr. 18, September 1984.

21.   Interview vom 18. Februar 1985 mit John Markert, unabhängiger Wissenschaftler und Mitarbeiter von *Romantic Times* und Autor von „Marketing Love", Dissertation.

22.   Lawrence Heisley, Präsident von Harlequin Enterprises, zitiert in der *Los Angeles Times* vom 26. September 1984, S. 5.

23.   Siehe Carol Cassell, *Swept Away* (Simon & Schuster, New York, 1984), S. 128.

24.   *Playgirl,* Oktober 1983, S. 53.

25.   *Playgirl,* Oktober 1983, S. 53.

26.   Siehe Bob Greene, „Words of Love", *Esquire,* Mai 1984 (Briefzitate).

27.   *Rolling Stone,* 31. Januar 1985.

28.–29. *Penthouse,* Dezember 1984, S. 87.

30.   Jacque Lynn Foltyn, „Feminine Beauty in American Culture", Dissertation an der University of California in San Diego.

31.   M. Beck, „A Controversial Spectator Sport", *Newsweek,* 17. September 1984, ist die Quelle der Angaben in diesem Abschnitt.

32.   Interview mit Jean Kilbourne, Produzentin von *Killing Us Softly.*

33.   *Newsweek,* 17. September 1984.

34.   *Good Housekeeping,* Februar 1985.

35.   Persönliches Gespräch, 25. Juni 1985, Perth, Australien.

36.   *Seventeen,* Januar 1985.

37.   *Cosmopolitan,* September 1984.

38.   *Seventeen,* Januar 1985.

39.   *New Woman,* Oktober 1984.

40.   *New Woman* (Titel), August 1984.

41.   *Woman's Day,* 1. August 1984.

42.   Nach Schätzungen der Zeitschrift *Playgirl* selbst. Telefonische Auskunft vom 15. Februar 1985.

43.   *Time,* 28. Januar 1985, S. 76.

44.   Joyce Jillson, „The Art of Meeting Men or Flirting", *Glamour,* Mai 1984.

45.   *Newsweek,* 23. Mai 1983.

46.   *Ms.,* Februar 1986.

47.   *Seventeen,* Dezember 1984.

48.   *Teen,* Dezember 1984.

49.   *Glamour,* November 1983.

50.   Jacqueline Goodchilds und Gail Zellman, „Adolescent Sexual Signaling", in: Neil Malamuth und Edward Donnerstein, Hrsg., *Pornography and Sexual Liberation,* Academic Press, New York, 1984.

51.   *Cosmopolitan,* Februar 1985, S. 150.

Kapitel 3

Das *Flashdance*-Phänomen
1.   Herbert Hildebrandt und Edwin Miller, *1983–1984 Newly Promoted Executive,* University of Michigan, Graduate School of Business Administration, Management Succession 14th Survey (Ann Arbor: 1984).
2.   William Novak, *The Great American Man Shortage and Other Roadblocks to Romance,* Rawson Associates, New York, 1983.
3.   Donald Symons, *The Evolution of Human Sexuality,* Oxford University Press, New York, 1979.

Kapitel 4

Warum beschäftigen sich Männer soviel mit Sex und Erfolg?
1.   Leslie F. Friedman, *Sex Role Stereotyping in the Mass Media:* An Annotated Bibliography (Garland, New York, 1977). Siehe z.B. Kirsten Amundsen, „The American Woman, Myth and Reality", *The Silenced Majority, Women and American Democracy* (Englewood Cliffs, N.J.: Prentice-Hall, 1971), und Warren Farrell, „Masculine Images in Advertising", in: *The Liberated Man* (Random House, New York, 1974).
2.   Susan Goldberg und Michael Lewis, „Play Behavior in the Year-Old Infant: Early Sex Differences", *Child Development,* Bd. 40, Nr. 1, März 1969, S. 29. Die Daten stammen von Kindern aller Schichten, sind aber auf Kaukasier beschränkt.
3.   Ebenda.
4.   Karen Shanor, *The Shanor Study: The Sexual Sensitivity of the American Male* (Dial Press, New York, 1978), S. 253.
5.   Joyce Brothers, *Ich liebe ihn, und ich möchte ihn auch verstehen* (Heyne Verlag, München, 1986).

Kapitel 5

Warum Männer nicht zuhören können
1.   Herb Goldberg, *Man(n) bleibt Mann* (Rowohlt Taschenbuch Verlag, Reinbek, 1986).
2.   Lee Benham und Alexandra Benham, „Employment, Earning and Psychiatric Diagnosis", in: Victor Fuchs, Hrsg. *Economic Aspects of Health* (University of Chicago Press, Chicago, 1982), S. 203–220.
3.   Fernando Bartolome und Paul A. Lee Evans, „Must Success Cost So Much?" *Harvard Business Review,* März–August 1980.

Kapitel 6

Warum haben Männer solche Angst, sich zu binden?
1.   David Hellerstein, „The Peter Pan Principle", *Esquire,* Oktober 1983.
2.   Dodd-Mead, New York, 1983.
3.   U.S. Bureau of the Census, *Current Population Reports,* Ser. P25, Nr. 965, „Estimates of the Population of the U.S. By Age, Sex and Race, 1980–1981", Tabelle 1, 1985, S. 9.
4.   Siehe William J. Lederer, in: Harold Hart, Hrsg. *Marriage: For and Against* (Hart, New York, 1972), S. 135.

5.   Abraham Maslow, *The Farther Reaches of Human Nature* (Viking, New York, 1972), S. 135.

6.   Karen Shanor, *The Shanor Study: The Sexual Sensitivity of the American Male* (Dial Press, New York, 1978), S. 253.

7.   U.S. News & World Report, 15. April 1974, S. 59–60, zitiert in: Herb Goldberg, *Man(n) bleibt Mann* (Rowohlt Taschenbuch Verlag, Reinbek, 1986).

8.   Joyce Brothers, *Ich liebe ihn, und ich möchte ihn auch verstehen* (Heyne Verlag, München, 1986).

9.   U.S. Bureau of the Census, *Current Population Reports,* Ser. P23, Nr. 136, „Lifetime Work Experience and Its Effect on Earnings: Retrospective Data from the 1979 Income Survey Development Program", 1984, S. 6–7.

10.   Siehe z.B. Majorie Shaevitz, *The Superwoman Syndrome* (Warner Books, New York, 1984).

11.   William Iverson, „Love, Death, and the Hubby Image", *Playboy,* September 1963, S. 92, zitiert von Barbara Ehrenreich in: „The Male Revolt", *Mother Jones,* April 1983.

12.   *Los Angeles Times,* 10. September, 1984, S. 2.

13.   Howard Hayghe, „Working Mothers Reach Record Numbers", *Monthly Labor Review,* Dezember 1984, S. 31–34.

14.   Herbert Hildebrandt und Edwin Miller, „The Newly Promoted Executive", Monographie, University of Michigan, Graduate School of Business Administration, Ann Arbor, 1984.

15.   Philip Blumstein und Pepper Schwartz, *American Couples* (William Morrow, New York, 1983), S. 320.

16.   Jacqueline Simenauer und David Carroll, *Singles: The New Americans* (Simon & Schuster, New York, 1982), S. 229, 392.

17.   Colette Dowling, *Der Cinderella-Komplex* (Fischer Taschenbuch Verlag, Frankfurt, 1987).

18.   Ebenda.

19.   Siehe Ruth Moulton, „Woman with Double Lives", *Journal of Contemporary Psychoanalysis,* Bd. 13, Januar 1977, S. 64, und Judith Bardwick, *The Psychology of Women* (Harper & Row, New York, 1971).

20.   Siehe Judith Bardwick, ebenda.

21.   Simenauer und Carroll, a.a.O., S. 15.

22.   Blumstein und Schwartz, a.a.O., S. 307–308.

23.   Ebenda.

24.   Brothers, a.a.O., S. 103.

25.   Blumstein und Schwartz in einer Vorlesung der soziologischen Fakultät, University of California in San Diego, 24. Mai 1984.

26.   Ebenda.

27.   Blumstein und Schwartz, a.a.O., S. 125.

28.   Ebenda.

29.   Ebenda.

30.   Simenauer und Carroll, a.a.O., S. 205.

31.   Blumstein und Schwartz, a.a.O., S. 195.

32.   U.S. Bureau of the Census, *Current Population Reports,* Ser. P20, Nr. 389, „Marital Status and Living Arrangements", März 1983; Tabelle 12 zufolge leben 12,7 Millionen Kinder in den USA bei der geschiedenen Mutter; 1,2 (oder 1,3) Millionen leben beim Vater.

33.   National Center for Health Statistics Data, zitiert in: S.B. Garland, „Divorce Is Easier Second Time Around", *Los Angeles Times,* 28. Oktober 1983, Teil V, S. 23.

34.   Dowling, a.a.O.

35.   Siehe Lynette Trier und Dick Peacock, *Learning to Leave* (Warner Books, New York, 1983).

Kapitel 7

Der neue Sexismus

1.   Philip Blumstein und Pepper Schwartz, *American Couples: Money, Work and Sex* (William Morrow, New York, 1983), S. 22.

2.   Siehe Shere Hite, *Hite Report* (Goldmann Verlag, München, 1987).

3.   Blumstein und Schwartz, a.a.O., S. 227 (kursiv durch den Autor).

4.   Vgl. die relativen Auflagen in *The World Almanac 1985*; gesamte durchschnittliche Verkaufsauflage in den sechs Monaten vor dem 13. Dezember 1983; Quelle: FAS-FAX Reports, Audit Bureau of Circulations, 1984.

5.   Nanci Hellmich, „Why Smart Women Make Dumb Choices", in: *USA Today*, Rezension von Connell Cowan und Melvyn Kinder, *Smart Women, Foolish Choices* (Clarkson N. Potter, New York, 1984).

6.   Robin Norwood, *Wenn Frauen zu sehr lieben* (Rowohlt Verlag, Reinbek bei Hamburg, 1986).

7.   Dan Kiley, *Das Peter Pan-Syndrom* (Ernst Kabel Verlag, Hamburg, 1987).

8.   Dan Kiley, *Die Angst der Frauen, sie selbst zu sein.* Das Wendy-Dilemma (Ernst Kabel Verlag, Hamburg, 1988).

9.   Sonya Friedman, *Men Are Just Desserts* (Warner Books, New York, 1984).

10.   Elissa Melamed, *Mirror, Mirror* (Simon & Schuster, New York, 1983).

11.   Blumstein und Schwartz, a.a.O., S. 161.

12.   Herbert Hildebrandt und Edwin Miller, „The Newly Promoted Executive", Monographie, University of Michigan, Graduate School of Business Administration, Ann Arbor, 1984.

13.   Ebenda.

13a.   *Los Angeles Times*, 24. Februar 1986. Klage gegen die Supermarktkette J.C. Penney in Canoga Park, Kalifornien.

14.   Philip Roth, *Professor der Begierde* (Rowohlt Verlag, Reinbek bei Hamburg, 1977).

15.   Billie Wright Dziech, *The Lecherous Professor* (Beacon Press, Boston, 1984).

16.   Louise Armstrong, *Kiss Daddy Goodnight: A Speak-Out on Incest* (Hawthorn Books, New York, 1978).

17.   Siehe Suzanne Steinmetz, „The Battered Husband Syndrome", *Victimology*, Bd. 2, Nr. 3−4, 1977−1978, S. 499−509.

18.   Ebenda.

19.   Fredric Hayward, „Another War — And Only Men Die", *The Washington Post*, 5. Juni 1982.

20.   Ebenda.

21.   Siehe Paul Dean, „Husbands Too Ashamed to Admit Abuse by Wives", *Newsday*, 20. Januar 1981.

22.   Federal Bureau of Investigation, *Crime in the United States: 1983. Uniform Crime Reports for the United States* (U.S. Department of Justice, Washington, D.C., 1984).

23.   UCSD Department of Sociology, *Newsletter*, Herbst 1984.

24.   Die Gesamtzahl von 1000 Comics setzt sich wie folgt zusammen: *Washington Post* 44 Comics pro Tag in einem Zeitraum von zehn Tagen; *Los Angeles Times* 23 Comics pro Tag in einem Zeitraum von zehn Tagen; *Chicago Tribune* 33 Comics pro

Tag in einem Zeitraum von zehn Tagen. Es gab keinerlei Überschneidungen und Wiederholungen. Mitarbeit bei der Auswertung: George Lewis Singer.

25.   Marilyn French, *Frauen* (Rowohlt Taschenbuch Verlag, Reinbek bei Hamburg, 1982).
26.   Zahlen von A.C. Nielsen, 1984.
27.   Jacque Lynn Foltyn, „Feminine Beauty in American Culture", Dissertation, University of California in San Diego. Foltyn hat die Verkaufsflächen in Einkaufszentren und Boutiquen gemessen, getrennt nach spezifischen Angeboten für Männer und Frauen. Annahme: Bei unrentablen Verkäufen pro Quadratmeter würden die Frauen-Abteilungen in Herren- oder allgemeine Abteilungen umgewandelt. *Foltyn fand heraus, daß bei Angeboten, die sich an Frauen richten, siebenmal mehr Verkaufsfläche zur Verfügung steht als bei Angeboten für Männer.*

Kapitel 8

Warum ist die sexuelle Revolution so kurzlebig gewesen?

1.   Germaine Greer, *Die heimliche Kastration* (Ullstein, Berlin u.a., 1985).
2.   *Glamour*, März 1984, „Sexual Pleasures of Childbirth", aus: Diana Korte und Roberta Scaer, *A Good Birth, A Safe Birth* (Bantam, New York, 1984).
3.   Siehe *The Champion: Official Journal of the National Association of Criminal Defense Lawyers,* Jan./Feb. 1986, Bd. X, Nr. 1, S. 16−18.
4.   Dr. Joyce Brothers, „Why You Shouldn't Move in with Your Lover", *New Woman,* März 1985, S. 54−57, aus: *What Every Woman Should Know about Marriage* (Simon & Schuster, New York, 1982).
5.   Ebenda, S. 56.
6.   Ebenda, S. 54.
7.   Ebenda.
8.   Gail Jennes, „Out of the Pages", *People,* 20. Februar 1983.
9.   „Dear Abby", *Daily News,* New York, 15. Mai 1982 (von vielen Zeitungen in den USA nachgedruckt).
10.   National Clearinghouse for Family Planning Information, Health Education Bulletin, „Counseling for Teens: The Consequences of Sexual Activity", Juni 1981, Nr. 22, zitiert in Carol Cassell, *Swept Away* (Simon & Schuster, New York, 1984), S. 188.
11.   John Gordon, *The Myth of the Monstrous Male (Playboy,* New York, 1982).
12.   Kristin Luker, *Abortion and the Politics of Motherhood* (University of California Press, Berkeley, 1984).
13.   Cassell, a.a.O.
14.   Steven Naifeh und Gregory White Smith, *Why Can't Men Open Up?* (Clarkson N. Potter, New York, 1984).
15.   Philip Blumstein und Pepper Schwartz, *American Couples* (William Morrow, New York, 1983), S. 304.
16.   Barbara Leon, „The Male Supremacist Attack on Monogamy", in: Redstockings, *Feminist Revolution* (Random House, New York, 1978).
17.   Dr. Joyce Brothers, *Ich liebe ihn, und ich möchte ihn auch verstehen* (Heyne Verlag, München, 1986).
18.   Siehe Linda Wolfe, *The Cosmo Report* (Arbor House, New York, 1981).
19.   Jacqueline Simenauer und David Carroll, *Singles: The New Americans* (Simon & Schuster, New York, 1982), S. 198.
20.   Ebenda, S. 199.
21.   John Gordon, a.a.O., S. 194.

22. Ebenda, S. 57.
23. Simenauer und Carroll, a.a.O., S. 150.
24. Die aktuellste und ausführlichste Dokumentation findet sich bei Blumstein und Schwartz, *American Couples.*
25. Brothers, a.a.O., S. 165.

Kapitel 9

Gespräche über Sex, Erfolg und zartbesaitete Gemüter

1. Siehe beispielsweise Philip Blumstein und Pepper Schwartz, *American Couples: Money, Work and Sex* (William Morrow, New York, 1983).

Kapitel 10

Was ich an Männern am meisten liebe

1. Philip Blumstein und Pepper Schwartz, *American Couples: Money, Work and Sex* (William Morrow, New York, 1983).

Kapitel 11

Wie kann ich einen Mann verändern (ohne ihn gleich der nächsten Frau in die Arme zu treiben)?

1. Natasha Josefowitz, *Is this Where I Was Going?* (Warner Books, New York, 1983).
2. Siehe Ken Druck, *Secrets Men Keep* (Doubleday, New York, 1985).

Kapitel 12

Wie kann ich ihn dazu bringen, Gefühle zu zeigen?

1. John Condrey und Sandra Condrey, „Sex Differences: A Study on the Eye of the Beholder", *Child Development,* Bd. 47, 1976, S. 812–819.
2. Siehe beispielsweise Carol Cassell, *Swept Away* (Simon & Schuster, New York, 1984), S. 60–61.

Kapitel 13

Schlußfolgerung: Der Liebe eine Gasse

1. Roger Melton, Westwood, Kalifornien, Vietnam Center, zitiert in der *Los Angeles Times,* 14. November 1983.
2. Fernsehsendungen am Tage und zur besten Sendezeit am Abend von Januar bis September 1985 sowie neue Filme von 1984 bis Ende September 1985 (Zählung des Autors).
3. Illinois, Maine, Maryland, Massachusetts und New Hampshire.
4. Kristin Luker, *The Politics of Abortion* (University of California Press, Berkeley, 1984).

Bibliographie und Quellen

Eine unserer wertvollsten Gaben ist vielleicht die Fähigkeit, die Wirklichkeit zu beobachten und einzuschätzen. Wer verstehen will, wie Frauen zu Objekten gemacht werden, sollte sich u.a. Zeitschriften wie *Playboy* und *Penthouse* — sowohl die Bilder im redaktionellen Teil als auch die Anzeigen — ansehen. Wer erfahren will, wie Männer als Erfolgs-Objekte angesehen werden, sollte sich daraufhin Frauenzeitschriften und Liebesromane ansehen sowie „Seifenopern" im Fernsehen. Wie die heutigen Rollen von Mann und Frau gesehen werden, erfährt man auch in anderen Zeitschriften sowie aus Fernsehsendungen. Es gibt noch weitere Möglichkeiten, sich zu informieren: etwa durch Gespräche im Restaurant, durch Gespräche von Jungen und Mädchen auf Schulhöfen und ihr Verhalten. Bei einem eventuellen Studium der nachfolgend genannten Werke sollte man die eigenen Beobachtungen immer im Hinterkopf behalten.

Baumli, Francis, *Men Freeing Men,* New Atlantis Press, Jersey City, N.J., 1985.

Bloomfield, Harold, mit Leonard Felder, *Making Peace with Your Parents,* Random House, New York, 1983.

Blumstein, Philip, und Schwartz, Pepper, *American Couples,* William Morrow, New York, 1983.

Brothers, Dr. Joyce, *Ich liebe ihn, und ich möchte ihn auch verstehen* (Heyne Verlag, München, 1986).

Cassell, Carol, *Swept Away,* Simon & Schuster, New York, 1984.

Diamond, Jed, *Inside Out: Becoming My Own Man,* Fifth Wave Press, San Rafael, Kalifornien, 1983.

Dowling, Colette, *Der Cinderella-Komplex,* Fischer Taschenbuch Verlag, Frankfurt, 1987.

Druck, Ken, mit Jim Simmons, *Secrets Men Keep,* Doubleday, New York, 1985.

Ehrenreich, Barbara, *The Hearts of Men,* Anchor Press, Garden City, N.Y., 1983.

Ellis, Albert, *Sex and The Liberated Man,* Lyle Stuart, Secaucus, N.J., 1976.

Farrell, Warren, *The Liberated Man,* Bantam, New York, 1975.

Friedan, Betty, *The Second Stage,* Summit Books, New York, 1981.

Garfinkel, Perry, *In a Man's World: Father, Son, Brother, Friend and Other Roles Men Play,* New American Library, New York, 1986.

Gerzon, Mark, *Choice of Heroes: The Changing Faces of American Manhood,* Houghton Mifflin, Boston, 1984.

Goldberg, Herb, *Der verunsicherte Mann,* Rowohlt Taschenbuch Verlag, Reinbek, 1986.

Goldberg, Herb, *Man(n) bleibt Mann,* Rowohlt Taschenbuch Verlag, Reinbek, 1986.

Gordon, John, *The Myth of the Monstrous Male,* Playboy, New York, 1982.

Hapgood, Fred, *Why Males Exist,* William Morrow, New York, 1979.

Harrison, Jim, „Warning: The Male Sex Role May Be Hazardous to Your Health", *Journal of Social Issues,* 1978, 34(1):65−86.

Maccoby, Eleanor, und Jacklin, Carol Nagy, *The Psychology of Sex Differences,* Stanford University Press, Stanford, Kalifornien, 1978.

Money, John, und Erhardt, Anke, *Man and Woman, Boy and Girl,* Johns Hopkins University Press, Baltimore, Md., 1972.

Money, John, und Tucker, Patricia, *Sexual Signatures: On Being a Man or a Woman.* Little, Brown, Boston, 1975.

Naifeh, Steven, und Smith, Gregory White, *Why Can't Men Open Up?,* Clarkson N. Potter, New York, 1984.

Novak, William, *The Great American Man Shortage and Other Roadblocks to Romance,* Rawson Associates, New York, 1983.

Pleck, Joseph H., *The Myth of Masculinity,* M.I.T. Press, Cambridge, 1981.

Schenk, Roy U., *The Other Side of the Coin: Causes and Consequences of Men's Oppression.,* Bioenergetics Press, Madison, Wis., 1982.

Sexton, Pat, *The Feminized Male,* Vintage Books, New York, 1970.

Shanor, Karen, *The Shanor Study: The Sexual Sensitivity of the American Male,* Dial Press, New York, 1978.

Simenauer, Jacqueline, und Carroll, David, *Singles: The New Americans,* Simon & Schuster, New York, 1982.

Trier, Lynette, und Peacock, Dick, *Learning to Leave,* Warner, New York, 1983.

Zilbergeld, Bernie, *Male Sexuality: A Guide to Self-Fulfillment,* Little, Brown, Boston, 1978.

Danksagung

Es sind viele, die mir bei diesem Buch geholfen haben. Zunächst möchte ich meinem Vater Tom Farrell danken, der mich mit seinem Einfühlungsvermögen ermutigte, an das Thema heranzugehen; dann meiner Mutter Muriel, deren Leben und deren Tod mich veranlaßten, mich näher mit den Lebensbedingungen von Frauen zu beschäftigen; ferner meiner neuen Mutter Lee, deren Energie und Unabhängigkeit Respekt einflößen; meiner Schwester Gail, die bei den Schlachten zwischen Abhängigkeit und Unabhängigkeit an vielen Fronten gekämpft hat, und deren Liebe mich erreicht, wo immer ich mich befinde; sowie meinem Bruder Wayne, der mir beigebracht hat, daß ich ihm mein Bestes geben konnte, indem ich von ihm lernte.

Eine Frau, Anne Goshen, ist bei der Arbeit an den vielen Fassungen des Manuskripts mit mir gewachsen. Sie hat jede meiner Ideen an ihren Lebenserfahrungen gemessen — hat zugehört, ergänzt, redigiert, gestrichen — bis am Ende zwischen uns dreien (also Anne, dem Manuskript und mir) so etwas wie eine „synergistische" Beziehung entstand. Manchmal erinnerte sich das Manuskript an Dinge, die ich schon im nächsten Kapitel vergessen hatte! In diese Dreierbeziehung platzte manchmal noch Megan Hubbard herein, Annes dreizehnjährige Tochter, die unabsichtlich zu einer Beraterin in Jugendfragen wurde, während sie mich eine neue Art Liebe lehrte.

Eine Handvoll Menschen haben mir an entscheidenden Wendepunkten meines Lebens beigestanden: meine frühere Frau Ursie Fairbairn, eine wahre Superfrau, die ihre Erkenntnisse nie durch Rhetorik verbreitete, sondern immer nur durch das eigene Beispiel; Jim Crown, Ziva Kwitney, Harold Bloomfield, Ken Druck und die San Diego Author's Group haben mir gezeigt, was Hilfsbereitschaft ist; sowie Ted Becker, der mich in eine „Midlife-crisis" zwang, als ich noch keine dreißig war. Diese Menschen werden immer bei mir sein, was immer ich schreiben werde.

Ellen Levine hat fast fünf Jahre lang die Entstehung des Manuskripts mitverfolgt und dabei viele Rollen bewältigt: die der Agentin, Kritikerin, Anregerin, Lektorin und der klugen Verhandlungsführerin; Tom Miller hat mir bei der Feinarbeit am Manuskript viele wertvolle Anregungen gegeben; ihm sind die klaren und verständlichen Formulierungen Tausender von Sätzen zu verdanken (nur gelegentlich bestand ich auf „meiner Fassung"). Toni Burbank hat mir bei den Vorarbeiten und Jacque Lynn Foltyn beim Schreiben unschätzbare Dienste geleistet und wertvolle Einsichten vermittelt.

Lin Richardson hat Tausende von Arbeitsstunden darauf verwandt, mir bei der Arbeit zu helfen. Sie hat sämtliche drei Fassungen des Buches am PC erfaßt, zuvor aber Zehntausende von Registerkarten mit Stichwörtern angelegt, meinen Terminkalender geführt, Layouts geklebt und Satzanweisungen entziffert. Ihr Beitrag zu diesem Buch ist bemerkenswert. George Lewis Singer, Steve Fineman und Paul Evans haben mir nicht nur bei der wissenschaftlichen Vorarbeit und bei Nachforschungen assistiert, sondern waren im embryonalen Stadium vieler meiner Gedanken so etwas wie ideale Sparringpartner.

Redaktionelle Hinweise und Kommentare verdanke ich Fred Hayward, Annetta Mauch und Richard Haddad, die jeden Absatz des Buches durchgepflügt haben. Korrekturen und sorgfältiges Gegenlesen habe ich vor allem folgenden Personen zu danken: Ken Blanchard, Al Crespi, Albert Ellis, Gail Farrell, Holly Forcier, Alan Garner, Harley Hahn, Natasha Josefowitz, Gayle Kimball, Jane Navarre, Nena O'Neill, Dick Peacock und Lynette Trier. Mein besonderer Dank gilt auch den Cartoonisten. Jon Ashley, Doug Dohrer, Michelle Fournier und Bob Lee haben nach meinen Angaben gezeichnet. Anderen danke ich für die freundliche Genehmigung zum Abdruck ihrer Cartoons.

Die Bibliothekare und Bibliothekarinnen der Central University Library der University of California in San Diego, vor allem aber Sue Galloway, haben mir viereinhalb Jahre lang bei allen drei Fassungen des Buches geholfen. Die 106 000 Männer und Frauen, die in meinen Workshops bereit gewesen sind, „eine Meile in den Mokassins des jeweils anderen Geschlechts zu laufen", waren die Pioniere des Themas; ihr Beitrag lieferte die Grundidee zu diesem Buch. Ich wünsche ihnen allen, daß die Workshops sie weitergebracht haben. Die National Organization for Women, der National Congress for Men, die National Organization for Changing Men sowie der Autor Herb Goldberg haben gleichfalls beachtenswerte Beiträge geliefert, etwa zu der Frage der Geschlechterrollen und zum Thema Sexualpolitik.

Ich danke auch dem verstorbenen John Lennon, der mir bei der Mitarbeit in einer meiner Männergruppen neue Hoffnung gab, daß auch erfolgreiche Männer einfühlsam sein können. Ferner haben mir in verschiedenen Entstehungsstadien des Buches geholfen: Pat Chawla, Jim Cook, George Corey, Letty Cottin Pogrebin, Karen DeCrow, Tom Dembofsky, Diana Finch, Lori Glazer, Frank Goodall, Ron Graff, Joan Hennebury-Corrales, Spencer Johnson, Lyn Lindsay, Joyce McHugh, Joe Pleck, Alix Olsen, Ruth Rogin, Gloria Steinem, Deborah Sundmacher, Chris Wimpey sowie der Redaktionsstab des Verlags McGraw-Hill. Vom Assistenten bis zur Cheflektorin Gladys Justin Carr haben sich alle bemüht, das Buch besser zu machen, als es ohne sie geworden wäre.

Zum Thema Männer und Frauen:

im KABEL-Verlag

Töchter, Söhne und ihre Mütter

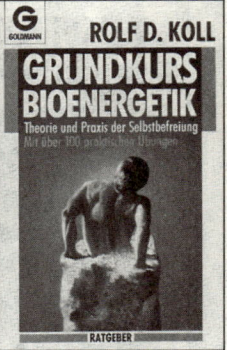

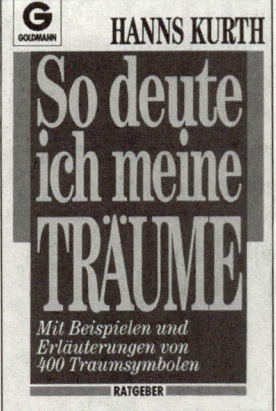

Goldmann
Taschenbücher

Allgemeine Reihe
Unterhaltung und Literatur
Blitz · Jubelbände · Cartoon
Bücher zu Film und Fernsehen
Großschriftreihe
Ausgewählte Texte
Meisterwerke der Weltliteratur
Klassiker mit Erläuterungen
Werkausgaben
Goldmann Classics (in englischer Sprache)
Rote Krimi
Meisterwerke der Kriminalliteratur
Fantasy · Science Fiction
Ratgeber
Psychologie · Gesundheit · Ernährung · Astrologie
Farbige Ratgeber
Sachbuch
Politik und Gesellschaft
Esoterik · Kulturkritik · New Age

Goldmann Verlag · Neumarkter Str. 18 · 8000 München 80

Bitte
senden Sie
mir das neue
Gesamtverzeichnis.

Name: _____

Straße: _____

PLZ/Ort: _____